福祉国家と家族

法政大学大原社会問題研究所／原 伸子

［編著］

法政大学出版局

目　次

はじめに　*1*

第Ⅰ部　市場と家族 ——————— *7*

第1章　市場と世帯経済　産業革命期イギリスにおける家族の経験
　　　　　　……………ジェーン・ハンフリーズ（川崎暁子訳）　*9*
1. イントロダクション　*9*
2. 世帯と経済に関する進化論と構造機能主義理論　*11*
3. 工業化以前の世帯の規模と構成　*13*
4. 産業革命期の世帯の規模と構成　*16*
5. 利己的な個人と相互利益的な世帯　*20*
6. 変化の一方で維持されたもの——住み込み奉公と家庭内企業　*25*
7. 産業革命期における賃金収入世帯　*35*
8. 世帯経済，生活水準と消費　*43*
9. 結　論　*48*

第2章　福祉国家の変容と家族政策
　　　　　公私二分法とジェンダー平等　………………原　伸子　*57*
1. 福祉国家の変容と家族政策の主流化　*57*
2. 福祉国家の新たな政治——「第三の道」の概念と政策　*63*
3. 「ワーク・ライフ・バランス」政策の論理
　　——ジェンダー平等政策から雇用政策へ　*75*

  4　おわりに──WLB 政策のインプリケーション　80

第3章　第二世代の両立支援と労働法
   スウェーデン法を参考に……………………………両角　道代　87
  1　雇用システムと労働法　87
  2　両立をめぐる法政策の基本構造　89
  3　両立に関連する雇用上の不利益と法規制　96
  4　第二世代の両立支援の構造と基本理念　104
  5　日本法への示唆　108

第Ⅱ部　福祉レジームと家族政策 ── 111

第4章　アメリカの福祉改革　福祉退出者研究の教訓と洞察
   ………………………………江沢　あや（前原直子訳）　113
  1　アメリカの福祉改革から15年　113
  2　アメリカ福祉改革　114
  3　個人的責任と TANF（貧困世帯一時扶助）　117
  4　福祉改革とその結果の評価　119
  5　改革がもたらした結果の評価──日本への教訓　128

第5章　イギリスの成年後見法にみる福祉社会の構想
   判断能力の不十分な成年者をとりまく家族，社会，国家
   ……………………………………………………菅　富美枝　135
  1　本章の視点　135
  2　2005年意思決定能力法　138
  3　家族の枠組みを超えた支援体制
   ──制度の担い手としての広義の「市民」　145
  4　家族の機能を補完する仕組みの構築　155
  5　むすびにかえて
   ──個人，家族，市民，国家が織りなす，自己決定を支援する社会　158

第6章　フランスの家族手当と家族政策の歴史的転換
「主婦手当」問題を中心として……………………深澤　敦　163
1　本章の課題と「二階建て」のフランス家族手当制度　163
2　フランスにおける家族手当制度の生成と展開　166
3　仲裁裁定と最初の主婦手当（割増）の導入　170
4　1938年11月12日政令法と「家族法典」　178
5　第二次世界大戦後における家族手当と家族政策の展開　188

第7章　ドイツ社会国家と家族政策
………………………………………………齋藤　純子　193
1　家族に対する経済的支援の展開　193
2　児童手当──子の存在にもとづく普遍的な給付　197
3　育児休業制度──親手当と親時間への発展　199
4　保育の拡充　202
5　家族政策の変遷と社会国家の変容　208

第8章　ひとり親家族の子育てと福祉援助
貧困家族におけるジェンダーと家族主義からの考察
………………………………………………岩田　美香　219
1　問題の背景　219
2　ひとり親家族にみるジェンダーと家族責任の重なり　220
3　家族問題と家族主義　230
4　二つの「支え手」への援助展開　237

第Ⅲ部　家族と女性の歴史分析 ──────── 241

第9章　近代日本の企業福祉と労働者家族…………榎　一江　243
1　課題と方法　243
2　大正期におけるパターナリズムの再編　246
3　繊維産業の社宅・家族政策　251

4　労働者家族の生活——倉敷紡績の調査から　254
　　5　結　　語　261

第10章　イギリスにおける女性労働と古典派経済学
　　　　ガヴァネス問題から男女同一賃金論まで
　　　　………………………………………………舩木　惠子　265
　　1　淑女の貧困　265
　　2　『イングリッシュ・ウーマンズ・ジャーナル』における「ガヴァネス問題」　268
　　3　パークスによる解説記事「ジョン・スチュアート・ミルの見解」　275
　　4　フォーセットとラズボーンの男女同一賃金論をめぐる相異　280
　　5　男女同一賃金論の二つの帰結　287

第11章　雑誌『青鞜』における「堕胎論争」の一考察
　　　　妊娠した原田皐月・伊藤野枝・平塚らいてうにとっての母になること
　　　　………………………………………………松尾　純子　291
　　1　「母性」を問う　291
　　2　「獄中の女より男に」——子どものための堕胎　294
　　3　両性の自律——避妊の肯定　300
　　4　性の自律の苦痛——避妊と子捨ての"あいだ"で　306
　　5　〈母性〉を問う
　　　　——原田皐月・伊藤野枝・平塚らいてうの"新しい母"をふまえて　311

人名・事項索引　325

はじめに

　本書は，2008年度から2010年度における法政大学大原社会問題研究所の「福祉国家と家族政策」プロジェクトの研究成果である。その目的は，1980年代以降の福祉国家の縮減過程とグローバリゼーションのもとで家族政策が主流となっていくコンテクストを明らかにするとともに，福祉国家の今後の方向性に対して社会政策としての家族政策がもつ含意を明らかにすることである。

　T. H. マーシャルが『シティズンシップと社会的階級』（1950年）のなかで明らかにしたように，20世紀に確立した「社会的シティズンシップ」は，「市民的シティズンシップ」と「政治的シティズンシップ」を補足するとともに，医療，教育，住居，社会保障などの社会的諸権利を保障することによって，資本主義社会における市場で再生産される階級的不平等を軽減し平均化するとされていた。そのような意味において「社会的シティズンシップ」の登場は，近代的シティズンシップの完成を意味することになる。それを，資本と労働の階級対立を調停することによって社会的秩序を守るという「福祉国家の哲学」（White 2003: 16）と呼ぶこともできる。

　けれども，1980年代以降の福祉国家の縮減過程とそこで進展する市場主義化，個人主義化のもとで，いまや「第二の重要な調停」（Lewis 2006: 5）が従来は私的領域のプライバシーの問題とされていた家族とそのジェンダー関係に向けられはじめた。福祉の契約主義化（市民と国家の社会契約ではなく，個人と国家との契約）と welfare to work 政策は，一方で労働市場の規制緩和と個人主義化を，他方で自律的個人による選択の自由を推し進めた。

その結果，福祉国家は，女性の労働市場進出にともなう「社会的ケア」の不足や，教育や労働市場の地位に結びついた社会的排除などの「新しい社会的リスク」(Bonoli 2005: 431-449) に直面している。しかもこの新しい「リスク」は，古くからの「リスク」である貧困と結びついて現われている。ここで明らかになったのは，福祉国家における公私二分法，すなわち家族を私的領域にとどめて，社会保障を市場における雇用労働に結びつけるという福祉国家の枠組みが機能不全に陥っていることである。そこで求められているのは，家族と市場と国家の新たな枠組みである。

事実，1990年代以降，家族政策は各国において傍流から主流になっている。わが国においても，1989年の「1.57ショック」を契機として「育児休業法」(1991年) や「緊急保育対策等5カ年事業」(1994年) が策定され，その後も一連の法制化 (2002年の「少子化対策プラスワン」や2003年の「次世代育成支援対策推進法」など) が進められている。しかしそれらは同時に，雇用の流動化政策と連動している。つまり，社会政策としての家族政策は経済政策に取り込まれている。それは果たして，福祉国家が直面する「新しい社会的リスク」の解決になるのであろうか。ここで重要になってくるのは，本書においても検討するように，家族における無償のケア労働の意味を理論的・政策的に明らかにするとともに，ジェンダー視点にもとづいた社会政策を進めていくことであろう。

本書は三つの部，11の章から構成されている。まず第Ⅰ部では市場と家族の関係が，歴史と理論と法学の立場から分析されている。第1章「市場と世帯経済——産業革命期イギリスにおける家族の経験」について。産業革命期前後の家族の形態をいかに理解するのかについては論争が続いていることもあり，ここで幾分詳しく説明しよう。ジェーン・ハンフリーズ論文は資本主義の初期，産業革命期の世帯経済の丹念な歴史分析であるが，同時に，市場と家族の関係についての強力な理論的主張となっている。主として以下の四点があげられる。①進化論と構造機能主義理論による家族理解，すなわち家族は工業化にともなって単線的に拡大家族から核家族に移行したとする見解に対する批判。②イギリス経験主義の伝統にもとづくラスレットの家族理解に対して。ラスレットは産業革命期前にすでに核家族であったという注目

すべき実証結果(ラスレット 1986)を提起したが,それに対してハンフリーズは,相互利益と互恵理論の立場からラスレットによる数量的根拠の背後にある家族行動の分析の必要性を主張する。③ベッカーに基礎をおく「新家庭経済学」や「家族戦略論」における,合理的経済人による利益最大化を達成する家族という説明に対しては,産業革命期においてその具体的根拠は見いだせないとする。この主張は,わが国でもよく知られているクラーク・ナーディネリ(1998)らの家族理解に対する問題提起である。④産業革命期における「生活水準論争」(「生活水準は1780年から1830年の間に上がったのか下がったのか——あるいは1800年と50年の間ではどうか」)(トムソン 2003: 241-242)に対しても,世帯経済という見方の重要性を主張する。世帯経済は市場における男性の賃金によってのみ成り立つのではない。そこには女性の落ち穂拾い,ジャガイモの栽培,牛や豚の世話,ケア,さらに子どもの労働などが含まれている。したがって賃金水準と世帯の生活水準は異なってくる。本章においては,産業革命期における相対的に自律した家族の独自な姿が描かれている。家族は「経済の変化に適合し,抵抗し,そしてその変化を作り出してさえいた」とされる。

第2章「福祉国家の変容と家族政策——公私二分法とジェンダー平等」は,1980年代以降の家族政策の登場の背景として福祉国家の公私二分法のもとで,家族における無償のケア労働が可視化されるとともに,女性のシティズンシップが「ウルストンクラフトのジレンマ」に直面していることが指摘される。本章ではさらに,1990年代の福祉国家を主導した「第三の道」の福祉の契約主義と社会的投資アプローチのもとで,家族政策が経済政策に取り込まれていく過程が描かれる。

第3章「第二世代の両立支援と労働法——スウェーデン法を参考に」では,労働法の立場から両立支援策が検討される。初期(第一世代)の両立支援が産休や育休の保障により女性が出産後も働き続ける道を開くものであったのに対し,近年(第二世代)の両立支援は男女がともに良質な雇用を確保しながら育児をすることができるものをめざしているとして,世界でもっとも両立の進んだ国といわれるスウェーデンの法制度が取り上げられる。注目されるのは,均等待遇原則にもとづく法的救済とは異なる積極的措置(ポジティ

ブアクション）が、「社会的包摂」をめざす新たな法的ルールとして許容されつつあることである。

第Ⅱ部では、各国の家族および家族政策をめぐる議論が展開される。まず第4章「アメリカの福祉改革——福祉退出者研究の教訓と洞察」では、アメリカの福祉改革の導入から15年目が経過したいま、TANF受給者は激減したといわれているが、福祉退出者の研究によってその否定的側面が明らかにされる。市場の力と戦い続けるシングル・マザーが直面する厳しい現実は、アメリカの福祉改革にならって推進されるわが国のひとり親政策に対して、その再考を迫るものである。

第5章「イギリスの成年後見法にみる福祉社会の構想——判断能力の不十分な成年者をとりまく家族、社会、国家」では、判断能力の不十分な成年者をめぐる法制度が考察されている。そこでは、現在もっとも「理想的」とされているイギリスにおける2005年意思決定能力法が検討される。本章では、イギリス「福祉社会」にはそのような人びとを社会的に支援し包摂するというゆるやかな「連帯」のメカニズムが働いているとされる。

第6章「フランスの家族手当の歴史的転換——『主婦手当』問題を中心として」では、「母性主義的福祉国家」フランスの歴史的起源が、とくに1938年、1939年に創設された「主婦手当」の問題に焦点をあてて検討される。フランスが「専業主婦」という「理想」から断絶するのは、「1968年革命」をへて1972年1月3日法以降である。しかし「主婦手当」（1978年1月1日以降、支給されていない）は、現行の「家族諸給付」の二階建ての仕組みに影響を与えている。

第7章「ドイツ社会国家と家族政策」では、社会国家ドイツにおける家族に対する支援が基本法第6条、社会法典第1編第6条にもとづくとされる。そのうえで、近年における新しい家族政策が検討される。ドイツ福祉国家に関してはわが国においても、その性格をめぐって議論が分かれているが、保守主義的福祉国家を成立せしめた社会経済的な前提条件は崩れはじめている。本章では、家族のための社会政策の策定プロセスとそのパラダイム転換が詳細に描かれている。

第8章「ひとり親家族の子育てと福祉援助——貧困家族におけるジェンダ

ーと家族主義からの考察」では，執筆者自ら行なった2003年と2008年の母子家庭調査を中心に，ひとり親の階層性とそのなかでジェンダー問題および家族責任がいかに表われてくるのかが，当事者の声をまじえながら描かれている。われわれは数字の背後に隠れて見えない質的な分析の必要性とともに，子どもの「支え手」である二次的依存者である親を社会が支えていくことと，その親子の「支え手」である専門職を支えていくことの重要性を読み取ることができるであろう。

第Ⅲ部では，家族と女性についての歴史分析が行なわれる。まず第9章「近代日本の企業福祉と労働者家族」は，法政大学大原社会問題研究所所蔵協調会資料にある企業調査ファイルを用いて，日本型福祉国家の形成の源流をさぐるものである。本章では，とくに1920年代紡績業による社宅制度の内実と，夫婦で家計を分担する労働者家族（共稼ぎ家族）の存在が注目されている。それがしだいに企業にとって望ましいものへと改編されていくプロセスは同時に，近代性別分業構造の定着を意味するものであった，とされる。

第10章「イギリスにおける女性労働と古典派経済学——ガヴァネス問題から男女同一賃金論まで」は，19世紀中葉イギリスの『イングリッシュ・ウーマンズ・ジャーナル』で積極的に取り上げられた「ガヴァネス問題」を分析する。「ガヴァネス問題」とはイギリスにおける中産階級の独身女性の貧困問題である。本章ではこの問題と関連して，さらに女性の就労，家族，そして賃金についての分析が古典派経済学批判として論じられる。

第11章「雑誌『青鞜』における『堕胎論争』の一考察——妊娠した原田犀月・伊藤野枝・平塚らいてうにとっての母になること」では，女性史の観点から，「青鞜の三論争」である「貞操」「堕胎」「廃娼」と括られる三論争のひとつ，「堕胎論争」が取り上げられる。そこでは，なぜ母になるのか，あるいは「自律的個人」がなぜ「無償のケア労働」を選ぶのかという根源的問いが論じられる。そこでは，原田犀月と伊藤野枝と平塚らいてうが「新しい母」を見いだす過程が読み取られる。

以上みられるように，本書で取り上げた問題領域とその対象は学際的な広がりをもっているが，「福祉国家と家族」という大きなテーマからすれば，もとより限定されたものにとどまるであろう。けれども，経済学，法学，社

会学,歴史学と諸領域からなるわれわれの共同研究が,今後に向けた一歩を踏み出すことができるのならば望外の幸せである。

原　伸　子

参考文献

トムソン,エドワード・P.(2003)市橋秀夫・芳賀健一訳『イングランド労働者階級の形成』青弓社(Thompson, E. P., *The Making of the English Working Class*, London: Penguin Books, 1963)。

ナーディネリ,クラーク(1998)森本真美訳『子どもたちと産業革命』平凡社(Nardinelli, Clark, *Child Labor and the Industrial Revolution*, Bloomington: Indiana University Press, 1990)。

ラスレット,ピーター(1986)川北稔・指昭博・山本正訳『われら失いし世界──近代イギリス社会史』三嶺書房(Laslett, Peter, *The World We Have Lost: Further Exolored*, 1965, 1971 and 1983, Reprinted in 1988, London: Routledge)。

Bonoli, Giuliano (2005) "The politics of the new social policies: providing coverage against new social risks in mature welfare states," *Policy and Politics* 33(3): 431-449.

Lewis, Jane (2006) *Children, Changing Families and Welfare States*, Cheltenham: Edward Elgar.

White, Stuart (2003) *The Civic Minimum: On the Rights and Obligations of Economic Citizenship*, New York: Oxford University Press.

第Ⅰ部
市場と家族

第 1 章

市場と世帯経済＊
産業革命期イギリスにおける家族の経験

ジェーン・ハンフリーズ

川崎 暁子 訳

1 イントロダクション

　世帯と経済はさまざまな時代，さまざまな場所で，相互に重なり合って制度を形成していた。そもそも経済学という用語はギリシア語の oeconomica からきており，世帯を維持運営する術を意味する。伝統的な世帯は経済活動に満ちていた。世帯は血縁関係に基礎をおきながらも，住み込み奉公人（living in servants），徒弟（apprentices），下宿人（lodgers）などを含んで拡大しながら，消費と再生産の場であるとともに生産の場であった。労働と資源の分配は平等主義ではなかったが，すべての成員がそれに参加していた。対照的に近代の世帯は劇的なまでの「機能喪失」を被っている。従来は家族の成員が家（home）の内部で働くことによって満たされていたニーズは，いまや家の外部のエージェンシーによって満たされるようになり，諸個人は世帯を通してではなく個々ばらばらに広い経済社会と向き合うようになった。世帯は経済的に衰弱し，外見上の規模を縮小し，男性である家長の収入

＊　本章は，以下の論文の翻訳である。本書に掲載するにあたりケンブリッジ大学出版局の許可を得た。翻訳にあたっては川崎暁子が全訳し，本書の編者である原伸子が全体に目を通した。また産業革命期イギリスの職業の具体像とその名称について，埼玉大学の市橋秀夫氏にご教示いただいた。心より感謝申し上げます。ただし，ありうべき誤訳等はすべて，訳者と編者の責任である。
　　Jane Humphries（2004）"Household economy," in Roderick Floud and Paul Johnson (eds.), *The Cambridge Economic History of Modern Britain*, Volume 1 Industrialisation 1700-1860, Cambridge: Cambridge University Press.

に依存するようになった。そして最近では共稼ぎに依存している（Parsons 1959）。

　工業化以前の家族と近代家族を対比することによって，世帯の機能喪失にみられる経済的変化が示される。工業化された都市の生活は財やサービスの生産の仕方に重大な変化を引き起こしただけではなくて，世帯と市場経済のあいだで変化する諸活動の再配置をもたらした。本章の課題は，18世紀および19世紀におけるイギリスの工業化という先行する経験との関連において初めて生じたこのような過程を，検討することである。「イギリス社会こそは，まっさきに工業化社会に突入した社会であったし，労働集団としての家族とか，生産単位としての世帯などというものが，もはやまったく機能しない世界で最初に自分たちの居場所（home）を見つけ出そうとしたのもイギリス人の男や女であった」（Laslett 1965: 18；訳26頁，翻訳は邦訳書を参考にしてはいるが一部変更した）。問いは，世帯経済の変化が起こった時期，概念化，説明，そしてそれが示唆するもの——とくに福祉（well-being）と工業化それ自体に対して——について立てられる。その問いへの答えには，過去においては家族がどのようなものであったか，家族がどのように振る舞い，またなぜそのように振る舞ったかについての確証を含む。

　世帯を論じるに値する研究テーマとして取り上げた最近の認識によって明らかになったのは，これまでは，しばしば理論化が実証的証拠に先行していたことである（Laslett 1972a）。したがって本章では，工業化以前の世帯の規模と構成についての実証的発見が，世帯に関する既成の進化論や構造機能主義理論に与えた衝撃から始める。つぎに，産業革命期における世帯についての計測可能な特質に関する証拠を要約し，相互利益理論にもとづく説明を要約する。本章では，住み込み奉公や家内生産のような工業化以前の世帯を特徴づけた特質が〔産業革命期においても——訳者挿入〕存続し続けているということに注目して，賃金稼得世帯というのは歴史的にみて異質であると述べる。最後に，世帯経済は産業革命期の生活水準と消費をめぐって現在も続いている主流派の議論に対して，新鮮な視点を提供することになるだろう。

　本章は，工業化以前と以後の世帯を分極化する構造的分化のグランド・セオリーを批判する。しかし同時に世帯の継続性を過度に強調することも，世

帯というものを経済の変化から独立したものとみなすがゆえに拒絶する。産業革命期の世帯はむしろ，相対的に自律するものとして存在していた。つまり世帯と世帯の成員は経済の変化に適合し，抵抗し，そしてその変化を作り出してさえいたのである。

2　世帯と経済に関する進化論と構造機能主義理論

　進化論は，世帯の歴史的発展を分化のプロセスとして説明してみせる（Parsons and Bales 1965）。経済的に変化する社会は，世帯を基礎とした社会構造を必然的に分化する。つまり，それまで世帯が担ってきた機能を企業，学校，労働組合や福祉国家といった新しい制度が引き受けるのである。親族関係も機能上の専門化（specialization）を被り，小規模な核家族からなるシステムが支配的となる。近代の「希薄な」家族は社会的および地理的な可動性の必要に適合するために生まれたのである。そのような世帯を支える責任は男性である家長の肩にかかっており，彼は稼ぎ手であり，彼の「仕事」が家族を経済と結びつけるものであった。家族と市場のあいだで諸活動が分割されることによって，現代経済の繁栄にとって欠かせない価値が市場で普及し，一方で，再生産やケアに関する価値は家庭のなかで生き延びた。経済の移行過程はそれと並行して価値の変化を引き起こしたのである。小規模で情緒的な核家族が支配的になったのは，「個人主義の勃興」の結果でもあり反映でもあった。

　歴史家たちは産業革命を変化の坩堝と捉えることによって，世帯モデルの進化を経済発展と結びつけて，標準的な時期区分に便乗したのである。工業化の伝統的な解釈は機械化と規模の経済の重要性を強調し，それらが工場システムへの移行を促進したとしている。世帯を基礎とする生産単位はもはや工場システムと競合することができず，世帯というものが，賃金労働者の集まりにすぎない「家族賃金経済」へと移行し，それがやがて近代の「男性稼ぎ主家族システム」へと進化を遂げるというのである（Clark 1968; Tilly and Scott 1978）。

世帯に対する構造機能主義的な解釈と進化論的な解釈は，既知の現在から出発して，一般にそうだと共通認識されているものの，明確には説明されていない過去へとさかのぼりながら分析を行なうがゆえに目的論的である。このような構造分化モデルの洗練と，ウィリアム・グッドが「古典的な家族形態に対する西洋のノスタルジア」と呼んだもののもつ魅力がいっしょになって，「工業化以前」と「ポスト工業化」時代における家族形態の表面的にすぎない比較を促進し，個人主義の必然的な勝利を上手く説明することができたのである。経済成長と経済発展への適合として世帯の変化を捉えることによって，社会学者，歴史家と経済学者は，歴史的変化を単線的にしか捉えられず，工業化以前の家族形態を均質で静的かつ伝統的なものとしてしか捉えられないという危険に陥る。

このような進化論的な説明は，工業化の時代を自ら経験した観察者たちに始まる一連の社会評論家たちが工業化を，とくに工場労働を，個人に経済的自立を与えることで家族の生活を切り崩していったものである，と捉えたことによってその正当性を支えられてきた（Gaskell 1833; Engels 1845）。歴史家たちは，17世紀における販売と自給自足，両方の目的をもった自営の家族農業を営む世帯や職人世帯と，19世紀における賃金収入によって成り立つ世帯とを対照的なものとして比較してみせた。しかし，このような研究は細部の分析に富み，年代と地理ごとに種類に富んでいたものの，変化の規模を定量的に分析するための基礎を提供できなかった。多くの仮説の検討も行なわれず，たとえば，産業革命以前は家族は一般的に生産活動を行なうものであり，それがゆえに規模も大きく複雑であったという確信も（Laslett 1972a; 1983），工業化の到来は，拡大家族から核家族への移行をもたらしたという確信も（Flandrin 1979），検討されないままであった。

世帯の歴史を，工業化以前と工業化以後に分極化することは，今日，産業革命を変化だけではなく継続性を含んだものとしてみなす修正主義の視点とのあいだで，ますます大きな食い違いを生み出している。さらにいえば，進化論的なモデルも構造機能主義的なモデルも，工業化と家族はもっと複雑に関係しあっていたことを指し示すような実証的証拠の増大と相反するようになってきた。驚くべきことに，イギリスの家族は工業化のはるか以前に，す

でに規模が小さく核家族であっただけでなく，時間と空間を通して均質性をもっていたことを示し，そしてイギリスの早熟な経済発展を理解するための非常に重要な示唆を提供するような証拠があるのだ。

3 工業化以前の世帯の規模と構成

　工業化以前の家族は規模が大きく複雑であったという感傷じみた仮説に対し，数人の研究者が，家族の規模に関する実証的証拠を引き合いに出して異を唱えてきた (Laslett 1972a: 1-13; Wall 1972: 191)。そして，「人口史・社会構造史に関するケンブリッジ・グループ Cambridge Group for the History of Population and Social Structure」による現存するイギリスの「記名台帳」の収集と分析によって，この難問が解明された (Laslett and Harrison 1963; Laslett 1969; 1972b)。この記録は，あるひとつの地区に住むすべての個人を，彼あるいは彼女が属する世帯ごとに数え上げており，このため年代を追い，さまざまなタイプの共同体を比較しながら，世帯の規模と構成をシステマティックかつ定量的に分析することが可能となる。この分析により，工業化以前の世帯は規模が大きく複雑であったという仮説が根本から揺らいだ。世帯は小さかったのだ。大半の世帯は5人未満から構成されており，その成員は通常は，両親と未婚の子どもたちに限られていた。いくつかの世帯は奉公人を含んでいたものの，祖父母，両親，孫を含むような複合世帯は驚くほど少数であった。

　表1および表2は，この調査が最初に行なわれた100の「工業化以前」の共同体ごとの，世帯の規模と世帯構成の定量的特徴（親族，下宿人，奉公人を抱える世帯の割合）を示している。

　これらの表には，イングランドとウェールズ，プレストンとスワンジーの1966年における数値も含まれており (Anderson 1971b; 1972に拠る)，工業化以前の家族がいかに「近代的」であったかが比較できるようになっている。工業化以前の家族の方が規模が大きく，また奉公人を含む傾向があったことはなるほど事実だが，それほど大きいわけではなく，また決定的なのは，親

表1　1世帯あたりの人数（さまざまな共同体における割合，%）

	世帯の規模										平均
	1	2	3	4	5	6	7	8	9	10以上	
工業化以前の共同体 1564-1821（N=100）	6	14	17	16	15	12	8	5	3	5	4.8
イングランドおよびウェールズ 1966	15	31	21	18	9	4	1	1	0	0	3.0
プレストン 1966	18	32	19	15	8	5	2	1	1	0	2.9
プレストン 1851	1	10	16	17	14	12	10	8	5	8	5.4
ランカシャー田園地帯 1851	3	12	13	12	14	12	11	9	6	9	5.5
ヨーク 1851	5	15	16	18	14	13	7	5	3	5	4.7
ノッティンガム 1851											4.47
アシュフォード 1851											4.85
工業化以前の共同体 1650-1749（N=45）											4.696
工業化以前の共同体 1740-1821（N=50）											4.776

出所：イングランドおよびウェールズ1966年，プレストン1966年およびランカシャー田園地帯1851年はAnderson（1972: table 7.1）より。ヨーク1851年はArmstrong（1972: table 6.1）より。ノッティンガムおよびアシュフォードはArmstrong（1972: 211）より。工業化以前の共同体はLaslett（1972b: table 4.4）より。

表2　さまざまな共同体における，親族，下宿人および奉公人を含む世帯の割合（%）

	下記を含む世帯の割合		
	親族	下宿人	奉公人
工業化以前の共同体 1564-1821	10	<1*	29
イングランドおよびウェールズ 1966	10	—	0
スワンジー 1966	10-13	<3	<3
プレストン 1851	23	23	10
ランカシャー田園地帯 1851	27	10	28
ヨーク 1851	22	21	20
ノッティンガム 1851	17.3	21.8	11.7
アシュフォード 1851	21	17.5	16.9
ポッタリーズ 1861	18	18	9-11

出所：表1の出所を参照。ポッタリーズはDupree（1995: table 2.2, 2.4および2.8b）より計算。
＊過小評価されている可能性あり。Anderson（1972: 220）を参照。

族を含む傾向についてはほとんど同じであるにすぎないことである。規模が大きく複雑な家族という西洋のノスタルジアは，イギリスの歴史をみる限り，社交的で孤立していない家族生活への憧れが生んだ集合的想像の産物，虚構にしかすぎなかったのだ。

　イギリスの田舎における早熟の賃金労働の発達は，2人または3人から構成される小さな家族の割合を増やした（工業化以前における労働者を含む比

較的小さな家族のサンプルについては，Laslett 1972b: 154 を参照)。しかし一般的には，工業化以前の世帯はプロレタリアの集まりではなかった。世帯による生産が広く存在していたことを示す実証的証拠は遍在しており反論の余地はない。ではそれならばなぜ，工業化以前においても家族の規模は小さく，その構成は複雑ではなかったのだろうか？　どのような力が働いて，このような近代的な様相を呈した世帯を，工業化以前において作り出していたのだろうか？　これらの疑問に対する答えを出すためには，世帯が行なっていた生産活動を，人口論，経済学と文化のコンテクストにおいて位置づける必要がある。世帯の規模や構成を条件づける変数には，出生率，死亡率，平均寿命，結婚する年齢，結婚後も両親の家にとどまるか否かの傾向，家長が亡くなった後に寡婦や長男がその後を継ぐ相対的な頻度，などがあげられる。拡大家族は，これらの変数における予期せぬ偶然が重なって初めて作られる，稀な場合にすぎず，「人口学的偶然と経済便益，成員間の愛着などによる思いがけない結果」なのである（Laslett 1972b: 73)。

　工業化以前と以後を通しての世帯の継続性は，人口論を考慮することによって確実なものになるとされた。人口論は家族を引き裂き，その形態を単純なものにした。たとえば，平均寿命の低さは，祖父母を含む家族の割合に上限を設ける (Wrigley 1969)。しかし，経済的，文化的な要素もまた家族の形態を条件づける。遅い結婚と早い死は，三世代がともに暮らす世帯の割合に上限を設けるし，たとえ人口学的には親族と暮らすことが可能であっても，結果的には家族の成員の親族と暮らすか否かについての選好がそのような家族の割合を決定する。つぎに経済的な条件は結婚する年齢を左右するし，文化的規範という条件は，結婚に際して両親から独立した家族を形成するか否かを左右する。人口史は，イギリスの人口増大を理解するために，このような変数の重要性を示すことになった (Wrigley and Schofield 1981; Wrigley et al. 1997; Wrigley 2004)。長期的には，経済における変化も死亡率や出生率を変化させる。

　工業化以前の世帯の規模が小さく，その構成も単純であったという事実の発見は，個人主義の台頭を家族形態の変化を一般的に説明するものとして位置づけていた確信を打破することとなり，経済発展における世帯構成の役割

についてさまざまな憶測を呼んだ。「イギリスは世界でもっとも早く〔産業革命を——著者挿入〕経験した国であり，ゆえにそのパイオニアとしての役割に，そもそも工業化が始まる以前のイギリスにおける規模の小さい単純な構成の世帯が，何らかのかたちで寄与していたのではないかと考えることは自然なことである」(Laslett 1972a: 49)。世帯の歴史は，イギリスにおいて世界で最初の産業革命が引き起こされたことを制度の面から説明するのに，一役買ってくれるかもしれない。

以降，工業化以前の世帯の規模と構成についての研究は，規模も小さく構成も単純であったという発見を立証するものとなっている (Schurer 1992; ヨーロッパにおける比較研究については Wall 1983 を参照)。しかし，イギリスにおける経験主義の伝統が生んだ一貫した継続性というビジョンは誤解を招くもととなった。非常に異なる人口学上の要因，そして社会的および経済的な要因も，上記と同じような結果を生むことがある。世帯の形態が外見上一定であることは，その水面下で起きている大変化を隠してしまうことにもなりうる。さらにいえば，家族形態の調査で判明した証拠をより綿密に精査していくと，世帯というものが過去と現在を通じて一定しているどころではなく，産業革命における家族のあり方にはそれ特有のものがあったことが暗示される。

4　産業革命期の世帯の規模と構成

上述の調査の結果は，工業化以前と以後の世帯の形態を対照的なものとして比較することは適切ではなく，むしろ産業革命期の世帯とそれ以前および以後の世帯の形態を比較すべきだということを示している。表1からわかるように，ラスレットは収集したデータを2期，つまり1650～1749年（45個の共同体のデータ）と，1740～1821年（50個の共同体のデータ）に分けて示してみせたことによって，1650～1749年の方が家族の規模は小さかったということ，しかし同時に，2期における家族の規模の平均は近似しているということを示してみせた。皮肉なことに，イギリスが工業化しはじめるや

いなや世帯の規模は大きく膨れ上がったようだ。

　これらのデータから引き出される興味深い仮説は，マイケル・アンダーソンの産業革命期における世帯構成についての先駆的研究（Anderson 1971a）によって，さらなる裏づけを獲得した。アンダーソンは，1851年のプレストンの国勢調査から調査員が作成した名簿全体の10％にあたるサンプルデータを抜き出して，世帯の規模，そして親族・下宿人・奉公人を含む世帯の割合を計算した。アンダーソンは，1851年におけるランカシャーという綿産業が盛んな町を，「工業化以前のイギリスにおける田園地帯から，現代のポスト資本主義のイギリスにおける工業・商業都市へと移行する中間点」（Anderson 1972: 215）と描写している。前掲の表1と表2をみればわかるとおり，アンダーソンは，工業化が家族の形態にどのような影響を与えたのか，そしてプレストンは本当に田園地帯から工業都市への移行の途上を象徴するような地域なのか，をはっきりさせるために，他の地域の家族の規模と構成に関するサンプルデータを引き合いに出している。そのサンプルデータには，以下のようなものが含まれている。第一に，プレストンに移住してきた家族の構成と，移住者の出身地における家族の構成を比較するためのランカシャー農村部のデータ。第二に，同じ19世紀半ばという時代においてもプレストン地方と非常に異なった特徴をもっていた，つまり「真の意味での工場や大規模生産などが知られていなかった」（Armstrong 1972）ヨークにおける1851年の国勢調査のサンプルデータ。第三に，プレストンとヨーク，それぞれと比較可能な19世紀イギリスの地方，ノッティンガムとアシュフォードのデータ。そして最後に，プレストンと類似した製造業にもとづく共同体であるポッタリーズの1861年の国勢調査からのデータである（Dupree 1995）。

　プレストンとランカシャー田園地帯における世帯の平均的な規模は，1960年代の水準を上回っており，工業化以前の平均値をも多少なりとも上回っている。これは，幾分かは，近代および工業化以前の共同体と比較して，工業化以後の方が親族を含む家族の割合が大きかったことに起因する。表3は，親族の関係を詳細に表わしている。プレストンにおいては，両親と既婚の子どもを含む世帯の割合が10％にのぼっており，このような家族構成は工業

表3　家族の世帯人員構成

家族のタイプ	工業化以前の コミュニティ	イングランド および ウェールズ 1966年頃	プレストン 1851年	ランカシャー 田園地帯 1851年	ポッタリーズ 1861年
親族なし	90	17	4	5	5
夫婦のみ		24	10	12	12
両親と未婚の子どものみ		49	63	56	65
両親と既婚の子どものみ, 他の親族なし	10	5	9	6	
両親と既婚の子ども, および他の親族		0	1	0	8
それ以外の親族の組み合せ		4	13	21	10
合計(%)	100	99	100	100	100
N =		1,533,954	1,240	855	1,432

出所：表1および表2の出所を参照。ポッタリーズは Dupree（1995: table 2.2）より計算。

化以前のイギリスにおいて珍しく，またランカシャー田園地帯においても非常に稀なものであった。それ以外の親族を含む世帯の割合も，プレストン地方においては，工業化以前の共同体に比較して大きいが，この割合はランカシャー地方が一番高い。

　ではプレストン地方の同居のパターンは，工業都市化された結果なのであろうか？　この疑問に答えるには，他の19世紀の共同体との比較が有効であろう。19世紀における他の共同体は一様に，プレストンと同じで拡大家族の割合が多かったが，世帯の構成には違いがあった。たとえば，19世紀の織物産業が盛んであった町，オールダムは，プレストンと同じくらい両親と既婚の子どもを含む世帯の割合が高かった（表3; Foster 1974）。しかし，驚くほどの広がりをみたこのような世帯構成は，ノーサンプトンやサウスシールズには及んでおらず，それぞれ5%，4%と，非常に低かった。一方で，それ以外の親族を含む世帯の割合は，ノーサンプトン（12%）とサウスシールズ（11%）において大きかった。

　プレストンはまた，工業化以前および1960年代のイギリスの平均と比較して，下宿人を含む世帯の割合が大きかった。ランカシャー田園地帯においては，工業化以前および1960年代のイギリスの平均と比較すると大きかったものの，プレストンよりは小さかった。すべての工業地域の都市の約5分の1の世帯が，下宿人を含んで構成されていた。プレストンにおける下宿人

を含む世帯の割合は23％ともっとも高く，他の工業地域はその下に固まっていた〔表2参照――訳者〕。

　しかし奉公人を含む家族の割合は，工業化以前のコミュニティと比べ，プレストンの方が小さかったが，そのような世帯は，イギリスが近代に突入するとともになくなっていった。それに対して19世紀半ばのランカシャー田園地帯は，工業化以前の共同体にきわめて類似した値を示している。その他の工業都市では奉公人を含む世帯の割合は相対的に低く，それは工業化された都市の世帯から奉公人という存在が徐々に消えつつあることを示す。しかし，ここでもまたプレストンは極端な実証的値を示しており，奉公人を含む世帯の割合が圧倒的に低い。さらにいえば，商業都市においては全体の5分の1の世帯が奉公人を使い続けていた。

　さらなる研究の結果，ヴィクトリア時代半ばのイギリスとアメリカにおいて，拡大家族の割合は上昇していったのだということが裏づけられた。ラッグルスは，1599～1984年イギリスおよびアメリカの，地方と国のサンプルからなる68のデータセットから27の別々のデータを取り出して分析した。多くの世帯は拡大親族を含まない形態であったが，1750年から19世紀終わり頃にかけて，親族を含む家族の割合は20％とおよそ2倍になった（Ruggles 1987: 6）。これらの調査結果は，産業革命期において世帯の形態が拡大家族から核家族へと変化したという古い神話を打ち砕いただけではなく，アメリカとイギリスの家族の形態は，時間と場所を超えて一貫して核家族であったという新しい神話をも一蹴した。しかし，コミュニティ研究が示す家族形態の多様性をみる限り，プレストンをイギリス19世紀半ばの工業化された都市の基準として，ましてや全体を代表するものとして捉えることは懸命ではないと思われる。世帯の構成を説明づけるには，プレストンという極端な例を取り上げるだけではなく，他の多様な地域の分析結果を用いるべきであろう。

5 利己的な個人と相互利益的な世帯

　構造機能主義者も，イギリスの経験主義者も，自分たちのマクロモデルを使って，家族を形成したり解散したりすることと，家族とその外部とのあいだに境界線を引くことにまつわる人間の判断を記述することができなかった。構造機能主義者が，社会全体という大きな領域における人間の適応的な行動を説明してみせた一方で，経験主義者は，歴史上の記録から発見することのできる計測可能な世帯形態の特徴に焦点を当てていた。最近では，新家庭経済学（Becker 1965; 1981）や「家族戦略」といったアプローチが，世帯というものは，集団としての利益がもっとも大きくなるように，その規模や構成，雇用構造を適応させている結果であるとして描いてみせている（Tilly and Scott 1978; Hareven 1982）。しかし，人間がどうしてそのような判断を下し行動に移すのか，という点は依然として解明されていない。世帯の規模や構成のパターンが，社会的および経済的な説明変数だと思われるものとどのような相関関係にあるのか，それを解明するには，世帯の成員としての個人の行動を記述してみせる信憑性の高い説明が必要であった。そのようなミクロ的な説明がなければ，世帯形態の歴史の分析は何らの貢献もできない。

　このようにさまざまなアプローチをもってしても手付かずに終わったミクロレベルの分析という真空状態は，アンダーソンによる，家族関係の道具主義的で功利主義的な記述によって満たされた。アンダーソンの分析によれば，ラスレットが「経済便益 economic convenience」と呼ぶものによって世帯の規模や構成が決まり，この「経済便益」が互恵的交換と相互利益にもとづく世帯についてのミクロ的な理論として完成されることになった。

　同居は，個人が世帯の成員として経験した有利性と不利性にもとづいて説明された（Anderson 1972: 226）。とくに，ある親族に分類される多くの個人（たとえば既婚の子ども）が，もう一方の親族に分類される個人（たとえば配偶者をなくした寡婦）と同居することを選択するのは，同居することによって，平均的な生涯の経済的有利性の現在価値が経済的不利性と比べて大

きくなる場合に限られた．同居することによる利益は相互的でなければいけないし，同居は必要に応じて資源を分け合うことを含んでいるのだ，ということが認識されたうえで計算されなければならない，というのだ．

互恵的交換と相互利益にもとづく「経済便益」，という理論的な枠組みが与えられることによって，世帯の特徴が説明しやすくなった．田園地帯の世帯が，親族を含む傾向をもつ理由も簡単に説明できる．19世紀イギリスの田舎には珍しく，ノースランカシャーにおいては，相互利益のために親族を雇い農場を経営している富裕な家族の割合が大きかった（Williams 1963）．しかし，経済的な協働の発展によっては，なぜプレストンにおいて賃金収入依存型の世帯が，親族を含む傾向にあったかは説明できない．

親族を含む傾向は，ある程度までは，急成長を遂げる都市において，家賃をなるべく多くの人びとに分散させて負担し合おうという動機にもとづいて身を寄せ合うことによって説明できる．しかし，同居にはもうひとつ有利な点があった．親族のネットワークは，個人が仕事を獲得するための助けになるのである．たとえば，親族が小規模なビジネスを行なっている場合，雇用が提供されるうえ，人を雇い監督する際につきまとう情報不足という問題も解決される．たとえ完全に賃金収入に依存するような世帯であっても，両親・叔父・いとこ・姻戚・兄弟などがいることで，仕事に関する情報や紹介が得られるのである．

では，他の地方では稀だと思われるのだが，プレストンとオールダムにおいては，結婚した夫婦が両親と同居する比率が高いことはどのように説明できるだろうか？　ここでも答えは相互利益にある．労働者階級に属する者が高齢に達すると，既婚の子どもたちと暮らさない限り家賃も日々の出費も分担できず欠乏状態に陥りやすい．一方で，若い夫婦にとっては，家賃を分担してもらえるという利点はあるものの，両親と同居することの不利な点がだんだんと大きくなってくる．親族が高齢になるほど，同居することの負担が大きくなってしまうのである．同居することを断られた高齢者はまったくの貧窮状態に陥ってしまい救貧法によって救われることになる（Thomson 1991; Smith 1998; Thane 2000）．このようにして，19世紀におけるほとんどの市街地や工業化以前の田園地方においては，両親と既婚の子どもが同居す

る家族の割合は低く抑えられていた。ところがプレストンとオールダムにおいては，貧困はそれほど深刻ではなくまだ余裕があった（Foster 1974; Anderson 1972）。さらに重要なのは，綿工業は既婚女性にも雇用を提供しており，そのため子どもの世話と家事の代行に対する需要があったことだ。つまり子どもの世話と家事を引き受けることによって，高齢な親族は寝食を得ることができた。このように互恵的で相互に利益があった。同じように貧困がそれほどひどくなく，地域産業が既婚女性にも働き口を提供していたポッタリーズのその後の研究によって，綿織物工業都市の発達と家族構成の因果関係がさらに裏づけられることとなった（Dupree 1995; 表3も参照）。

　地域における子どもの雇用の機会も，家族の構成に影響を与えた。プレストンでは，子どもも製造工場で働いたり，または子守を引き受けたりしており，仕事を探すために家を離れる必要がなかったのだ。これは稀なケースであった。工業化以前のイギリス，工業化の途上にあったイギリスの田園地方，そしてヨークにおいてさえも，子どもたちは仕事を探すために家を離れなければならなかった。このためプレストンの世帯では，親族の孤児や，働き口の少ない親族の子どもは，雇用が保証されていることになるので，魅力的な家族の一員になった。こうして，多くの「両親のいない子どもたち」がその他の親族という項目のうちに含まれていることを説明できるのである。

　奉公人や下宿人を含む世帯の割合も，相互利益に左右される。プレストンでは，家族経営の小規模なビジネスが相対的に少なく，収入格差があまりなく，若い層に対して同居の必要のない雇用口がたくさんあったため，奉公人が世帯に含まれることは少なかった。しかし同時に，プレストンやヨークは，他の地方と比べ住宅費が高かったため下宿人を含む割合は大きくなった。

　このように，相互利益を用いて，工業化以前の他の都市の世帯と比較して，プレストンにおける同居のパターンが独特なものであった理由だけでなく，19世紀の工業都市と非工業都市にわたる世帯構成の多様性を説明することができた。これらの多様な世帯構成は，それぞれの地域の住宅事情，貧困，女性と子どもの雇用機会，死亡率や移住，といった要素に深く関係していた。たとえば，ポッタリーズにおいては核家族が主要で，核家族外の成員を含む割合が低かったことは，ポッタリーズへの移民の少なさと住宅供給の豊かさ

と関係していた（Dupree 1995）。

　さらに，通念とは違って，産業革命が進行するにつれ，世帯は古い機能をなくすにつれて新しい機能を獲得しつつあった。工業化初期の労働市場の組織は，そのさまざまな機能を労働者自身の家族に移譲していた。親族は，たとえ自らが単なる被雇用者であっても直接に雇用する権利をもっていた。紡績工は糸継ぎ工を，陶工は鋳型運びを，採炭夫は石炭引き揚げ人夫を，自ら雇っていた〔それらは通常，子どもの労働であった──訳者〕（Shaw 1903; Collier 1964; Hunphries 1981）。家族による労働者編成は，その協力体制が記録に残されている紡績工場以外の他の初期の産業においても数多く存在していた（Smelser 1959; Collier 1964）。家族メンバーと働くことは利点をもっていた。家父長制の権威と家族への忠誠心は，労働のプロセスにおいて効果的なヒエラルキーを構築するために利用できたし，危険をともなう労働の場においても，信頼できる同僚がいることは安全性を向上させた。それゆえ，産業革命時代の換気設備の整っていない炭鉱では何らかの危機的状態が起こったときに，家族であれば惜しみなく助け合うことを理由に，同じ家族の成員を雇うことが多かった（Humphries 1981）。仕事に対する評価の仕方が素朴で抗争的であった初期の工場や鉱山においても，賃金はたいていの場合歩合制であったのだが，家族が同じチームにいることは有利に働いた。家族によって仕事ぶりがチェックされ評価されることで，管理者や親方によるごまかしを防ぐことができたし，仕事と設備のより有利な分配を，協力して要求することができた（Humphries 1981）。市街地や都市に新しく移住してきた者にとっては，仕事を探す際の援助がとくに重要であったし，このため遠い親族であっても，つてを求め，皮肉なことに，工業化以前の生産を行なう家族形態よりも，さらに大きな家族へと拡大されていった。

　今日の歴史家たちは，経済学の侵入に対して慣れてきており，合理的な経済人というものが奇妙なところで突然現われる。しかし1971年には，歴史家たちは家族の関係というものは規範的で情愛によって結ばれたものと考えることが普通であり，産業革命期の家族のなかに突然合理的な経済人が現われることに躊躇した。規範は個人を，延々と続く計算から解放するが，同時に効率的な対応を保証するといっても，そのことは歴史家たちの違和感を解

くことができなかった。家族内の愛情を,「非市場的で特殊な家計内商品」として扱うなど,「あからさますぎ」と考えられていたのだ (Ruggles 1987: 17)。結果から意図を推測するという状況証拠的性質が疑わしいとされ, アンダーソン自身, 家族を形成する意図が経済的なものなのか否かを上手く説明する方法を模索したが (Anderson 1972: 231), その多くは家族の関係の連帯としての説明を強化するものばかりであった (Dupree 1995: 25)。

家族構成の非経済的な説明は, 経済的な説明を代替するものとはならないまでも, 補足するものとされてきた。一般的でない家族形態を説明するものとして, ラスレットがしぶしぶ受け容れた「個人的な愛着 personal attachment」というものはやがて定着し, 産業革命期に拡大家族の割合が増えたことの文化的, 感情的な説明として一般化されるようになった。都市化, 移動手段の発達, 広範な経済的また社会的な変化は, 前代未聞の混乱と不安感をもたらし, 多くの人びとが家へ, 家族へ, 強い情愛で結びついた関係へとふたたび退こうとしたのだ (Lasch 1977; Ruggles 1987)。人口統計上の条件も, 拡大家族が都合がいいような変化をもたらした。平均寿命が延び, 結婚が早まり, つまり利用できる親族の数が増えることによって親族と一緒に住む人口割合も拡大したのである (Ruggles 1987: 125)。

経済に片寄った世帯分析は, 家族はどこまでケアなどの援助を行なうかという点においても, 感情的または文化的な説明と相反する。役に立つ事例を見つけることは簡単でも, それが孤立したものなのか, それとも代表的なものなのかを見極めることは難しい。高齢者のケアは重要な問題であった。エリザベス救貧法は, 高齢化した両親のケアを子どもに要求していたが, 救貧法の記録や救貧院居住者のリストをみる限り, 18世紀までには高齢者をケアする責任は教区に負わされていたことがわかる (Thomson 1991; Thane 2000)。一方で, 家族は「互恵的で即時的な交換」が発生する場合においてしか, 援助を与えない (Anderson 1971: 8) という仮説をめぐって議論がされてきた。歴史家たちは, 家族の成員間の「計算高いという性向」の証拠となるものを, ほとんど見つけることができなかった (Roberts 1988: 172; Finch 1989)。貧困のため補助金が出ない場合でも, ケアや食料は与えられた。非金銭的な支援のネットワークは, とくに女性にとって重要であった

(Finch 1989; Ross 1993)。旧救貧法は、援助を与える側の親族や隣人に対して補助金を与えることで、家族や共同体の結束を高め、他の場合においても、その結束は破られることなく持ちこたえた。北部と西部ではけちな旧救貧法が続いたために、そのやり方に欠点があるにもかかわらず (King 2000)、工業化された地域においては、主に家族が支援の提供者であった。そして18世紀終わり頃には、南部と東部において貧窮者に対する風当たりが強くなっても、1830年代と1840年代に新救貧法に移行しても、家族はずっと福祉の前哨基地であり続けた。1834年以降、救貧法による財政支出が大幅に削減されても、ニーズはそれとともに低下したわけではないので、そのギャップは家族が埋めてきた。

　賃金収入に依存する労働者階級のあいだで家族が生き延びたことと、その構造は主として、家族の成員が互いに与えることのできる互恵的支援による。家族を取り巻く経済的条件の変化によって、成員間の互恵的支援の交換はなくなったのではなく、古い形態を捨て新しい形態を獲得したのである。そしてこの相互支援は、われわれが考えていたよりも交換条件に左右されておらず、むしろほとんどの親族は、自らの核家族が危機的状況に陥らない限り、支援を提供する用意があったのである (Humphries 1977; Dupree 1995)。しかし、世帯の形態が完全に変わってしまったわけではなかった。少数ではあるものの伝統的な形態の世帯が維持されていたことを裏づける重要な証拠があり、それは、組織の移行は漸進的なものであったという修正論者の主張を支えるだけでなく、なぜ漸進的であったのかを説明してくれる。

6　変化の一方で維持されたもの──住み込み奉公と家庭内企業

　工業化以前の世帯においては、徒弟と同様に住み込みの奉公人も、労働力の主要な構成員であり、成人男性人口の15〜20%を占めていた (Stone 1966)。住み込み奉公は、子どもが、個人ではなく家族を中心として構築された社会に適応するような成人になるように橋渡しをするものであった (Caunce 1991)。しかし、住み込みは、家庭内サービスを例外として、「経

済の歴史における進化途上の恐竜のひとつ，異常なほどに大繁栄したが，時代の変化とともに急速に絶滅した種」（Kussmaul 1981: 134）として認識されてきた。アンダーソンは，プレストンにおける奉公人を含む世帯の割合の低さを，「この階級に運命づけられた衰微」（Anderson 1971a: 81）の前兆と考えていた。

　住み込み奉公の消滅が起こったのは，18世紀終わり頃であり，もはやそのようなサービスが好ましくなくなるような経済的条件の変化があった。しかし19世紀半ばに至るまで，いくつかの共同体においては，奉公人，取引の補助役や徒弟を含む世帯の割合は大きいままであり続け（表2を参照），世帯の組織とその行く末を再検討するのに期が熟したことを示していた。

　一年ごとの契約で，かつ多くの場合現物給で住み込みの農業奉公人を雇うことは，農業労働につきもののいくつかの問題を解決することとなった。このような伝統的な奉公の契約は，インセンティブを調整し，監視と召集にかかるコストを削減した（Woodward 2000）。他方でそのような住み込み型の労働者にとっては，仕事を求めて移動するコストをなくし，家賃や食糧の値上がりから保護してもらえるよい仕組みであった。住み込み型農業奉公人のほとんどが若く独身であったことは，結婚を期に独立した世帯を作ること，このような契約に含まれるOJTや経験の価値に付随する重要さの証拠である。ほとんどの農家は，住み込み型の奉公人と，独立した賃金労働者の両方を，農業の形態や価格に合わせた割合で雇うことで，自身のニーズにベストマッチさせていた（Kussmaul 1981）。

　奉公人たちが結婚する時期に変化があったことは，このような年季奉公の仕組みが衰退しはじめた間接的な証拠であった。農家の奉公人たちの多くは，年季奉公最後の年が終わった直後に，独立した世帯を営めるほど賃金が貯蓄された時点で結婚した（Kussmal 1981）。10月に結婚する人の割合の変化は，年季奉公の重要度の変化について大ざっぱな指針となり，長期的な傾向の変化を示す指標として使われた。農家における奉公人の年季奉公は，1750年から明らかに減少しはじめ，ナポレオン戦争間にやや戻ったものの，それ以降も一貫して急激な減少を続けた（この統計に対する批判的議論については，Snell 1985: 85; Woodward 2000を参照のこと）。旧救貧法の下では[1]，1年間

の奉公によって居住権が保証されていた。つまり，居住調査でわかるように，奉公の受け入れによる居住権獲得の件数の変化も，奉公人による年季奉公の減少を表わす指標となった（Snell 1985）。これらの指標からわかるのは，年季奉公の減少度合いは地域によって違い，南東部においてもっとも急激であり，それが1820年まで続いたということだ。当時の論評において，このような傾向があったことはさらなる確証を得た。今日では，雇い主と奉公人のあいだに強制された親密さを生むような伝統的な年季奉公の減少によって，階級間の溝が深まったとされている（概要については Snell 1985 を参照のこと）。

　年季奉公が減少したのには，年季奉公にともなうコストと便益が関係している。工業化そのものが原因だったわけではないが，農業における資本主義への移行が重要な役割を果たしていた。人口論上のさまざまな条件の変化を反映した食糧価格の動きによって，奉公人の住居と食事にかかる費用は，1日当たりの賃金と比較して高くなったり安くなったりした。その結果，農業に従事する労働者の構成は長期的に変動した（Kussmal 1981）。ナポレオン戦争期におけるインフレーションは，奉公人の住居と食事にかかる費用を高騰させたため，住み込みの労働を著しく減少させた。貧困救済を目的とする財政支出の増大と，田園地帯の労働市場における供給超過によって収穫期の労働者確保が容易になったことから，居住権を保証するタイプの雇用はますます避けられるようになった（Snell 1985）。また農場主と奉公人，双方とも自らのプライバシーを重要視するようになったこと（Pinchbeck 1969〔1930〕），農業の大規模化，家族経営の農場が消滅していったこと（Moses 1999）も，その原因となった。

　印刷あるいは手書きの国勢調査やオーラルヒストリーにもとづく最近の研究が示唆しているように，農業における年季奉公は，定説となっていたほどには急激に消滅したわけではなく，むしろ19世紀を通して，とくにイング

---

1) 救貧法のもとでは，金銭その他の援助を必要とする貧困者は，居住地の教区においてのみ，地方の貧困監督所に申請する権利をもっていた。教区で生まれることによって，自動的に居住の権利を獲得できるのではあるが，居住はまた徒弟や長期の雇用期間を通じても獲得されえた。

ランド北部，スコットランド，ウェールズにおいて重要なものであり続けたことがわかっている (Devine 1984; Short 1984; Howkins 1994; Caunce 1997b; Kussmal 1981)。こうして1871年に行なわれた国勢調査は，奉公人と労働者を区別していた最後の調査であったが，それによると，イングランドにおける奉公人の割合は雇用労働者の16%でしかなかった。しかし，スコットランドでは恒常的な農業従事者のほとんどが，そしてウェールズとアイルランドにおいては全体の半数以上が，奉公人に分類された (Howkins 1994: 60)。年季奉公がもっとも急速に減少したイングランド南東部においてさえ，1831年には農業労働力のうち15〜38%もの人びとが「農場奉公人」であった (Snell 1985: 84)。

年季奉公の制度は，耕地においても，大規模な資本主義的農場においても受け継がれた。たとえばイーストライディングでは，1920年代後半において農場労働者の半分以上が奉公人であった (Caunce 1991)。年季奉公の制度は，時代の変化に柔軟に順応することで生き残った。イーストライディングにおいては資本主義的農場へと移行した後も，新規のあるいは拡張された農場の家屋には，主人である農家とその家族の居住場所から離れた場所に，奉公人のための部屋があった。こうしてプライバシーを重要視する時代の流れにさからうことなく，年季奉公の制度が継続された (Moses 1999)。他の地方では，奉公人は小屋住みか，親方のもとに下宿したりしていた (Howkins 1994)。1780年頃からは，通いの形態の年季奉公も広がっていった (Snell 1985)。つまり年季奉公という制度は継続したのだが，それは同居するというもともとの奉公の形態を部分的に切り離していったのである。

農業以外の分野においても，住み込み型の奉公は，その主人と奉公人にとって，農業の場合と似たような有利・不利をもたらした。商業や工業の分野においても，年季奉公という制度は，農業の場合と同様の経済の変化によって切り崩されていった。それでも，1851年に14地方を対象に行なわれた国勢調査によれば，住み込みの奉公人や商業使用人を含む家族の割合は少なくなく，住み込みがいまだ一般的であったことがわかる (Armstrong 1972: table 6.12; 表2のヨークとアシュフォードの数字も参照のこと。前者は大規模な市場をもち，後者は鉄道の終着点であった)。

家事奉公人の制度も引き継がれたが，それは年季奉公と違った背景のもとであった。陸軍や海軍が入隊者を必要としているときには，男性の家事奉公人に対して税金が課され，これは家事奉公人制度の継続にとっては不利な条件となった。しかし女性の奉公人は増加傾向にあり，これは他の雇用機会がない——とくに田園地方においては——ことが背景にあったと考えられている。今日の研究においては，以上の見解に疑念をさしはさんでいる。19世紀における国勢調査の，女性の家事奉公人を計算する方法の有効性が問われており，また女性の家事奉公人は増加傾向にあったという先入観に強い影響を受けているのではないか，とされているからである（Higgs 1983; Schwartz 1999）。むしろ，住み込みの家事奉公人の割合は，1780年から1851年にかけて減少傾向にあった可能性がある。

徒弟も，数字のうえでも経済のうえでも，重要な労働者であり，また伝統的に住み込み型であった。徒弟は，年季奉公契約書（通常5年間にわたる訓練を受ける契約）によって手工業職人と契約を取り交わしており，その手工業職人が徒弟に仕事を教えた。徒弟の訓練と生活にかかるコストは，徒弟が主人の下で働くことで，また前金を払うことでまかなわれていた。徒弟は，家族の一員として，主人といっしょに暮らしていた。主人の下における訓練は，将来の職業に生かせるような生活の術を学ぶ機会でもあった。

徒弟制度の法制史はよく知られているものの，その制度の人口論上の重要さや変遷は明確にされていない（Dunlop 1912）。残されている都市の雇用台帳によれば，初期の工業都市の人口に占める徒弟の割合は5％ほどであったと推察されるが，多くの青年が職業的な訓練を受けるために集まってきたロンドンの一部においては，10％ほどだったと思われる（Earle 1989; Humphries 2002）。徒弟制度が衰退していったことについてはコンセンサスが形成されているが，それがどのタイミングで起こったのか，またなぜ起こったのかについては，明らかにされていない（Snell 1985）。説明のひとつとして，徒弟制度の衰退は，産業革命のおよそ1世紀前からギルドの力が弱体化していったことと関係があるのではないか，とするものがある。スネルは，居住調査で示されたように徒弟制度の衰退を，奉公期間の短縮と違法な徒弟契約の増加という点から説明しようとした数少ない歴史家のひとりである。彼の

研究によれば，徒弟制度の衰退のタイミングに地域差があったこと，ギルド制が発達していた都市部と農村地方では衰退の経緯に違いがあったことがわかる。奉公期間は18世紀半ばから減少傾向にあり，とくに1780年以降，および1811～1820年においてその傾向が強い（Snell 1985; Rushton 1991）。しかしレイン（Lane 1996）は，より漸進的な衰退を主張しており，1814年に徒弟条例が廃止されたことも，その緩やかな傾向に影響を与えることはなかった，としている。

徒弟制度もまた，それをとりまく新しい条件に自らを適応させることで生き残ってきた。徒弟がジャーニーマン（渡り職人），自分の家にとどまったままか，あるいは下宿先に住みながら昼間は親方と働く，という「通い」の徒弟制度のスタイルは1780年以降急速に普及した（Snell 1985）。同じ時期に，農業においても似たような形態，つまり非－住み込み型の奉公が発展しつつあった。短期間の徒弟制度も一般的になっていった（Lane 1996）。

18世紀終わり頃から19世紀初頭にかけて，住み込み型の奉公はすべて時代の条件に合わなくなってきた。つまり，食糧価格の高騰，労働市場の供給過剰，被雇用者の住居を補助するのを嫌がる風潮，そして雇用者が被雇用者と社会的距離をおこうとする願望といった条件である。このようにして，世帯は，住み込み型の奉公人を削減し，縮小していった。しかしそれでも，これら住み込み型の奉公という形態の消滅は，クスマウルが鮮やかな比喩を用いて説明したほどには，急激でもなかったし普遍的でもなかった。上記にあげたような時代の条件，つまり住み込み型の奉公が適応できなくなった条件は，とくにイギリス南東部の農村地帯――クスマウルとスネルの主要な研究対象である――において慢性的なものとなりつつあった。それ以外の地方や産業部門の条件には，むしろ住み込み型の奉公が適していた。というのも，時を経るにつれ，住み込み型の奉公という形態を衰退させるような要素が，なくなっていったのだ。食糧価格は戦時中の高値から通常レベルに戻りつつあり，1834年には，年季奉公という契約にかならずしも住居の保証が付随しないこととなった。1851年には，奉公人（家事奉公人を含む，だがそれだけではない）や商業使用人，徒弟を含む家族の割合は小さくなっていたものの，重要な意義をもっていた。つまり，住み込み型の奉公が，単なる過去

の遺物ではなかったことを証明していたのだ。しかし，時代の条件への適応は，年季奉公を部分的には残したが，それを世帯から取り除き，年季契約を雇用契約へ変えていった。

住み込み型の奉公は，主人-奉公人という伝統的な主従関係にもとづいていたため，家族経営などの小規模な生産体制が衰退するにつれて消滅していった。住み込み型の奉公が，少数の分野では維持され，また時代の条件に合わせて柔軟に適応していったのだ，という意見は，小規模な生産単位は19世紀にかなり入ってからも重要な位置を占めていたという見解と一致する (Berg 1994; Howkins 1994)。

農業においては，囲い込みの進展や農家の規模の拡大，土地の保有権をめぐる変化などが，小さな土地しかもっていなかった所有者をその土地から切り離し，よって彼らは賃金労働に依存するしかなくなった。1700年までには，60%相当の家族が，なかには土地に対するわずかな権利を保有している家族も少ないながら含まれていたが，賃金労働からの収入を受け取っていた (Tilly 1984; Snell 1985)。近代化初期の農村地帯における賃金労働の発達こそが，産業革命の根本的なルーツであったと長いあいだ認識されてきたし，プロレタリアートが小規模な家族しか形成できなかったことが，産業革命時代の核家族化の原因であるとされてきた。

18世紀を通して，小規模な土地の自由保有権はことごとく買い上げられ，地主たちは土地を貸し出すことをやめた。ヨーマンが保有していた土地は上流階級や貴族の手に渡ってしまった。小規模農家は，資本主義的に経営されている農家に併合され，それらの大規模な農家に土地を貸し出すこととなった (Allen 1992: chapter 4)。1830年までには，新たに15%を占める家族が，労働賃金に依存する労働者階級に加わった (Tilly 1984)。同時期に，共有権という形態で各家族に拡散されていた所有権，プロレタリアート家族がその権利にもとづいて土地を開発し続けてきた制度のなごりが，消滅した (Martin 1984; Snell 1985; Malcolmson 1988; Shaw-Taylor 2001 も参照)。結果，大規模な土地の統合が起こり，三つの階級からなる社会関係が現われた。つまり，富裕な大地主と比較的裕福な借地農家，そして土地を所有していない貧困労働者層の三つである。

しかしこうした変革は，イギリス全土において同じペースで進行したわけではない（Devine 1984; Howkins 1994）。耕地に適した南東部以外の地域においては，大規模な資本主義的農業経営や，プロレタリアート化は，一般的ではなかった。たとえば北ランカシャー地方における家族経営型の農家の存続は，田園地帯の世帯には親族や奉公人が含まれる割合が高かったことと関係している。

　農業以外の分野においては，家族経営の小さな工場から，大規模な生産単位への移行が避けられないものとなりつつあった。しかし当時の人びとや一部の歴史家がこの時代についてもつ，生産が資本主義的な大企業というものに再編され組織化されていった，というイメージとは違い，実際には，さまざまな形態の工業組織が共存していたことが，最近の研究でわかっている（Berg 1994）。1840 年になっても，イギリスの製造業のうちじつに 75% 以上が，さまざまな形態をもつ，分散した小規模な工業組織であった。職人生産は，問屋制とともに繁栄した。そして両者は，集権的な資本主義企業と共生関係にあった（Hudson 1986; Levine 1987; Rose 1988; Berg 1994; Hudson 2004）。小規模な生産はたびたび存続の危機に陥った。機械化の時代における手工業は，手織物工たちが見舞われた過酷な運命に象徴される。しかし，手織物工たちは，19 世紀に入っても独立した生産者として存続し続けたし，1840 年になっても約 20 万人を数えた（Bythell 1969）。また地方によっては，手工業は生き残ったどころか，繁栄した。バーミンガムやブラック・カントリーの金属工業，イングランド中部地方におけるメリヤス織物，そして家具や靴，タバコや食糧などのあらゆる消費者向けの産業などが，その例だ（Berg 1994）。

　作業組織の専門家によれば，このような小規模な手工業はフレキシブルで適応力が高いこと，質の高いものを生産すること，そして同業者同士のネットワークをもつことなどによって規模の不経済を相殺していたという（Piore and Sable 1984; Best 1990）。住み込みの奉公人や親族を雇用する世帯はとくに，このような手工業において競争力を高めていった。なぜなら，住み込みの奉公人は，たとえば注文への素早い対応のために必要とあれば，1 日 24 時間，いつでも労働に駆り出すことができた。徒弟や親族の労働者は，

その世帯のなかで職業訓練を受けてきた場合が多く，信頼できる腕をもっていた。品質管理も低コストで行なうことができた。

　最近の研究では，経済的な協働の円滑化にとって，信頼関係がいかに重要か，強調されてきた。お互いの信頼関係ではなく，個人の力が先走り，報酬や責任の分配についての最初の契約が破られることになれば，信頼関係が果たすはずの重要な機能が働かなくなってしまう。家族経営の生産単位は，とくに親族を雇って運営される場合，信頼関係を構築できる環境が整っていることになる。というのも，親族という関係のなかでは紛争は解決しやすいし，契約は交渉しやすく，もし契約が破られるようなことになっても，外部の権威に頼ることなく社会的または経済的な制裁を課すことで，信頼関係を脅かすことなく維持することができる。継続的な親族関係は，主従関係を暗黙の契約関係の下におき，そのようにして協力を保証した。それは効率的であったが，市場関係のみによっては維持されえないものである。小規模な部門ほど，こうした信頼関係は重要であっただろう。なぜなら小規模な部門は流動性も不十分であり，賃金も契約が果たされるまでは支払われないことも多いからだ。ジャーニーマンが，しばしば親族を主人または同僚として選ぼうとする傾向が強いのは，経済的な交換において，とくに契約関係が普通でなかった場合（小規模な産業分野や工業化初期）にいかに信頼関係が重要であったかを示唆している。また親族を使用人として雇う家族経営は，世帯の親密さを破られることなく，住み込み型の雇用の利点を享受することができた。さらに，企業同士を結ぶネットワークは，企業を維持したり新たな企業を立ち上げたりする際には重要であり，親族とコミュニティとの関係のうちで形成されていたという（Pearson and Richardson 2001）。

　以上のように，小規模な産業が生き残ったために，世帯生産や同居，親族の奉公の余地も維持された。そしてもちろん，こういった家族のあり方が，小規模な産業を生き残らせたのである。

　このような世帯という生産単位は，自然に自営業になっていく。また産業革命期のイギリスにおいて，世帯という生産単位は偏在しており，世帯単位の経済的協働というもうひとつの領域も作り出していく。田園地方では，すべての村において鍛冶屋，大工，肉屋があり，そういった世帯は町や都市部

へと進出していき，石屋，レンガ職人，鉛細工職人，ガラス屋へと成長し，国勢調査に記録された幾多の取引をみればわかるようにますます職種を増し繁栄していった。

問屋制手工業の世帯は，自営業の世帯と賃金労働に依存する世帯との中間に位置づけられる。問屋は原材料を提供し，できあがった生産物を流通させ，時には機材の貸し出しも行なったが，生産を組織していたのは世帯であった。

職人による生産に従事する世帯，自営業や受注生産を行なう世帯は一様に，組織的に家族の構成員を総動員する傾向があった。収入はもちろん産出高に依存していた。生産に付随するさまざまなプロセス，たとえば糸を巻き，布を縫い合わせ，さらにかがり縫いをすること，また帳簿をつけること，作業所監督，徒弟たちの監督，これらを家族の構成員が行なわないとなると時間とコスト——外部の人間を雇うための——がかかり，結局家族の収入を減少させてしまう。当然のことながら，労働者階級の思い出や当時の観察記録によれば，妻や子どもも生産に動員されることが一般的で，しかも有利であったことがわかっている (Vincent 1981)。年齢や性別といった自然に備わった性質は，このような家族単位の小規模な生産チームにおける分業へとつながった。家族生産における何層にも絡み合った相互依存，親密な関係が長期にわたって継続すること，これらの性質によって，従業員が怠けることが無意味かつ不可能になり，それゆえ従業員の努力や生産物の品質に対する監視にそれほど手間をとられずにすんだ。生産に付随して発生するこれらの雑務を家族が担っても，それに対する賃金が支払われることは稀であったし，あくまで「補助的」な役割として表に出ることはなかった。それでもこれらの献身的な補助があったからこそ，家族単位の生産が競争力をもち続けることができたのである。

しかし家族生産は良い面ばかりではなかった。家族労働は潜在的に搾取という性質をもっていた。たとえば，生産物の価格が下がれば，家族企業が破産しないために世帯の構成員は長時間の重労働を行なわなければならなかった (Medick 1976)。こうして手織り工業における歩合制の収入が減ると，それでも世帯収入を維持するために，妻や子どもといった家族の構成員を生産に動員した (Lyons 1989)。シェプシェッド地方の掛枠細工の編み物産業

地区では，1851年までに，男性世帯主の収入高では暮らしていけなくなり，他の家族の構成員が産業に従事するようになった。その産業に従事する労働者が2人以上の世帯は，全体の80％にのぼった。さらに全世帯の50％が3人以上の労働者を抱えていた。「賃金労働者同士が同居」する割合は，農業部門や熟練手工業や職人よりも高かった（Levine 1977: 27; Rose 1988）。手工業では，経済的に厳しい条件のもと，徒弟の数が増えていったが，「追加労働者」による生産増大は供給過剰を加速させるにすぎなかった。

　いままでの研究によれば，産業革命初期においては，労働者1人あたりの生産性ではなく，労働者の数を増やすことで生産を増大させようとしたとされている。世帯が経営する産業においても，価格変動への対処方法が労働者を増やす，というものであったことも，この見解と一致する（Crafts and Harley 1992; Crafts 1994; de Vries 1994; Voth 2000）。しかし，これはより高い収入と新しい消費財の供給という欲望に突き動かされた「産業革命」（インダストリアル・リボルーション）ではなく，標準的な暮らしを維持したいと願う人びとによる「勤勉革命」（インダストリアス・リボルーション）であった。デ・フリース（de Vries 1993）の用語でいえば，家族生産や余暇に当てられていた時間が積極的に市場経済に移行したというよりむしろ，人びとがそのように強制されたからだという。これを実証的に明らかにするためには，家族の雇用水準や生活水準をより詳しく見る必要がある。

7　産業革命期における賃金収入世帯

　生産活動を行なう世帯が，歩合と価格下落に苦しめられたように，「家族賃金経済」も同様な負の影響を受けやすい立場にあった。賃金の下落に直面し，世帯は，労働者を増やすか，労働時間を長くするか，労働の強度を高めるかし，それがためによりいっそう賃金は下落し，世帯の暮らし向きはよくなるどころか，努力するほど悪くなっていった（Medick 1976）。

　マルクスとエンゲルスは，こうした傾向を記録した唯一の人物ではないが，彼ら特有の見方は，こうした傾向を資本主義の発展にともなう避けられない

局面として説明したことにある。近代の歴史家たちは，こうした傾向が，手工業を営む世帯経済が機械化された生産と競争せざるをえなくなった時代に，世帯経済にどのような影響を与えたかを追跡してきた（Levine 1977; Rose 1988; Lyons 1989）。こうした視点からみると，工業経済初期における世帯，そのなかでもとくに，機械化された生産と競争することとなった家内手工業を営む世帯は，仕事をしていない人の数が，仕事をしている人の数と比較して，非常に小さく，妻や母親の労働への参加率が高く，子どもが早い年齢から仕事に参加するという特徴をもっていた。機械化が手工業から体力の必要性を取り去り，女性や子どもを雇うことを可能にするにつれて，賃金率は押し下げられ，労働集約は高まった。

工業化初期において，「仕事はたくさんある」のに「時間と福祉という点において貧しい」世帯が増えたことは，逸話的な証拠や特定の産業研究とは一致するが，産業革命が，工業化以前の，すべての成員が生産活動に参加する家族経済から，女性と子どもが男性に依存する男性稼ぎ主モデルの家族への移行を促した，とする信念と食い違う。家族内雇用が強力であった期間はどれほど重要だったのか，男性稼ぎ主モデルが台頭してきたのはいつなのか？　どちらの疑問に対しても意見の一致はみられていない（Creighton 1996）。これらの問題に関しては，女性と子どもの労働についての寄せ集めの実証的な証拠，家族内雇用の構造についてのばらばらの研究しかなく，答えを明らかにするどころか，よりいっそうの議論を呼んでいる（Thomas 1988）。

はたして産業革命初期に，家族雇用の強度が増したのか否かは，議論の的となってきた（Richards 1974）。女性と子どもの労働が，世帯というプライベートな場から出て，見えるものとなったことにより，研究者たちの目を欺いたのかもしれない。女性と子どもの労働は，家族内において集約のピークを迎えたのか，それとも初期の工場労働においてそのピークを迎えたのか，についても議論がなされている（Pinchbeck and Hewitt 1973）。集約的な家族雇用が，女性の仕事をどう扱うことになったかも，明確になっていない。世帯外における生産活動への移行は，生産活動と家事を同時に行なうことを困難にすることによって，女性の自立を損なった。生産活動を行なう世帯が

消滅したことが，女性の地位や福祉（well-being）に有害な影響を及ぼした，と皆が考えているわけではない。少なくとも，仕事場の汚さや騒音，ストレスから，家庭を解放した（Pinchbeck 1969[1930]）。楽観的な見方によれば，生まれつつあった資本主義経済は，女性や女児に機会を与え，彼女たちを家父長的なコントロールから自由にした。

「仕事はたくさんあるのに，時間と福祉という点において貧しい」世帯が，なぜ男性稼ぎ主モデルの世帯に取って代わられたのか，という点についても議論がなされていた。経済史の研究者のなかには，労働供給の条件，とくに男性の賃金が上昇することにより，女性と子どもがより多くの余暇を手にすることが可能となったという所得効果を強調する者もいる（Nardinelli 1990）。予算制約が緩和したことにより，世帯の形態として男性稼ぎ主モデルが好まれるようになったという，世帯の歴史に対する進歩主義的ひねり！　働く男性が働く女性を犠牲にして，自らの地位を高めていったとする研究者もいる。家族賃金の要求や労働者を保護する法律を求める社会運動は，女性労働者や児童労働者を守ろうとする配慮の表われだった可能性もあるが，より賃金の高い職から他の競合する労働者を排除しつつ，男性がプレミアムを払うことを要求するのを正当化する試みとして認識されている。入り混じった動機が何であったにしろ，母性と家事を激励し，同時に職業をもつ主婦を蔑視するような女性のスタンダードが広く宣言されたことにより，家父長的な社会規範がいっそう強化された。彼らの要求を，慣れ親しまれ大事にされてきた階層制度としてのジェンダー秩序と結びつけることによって，労働者階級の男性はお互いのシンパシーを引き出し，他の階級の男性とも同盟を組んだ（Benenson 1984; Rose 1992; Seccombe 1993）。

これらの争いは，階級というコンテクストにおいて発生した。雇用主階級のなかには，家族賃金の要求に対して同情を示す者もいた。というのも，女性や子どもの雇用は，労働者階級全体を身体的にも精神的にも退行させることになりかねないと気づいたからである。家族賃金を要求するキャンペーンや，労働者を保護する法律を求める運動は，家父長的特権ではなく，家族の団結性や労働者階級の生活水準を保護しようとするものだった，とも解釈できる。労働者階級の女性たちは，既婚女性を骨の折れるダブル・シフトから

解放し子どもたちを学校に行かせることができる選択肢として，これらの要求や運動を自分たちに有利なものとみたかもしれない。またこれらの要求や運動は，労働の供給を減少させ，賃金を上昇させる効果もあった（Humphries 1977）。

こうした論争については，寄せ集めの，しかもしばしば矛盾し合う実証的証拠をもってしては解決できないだろうという懸念が表明されてきた（Thomas 1988）。世帯の雇用構造に関する体系的な研究はめったになく，あったとしてもある時代や業種に特化していた（Cllier 1964; Levine 1977; Rose 1988; Lyons 1989）。しかし最近になって，さまざまな原典から，労働者階級世帯の予算が再現され，世帯における雇用と所得の推移を，業種別に体系立てて追うことが可能になった（Horrell and Humphries 1992; 1995a; 1995b）。図1は，家族の所得の構成が時代ごとにどのように推移していったか，証拠をもとにまとめたものである。

男性稼ぎ主モデルという家族システムへの移行は，早い段階で起こったが，同時に不連続でしばしば中断されたようだ。産業革命が進行する以前，すでに多くの家族が，夫や父親の所得に依存していた。工場労働者の家族や家内手工業に携わる家族の所得は，もっとも民主的に家族の全員からもたらされていることが多かったが，それでも，家族の所得のうち 60％ は男性の貢献によるものだった。工場労働者の家族においては，男性世帯主以外の成員による所得への貢献度が，産業革命期を通じても，一定水準を保ち続けた。しかし，家内手工業に従事する家族においては，1840 年代までに依存の度合いが高まる傾向にあった。驚くべきことに，工場労働者が世帯主である家族においても，家内手工業に従事する家族においても，所得への貢献度が二番目に高いのは，女性ではなく子どもであった。産業革命が進行するにつれ，働く女性が生産活動から明らかに離れていったことがわかっているが，これは，1680 年代以降，中産階級の女性がビジネスから離れていったことを示す証拠と両立する（Hunt 1996）。産業革命の進行とともに，家族はますます男性の稼ぎに依存するようになっていったが，その動きは決して一様ではなかった。既婚女性の収入の減少や食料自給による貢献機会の減少よりも，子どもによる所得への貢献が減少したことの方が重要であった。

図1 世帯収入の構成

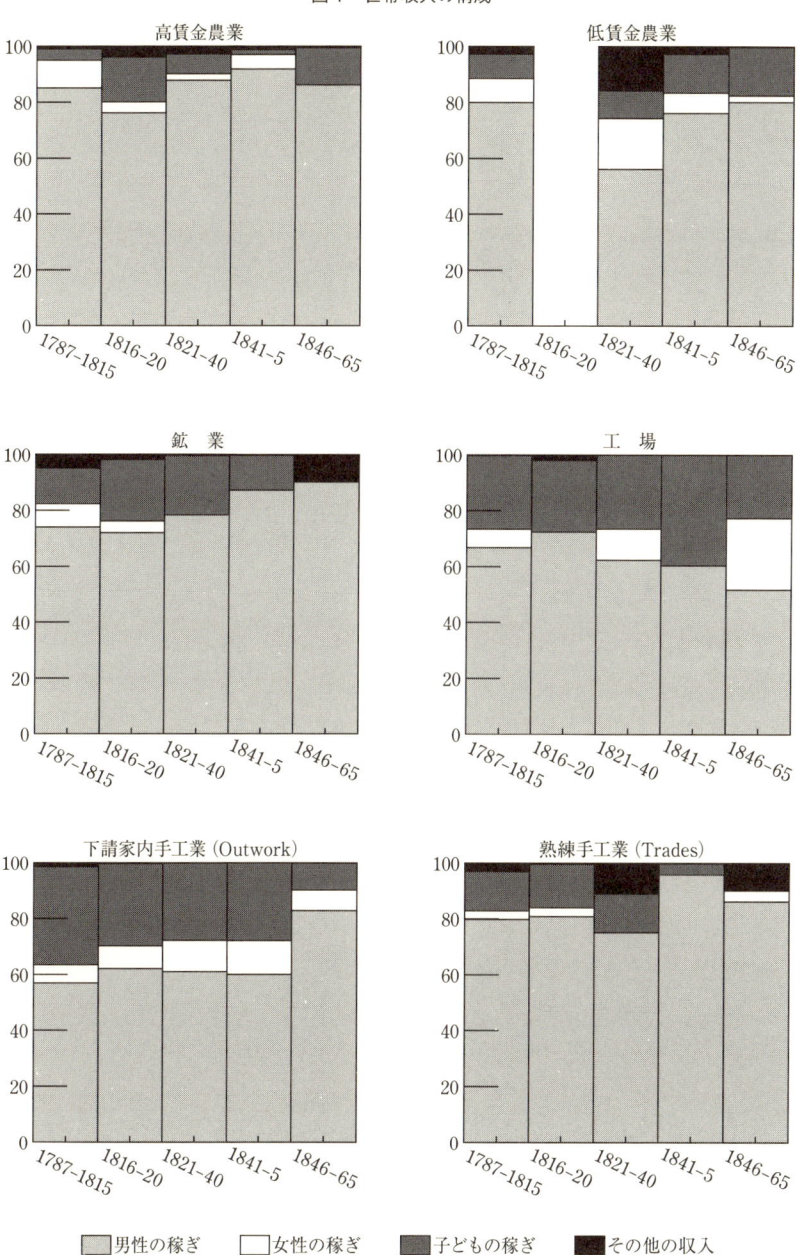

高賃金農業／低賃金農業／鉱業／工場／下請家内手工業（Outwork）／熟練手工業（Trades）

期間：1787–1815、1816–20、1821–40、1841–5、1846–65

凡例：男性の稼ぎ／女性の稼ぎ／子どもの稼ぎ／その他の収入

出所：Horrell and Humphries (1995a).

工業化にともなう構造的な変化は，当初，工場労働者または家内手工業に従事する労働者が世帯主である家族の割合を増大させた。しかし，19世紀の第2四半期までには，家内手工業の地位が低下し，同時に男性の所得がもっとも有力であった職人や鉱山労働者の家族が増えたことで，所得への平等な貢献という傾向からますます離れていった（Horrell and Humphries 1997）。

　男性の収入がますます重要度を増す一方で，個人の職業選択については，労働の需要サイドからの説明，さらに制度的また文化的説明の余地がある。南部の農業地帯においては，女性や子どもが働く機会が減少し（Snell 1985; Sharpe 1999），不十分で停滞的な男性の収入に依存する度合いが高まった。対照的に鉱業においては，男性の収入が増大し，男性稼ぎ主モデルを強化した。同時に，女性や子どもが地下で労働することを禁止する労働保護法も男性稼ぎ主モデルの強化に貢献した。工場労働者が世帯主である家族は，また違ったグループを形成した。このグループにおいては，比較的高くかつ上昇傾向にあった男性の稼ぎも，女性と子どもが労働に従事することで得られるはずの所得を補えるほどではなかった。工場法も児童労働をただちに禁止したわけではなかった。しかし，1845年以降に妻や母親による所得への貢献が拡大しているのは，子どもの雇用が制限されたためかもしれない（Rose 1988; Dupree 1995）。これらの家族においては，経済的な機会に動機づけられた自発的な勤勉革命が進行するとともに，家族雇用の強化がみられた。対照的に，家内手工業を営む家族において，男性世帯主以外の家族による所得への貢献度が高かった原因は，男性の収入が停滞していたことにある。熟練職人を世帯主とする家族においては，収入から相対的に独立した職業上のアイデンティティが，理想化された世帯雇用のパターンと結びつく様子を，みることができる。熟練した職人たちは，たとえ自分の収入が家族賃金を満たさなくても男性稼ぎ主モデルを熱望した。

　女性と子どもの所得への貢献は重要ではなかった，と結論づけるのは誤りである。家事やケアは勘定に入れられなかったため，女性の貢献度は過小評価されていたし，自給自足や下宿人を引き受けることは，計測することが難しかった。落穂ひろい，ジャガイモの栽培，牛や豚を育てること，薪を集め

ること，これらの自給自足活動は，18世紀の田園地帯における家族の収入を増大させる通常のやり方であったが（Humphries 1990; King 1991），都市化や地方の土地や資源の私有化によって縮小してしまった。資源へのアクセスを維持することができた幸運な田園地帯の世帯は，たとえば，牛を豚に置き換えるなどしながら，自給自足活動を続けていった。こうした自給自足活動は，産業革命期の終わり頃には，男性の収入全体のうち10〜20％を占めていた（Horrell and Humphries 1997）。こうした自給自足活動から日々の糧を得る機会がなくなっていくとともに，労働力の移動が増大し，下宿の需要が高まったために，主婦や寡婦にとっては，家事サービスを売ったり宿泊場所を貸したりすることによって，家族の所得を増大させるチャンスが与えられることとなった（Davidoff 1979; 表2も参照）。

　子どもも，家族のなかで第二に重要な稼ぎ手であった。子どもの労働参加率の推移は，子どもの人口の増大と相関しており，児童労働の投入が増大していったことが読み取れる。くわえて，工業地帯における比較的高くまた増加傾向にある参加率と，工業地帯への人口の流入は，工場における児童労働が急増したことを意味している。Horrelle and Humphries（1995）の推定によれば，児童労働は，1787〜1816年から1817〜1839年までで，ほぼ2倍になっている。児童労働の過熱は継続的なものではなかったが，新たな数量的証拠は（Tuttle 1999参照），産業革命に関する研究につきもののテーマを蘇らせる。つまり，年端のいかない子どもからの搾取というテーマである（Hammond and Hammond 1932; Thompson 1963）。歴史家たちは，イギリスの産業化において子どもが果たした役割を再考することが必要だろう。19世紀に産業化を経験した他の国と比較しても，イギリスの児童労働は他に例をみないほどだ（Cunningham and Viazzo 1996）。

　女性と子どもの所得への貢献は，ライフサイクルとそれにともなう貧困サイクルを家族が切り抜けていくうえで重要な支えであった。新婚夫婦は，とくに妻が仕事を続けた場合，良く暮らしていくことができた。しかし赤ん坊が生まれると，母親は仕事に回す余力が制限され，すると賃金の稼ぎ手への依存度が高まり家族の所得が圧迫される。成長した子どもが労働力として労働に参加すると，賃金の稼ぎ手への依存度を押し下げ，経済的に余裕のある

新しい段階へと家族を導く。こうして，職種による程度の差はあるものの，子どもたちの収入が家族の所得の3分の1を占めるようになり，男性世帯主の収入の重要さが下降する，新たなライフサイクルの段階を迎える（Horrell and Humphries 1995: table 2）。しかしこの平和な時も長くは続かない。世帯主が高齢になるにつれ生産性は落ち込み，成長した子どもたちは独立し，親の世代と同じようなライフサイクルへと漕ぎ出していく。子どもたちは自らの家族が増えるにつれ扶養の難しさに直面する。これが両親の高齢化と時期を一にするがゆえに，世代を超えた扶助を抑制してしまう。このような家族のライフサイクルの定型化された説明に実質を与えるのは，父親が高齢となり親族が増えるときに，家族の資源が受ける圧力を鮮やかに描き出すことであった（Vincent 1981; Rose 1993）。

ある重要な世帯グループにおいては，女性と子どもの所得への貢献は補助ではなく生命線である。つまり，一時的にしろ永久的にしろ，男性稼ぎ主が不在の世帯である。このグループを見のがしてはならない。一方で高い死亡率が多くの寡婦を生んだと同時に，他方で家族遺棄や病気，失業などといったことが，女性や子どもを，自ら生活の糧を得なければいけない立場へと追いやった。不穏な産業革命期において，このような双方の意味において，女性を世帯主とする家族は増え続けたのであろう。しかし増えたにせよ，産業革命を通じて，女性が世帯主である家族は全体の10〜20％であった（Humphries 1998）。これらの世帯において，女性と子どもの労働市場参加率は高かったと推測できるのであるが，依然として，男性の所得の重要性は所与であったので，彼らは，しばしば貧民救済や他の援助に依存しながら，家族として共に生活していくことができた（Snell and Millar 1987; Horrell et al. 2001）。

そのような家族の子どもたちや，孤児または事実上の孤児は，産業革命期の労働力の前衛部隊であった（Rose 1989）。さらに，救貧法，工場主の雇用方針，貧民徒弟制度が，この傾向を後押しした。また工場地帯や鉱業地帯の拡大家族は，「両親のいない子ども」を迎え入れ，救貧院の孤児たちを積極的にリクルートしたことで，児童労働を効率よく配分した。

男性稼ぎ主モデルの家族システムは，地域によって異なる条件のもと，多

様な形態かつ多様な時間的尺度で家族の生活を変えた。これは，産業革命が地域と業種によって多様であったことを示す研究とも一致するし（Berg and Hudson 1992），産業革命期における女性の多様な体験を強調するフェミニスト研究とも一致する（Honeyman and Goodman 1991）。経済的要因だけではなく，政治的・文化的な要因も多様性を促進した。産業革命の進行とともに，家族は多様な形態と多様な福祉的意味をもつ，集中的な雇用の段階を経験した。ある家族にとっては稼いだり購入したりする機会であり，他の家族にとっては歩合や賃金の下落による家計の圧迫でもあった。しかし，産業革命にみられたこのような多様性を超えた，産業革命以前に起源をもつ，広い範囲の大転換があった。工業化は男性稼ぎ主モデルを導入させたわけではない。しかし，工業化の混乱のなかで，多様なやり方で，断続的に，さまざまな福祉的含意をともなって，多くの家族が男性稼ぎ主モデルを採用していった。

8 世帯経済，生活水準と消費

　世帯経済の歴史は，産業革命についてもっとも議論されている二つの問題に新しい視点を提供してくれる。二つの問題とは，生活水準に関する議論と消費の役割である。生活水準の歴史の研究者は，男性の実質賃金に注目し，それが男性の稼ぎと女性と子どもそれぞれの稼ぎと同じように推移してきたと考えていた。自給自足のための農業や牧畜，貧民救済などといった稼ぎには入らないが家族の所得に貢献するもの，そして男性の稼ぎに依存する家族の人数の変化などといったことは無視されてきた。しかし世帯予算は，無視されてきたこれらの問題に明確な証拠を与えることができる。つまり，前節における議論が指し示すように，広範囲だが不規則に発展した男性の稼ぎへの依存を描き出してみせるのである。

　家族の所得の水準と傾向は，男性世帯主の職業や調査対象の地域によって非常に多様である。業種の重要な変化を考慮に入れ，入手できるもっとも確かな生計費指数（Feinstein 1998）を用いて名目所得を実質化すると，実質

所得は平均して 1791〜1795 年から 1816〜1820 年までで 14％ 下落している。1830 年代には上昇したものの，続く 1840 年代の不況によって打撃を被り，1846〜1850 年には労働者階級の家族の平均実質所得は 24.9％ の上昇という，産業革命を経た世代とは思われないほどのわずかなものであった。他の家族メンバーの稼ぎが男性の稼ぎに追いつくほどではなかったため，世帯の所得の上昇は男性の稼ぎの上昇よりも小さかった。このいくぶん悲観的な結論は，扶養の変化を考慮に入れるならば，実質賃金についての昨今の信頼できる研究と一致する (Feinstein 1998)。ファインスタインは，19 世紀半ばに特有の，労働者への扶養家族の重荷が増大した傾向を考慮に入れると，家族の生活水準は 19 世紀半ばまでに実質賃金の推移が示した生活水準よりも 10％ ほど低かったのではないかと指摘している (Feinstein 1998: 650)。この指摘を，1840 年代までに福祉は増進したという彼の推定と調整させることによって，先にみた家族の実質所得の上昇の推定と確かに一致することになるだろう。

　世帯単位で説明するやり方は，当時のよく知られている現象を確証するのにも役に立つ。たとえば，農業を営む家族の長期的な貧困，1830 年代および 1840 年代における家内手工業を営む家族の所得の停滞といった現象だ。また，賃金率がほぼ一定に推移していたがために見落とされていた，物質的進歩が後退したことの深度と頻度に光を当ててくれる。世帯を基本としたデータをみると，家族間の所得の分配が不平等さを増していったこともわかる (Horrell and Humphries 1992)。男性の稼ぎへの依存度が増したことは，家族内における分配がより不平等になったことを示すが，これは世帯の形態や地域によるが，全体としての所得が増えたことで埋め合わされた。

　消費もまた，産業革命期の複雑な構造の厄介な一角を占めているという一般的な見方以上のものを提起した。近代初期における社会史家たちは，世帯が必要とする日常品などの新しい商品市場が出現したことを引き合いに出して，最初に「消費者革命」が起こり，それに対する需要を通して因果的に，つづく産業革命につながっていくと説明した。しかし，産業革命は消費によって引き起こされたというこの説明は，経済史の研究者たちが国民計算から導き出した説明と両立しない。たとえばクラフツ (Crafts 1985) は，計算の結果 1780 年から 1821 年にかけて，1 人あたりの消費は，年平均で 0.47％ し

か上昇していなかったとしており，これでは熱狂的な支出ブーム期とはとてもいえない。それでも，年平均0.47％の上昇は，この時期における実質賃金の停滞と下落を考えると，力強い伸びとはいえる。はたして支出における革命は，近代初期の経済を特徴づけるものであり，しかも産業革命を引き起こしたのだろうか？　もしそうならば，賃金が停滞していたにもかかわらず，どのようにして引き起こされたのだろうか？　さまざまな研究者が，労働投入量の増加を仮定することでこの問題を説明しようとしてきた。では，勤勉革命が消費者革命を可能にしたという仮説を，世帯経済の歴史をみることで証拠づけられるだろうか？

　世帯の伝統的な定義は，消費という観点からなされた。つまり，寝食や団らんの場など，家族のメンバーが必要とし分け合うことである。しかし，工業化された都市生活が世帯内の生産活動を変化させ再配置するにつれて，消費の内容，規模や配分も変容した。工業化以前の農業を営む世帯は，自らが消費する分は自らが生産していた。近代初期に入ると，特化された生産を営む世帯は，生産物を売り，食糧・飲み物・衣服などを買うために市場を必要とした。やがて家族賃金の時代になると，個人は収入をプールしておき，必要に応じて市場から商品を買うようになった（Tilly and Scott 1978）。消費は「商品化」されたのである。

　消費者革命についてのもっとも初期の説明は，女性と子どもの雇用増大が労働者階級の家族の所得を急増させたために，大規模な製造業が必要となりまた産業の拡大を後押しした，というものである（McKendrick 1974）。より洗練された同様の説明によれば，商品化が女性と子どもの市場労働を増大させたという（de Vries 1993）。市場を流通する商品は，コストと魅力の点において家内工業で生産されるものを上回っていたため，とくに女性を魅了し，彼女たちを賃金労働へと駆り立てたというのである。しかし，女性の労働参加率と家族の所得の増大をともなった勤勉革命は，前述の世帯予算に関する説明とは一致しない。最近の議論においては，この不一致を避け，人びとは働く期間の長さを調節することによって，賃金の停滞にもかかわらず自らの消費欲求を満たそうとした，とする（Voth 2000）。労働時間の長期化は，消費者の熱望が主たる原動力であったものの，その約4分の1は扶養者の増

表4 男性の稼ぎに占める生活必需品の支出（%）

	高賃金農業	低賃金農業	鉱業	工場	下請家内手工業 (Outwork)	熟練手工業 (Trades)
男性の稼ぎに占める食料と住居費に関する支出（%）						
1787-96	98	114	115	121	136	124
1810-17	—	—	98	—	70	78
1824-5	—	—	111	54	—	—
1830-40	156	75	—	72	128	81
1841-54	100	107	85	98	177	82
男性の稼ぎに占める食料に関する成人等価支出（%）						
1787-96	27	31	26	54	35	30
1810-17	—	—	31	—	21	29
1824-5	—	—	35	17	—	—
1830-40	31	21	—	23	34	19
1841-54	24	32	26	31	50	24
（サンプル）	(45)	(93)	(29)	(37)	(37)	(13)

註：成人等価尺度は夫と妻に関しては1.7を用い，その他の世帯構成員に対しては0.5をかける。
出所：Horrell（1996）．

加に起因するものであった。

　世帯の消費についてのこれらさまざまな仮説を証明しようとする試みは，証拠としての記録が残っていないために，失敗してしまう。消費者ブームに労働者階級の家族が関わっていたかどうかを調査しようとする珍しい試みは，詳細な予算データの不十分さと，取捨選択においてバイアスがかかっているかもしれない可能性を差し置いても，重要な指摘を提供してくれる（Horrell 1996）。データをみると，男性や他の家族メンバーの稼ぎが必需品以外の消費ができるほど多いことは，ほとんどなかったことを示している。表4において，職業によっては男性が世帯主である家族では改善がみられるが，これは一時的なもので，下請家内手工業家族や農業家族のような他の職業では，男性の稼ぎに占める必需品の消費が増大していった。一握りの職種，しかもその職種のうちでも一部の家族のみが，男性の稼ぎによって家族を食べさせ保護することが可能であった。女性と子どもによる所得への貢献は，割合が小さいうえに裁量支出ではなくて，必需品への消費に回された。つまり，女性と子どもが労働に参加することによって，産業革命において工場で製造された新製品が消費されるようになったという考え方には，ほとんど根拠がないことがわかった（Horrell 1996）。また労働者階級の予算が都市化と自給自足の減少に対応していたという証拠もなく，商品化を強調する消費支出の

説明に打撃を与えている。

　では産業革命期には，世帯内における消費の配分はどうなっていたのだろうか？　交渉モデルによれば，報酬に対する家族や共同体の考え方にもとづいて，個人の貢献が吟味され配分が決まる。男性稼ぎ主モデルへの移行は，女性や子どもに行きわたる世帯内の資源を減少させており，男性の大きな稼ぎがない限り，家族所得はそのような再配分を相殺するほど十分ではない。稼ぎ主の力は，所得全体の利用可能性に対してよりも，その分配に関して優っており，女性や子どものような家族メンバーは不利なままである。数量的な分析研究はほとんどないものの（だが Horrell and Oxley 1999 を見よ），質的証拠によれば，ヴィクトリア朝終わり頃，つまり男性稼ぎ主モデルにもとづく家族システムの最盛期には家族内での食料の配分，とくに肉の配分が非常に不平等であったことがわかる（Ross 1993）。自ら稼いでいる子どもは良い栄養を取ることができたが，そうでない子どもは母親の犠牲に頼るしかなかった（Pember-Reeves 1913; Oren 1974）。産業革命期における労働は，辛く危険なものであったので，扶養されることにもメリットはあった。しかし男性稼ぎ主モデルの家族システムへの移行においては，所得が停滞していたことも手伝い，扶養は，食糧の配分における女性と子どもの犠牲のもとに成り立っていた。

　実質賃金と家族所得についてのデータと，総消費と消費財の種類に関するデータをうまくつなぎ合わせるためには，異なる時代や地域のさまざまな家族形態といろいろな経験を慎重に組み合わせなければならない。17世紀終わり頃から18世紀初期にかけての，遺言の財産目録をみると（King 1997 を見よ），商品化が進行したと思われるタイミングにも鑑みると，ド・フリースのいう自然発生的な勤勉革命は，近代初期に発生したと思われる。最近の理論は，工業経済を始動させた中産階級の需要を拠り所にしているが，労働者階級のなかでも幸運な家族だけが，消費者ブームに参加することができた。産業革命期における多くの男性，女性，そして子どものより勤勉かつより長時間の労働は賃金の停滞と被扶養者数の増大に対応するため生活必需品を提供しなければいけない，という切迫した事情に動機づけられていた。

9 結論

　長期的な変化も短期的な多様性も，ともに世帯経済を形づくった。世帯経済は，産業革命期という時間枠の外部でも形づくられていた。たとえば，イギリスの田園地方で小さい世帯が多くみられたのは，賃金への依存が原因であり，それは工業化のずっと以前からみられていた。同様に，大規模で集約的な生産形態への移行は，19世紀半ばになっても完結していたとはいえず，それゆえにポスト工業化時代に入ってもさまざまな形態で自ら生産を行なう世帯が生き残った。

　世帯を形づくったのは経済的な要因だけではない。死亡率は長期的に世帯の規模を制限したし，短期的にも19世紀の工業都市におけるそれぞれの世帯の特徴を左右した。制度も世帯を形づくった。たとえば救貧法は，親族や住込みの従業員を家族に含むまたは含まないことのコストと便益を左右し，世帯の範囲というものを形づくった。文化的な要因もあった。

　結婚と独立した世帯の形成を結びつける旧来の考え方は，結婚後の両親との同居が一貫して稀であったことを上手く説明した。一方，家族の情愛にもとづく関係とプライバシーの重視に関する新しい考え方は，使用人を含む世帯の減少を説明した。

　世帯は，経済の変化によって厳密に決定づけられてしまうものではなかった。世帯は経済状況の変化に抵抗したり，変化を促進したり，方向転換させたりする力をもっていた。経済の変化に対する戦略の選択と，その戦略の成功は，初期条件と地域ごとの機会によって左右された。したがって，産業革命期のさまざまな市街地において，たとえ貧困，女性と子どもの雇用機会，住宅の取得，移住といった点において，それぞれ異なる背景をもっていても，同居することによって得られる新しい種類の相互利益が生まれたのである。世帯は，新しい形態，規模，職業の構造，内部におけるダイナミクスへと引きずり込まれると同時に誘引されもしたのである。

　けれども世帯は，一時的で付随的な隠れ家としての役割のみを，提供した

わけではない。個人は家族がいっしょにいられるよう努力し,皆の生存のためならば自らの利益を犠牲にする心構えさえあった。家族を気にかけることは,必ずしも個人的な利益の概念を助長したわけではない。家族が直面したさまざまな経済的なプレッシャーは,実際,階級にもとづく行動や集団での抵抗を生じさせた。

　世帯とその成員たちは,経済の変化という機会に対応し,工業化という新たな局面においてチャンスをつかむことができた。しかし,そういった機会を捉える能力は,彼らが直接コントロールできないさまざまな外生的要因に左右された。当然のことながら,産業革命における勝者と敗者は,世帯のタイプや地理的な位置によって,システマティックに運命づけられた。

　世帯のある程度の自律性,非経済的な側面,歴史的なルーツ,そして経済的決定要素の効果が遅れて出てきたことは,歴史家たちが産業革命期の典型的な説明をしようと,そして産業革命期というやっかいな期間に自分たちの主題を何とか当てはめようと,こんなにも悪戦苦闘した理由を示している。世帯の歴史は,今日ますます多様性を増す他の議論の対象と同様,職業や地域によってそれぞれ異なっており,また産業革命期という時期を超えたもっと大きなタイムスケールで展開していったのである。

参考文献

Allen, R. C. (1992) *Enclosure and the Yeoman*, Oxford: Clarendon Press.
Anderson, M. (1971a) *Family Structure in Nineteenth Century Lancashire*, Cambridge University Press.
Anderson, M. (1971b) "Family, household and the industrial revolution," in M. Anderson (ed.), *Sociology of the Family: Selected Readings*, Harmondsworth: Penguin.
Anderson, M. (1972) "Household structure and the industrial revolution: mid-nineteenth century Preston in comparative perspective," in Laslett and Wall (1972).
Armstrong, W. A. (1972) "A note on the household structure of mid-nineteenth-century York in comparative perspective," in Laslett and Wall (1972).
Becker, G. (1965) "A theory of allocation of time," *Economic Journal* 75: 493-517.
Becker, G. (1981) *A Treatise on the Family*, Cambridge, Mass.: Harvard University Press.
Benneson, G. (1984) "The 'Family Wage' and Working Women's Consciousness in Britain, 1880-1914," *Politics and Society* 19: 71-108.

Berg, M. (1994) *The Age of Manufactures 1700-1820: Industry, Innovation and Work in Britain*, London: Routledge.

Berg, M., and P. Hudson (1992) "Rehabilitating the industrial revolution," *Economic History Review* 45: 24-50.

Best, M. (1990) *The New Competition: Institutions of Industrial Restructuring*, Cambridge, Mass.: Harvard University Press.

Brewer, J., and R. Porter (eds.) (1993) *Consumption and the World of Goods*, London; New York: Routledge.

Burman, S. (ed.) (1979) *Fit Work for Women*, London: Croom Helm.

Caunce, S. (1977) "Farm Servants and the Development of Capitalism in English Agriculture," *Agricultural History Review* 45: 49-60.

Caunce, S. (1991) "Twentieth-century Farm Servants: The Horselads of the East Riding of Yorkshire," *Agricultural History Review* 39: 143-166.

Clark, A. (1968) *Working Life of Women in the Seventeenth Century*, London: Cass, London; Boston: Routledge & K. Paul 1982, London: G. Routledge & Sons 1919.

Collier, F. (1964) *The Family Economy of the Working Classes in the Cotton Industry, 1784-1833*, Manchester: Manchester University Press.

Crafts, N. F. R. (1985) "English Worker's Real Wages During the Industrial Revolution: Some Remaining Problems," *Journal of Economic History* 451: 139-144.

Crafts, N. F. R. (1994) "The industrial revolution," in Floud and McCloskey (1994).

Crafts, N. F. R., and C. K. Harley (1992) "Output growth and the British Industrial revolution: a restatement of the Crafts-Harley view," *Economic History Rview* 45: 703-730.

Creighton, C. (1996) "The Rise of Male Breadwinner Family: A Reappraisal," *Sociological Review* 44: 204-224.

Cunningham, H., and P. P. Viazzo (eds.) (1996) *Child labour in Historical Perspective, 1880-1985: Case Studies from Europe, Japan and Colombia*, Frolence: UNICEF International Child Development Centre.

Davidoff, L. (1979) "The Separation of home and work," in Burmanm (ed.) (1979).

Devine, T. M. (1984) *Farm Servants and Labour in Lowland Scotland 1770-1914*, Edinburgh: J. Donald.

de Vries, J. (1993) "Between Purchasing Power and the World of Goods: understanding the household economy in early modern Europe," in J. Brewer and R. Porter (eds.) (1993).

de Vries, J. (1994) "The Industrial Revolution and the Industrious Revolution," *Journal of Economic History* 54: 249-270.

Dunlop, O. J. (1912) *English Apprenticeship and Child Labour: A History*, with a supplementary section on the modern problem of juvenile labour by O. J. Dunlop and R. D. Denham, London: T. Fisher Unwin.

Dupree, M. (1995) *Family Structure in the Staffordshire Potteries, 1840-1880*, Oxford:

Clarendon Press.

Earle, P. (1989) *The Making of English Middle Class: Business, Society and Family Life in London, 1660-1730*, London: Methuen.

Engels, F. (1845) *The Condition of the Working Class in England*, London: Penguin 1987 (マルクス゠レーニン主義研究所編『イギリスにおける労働者階級の状態』大月書店, 1955年).

Feinstein, C. H. (1998) "Pessimism Perpetuated: Real wages and the standard of living in Britain during and after the Industrial Revolution," *Journal of Economic History* 58: 625-658.

Finch, J. (1989) *Family Obligations and Social Change*, Cambridge and Oxford: Polity Press.

Found, R., and P. Johnson (eds.) (2004) *The Cambridge Economic History of Modern Britain Volume 1 Industrialisation 1700-1860*, Cambridge: Cambridge University Press.

Floud, R., and D. McCloskey (1994) *The Economic History of Britain since 1700*: I, 1700-1860, 2nd ed, Cambridge; New York: Cambridge University Press.

Flandrin, J.-L. (1979) *Families in Former Times: Kinship, Household and Sexuality*, Cambridge; New York: Cambridge University Press.

Foster, J. (1974) *Class Struggle and the Industrial Revolution: Early English Capitalism in Three English Towns*, London: Weidenfeld and Nicolson.

Gaskell, P. (1833) *The Manufacturing Population of England: its moral, social, and physical conditions, and the changes which have arisen from the use of steam machinery: with an examination of infant labour*, London: Baldwin and Cradock.

Hammond, J. L., and B. Hammond (1932) *The Town Labourer: New impression, 1760-1832*, London: Longmans, Green and Co.

Hareven, T. (1982) *Family Time and Industrial Time: The Relationship between the Family and Work in a New England Industrial Community*, Cambridge; New York: Cambridge University Press (正岡寛司監訳『家族時間と産業時間』早稲田大学出版部, 2001年).

Higgs, E. (1983) "Domestic servants and households in Victorian England," *Social History* 8: 201-210.

Honeyman, K., and J. Goodman (1991) "Women's work, gender conflict, and labour markets in Europe, 1500-1900," *Economic History Review* 44: 608-628.

Horrell, S. (1996) "Home Demand and British Industrialization," *Journal of Economic History* 56: 561-604.

Horrell, S. et al. (2001) "Destined for Deprivation: Human Capital Formation and Intergenerational Poverty in Nineteenth-Century England," *Exploration in Economic History* 38: 339-365.

Horrell, S., and J. Humphries (1992) "Old Question, New Data, and Alternative Perspectives: the Standard of Living of Families in the Industrial Revolution," *Journal of Economic History* 52: 849-880.

Horrell, S., and J. Humphries (1995a) "Women's labour force participation and the transition to the male-breadwinner family, 1790-1865," *Economic History Review* 48: 89-117.

Horrell, S., and J. Humphries (1995b) "The Exploitation of Little Children: Children's work and the family economy in the British industrial revolution," *Exploration in Economic History* 32: 485-516.

Horrell, S., and J. Humphries (1997) "The Origins and Expansion of the Male Breadwinner Family: The Case of Nineteenth-Century Britain," *International Review of Social History* 42: 25-64.

Horrell, S., and D. Oxley (1999) "Crust or crumb?: Intrahousehold resource allocation and male breadwinning in late Victorian Britain," *Economic History Review* 52: 494-522.

Horrell, S. et al. (2001) "Destined for Deprivation: Human Capital Formation and Intergenerational Poverty in Nineteenth-Century England," *Exploation in Economic History* 38: 339-365.

Howkins, A. (1994) "Peasants, Servants and Labourers: The Marginal Workforce in British Agriculture c. 1870-1914," *Agricultural History Review* 42: 49-62.

Hudson, P. (1986) *The Genesis of Industrial Capital: A Study of the West Riding Wool Textile Industry, c. 1750-1850*, Cambridge: Cambridge University Press.

Hudson, P. (2004) "Industrial organization and structure," in R. Floud and P. Johnson (eds.), *The Cambridge Economic History of Modern Britain*, Cambridge: Cambridge University Press.

Humphries, J. (1977) "Class struggle and the persistence of the working-class family," *Cambridge Journal of Economics* 1: 241-258.

Humphries, J. (1981) "Protective Legislation, the Capitalist State, and Workin Class Men: The Case of the 1842 Mines Regulation Act," *Feminist Review* 7: 1-35.

Humphries, J. (1990) "Enclosures, Common Right, and Women: The Proletarianization of Families in the Late Eighteenth and Early Nineteenth Centuries," *Journal of Economic History* 50: 17-42.

Humphries, J. (1998) "Female-headed households in early industrial Britain: the vanguard of the proletariat?," *Labour History Review* 63: 31-65.

Humphries, J. (2000) "Cliometrics, Child Labor and the Industrial Revolution," *Critical Review* 13 (3-4): 269-283.

Hunt, M. (1996) *The Middling Sort: Commerce, Gender, and the Family in England, 1680-1780*, Berkeley: University of California Press.

King, P. (1991) "Customary Rights and Women's Earnings: the Importance of Gleaning to the Rural Laboring Poor, 1750-1850," *Economic History Review* 44: 461-476.

King, P. (1997) "Pauper inventories and the material lives of the poor in the eighteenth and early nineteenth centuries," in T. Hitchcock et al. (eds.), *Chronicling Poverty: The Voices and Strategies of the English Poor, 1640-1840*, Houndmills: Macmillan.

King, S. A. (2000) *Poverty and Welfare in England, 1700-1850: A Regional Perspective*, Manchester: Manchester University Press.

Kussmaul, A. (1981) *Servants in Husbandry in Early Modern England*, Cambridge: Cambridge University Press.

Lane, J. (1996) *Apprenticeship in England, 1600-1914*, London: UCL Press.

Lasch C. (1977) *Haven in a Heartless World: The Family Besieged*. New York: Basic Books.

Laslett, P. (1988) *The World We Have Lost*, Third Edition, London: Routledge（川北稔・指昭博・山本正訳『われら失いし世界——近代イギリス社会史』三嶺書房, 1986年）.

Laslett, P. (1969) "Size and Structure of the Household in England Over Three Centuries," *Population Studies* 23: 199-223.

Laslett, P. (1972a) "Introduction: the history of the family," in Laslett and Wall (1972).

Laslett, P. (1972b) "Mean household size in England since the sixteenth century," in Laslett and Wall (1972).

Laslett, P. (1983) "Family and Household as Work Group and Kin Groups: Areas of Traditional Europe Compared," in Wall, Robin and Laslett (1983).

Laslett, P., and J. Harrison (1963) "Clayworth and Cogenhoe," in H. E. Bell and R. L. Ollard (eds.), *Historical Essays, 1600-1750: Presented to David Ogg*, London : Adam & Charles Black.

Laslett, P., and R. Wall (1972) *Household and Family in Past Time: comparative studies in the size and structure of the domestic group over the last three centuries in England, France, Serbia, Japan and colonial North America, with further materials from Western Europe*, Cambridge: Cambridge University Press.

Levine, D. (1977) *Family Formation in an Age of Nascent Capitalism*, New York: Academic Press.

Levine, D. (1987) *Reproducing Families: The Political Economy of English Population History*, Cambridge: Cambridge University Press.

Lyons, J. (1989) "Family response to economic decline: handloom weavers in early nineteenth-century Lancashire," *Research in Economic History* 12: 45-91.

McKendrick, N. (1974a) "Home demand and economic growth: a new view of the role of women and children in the industrial revolution," in Mckendorick (1974b).

McKendrick, N. (ed.) (1974b) *Historical Perspectives: Studies in English Thought and Society, in Honour of J. H. Plumb*, London: Europa.

Martin, J. M. (1984) "Village Traders and the Emergence of a Proletariat in South Warwickshire," *Agricultural History Review* 32: 179-188.

Malcolmson, R. W. (1988) "Ways of getting a living in eighteenth century England," in R. E. Pahl (ed.), *On Work: Historical, Comparative and Theoretical Approaches*, Oxford: Basil Blackwell.

Medick, H. (1976) "The proto-industrial family economy: the structural function of household and family during the transition from peasant society to industrial capitalism," *Social History* 3: 291-316.

Morris, R. J. (1990) *Class, Sect and Party: the Making of the British Middle Class, Leeds 1820-1850*, Manchester: Manchester University Press.

Nardinell, C. (1990) "Child labor and the Factory Acts," *Journal of Economic History* 40 (4): 739-755.

Oren, L. (1974) "The welfare of women in labouring families: England, 1860-1950," in M. Harman and L. Banner (eds.), *Clio's Consciousness Raised*, New York: Octagon Books.

Parsons, T. (1959) "The social structure of the family," in R. Anshen (ed.), *The Family: Its Function and Destiny*, New York: Harper.

Parsons, T., and R. F. Bales (1965) *Family, Socialization and the Interactive Process*, Glencoe, IL:.

Pearson, R., and D. Richardson (2001) "Business networking in the industrial revolution," *Economic History Review* 54: 657-679.

Pember-Reeves, M. (1980 [1913]) *Round about a Pound a Week*, New York: Garland Pub.1980.

Pinchbeck, I. (1969 [1930]) *Women Workers and the Industrial Revolution 1750-1850*, London: G. Routledge.

Pinchbeck, I., and M. Hewitt (1973) *Children in English Society*, Vol. II, London: Routledge and Kegan Paul.

Piore, M., and C. Sable (1984) *The Second Industrial Divide: possibilities for prosperty*, New York: Basic Books (山之内靖・永易浩一・石田あつみ訳『第二の産業分水嶺』筑摩書房 1993 年).

Richards, E. (1974) "Women in the British economy since about 1700: and interpretation," *History* 59: 337-357.

Roberts, E. (1988) *Women's Work 1840-1940*, Basingstoke: Macmillan Education 1988 (大森真紀・奥田伸子訳『女は「何処で」働いてきたか——イギリス女性労働史入門』法律文化社, 1990 年).

Rose, M. E. (1989) "Social policy and business: parish apprentices and the early factory system 1750-1834," *Business History* 21: 5-32.

Rose, S. O. (1988) "Proto-industry, women's work and the household economy in the transition to industrial capitalism," *Journal of Family History* 13: 181-193.

Rose, S. O. (1992) *Limited Livelihood: Gender and Class in Nineteenth-Century England*, London: Routledge.

Ross, E. (1993) *Love and Toil: Motherhood Outcast in London, 1870-1918*, Oxford: Oxford University Press.

Ruggles, S. (1987) *Prolonged Connections: The Rise of the Extended Family in Nineteenth-Century England and America*, Madison: University of Wisconsin Press.

Rushton, P. (1991) "The matter in variance: adolescents and domestic conflict in the pre

-industrial economy of northeast England, 1600-1850," *Journal of Social History* 25: 89-107.

Schurer, K. (1992) "Variation in household structure in the late seventeenth century: towards a regional analysis," in K. Schurer and T. Arkell (eds.), *Surveying the People*, Oxford.

Schwartz, L. D. (1999) "English servants and their employers during the eighteenth and nineteenth centuries," *Economic History Review* 52: 236-256.

Secombe, W. (1993) *A Millennium of Family Change: Feudalism to Capitalism in North West Europe*, London; New York: Versso.

Sharpe, P. (1999) "The female labour market in English agricuiture during the industrial revolution: expansion or contraction," *Agricultural History Review* 47: 161-181.

Shaw, C. (1903) *When I was a Child*, London: Methuen.

Shaw-Taylor, L. (2001) "Parliamentary enclosure and the emergence of an English agricultural proletariat," *Journal of Economic History* 61: 640-662.

Short, B. (1984) "The decline of living-in servants in the transition to capitalist farming, a critique of the evidence," *Sussex Archaeological Collection* 122: 147-164.

Smelser, N. J. (1959) *Social Change in the Industrial Revolution: An Application of Theory to the Lancashire Cotton Industry, 1700-1840*, London: Routledge and Kegan Paul.

Smith, S. (1998) "Aging and well being in early modern England: pension trends and gender preferences under the English poor law, 1650-1800," in P. Johnson and P. Thane (eds.), *Old Age from Antiquity to Post-Modernity*, London; New York: Routledge.

Snel, K. D. M. (1985) *Annals of Labouring Poor: Social Change and Agrarian England, 1660-1900*, Cambridge: Cambridge University Press.

Snell, K. D. M., and J. Millar (1987) "Lone Parent Families and Welfare State: Past and Present," *Continuity and Change* 2: 387-422.

Stone, L. (1966) "Social mobility in England, 1500-1700," *Past and Present* 33: 16-55.

Thane, P. (2000) *Old Age in English History: past experiences, present issues*, Oxford: Oxford University Press.

Thomas, J. (1988) "Women and capitalism: oppression or emancipation? A review article," *Comparative Studies in Society and History* 30: 534-549.

Thompson, E. P. (1963) *The Making of the English Working Class*, London: Penguin books（市橋秀夫・芳賀健一訳『イングランド労働者階級の形成』青弓社，2003年）.

Thomson, D. (1991) "The welfare of the elderly in the past: a family or community responsibility?," in M. Pelling and R. M. Smith (eds.), *Death and the Elderly: Historical Perspective*.

Tilly, C. (1984) "Demographic origins of the European proletariat," in D. Levine (ed.), *Proletarianization and Family History*, Orlando and Tokyo: Academic Press.

Tilly, L. A., and J. W. Scott (1978) *Women, Work and Family*, New York: Holt, Rinehart and Winston.

Tuttle, C. (1999) *Hard at Work in Factories and Mines: The Economics of Child Labor during the British Industrial Revolution*, Bouldero: Westview Press.

Vincent, D. (1981) *Bread, Knowledge and Freedom: A Study of Nineteenth-Century Working Class Autobiography*, London: Europa（川北稔・松浦京子訳『パンと知識と解放と――19世紀イギリス労働者階級の自叙伝を読む』岩波書店，1991年）.

Voth, H.-J. (2000) *Time and Work in England 1750-1830*, Oxford: Oxford University Press.

Wall, R. (1972) "Mean household size in England from printed sources," in P. Lasltett and R. Wall (1972).

Wall, R. (1983) "The household, demographic and economic change in England, 1650-1970, in R. Wall, J. Robin, and P. Laslett (eds.), *Family Forms in Historic Europe*, Cambridge: Cambridge University Press.

Williams, W. M. (1963) *A West Country Village: Family, Kinship and Land*.

Woodward, D. (2000) "Early modern servants in husbandry revisited," *Agricultural History Review* 48: 141-150.

Wrigley, E. A. (1969) *Population and History*, New York: McGraw-Hill（速水融訳『人口と歴史』筑摩書房，1982年）.

Wrigley, E. A. (2004) "British population during the industrial revolution, 1700-1850," in R. Floud and P. Johnson (2004).

Wrigley, E. A. et al. (1997) *English Population History from Family Reconstitution, 1580-1837*, Cambridge: Cambridge University Press.

Wrigley, E. A., and R. S. Schofield (1981) *The Population History of England 1541-1871: A Reconstruction*, London: Edward Elger.

第2章

福祉国家の変容と家族政策
公私二分法とジェンダー平等

原　伸　子

1　福祉国家の変容と家族政策の主流化

1）福祉国家の変容と家族政策の主流化

　福祉国家は，1970年代における戦後蓄積体制の制度枠組みの変化をへて，1980年代以降の新自由主義による規制緩和とグローバリゼーションの進展のもとで，新たな方向を模索しつつある。本章の課題は，このような福祉国家の変容過程における家族政策の主流化と，ジェンダー平等との関係を明らかにすることである。

　まず，家族政策の主流化にとって重要な二つの変化をあげることができる。ひとつは未婚や非婚，さらに単身世帯の増加などの家族形態の多様化，もうひとつは労働市場の規制緩和と流動化，そしてそれにともなう労働力の女性化である[1]。1970年代までの福祉国家の枠組みである「男性稼ぎ主モデル male breadwinner model」はしだいに「成人稼ぎ主モデル adult worker model」（Lewis and Giullari 2005）に変わりつつある。その結果，従来の家族構成メンバー間の労働分担関係，男性は市場における労働を行ない女性は家庭におけるケア労働を行なう，という役割分担関係は変化しつつある。家

---

[1] 1985年の「男女雇用機会均等法」と「労働者派遣法」の同時成立に留意すべきであろう。当初，女性のための家族生活と仕事の両立のために「労働者派遣法」が制定されたともいわれている。したがって，大沢真知子のように，労働力の女性化を女性の社会進出という積極的側面のみで捉えて，日本的雇用慣行の崩壊は見方を変えれば女性にとってのチャンスであるという評価は一面的である（大沢1998）。

族には育児や介護などのケアの「不足」が生じるとともに家族内部のジェンダー関係が明るみにでるようになった。その結果，福祉国家は，誰がケアを担うのかという「社会的ケア」[2]をめぐる切実な問題に直面している。家族政策の主流化はこのような文脈のなかに位置づけることができる。

かつてキャロル・ペイトマンは女性にとっての福祉国家のジレンマを「ウルストンクラフトのジレンマ」(Pateman 1989: 197) と呼んだ。それは「家父長制的」福祉国家の枠内では女性が要求するシティズンシップは実現しえないというものであった。女性は一方で福祉国家のシティズンシップが彼女たちに拡大されることを望んだ。それはジェンダー・ニュートラルな社会世界に向けたリベラルフェミニストの主張であった。しかし他方で，ウルストンクラフトが指摘したように，女性は同時に母としての「特殊」な仕事，「福祉を供給する不払い労働」であるケアを行なう。それは「市民としての女性の仕事」とみなされてはいるが公私二分法のもとで，福祉国家のシティズンシップの外部に存在することになる。なぜなら「男性稼ぎ主モデル」のもとでは，シティズンシップは市場における雇用労働に結びついており，女性や子どもは被扶養者（dependent）という資格においてのみ社会保障の恩恵に浴することができるからである。こうして女性のシティズンシップの要求は福祉国家においてジレンマに陥ることになる。

1980年代以降，各国において現われた「新しい社会的リスク」(Taylor-Gooby 2004)，すなわち女性にとって賃労働と家庭生活の両立が困難になること，人口の高齢化が既存の社会保障の機能不全と「社会的ケア」の不足を招くこと，教育状況と労働市場における地位と結びついた社会的排除が生じること，福祉サービスの民営化によって社会的弱者が育児や介護の困難に見舞われることなどによって，ペイトマンのいう「ウルストンクラフトのジレンマ」が明るみに出された。問題の核心は社会的再生産にとって「社会的ケア」の意味を理論的・政策的に明らかにすることである。

事実，1980年代末から1990年代にかけて各国では，子どもの貧困に対す

---

2) 本章では「社会的ケア」という用語を，子どもの養育や高齢者の介護などをともに含み，社会の再生産にとって不可欠なケアという意味で使用している。Daly and Lewis (1998) を参照。

る取り組みや3)，若者，長期失業者やひとり親に対するワークフェア政策，さらに養育費徴収制度などの家族政策が相次いで政策の俎上に載せられることになった。たとえばジェーン・ルイスは1980年代後半以降のイギリスにおける保守党政権下の二つの法律，1989年の『児童法 The Children Act』と1991年の『児童養育法 The Child Support Act』を比較してつぎのように述べている。前者ではケアの責任を生物学的な両親のみならず祖父母や他の誰かに任せることが可能な内容となっているのに対して，後者では生物学的な父親にのみ扶養の義務を厳しく課すものとなっている。両者の一見相異なる内容をどのように統一的に理解できるのか。ルイスは，両者が家族の多様化に対応するという政治的レトリックのもとで制定されてはいるが，現実には福祉財政の抑制という政策課題を背景として，ケアや養育費をあくまで家族という私的領域に任せるという基本的スタンスに貫かれていると述べている（Lewis 1996）。つまりこの二つの法制度は基本的に旧来の「男性稼ぎ主モデル」の強化となる。さらに『児童法』についての公式の説明書には，「ニードをもつ子ども」への公的な対応の必要性が述べられているにもかかわらず，その「ニード」の定義はきわめて限定的であり，もっぱら社会的排除が集中する地区の子どもたちに向けられている。したがって，将来，「ニード」を必要とするかもしれない子どもたちは対象外となっている。ルイスは，政府が志向する「公私のパートナーシップ」による家族政策の方向性を批判して，「集合的責任と私的責任とのあいだで選択が行なわれるべきであるという考え方の誤り」を再認識すべきであると述べている（ibid.: 99-100）。

　後述するように，1997年に保守党政権を破って政権に復帰した労働党にとっても家族の多様化とケアの問題は，「第三の道」による社会的投資アプローチのもっとも重要な問題であった。つまり「第三の道」においては，社会的投資は「資産ベースの平等主義」（White 2004: 30）という理念に強く結びつけられていた。そこでは将来の市民・労働者としての子どもへの人的資本投資と，社会的に排除されたコミュニティの社会的基盤への投資に重点

　3）たとえばイギリスでは1979年から1991年までに子どもの貧困（平均所得の50%以下の世帯で生活する子どもたち）が3倍に増加したといわれている。

的に資金が投入されたのである。しかし労働党政権は従来の政府とは異なり，本格的な家族政策を行ない，莫大な予算を子どもや若者対策につぎ込んだにもかかわらず，保守党から引きついだ福祉の契約主義という基本的な考え方のもとで，結局は制度のよりいっそうの「効率化」を図ることになった（下夷 2008: 186）[4]。

2）新しい福祉政治

上述のような福祉国家の変容に対して，福祉国家政治の新たな動きをめぐる議論がみられる。たとえば宮本（2011b）は 1990 年代以降の福祉国家の変容を「20 世紀型の福祉・雇用レジーム」の解体による「レジーム転換」と呼ぶ。それは戦後の「男性稼ぎ主モデル」からの「転換」でもある。そこでは「生活保障とジェンダー」というコンセプトのもとで「包摂と承認の政治学」（同上）の新たな枠組みが提起される。宮本のいう「包摂」とは就労支援，雇用創出，家族内の扶養関係を含めた社会保障の再設計，雇用と社会保障の連携構築など「経済的な分配と再分配にかかわる政治」であり，他方，「承認」とは「劣位におかれた集団の同権化をめぐる政治」（同上: 191）である。「ワーク・ライフ・バランス」政策とジェンダー平等もまた，ここでいわれる「レジーム転換」の文脈のなかに位置づけることができる。

本章第 2 節では，福祉国家政治の「新たな正統」（Surender 2004）として「第三の道」を検討する。現実には，その政策とイデオロギーが明確に概念化されたのは，1990 年代前半のアメリカ民主党（クリントン政権）と 1997 年に政権についたイギリス労働党（ブレア政権）においてであったが，他の諸国においてもそれぞれの政治力学のもとで「第三の道」の政策が採用されている。事実わが国においても新自由主義的な市場主義政策のあと，「第三の道」の方向がめざされているといえよう（同上: 207）[5]。

---

4) わが国においても，アメリカの 1996 年に制定された「個人責任と就労機会調整法」（PRWORA）の影響のもと，2002 年に児童扶養手当の改革が行なわれた。その結果，児童扶養手当は 2003 年より支給開始後 5 年あるいは母子世帯になって 7 年経過後には支給額を最大 2 分の 1 まで減額することとなっている（藤原 2007: 10）。

5) 宮本（2011b）は，2010 年 6 月に鳩山内閣に代わって，日本型の「第三の道」を掲げた菅政権によってアクティベーションの政策志向が強まった，と述べている。

3）ナンシー・フレーザーによる「承認と再分配」をめぐる議論

本項では，新しい福祉政治との関連で，ナンシー・フレーザーの「承認と再配分」をめぐる議論を見ることにしよう。フレーザーはグローバリゼーションのもとで正義をめぐる言説が「再分配から承認になったのか？」（フレーザー 2003）と問題を提起した。「再分配」とは経済的不公正を，「承認」とは文化的不公正を是正しようとする要求である[6]。ジェンダー的不公正を是正するためには，両方の変革が必要である。すなわち「女性の経済的不利益は，公的な領域ならびに日常生活の場面において，女性の『声』を制限し文化形成への同等な参加を妨げている」からである（同上: 32）。しかし，フェミニストは「再分配／承認ジレンマ」（同上）に陥っている。なぜなら再分配の論理はジェンダーそれ自体を廃絶しようとするのに対して，承認の論理はジェンダーの特性に価値を見いだすからである。これは人種についても同様である。たとえば「低賃金の，低いステータスの，つまらない，汚い，家庭内の仕事は，圧倒的に有色の人びとによって担われ，高賃金の，高いステータスの，ホワイトカラーの，プロフェッショナルな，高度な技術を要する，経営に関わる仕事は『白人』によって担われることがほとんど」（同上: 33）だからである。フレーザーはアメリカの政治現場を念頭におきながら，「文化的従属と経済的従属が相互に強化し合うという悪循環」をみる。すなわち「リベラルな福祉国家と主流派の多文化主義の組み合わせによって不公正を是正しようとする私たちのたゆまぬ努力が逆効果を生みだしている」と述べて「再分配と承認のオールタナティブな概念」を求めた（同上: 49）。

さらにフレーザーは「フェミニズム，資本主義，歴史の狡猾さ」（フレーザー 2011a）という論稿において 1960 年代末に登場した第二派フェミニズムの 40 年にわたる理想と実践を総括したうえで，上述の議論を展開してつぎのように述べている。ネオリベラル・グローバリゼーションのもとで「フェミニズムの一部と，勃興する資本主義の新形態――ポスト・フォーディズ

---

[6] ここでフレーザーの「承認」の定義は以下のアクセル・ホネット（Honneth 1992）にもとづいている。すなわち，「私たちは自らの存在の統一性（integrity）を潜在的な仕方で，他者からの是認や承認（recognition）を受け取ることで獲得する」。それは「間主観的関係によって獲得される自己理解である」（Honneth 1992: 188-189）。

ムの……おぞましい収斂」が起きているのではないか，と（同上: 28）。フレーザーは言う。「収斂」とは，フェミニズムが「再分配」から文化的「承認」へとジェンダー公正の要求の焦点を移していくまさにその時期は，新自由主義が「資本主義の精神」をフレキシブルに正当化するグローバリゼーションの時期と一致する。つまり「承認」を求めるフェミニストの「ロマンス」が社会の両極において女性を引きつけている。「一方では，職業的中産階級の女性要員がガラスの天井を断固として割ろうとしている。他方では，女性のテンプスタッフ，パートタイマー，低賃金のサービス産業従事者，家庭内労働者，セックス・ワーカー，移民，EPZ〔輸出加工区——引用者〕労働者，マイクロクレジット借入者が，収入と物質的安全だけではなく，尊厳，工場，伝統的権威からの解放を求めている」（フレーザー 2011a: 42）。けれども，マイクロクレジットの例をとっても，その成果は借金返済のかなりの記録と生活改善の逸話的証拠にとどまっているではないか，と。この点についてヘスター・エイゼンシュテイン（Eisenstein 2005）もまた，「グローバリゼーションが家父長制的な伝統を浸食するにつれて，〔文化的差異の承認を要求する——引用者〕フェミニズムが文化的溶剤の役割を果たしている」（ibid.: 487）と述べている。

　このように，女性の文化的差異の「承認」がネオリベラル・グローバリゼーションのもとで資本蓄積に動員されていることに対して，フレーザーは，将来の方向としては，フェミニストの批判の最良の部分——ここでは「社会主義フェミニズムの理論化」を指す——を「資本主義に関する最近の批判理論の最良のものと統合することにある」（同上: 28）と述べる。

　フレーザーやエイゼンシュテインの問題提起は本章にとっても示唆的である。なぜなら，以下に展開するように1990年代以降の「ワーク・ライフ・バランス」政策もまた，ジェンダー平等として登場したにもかかわらず，グローバリゼーションのもとで効率性の論理に組み込まれているからである。しかもわが国においては，女性に対する「統計的差別」をなくして男女平等をめざすという文化的承認のレトリックのもとで労働市場の規制緩和への動きが進められている。

　それでは以下の内容展開の順序を説明しよう。第２節では「新しい福祉政

治」としての「第三の道」について検討する[7]。そこでは基本的コンセプトである「福祉の契約主義」と社会的排除・包摂と社会的投資アプローチについて考察する。「第三の道」の「効率と公正の新たな同盟」（ギデンズ1999）という理念は，1990年代以降の家族政策の「主流化」に対して，その性格を規定することになった。第3節ではこのような過程をEUを事例に取り上げる。そこではジェンダー平等政策として始まった仕事と家庭生活の調和政策がしだいに雇用戦略に取り込まれていく過程を描く。最後に第4節で「ワーク・ライフ・バランス」政策のインプリケーションについて述べる。

2　福祉国家の新たな政治——「第三の道」の概念と政策

1) ニューレーバーの成立とPeckam

　1997年6月の総選挙で18年ぶりに政権に復帰した労働党のブレア首相は，選挙に勝利した後，数時間後にはロンドンでもっとも恵まれない地区のひとつであるペッカム（Peckham Estate）の地に赴き，そこで最初のスピーチを行なった。かつて1967年から1977年にかけてサウス・ロンドンのスラムの人びとを救済する目的で28.5ヘクタールに及ぶ広大な場所にコンクリートの巨大な住宅群がつくられた。それがエイルスベリーとペッカム地区である[8]。この地区では当時，半数の住人が「住宅給付 Housing Benefit」を受け取り，5世帯のうち1世帯は職についておらず，人口密集度は平均の3倍といわれていた。ペッカムは労働党の新しい福祉改革の象徴となった。そこ

---

[7] 周知のようにイギリスでは2010年5月の総選挙で労働党が敗北し保守党と自由民主党の連立政権が誕生した。マグヌス・ライナー（Ryner 2010: 554）は「第三の道の死——金融危機とヨーロッパ民主主義」のなかで，サブプライム危機によって市場主義に対する疑念が大きくなり，その疑念は市場主義的な社会民主主義である「第三の道」をも直撃した。その結果，ヨーロッパの社会民主主義政権が相次いで敗退したというのである。「第三の道」において公正と効率性という一見矛盾する理念の結合は理論と政策においてどのように概念化されたのか，は本章の関心でもある。

[8] エイルスベリーとペッカムについては，＜http://www.vauxhallandkennington.org.uk/aylesbury.shtml＞に詳しい。

でブレアは，7500人の「忘れられた人びとと希望のない地区をなくす（no forgotten people and no no-hope areas）」と述べて社会的排除への取り組みを宣言した（Stewart 2009: 427）。この地区は1999年に「コミュニティ改革 New Deal for Community」の地に選ばれたが，その資金の多くがコミュニティ再開発のための基盤整備に向けられることになった（5600万ポンドのうち4600万ポンド）。その後2001年には，この地区の住居は民間の住宅組合の管理に移管される提案が出されたが，73％の住民の反対によって否決されたといわれている。1997年以降，この地区がたどった道筋は，社会的排除への取り組みや公私のパートナーシップによるコミュニティ再生など，ニューレーバーの福祉改革の試みを体現するものであった。

以下では，1990年代に登場した「第三の道」の概念・政策とその帰結について考えてみる。「第三の道」は各国の制度と政治力学のなかで独自な修正を被りながらもグローバリゼーションのもとにおける福祉国家の「正統」理論になったともいえよう。本節では福祉の契約主義，社会的排除と包摂論，そして社会的投資アプローチという基本概念について検討することにしよう。

2）「第三の道」の基本概念——福祉の契約主義

契約概念は本来18世紀以降の近代社会の基本的なコンセプトであり，それは国家と市民との関係を規定するものであった。しかし20世紀後半，1980年代以降の福祉国家の縮減と個人主義化を背景として，政府は社会保障，教育，健康や社会的ケアのサービスをめぐる供給者としての国家と，受給者としての市民（市民としての個人）との関係にあらためて契約概念を用いるようになった。それが「福祉の契約主義 Contractualism」である（Hobson et al. 2002: 117; Lewis 2003: 178; White 2003: 15）。

国家と市場と市民とのあいだの関係を規定するこの契約主義は，福祉政治の基本的性格を規定する。1980年代以降，すでに保守党政権下で導入されていた「福祉の契約主義」は，その後，労働党政権によって引き継がれることになる。もっとも典型的なのは，NHS（National Health Service）における「内部労働市場 internal market」すなわち疑似市場の導入である。1997年のNHS白書『近代的で信頼できる新たなNHSへ』（1997年）では，

1990年代の初めに保守党政権下で導入された「内部労働市場の弊害」(Department of Health 1997) をなくし公私の「パートナーシップにもとづいたシステム」(ibid.) が必要であると述べられている[9]。しかし公私の「パートナーシップ」による福祉の混合経済の方向性もまた，保守党政権下においてめざされていたものである。したがって「第三の道」における「福祉の契約主義」や福祉国家の混合経済の性格が，保守党政権下におけるそれとどのように異なっているのかが問題となってくる。

周知のように，イギリスにおける労働党の「第三の道」に先だって，アメリカでは民主党が政権に就いた。両者の政策概念はきわめて類似している。1991年，ビル・クリントンは大統領選出馬にあたって，「国民と政府との厳粛な合意」としての「新しい盟約」について述べた。政府は「機会を提供し，……責任を呼び起こし，われわれ偉大な国民にとって共同体の意味を復活させる」(White 2004: 27-28), と。クリントンはその後1992年に大統領に選出されるにあたって，「われわれの知っている福祉をやめよう (end welfare as we know it)」と宣言した。それから4年後の1996年には公約どおり「個人責任と就労機会調整法」(PRWORA: Personal Responsibility and Work Opportunity Reconciliation Act) を成立させている。このRRWORAによってアメリカでは史上はじめて貧困状態に陥ることに対して時間制限が導入されたのである。1935年に成立した「要扶養児童世帯扶助」(ADC, のちにAFDC: Aid to Families with Dependent Children) は「貧困世帯一時扶助」(TANF: Temporary Assistance to Needy Families) に変わり，支給年限は生涯で5年間，継続受給は2年間という規定が導入された。

---

9)「第三の道」における「パートナーシップ」については，Lewis (2004) に詳しい。ルイスはコミュニティ・ケアの実例にもとづきながら，「調整者」として想定されている国家の役割が現実には困難に直面していること，質の高い福祉を安定して長期に供給するという課題に対して，行動原理を異にする公私の「パートナーシップ」の難しさを指摘している (ibid.: 217-224)。また宇沢 (2000) は，保守党政権下，NHSに導入された「内部労働市場」の理論はもともとヴェトナム戦争時に開発された「キルレーショア (殺戮比率)」の理論にもとづくことを明らかにするとともに，いったん導入された「内部労働市場」はNHSをもとに戻すことができないほどに，制度の根幹を崩壊させたと述べている。

一方，イギリスにおいて労働党は，1992年の総選挙で優位であるといわれながらも敗北した後に，当時の党首であったジョン・スミスによって社会正義に関する独立の委員会が設立された。この委員会は『ベヴァリッジ報告』以来の50年間の社会政策を再検討し，1994年に『社会正義——国民的再生のための戦略』(*Social Justice: Strategies for National Renewal*) を発表した。以下の文章はブレアが，1993年，アーノルド・グッドマン慈善協会において講演した文章の一部であるが，「第三の道」における「福祉の契約主義」の考え方を簡潔に表現するものとなっている。

> 現代のシティズンシップの考え方は権利を与えるが義務を要求する。敬意を示すが見返りを要求する。機会（opportunity）を与えるが責任（responsibility）を求める……これらがすべて一緒になってコミュニティについての現在の見方を再構成する考え方を形づくることになる。そこでは相互依存と独立の双方が認められるし，強力で団結力のある社会の存在は個人の向上心の達成や進歩にとって本質的である。(Blair 1996: 218, 220; White 2004: 27)

以上にみられるように，「第三の道」における政府と市民との「新しい契約」(*New Ambitions for our Country: A New Contract for Welfare* 1998: 80) の内容とは，政府による「機会 opportunity」の提供と市民の「責任 responsibility」との関係，そして強力なコミュニティの存在ということになる。この「機会」とは労働機会であり，「責任」とは労働責任である。そしてコミュニティはそれらが機能するための生活の質を規定する空間を形づくることになる。さらに『社会正義』(1994年) では，以下にみられるようにこの労働が雇用労働であることと welfare to work の思想が明確に述べられている。

> 労働はわれわれの生活の中心であり，支払い労働も不払い労働もわれわれの必要を満たし，富と分配のための資源を生み出す。……しかし貧困から抜け出すためには支払い労働が最良の道であるとともにディーセントな生活水準の達成を望みうる唯一の方法である。……労働は福祉の一

部である。……（*Social Justice* 1994: 151）

3）「福祉の契約主義」をめぐる議論

「福祉の契約主義」はきわめて論争的な概念である。1980年代，保守党政権下において福祉の供給に対する「消費者意識」（Freedland and King 2003: 469）が強調されたのであるが，それはメージャー政権下に制定された『市民憲章 *Citizen's Charter*』（1991年）にみられるように，福祉の供給者と受給者とのあいだに消費者意識と契約関係が想定されていた。したがって「第三の道」の「福祉の契約主義」を検討するにあたって，ここでは以下の二つの論点が重要になってくる。第一は，この「福祉の契約主義」において平等はどのように考えられているのか。第二は，「福祉の契約主義」と伝統的な社会民主主義との関係である。以下，二つの立場を取り上げることにしよう。ひとつはマーク・フリードランドとデズモンド・キングによる「福祉の契約主義」の批判である。彼らは「福祉の契約主義」をリベラルの名の下での「不寛容 illiberal」として批判する。もうひとつは，スチュワート・ホワイトの立場である。ホワイトは「福祉の契約主義」はそれ自体，社会民主主義から逸脱するものではなく機能主義的社会民主主義の伝統に位置づけられると主張する。

①契約的統治と「不寛容 illiberal」な契約 —— フリードランドとキングの議論

まずフリードランドとキング（Freedland and King 2003）の議論からみることにしよう。彼らは1997年以降，「第三の道」における「契約」は「見せかけの契約，あるいは契約のような取り決め」（Freedland and King 2003: 465）になっているという。つまり「福祉の契約主義」はミクロレベルとマクロレベルの関係のなかで考えられねばならない（ibid.: 470）。ミクロレベルとは政府の公共サービスのエージェント（ソーシャル・ワーカーや現場の機関）と福祉受給者との契約関係であり，マクロレベルとは市民と国家との契約関係である。しかしここで契約において政策「選択」できるのは政府であって，それがミクロレベルのエージェントや福祉機関に反映する。福祉の受給者には選択の余地はない。契約関係は福祉受給者に対する「行動管理の道具」（ibid.: 465）となっている。つまり，リベラルな契約というレトリッ

クのもとで「不寛容 illiberal」な契約が遂行されている（ibid.: 470）。このようなミクロレベルとマクロレベルで説明される「福祉の契約主義」は，バーバラ・ホブソンがいうように1980年代以降，市民と国家の契約が実際には「政府とカテゴリーとしての市民のあいだの集合的合意ではなく，政府と個人的市民とのあいだ，あるいは国家の保護下にある市民同士の契約」（Hobson 2003: 115）になっているといいかえることもできるであろう。

　さらにフリードランドとキングは福祉の本来の視点は「必要」であるが，「福祉の契約主義」の視点は「選択」である，という。事例として以下の四つをあげている。それらは政府の政策選択によって実際に契約関係が導入された事例であるが，順次，管理の「強制的性格」が強まっていくとされている。(1) 学校と生徒と両親との「家庭と学校との協定 home-school agreement」，(2) 囚人と刑務所当局間の「契約 compacts」，(3) 青少年犯罪者と青少年犯罪者委員会とのあいだの「青少年犯罪者に関する約定 youth offender contracts」，(4) 雇用サービスと手当を申請している失業者とのあいだの「求職者協定 jobseeker's agreements」（Freedland and King 2003: 466）。

　これらの事例のうち，「求職者協定」は保守党時代の「求職者手当」にその起源をもつのであるが，1997年以降は労働党のもとでニューディール・プログラムの礎石となっていく。それは，1997年7月の5歳以上の子どもをもつひとり親から始まり，若者（15〜24歳），長期失業者，求職者手当受給者のパートナーと対象を拡大し，2000年以降は障がい者，50歳以上の失業者と3歳以上の子どもをもつひとり親を含むことになった[10]。一方，ニューディール・プログラムのために行政的には給付省と職業安定局が統合されるとともに，2001年3月には失業者とひとり親の最下層に焦点をあてた失業手当のさらなる引き締めが行なわれた。たとえば，読み書きができない失業者が給付の条件である読み書き学級へ参加しなかった場合は給付が打ち切られたり，ホームレスや薬物中毒者はジョブ準備計画に参加することを条

---

10) 大山（2005: 12）における第2表「ニューディールプログラムの概観」には，若者，長期失業者，ひとり親，パートナー，障害者，50歳以上への対応が詳しくまとめられている。なお，「第三の道」の若年就労支援政策の「規律訓練型」の性格については，居神（2007）を参照。

件に宿泊所を与えられたり薬物治療を受けることができるというのである。フリードランドとキングは，このような規律性と罰則はワークフェアの「不寛容 illiberal」な帰結であることを強調する（Freedland and King 2003: 475）。

さらにこのような規律的なワークフェア政策はマクロ経済政策の性格を反映しているといわれる。つまりワークフェアのもとでは，政府による労働「機会」の提供に対して，労働「義務」を遂行しない人びとに罰則が科せられる。それは経済理論的にはマクロ経済政策が非自発的失業の不在に基礎をおいているからだという。すなわちその第一は，「潜在的な詐病者を公的支援に対する依存から外すこと」，第二は，「労働市場への参加はメンバーシップとシティズンシップの定義にとって枢要であるがゆえに，失業者と福祉依存者に労働倫理を教え込むこと」，第三は，ワークフェア政策は「政体のメンバーの義務という意味で正当化される」（Freedland and King 2003: 473）ことになる。

こうして，フリードランドとキングは「第三の道」における「福祉の契約主義」は基本的に，1980年以降の保守党政権による福祉改革における政府と個人との契約という考え方や，消費者倫理の導入の延長線上にあると考えている。すなわちそれは，社会民主主義の考え方とは異質なものである，と。さらにミクロレベルとマクロレベルにおける福祉の供給と受給との関係について契約主義がもたらす「不寛容 illiberal」なプロセス（Freedland and King 2003: 476）に注目すべきであると述べる。

② 「機能主義的社会民主主義」の伝統と「第三の道」──ホワイトの議論

それではホワイト（White 2004）はどのように述べているのであろうか。以下にみるようにホワイトは，「第三の道」の思想を社会民主主義の流れに位置づけるのであるが，その理論的関係は「複雑」である。その論点はつぎの二点に集約できる。第一は，「第三の道」の思想の根底にはイギリスに伝統的な「機能主義 Functionalism」がある。それは20世紀初頭のホブソンやホブハウスなどの「ニューリベラリズム」と，その思想的影響を強く受けているトーニーやラスキなどの「機能主義的社会民主主義 Functionalist social democracy」の流れに属する，と。しかしながら第二に，「第三の道」と「機能主義的社会民主主義」は「平等」についての考え方が大きく異なって

いる。ホワイトは,「第三の道」には社会的正義,「平等主義」について明確な理論が存在しないことを最大の問題として指摘する。

　第一の点からみることにしよう。周知のように19世紀末から20世紀にかけてヴィクトリア時代の繁栄の後の貧困が社会問題として認識されるようになる。1980年代イギリスには分配上の公正という課題のもと「産業報酬会議」やフェビアン協会が結成される。一方,世紀転換期の資本主義は「効率性の時代」を迎える[11]。オックスフォード理想主義の流れを汲むホブソンやホブハウスら「ニューリベラリズム」と呼ばれる学派は,社会的正義とは何かをめぐって議論を展開する。ホワイトは「第三の道」の思想的基礎をこの時期の「ニューリベラリズム」とその影響を受けたトーニーらの「機能主義的社会主義 Functionalist Social Democracy」であるとして,その理論の基本的内容を検討する。それは「生産的機能に対する公正な支払い」と「生産的機能に対する公正な機会」という二つの理念（社会的権利）に典型的に表われる。さらに「自由市場の資本主義経済はこの権利を尊重しない。それを保障するためには断固とした国家の行動と支出が必要とされる」（White 2004: 39）のである。ホブハウスは以下のように述べる。

　　正常な精神と肉体をもつ標準的人間（normal man）が有用な労働によって彼と彼の家族に食事や住居や衣服を獲得しうるような経済的条件を整えるのは国家である。「労働の権利 right to work」と「生活賃金の権利 right to a living wage」……は良い社会の秩序を統合する諸条件である。……適正な報酬の労働機会（opportunity）が与えられれば,人は生活のために稼ぐ力をもつ。それが,このような機会を最良に利用する権利であり義務である。これに失敗すれば彼はまさに貧者として扱われる

---

11) 西沢（2007: 413）には世紀末イギリスの貧困・失業問題と経済学思想の関係が丹念に描かれている。「1880年代イギリス」とは何かは福祉国家の成立にとって興味深い。とくに「第三の道」と「機能主義的社会民主主義」（White 2004）との関連性もこの世紀末の歴史的意味に関わる。この時代を「効率性の時代」とするジェフリー・ラッセル・サール（Searle 1971）も参照。なお,「第三の道」の社会経済思想については深井（2011）も参照。

ことになる……。(Hobhouse 1994: 76-79; White 2004: 39-40)

　ホワイトはここに，後の「福祉の契約主義」と整合的な社会的正義の考え方をみる。つまり国家による労働「機会」の提供とそれに対する労働の「義務」および「生活賃金の権利」という関係である。しかし同時に「機能主義的社会民主主義」と「第三の道」の重要で決定的な違いも指摘する。それは国家およびコミュニティの繁栄をもたらす「生産的」概念についてである。ブレアは「義務は労働党の価値である」(Blair 1996: 4-21) と述べてワークフェア政策を展開するのであるが，「機能主義的社会民主主義」においては，労働の義務とともに強調されているのは資産所得で生活している「不生産的」階層に対する課税の強化である。それは不労所得である相続財産や土地価格投機による所得に向けられている。「第三の道」の労働党政権はこのような資産所得に対しては何ら方策をとっておらず，それは基本的に所与として扱われている。この点について，ホブハウスはつぎのように述べている。

　　その日の生活に事欠く怠けものを維持する体制が悪いのならば，非常に贅沢な暮しをしている怠けものを維持する体制はもっと悪い。どんな体制であろうと大規模な富の相続を認めることは，この点において批判の対象になるだろう。(Hobhouse 1912: 16-17; White 2004: 41)

　つまり「機能主義的社会民主主義」においては「生活賃金」を超える部分については財政制度を通じて分配的正義が求められている。したがってそこでは，社会に依存する人びとが批判される場合，そのターゲットは「第三の道」とは異なって，「福祉に依存する人びとに対してではなくて，種々の無機能な財産に依存している人びとに向けられていた」(White 2004: 41)。ホワイトが「第三の道」は「平等主義者」ではなくて「十分主義者 sufficientarian」(ibid.: 43) であると述べるのは，このような意味においてである。なぜなら「第三の道」においては，ディーセントな最低限の「機会」と生活水準自体がその目標となっており，それを超える所得の不平等には手がつけられないからである。それはさらに社会的正義に関しても根本的な違いを生

み出す。つまり「機能主義的社会民主主義」においては，短期的目標はディーセントな「生活賃金」の保障であるが，長期的目標は「平等」であった。けれども「第三の道」は「それとは対照的に，ディーセントな機会と生活水準をもたらすように資本主義に強制することが長期的目標となる」(ibid.: 43)。

このようにホワイトは，一方で「第三の道」における「福祉の契約主義」がイギリスに伝統的な「機能主義的社会民主主義」に連なることを主張するのであるが，他方で両者の重要な相違点を指摘する。すなわち「第三の道」には「平等」論がないこと，「何をなすべきか」と「正義とは何か」の区別がないことを「争う余地なき誤り」(White 2004: 43) と呼んでいる。

以上にみてきたように，フリードランドとキングは「福祉の契約主義」の「不寛容さ illiberal」を批判するとともに，「契約」という原理が福祉の原理である「必要」に反するとした。それは「第三の道」が社会民主主義の原理に反するという主張を含意するものである。それに対してホワイトは，「福祉の契約主義」というコンセプトは，イギリスの機能主義の伝統にもとづいていると主張する。したがって「第三の道」に対する批判は，むしろそこに「平等」という社会民主主義にとってもっとも重要な観点が欠如していることに向けられる。またフリードランドとキングと同様に，「第三の道」における社会民主主義がT. H. マーシャルによるシティズンシップ論を含んでいないことを認めている。ホワイトは *The Civic Minimum*（White 2003）のなかで新たに「経済的シティズンシップ」概念の必要性を説き，「経済的シティズンシップの政治学」として「市民としての最低限 Civic minimum」論を展開している。

3）社会的排除・包摂論と社会的投資アプローチ

これまでみてきたように「第三の道」の基本的コンセプトは「福祉の契約主義」である。それは政府による労働「機会 opportunity」の提供と，それに対する市民の労働「責任 responsibility」との関係であり，それが福祉改革すなわち welfare to work の基本概念となっている。ホワイトがいうように，「第三の道」には明確な「平等」概念は存在しないといえるが，「資産ベ

ースの平等主義」という「第三の道」に独自な理念が社会的排除と包摂に関する理論と政策のなかで展開されている（White 2004: 30）。それはまた，ギデンズの「社会的投資国家」（ギデンズ 1998）という考え方にもとづいている。ギデンズは言う。「私たちは，福祉国家のかわりに，ポジティブ・ウェルフェア社会という文脈の中で機能する社会的投資国家（social investment state）を構想しなければならない」（同上: 196-197）。

その論理はつぎのようになる。まず国家による福祉の供給は，単に不利な状況を軽減することに求められるのではなくて，人びとが不利な状況に陥ることを避けることができるような資産形成に向けられるべきである（White 2004: 30）。ここで，二つの主要なターゲットが選ばれる。ひとつは，将来の労働者・市民である子どもへの人的投資。もうひとつは，排除されたコミュニティへの投資である。すなわち将来の良質な教育を受けた労働力は，ポスト工業社会の知識経済にとって本質的であるとともに，所得の平等に資するということになる。子どもへの投資は「社会的投資戦略の中心」（Lister 2006: 53）となる。具体的政策としては，「チャイルド・トラスト・ファンド Child Trust Fund」，「児童控除 Child Tax Credit」や「シュア・スタート・プログラム Sure Start Program」などがあげられる。

このような「資産ベースの平等主義」は，前述のように「第三の道」の二つの考え方にもとづいている。ひとつは社会的排除と包摂論である。社会的排除という概念は 1974 年フランスの社会政策において初めて使用されたのであるが，そこでは現在の使用のされ方と異なる意味合いをもっていた。すなわちそれは「ひとり親，障がい者，病弱な高齢者，虐待を受けている子どもたち，麻薬常習者，多くの問題を抱えた家庭など」，「社会保護システム」（社会保障制度と同義）によって包摂できない多数の社会集団をさしていた（Daly and Saraseno 2002: 85）。その後，1980 年代に大量の失業者の存在のもとで社会的排除は，労働市場への参加の失敗によって「社会的ネットワークから切り離された」人びとをさすことになる。そこには「イデオロギー上の変化」がある（ibid.）。

事実，EU では 1989 年に「労働者の基本的権利のためのコミュニティ・チャーター Community Charter of the Fundamental Social Rights of Workers」が宣言され，1990年には「社会的排除への取り組みに向けての監視 European Observatory for Combating Social Exclusion」が開始される。「第三の道」における社会的排除と包摂という言説も，このような文脈に位置づけられる。したがってまず社会的包摂は，ワークフェア政策のもとで労働責任をとおして社会へ参加することを要求する。ルース・リスターがいうように，労働党政権は子どもに対して，私的責任とともに公的責任の所在を明確にした。それは過去20年間の保守党政権下における私的責任論と比較して「イギリス政策史上，画期的である」(Lister 2006: 55)。しかしそれは同時に，子どもへの社会的コントロールと親の行動への規制を強化するという顕著に「権威主義」的な性格を備えていた (ibid.)。たとえば1998年の「犯罪と騒乱に関する法律 The Crime and Disorder Act」や2003年の「反社会的行動に関する法律 Anti Social Behaviour Act」では，子どもに対する親の監督，子どもの夜間外出禁止や反社会的行動などが規定されている。その規定によれば，たとえば子どものずる休みが続く場合には，親は罰金を科せられたり投獄されうる場合もある (Lister 2006: 55)。市民による自由に関する監視団体である「リバティ」は1997年以降，16歳以下の子どもたちの権利が浸食されつつある，と述べている (ibid.)。

　ここでジェンダー平等の視点から社会的排除と包摂政策の問題点をあげるならば，以下の二点を指摘できる。第一に，子どもへの人的投資という政策は同時に，子どもの貧困がもっとも深刻な貧困家庭の親にニューディール・プログラムにもとづいて市場労働への参加を強制する。その問題点はひとり親（とくにシングル・マザー）に凝縮して現われる。ひとり親は一方で責任ある市民として市場への参加を強制されるとともに，他方では責任ある母親として子どもの行動の管理を要求される。ワークフェア政策が有償労働中心になっており，そこではケアが犠牲にされている。これはジェンダーの問題であるとともに，子どもにとってのケアに関わる問題であり，「子どもの権利に対する認識の限界」(Lister 2006: 58) を表わしている。第二に，社会的包摂それ自体のなかに排除を温存あるいは，包摂自体が排除を生み出すということである。たとえばそれは，女性のパート労働について考えてみれば明らかである。つまりケアの責任がある女性が社会的包摂政策とワークフェア

政策によって市場労働を求められる。しかし保育の条件が整っていない場合，パート労働を行なわざるをえない。彼女たちは社会的包摂という名のもとで，雇用の中心から排除されているのではないか（Daly and Saraceno 2002: 98）。

地方，「資産ベースの平等主義」に含まれるもうひとつの考え方は，将来の大人としての子どもに対する社会的投資アプローチである。これはすでに述べたように，社会的排除と包摂政策に組み込まれて推進されている。したがってここでは，さらに問題であると考えられる二つの点について述べる。第一はエスピン-アンデルセン（Esping-Andersen et al. 2002）がいうように，「第三の道」の投資戦略は「あまりに選択的」である。また「アクティベーションが伝統的な所得保障の代替物になると信じている」。しかし「効果的な社会的投資戦略の前提条件は貧困と所得の不安定性が最小化」していることである（ibid.: 5）。すなわち十分な社会的シティズンシップが達成されていることが社会的投資アプローチの前提条件である。第二は，以上の論点と関わるのであるが，社会的投資アプローチにおいては社会政策が経済政策に従属している。前述のように，家族政策における子どもの権利（良質なケアを受ける権利）や，ジェンダー不平等（社会的包摂における女性のパート労働など）の問題が，「第三の道」のコンセンサスにおいて明確な位置づけを与えられていないことが問題点として指摘されるだろう。

3 「ワーク・ライフ・バランス」政策の論理
―― ジェンダー平等政策から雇用政策へ[12]

前述のように，第1節において福祉国家の変容とそれが公私のジレンマの表われであること，そこでは新たな福祉政治が求められることをみた。問題の核心は私的領域である家族におけるケアを社会的にいかに認識するかということであった。さらに第2節では新たな福祉政治の「正統」とも呼ばれる「第三の道」の基本概念を検討した。そこで取り上げられた福祉の契約主義，社会的排除と包摂論，資産ベースの平等主義，社会的投資アプローチは

---

12) 以下，本節は原（2009）の一部を加筆修正したものである。

1990年代以降の家族政策の基本性格を規定することになる。本節で取り上げる「ワーク・ライフ・バランス」政策は本来，私的領域におけるケアと市場における支払い労働との調和というジェンダー平等政策の性格をもっていた。したがって，本来「ワーク」と「ファミリー」のバランスが問題となる。しかし当初，「ワーク・ファミリー・バランス」政策（以下，WFB政策）として各国で取り上げられた社会政策としての家族政策は，雇用政策の主導のもとでしだいに「ワーク・ライフ・バランス」政策（以下，WLB政策）という名称に変えられていく。

本節では，以上の展開過程をEUの政策展開を手がかりに検討する。EU雇用戦略はジェンダー平等政策を取り込みながら，それを道具主義的に変容させていくことになる。

1）「ワーク・ライフ・バランス」政策のインプリケーション——EUにおけるジェンダー平等の展開

①「ジェンダー平等政策」，「取り込みcooptation」と「開放的調整政策open method coordination」

ジェンダー平等が，EUにおいて法的にも政策的にも，もっとも発展した分野のひとつであることは明らかである。けれどもストラティガキ（Strategaki 2004）が述べるように，EU統一は「アイデンティティを形づくるプロジェクト」と「経済的・政治的・社会的な変化を共同的かつ実践的方法で育む」という二つの相互に絡み合ったプロジェクトからなっている。したがってジェンダー平等は，一方では理念として発展しながらも，他方では政治的・政策的にジェンダー平等を「取り込むcooptation」という政策のために一連の政策パッケージの枠組みのなかで理念を変質させることがある（ibid.: 31）。

それに加えて，EC（European Council）の「開放的調整政策open method coordination」という手法によって，指令はターゲットを設定するだけのsoft lawであり，各国はそれぞれ独自の政策手段をとることができるために，社会的統合の目標は「調和」から「収斂」へと変化しているといわれている（Strategaki 2004: 33）。つまりターゲットに向けての政策手段はオープンな

ので加盟各国による異なるアプローチがジェンダー平等の理念の変質をもたらすという（Rubery 2002）。ここに EU 共通の政策達成の難しさがある。

EU ではローマ条約 119 条（現 141 条）において「男女同一賃金原則」が規定されて以来，数々の行動計画によって男女間の雇用平等が強調されてきた。そのなかで最初に「仕事と家庭生活」の調和への言及がみられるのは，1974 年の『社会行動計画』においてである。だがそれは家庭責任を有する女性の就業を可能にするための一手段という認識にとどまっていて，具体的施策については「曖昧」なままであった（宮崎 2005: 24; Strategaki 2004: 42）。その後，1980 年代には福祉国家の縮減過程を背景としてジェンダー平等についての法的展開はみられない。親休暇指令の立法化が望まれていたが，イギリスの猛烈な反対で頓挫することになる。一方，加盟各国のあいだにも国家が家族という私的領域に関与することへの警戒があったといわれている（宮崎 2005）。たとえばルイス（Lewis 2003）はイギリス保守党時代の家族政策を，一方では労働するか育児をするかの決定は女性に任せるというリバタリアン，他方では母親が雇用を求めることに対して疑念を示す権威主義と呼んでいるが，そのような思考は 1980 年代の EU 全体の支配的潮流をなしていたと思われる。

だがその後，1989 年の『労働者憲章』と 1990 年の『第三次男女雇用機会均等計画』のなかに労働と家族責任の「調和」が再度取り上げられることになる。それ以来，WFB 政策は EU の家族政策の主流になってくる。1995 年には「親休暇および家族的理由による休暇に関する指令」，「育児に関する勧告」，2001 年には「パートタイム労働指令」が採択されることによってWFB の法的枠組みが整う。ジェンダー平等の視点からとくに注目されるのは第一に，親休暇指令のなかで育児休暇が「譲渡できない権利」と規定されており休暇は家族単位ではなく男女各労働者に与えられるべきであるとされていること，第二に，育児に関する勧告のなかで男女間の平等な育児の達成を目的として，男性の育児参加促進措置についての言及がみられることである（宮崎 2005: 25）。他方，2001 年の「パートタイム労働指令」における「柔軟な働き方」の概念は曖昧で多義的である。一方における労働者が仕事と家庭を両立するために必要な「柔軟な働き方」と，他方におけるグローバ

ルな市場が要求する「柔軟な働き方」とを区別する必要がある。ここではヒュー・コリンズ（Collins 2003）がいうように「育児休暇」,「出産休暇」,「職場復帰する権利」などの「労働の柔軟性」の決定権を労働者が手にするという視点が必要である。これは伝統的な労働法や労働契約法の枠組みの変更を迫る議論でもある。

2) EU 雇用戦略における WFB 政策とジェンダー平等
① EU 雇用戦略における WFB 政策

まず出発点としてあげられるのは 1997 年のルクセンブルク・サミットである。そこでは雇用戦略の第四の柱として, 職業能力 (employability), 適応性 (adaptability), 企業家精神 (entrepreneurship) に加えて, 男女間の機会均等の強化があげられている。これを受けて 1999 年には「ジェンダー主流化」の指針が言及されて, すべての政策にジェンダー平等の視点が導入される（Rubery 2002; Rubery et al. 2003）。だが同時に WFB 政策の「雇用主導の政策 employment-led policy」という性格もこの「枠組み」によって規定されることになる。

また 2000 年のリスボン・サミットでは雇用率の具体的数値目標が定められる。すなわち 2010 年までに女性の雇用率を 60%, 全体の雇用率は 70% というターゲットである。それと同時に女性の労働力率を高めるための保育政策のいっそうの拡充が提案される。さらに 2000 年に, フランスとフィンランドが議長国のときに女性の政治参加率の上昇と WFB 政策が掲げられる。これを受けて 2001 年から 2002 年に目標がさらに具体化されていく。とくに 2002 年のバルセロナ会議では, 保育施設の具体的ターゲットとして 3 歳以下の充足率は 33%, 3 歳以上の充足率は 90% に設定される。これら一連の数値の設定は, 一方でジェンダー平等達成への道筋を具体的に明らかにしたのであるが, 他方ジェンダー平等という政策目標がしだいに「道具主義」化していく道筋でもある（Rubery 2002; Lewis et al. 2008）。

② WFB 政策から WLB 政策へ

以上に見られるように, WFB 政策は EU 雇用戦略の枠組みのなかで女性雇用率の上昇と保育政策の推進という二つの柱から成り立つことになる。だ

表1 従業員の立場からの WLB 政策と WFB 政策の区別

	WLB	WFB
目的	所得に結びつかない活動に対して，時間とエネルギーを費やすこと	扶養家族，とくに子どもに対するケアを容易にすること
資格	すべての従業員	家族責任やケア責任をもっている人たち
機会	雇用者と従業員間の協定による	出産，子どもの年齢，および病気や障害のある親族との関係による
内容	主に労働時間に関する雇用慣行	ケアに対する時間，金銭，サービスに関する政策

出所：Lewis and Campbell (2008: 530)．

がここには第2節において述べたようにいくつかの論理が含まれている。ルイス (Lewis 2003) はそれを，つぎのようにいう。第一に，この WFB 政策が子どもの貧困克服のための「社会的包摂」という EU 戦略に連携すること。そこでは子どもへの保育サービスや所得控除はケアに対してというよりも，むしろ「子どもによりよい人生のスタートを与えるための初期教育」に対する「社会的投資」と考えられている (Lewis 2003: 219)。第二は，子どもの貧困克服とシングル・マザーの就労促進が連携するということ。つまり，子どもの貧困の多くがひとり親家族，とくにシングル・マザーのもとに集中しているということから，所得を増大して子どもの貧困を克服するために女性の雇用率上昇のターゲットがシングル・マザーに向けられるということである (Rubery et al. 2003; Lewis 2003)。第三は，このような保育政策と女性の就労促進策が就労と福祉を結びつける welfare to work 政策の論理にもとづいているということである。ここでは貧困で子どものいるウェルフェア・マザーを就労させるということが直接の目標となる。そして 2000 年以降，WFB 政策のなかに「労働のフレキシビリティ」，「多様な働き方」が積極的に導入されることによって女性による雇用と就労の「選択」という問題は，しだいに「両親による選択」という「中立的用語」に変化していく。こうして WFB 政策は WLB 政策という用語に変化していくのである。

表1にみられるように，WLB の「ライフ」とは「所得に結びつかない活動」をさす。そこには無償のケア労働のほかに，趣味や「自己啓発」が含まれている。けれどもルイスとキャンベルがいうように，ケアの責任を担っている人たちに果たしてライフをもつ「権利」があるだろうか (Lewis and

Campbell 2008: 534)。女性はケアのために「休暇」をとり,男性は「自己啓発」のために「休暇」をとることになりはしないだろうか。本来,WFB政策に含意されていたジェンダー平等の達成のためには「労働時間に関する雇用慣行」に頼るだけでは限界があるだろう。なぜなら労働契約には,市場経済で前提されている「対称的な交渉力」は存在しないからである。ジェンダー平等にとって重要なのは,このように不完全な制度(ここでは労働契約)に対して政府が,「育児休暇」をとる権利を法的に保障することである。

4　おわりに——WLB 政策のインプリケーション

　以上,本章では1980年代以降の福祉国家の変容過程とグローバリゼーションの進展のもとで家族政策が主流化してきたことの背景と,それがジェンダー平等視点と不可分に結びついていることを明らかにしてきた。福祉国家はまさにキャロル・ペイトマンのいう「ウルストンクラフトのジレンマ」に直面している。

　問題の核心は労働力の女性化と家族の変容のもとで,「社会的ケア」の不足を誰が担うのかという問題であった。1980年代までの公私二分化のもとでの私的責任論に代わって,1990年代は新たな福祉政治のもとで家族政策は主流化した。本章では新しい福祉政治の担い手として,イギリス労働党の「第三の道」に焦点をあててその基本概念を検討した。なぜなら「第三の道」は,それまでの20年間の保守党政権下で私的領域に追いやられていた家族のケア,とくに子どもに対する政策を重点的に行なったからである。しかし本章で明らかにしたように,福祉の契約主義,社会的包摂論,社会的投資アプローチという「第三の道」は市場の力を最大限に利用しながら,社会的公正を達成するというものであった。ホワイトがいうようにそれはせいぜい「十分主義者 sufficientarian」的であって平等主義ではない(White 2004: 43)。さらにエスピン-アンデルセンのつぎの指摘は重要である。「第三の道はアクティベーションが伝統的な所得補償に代替すると考える傾向がある。これは素朴な楽観主義である……効果的な社会的投資戦略の前提条件は貧困と所

得の不安定が最小限なことである」(Esping-Andersen et al. 2002: 5)。それでは最後に,「ワーク・ライフ・バランス」政策がジェンダー平等に対してもつインプリケーションについて,まとめることにしよう。

　第一は,「ワーク・ライフ・バランス」政策をジェンダー平等に結びつけるためには,理論的にも政策的にも家族とそこで行なわれる無償のケア労働の意味を概念化することが重要である。すなわち家族はケアによって福祉を生み出すとともに労働力を再生産する。制度としての家族は,市場に身をさらされながらも自律性と家族構造維持への「強い動因」(Humphries 1977: 244),そして資本蓄積に対抗する力をもっている。福祉国家は家族の多様化や女性の社会進出によってケアが不足する事態に対して,「社会的ケア」とジェンダー視点によって,新たなケアを保障する制度を作り上げる必要がある。

　第二に,「ワーク・ライフ・バランス」は本来われわれにとって普遍的な問題である。なぜなら,職場における労働条件は,直接に,その裏側における私的生活の豊かさを左右するからである。しかし,ケアの責任の所在を明確にしないまま,「福祉の契約主義」のもとで「自律的個人」による「多様な働き方」の自由な選択という論理にもとづくならば,ケア責任がある人もそうでない人も,平等で自律的な個人として現われる。しかし現実には,その背後に構造的で非対称な力関係が存在する。そこで重要なのは無償のケア労働の意味を明らかにして,政策に反映することだろう。「福祉の契約主義」とワークフェア政策のもとで有償労働中心の政策を行なうならば,ケアのような社会的貢献に対して不当な取り扱いになるだろう。

　第三に,「ワーク・ライフ・バランス」政策が時間政策であるという観点が重要である。それは竹中(2001)や久場(2002)が言うように,「時間」とケアとの関係を経済学の中心に位置づけることである。伝統的経済学にみられるような「有償労働」と「レジャー」という「時間の二分法」を超えて,「有償労働」,「ケア」,「レジャー」という「時間の三分法」が求められている。時間政策は「社会的生産と再生産を視野に入れる」必要があり,本来「単なる市場論議や規制緩和論議には似つかわしくない」(Mückenberger 2006: 217)のである。この視点は福祉国家の動態化をケア供給レジーム論

として展開するという視点にも連なってくる（竹中2001; 久場2002; 深澤2003; 原2008)[13]。

参考文献
居神　浩（2007）「規律訓練型社会政策のアポリア——イギリス若年就労支援政策からの教訓」埋橋孝文編『ワークフェア——排除から包摂へ？』法律文化社．
宇沢弘文（2000）『社会的共通資本』岩波書店．
埋橋孝文編（2007）『ワークフェア——排除から包摂へ？』法律文化社．
大沢真知子（1998）『新しい家族のための経済学——変わりゆく企業社会のなかの女性』中公新書．
大沢真理（2007）『現代日本の生活保障システム——座標とゆくえ』岩波書店．
大沢真理編（2011）『承認と包摂へ——労働と生活の保障』岩波書店．
大山　博（2005）「英国の福祉改革の概観」『大原社会問題研究所雑誌』560号：1-21頁．
ギデンズ，アンソニー（1999）佐和隆光訳『第三の道——効率と公正の新たな同盟』日本経済新聞社（Anthony Giddens, *The Third Way: The Renewal of Social Democracy*, Cambridge: Polity Press, 1998）．
久場嬉子（2002）「ジェンダーと「経済学批判」——フェミニスト経済学の展開と革新」久場嬉子編『経済学とジェンダー』明石書店：17-49頁．
小峯　敦編（2011）『経済思想のなかの貧困・福祉——近現代の日英における「経世済民」論』ミネルヴァ書房．
齋藤純子（2006）「「育児手当」から「親手当」へ——家族のパラダイム転換」『外国の立法』No. 229（8月）：164-168頁．
齋藤純子（2007）「ドイツの連邦親手当・親時間法——所得比例方式の育児手当制度への転換」『外国の立法』No. 232（6月）：51-76頁．
下夷美幸（2008）『養育費政策にみる国家と家族——母子世帯の社会学』勁草書房．
竹中恵美子（2001）「労働とジェンダー」竹中恵美子編『労働とジェンダー』明石書店：15-53頁．
竹中恵美子（2011）竹中恵美子著作集Ⅳ『家事労働（アンペイドワーク）論』明石書店．
西沢　保（2007）『マーシャルと歴史学派の経済思想』岩波書店．
原　伸子（2008）「福祉国家と家族政策の「主流」化——「ワーク・ライフ・バランス」の論理とジェンダー平等」『大原社会問題研究所雑誌』594号：1-18頁．
原　伸子（2009）「福祉国家の「変容」と「ワーク・ライフ・バランス」の論理——雇用・家族・ジェンダー」『季刊経済理論』第45巻第4号：45-56頁．
原　伸子（2011）「ワーク・ライフ・バランス政策の論理——批判的考察」『経済志林』

---

[13] ケア供給レジーム論として興味深いのはドイツの事例である．ドイツでは2007年1月1日より男性の育児休業を含む「親手当」が導入された．導入以前に5％であった男性の育児休業取得率は1年間で約2倍の10％，2010年時点で約30％に迫っている．齋藤（2006; 2007），原（2008）を参照．

第 78 巻 4 号：165-194 頁。

深井英樹（2011）「ブレア新労働党の社会経済思想」小峯敦編著『経済思想のなかの貧困・福祉——近現代の日英における「経世済民」論』ミネルヴァ書房。

深澤和子（2003）『福祉国家とジェンダー・ポリティックス』東信堂。

藤原千沙（2007）「母子世帯の階層分化——制度利用者の特徴からみた政策対象の明確化」『季刊家計経済研究』第 73 号：10-20 頁。

フレーザー，ナンシー（2003）仲正昌樹監訳『中断された正義——「ポスト社会主義的」条件をめぐる批判的省察』御茶の水書房（Nancy Fraser, "After the Family Wage: Gender Equality and the Welfare State," *Political Theory* 22(4), 1994: 591-618）。引用にさいしては，必ずしも邦訳にしたがっていない。

フレーザー，ナンシー（2011a）関口すみ子訳「フェミニズム，資本主義，歴史の狡猾さ」『法学志林』第 759 号：27-51 頁。

フレーザー，ナンシー（2011b）関口すみ子訳「規律化から柔軟化へ？」『思想』第 1051 号，岩波書店：60-77 頁。

宮本太郎（2009）『生活保障——排除しない社会へ』岩波書店。

宮本太郎編（2011a）『働く——雇用と社会保障の政治学』風行社。

宮本太郎（2011b）「レジーム転換と福祉政治——包摂と承認の政治学」大沢真理編『承認と包摂へ——労働と生活の保障』岩波書店。

宮崎由佳（2005）「EU におけるジェンダー平等へのアプローチ」『労働法律旬報』第 1609 号：15-27 頁。

Blair, Tony (1996) *New Britain: My Vision of a Young Country*, London: Fourth Estate, 1996.

The Commission on Social Justice (1994) *Social Justice: Strategies for National Renewal*, London: Vintage.

Collins, Hugh (2003) *Employment Law*, Oxford: Oxford University Press（イギリス労働法研究会訳『イギリス雇用法』成文堂，2008 年）.

Daly, Mary, and Jane Lewis (1998) "Introduction: Conceptualising Social Care in the Context of Welfare State Restructuring," in Jane Lewis (ed.), *Gender, Social Class and Welfare State Restructuring in Europe*, Aldershot: Ashgate: 1-24.

Daly, Mary, and Chiara Saraceno (2002) "Social Exclusion and Gender Relations," in Barbara Hobson, Jane Lewis, and Birte Siim (eds.), *Contested Concepts in Gender and Social Politics*, Cheltenham: Edward Elgar.

Department of Health (1997) *The New NHS Modern, Dependable*, London: Stationary Office.

Department of Social Security (1998) *New Ambitions for Our Country: A New Contract for Welfare*, London: Stationary Office.

Eisenstein, Hester (2005) "A Dangerous Liaison? Feminism and Corporate Globalization," *Social & Society* 69(3): 487-518.

Esping-Andersen, Gøsta, et al. (eds.) (2002) *Why We Need a New Welfare State*, Oxford:

Oxford University Press.

Freedland, Mark, and Desmond King (2003) "Contractual Governance and Illiberal Contracts: Some Problems of Contractualism as an Instrument of Behaviour Management by Agencies of Government," *Cambridge Journal of Economics* 27: 465-477.

Gerhard, Ute, et al. (2002) "Contractualization," in Barbara Hobson, Jane Lewis, and Birte Siim (eds.), *Contested Concepts in Gender and Social Politics*, Cheltenham: Edward Elger: 105-140.

Hobhouse, Leonard (1912) *The Labour Movement*, 3rd edition, New York: Macmillan.

Hobhouse, Leonard (1994 [1911]) *Liberalism*, in James Meadowcroft (ed.), *Liberalism and Other Writings*, Cambridge: Cambridge University Press.

Hobson, Barbara (2003) "Introduction," *Social Politics* 10(2): 155-156.

Honneth, Axel (1992) "Integrity and Disrespect: Principles of a Conception of Morality Based on the Theory of Recognition," *Political Theory* 20(2): 187-201.

Humphries, Jane (1977) "Class Struggle and the Persistence of the Working-class Family," *Cambridge Journal of Economics* 1(3): 241-258.

Humphries, Jane, and Jill Rubery (1984) "The Reconstitution of the Supply Side of the Labour Market: The Relative Autonomy of Social Reproduction," *Cambridge Journal of Economics* 8(4): 331-346.

King, Desmond (1999) *In the Name of Liberalism: Illiberal Social Policy in the USA and Britain*, New York: Oxford University Press.

Lewis, Jane (1996) "Anxieties about the Family: A New Parenthood Contract?," *The Political Quarterly* 67(2): 92-100.

Lewis, Jane (2003) "Developing Early Years Childcare in England 1997-2002: The Choices for (Working) Mothers," *Social Policy and Administration* 37(3): 219-238.

Lewis, Jane (2004) "What is New Labour? Can it Deliver on Social Policy?," in Jane Lewis and Rebecca Surender (eds.), *Welfare State Change: Towards a Third Way?*, Oxford: Oxford University Press.

Lewis, Jane, and Susanna Giullari (2005) "The Adult Worker Model Family, Gender Equality and Care: The Search for New Policy Principles and the Possibilities and Problems of a Capabilities Approach," *Economy and Society* 34(1): 76-104.

Lewis, Jane, and Mary Campbell (2008) "UK Work/Family Balance Policies and Gender Equality, 1997-2005," *Social Politics* 14(1): 4-30.

Lewis, Jane, and Mary Campbell (2008) "What's in a Name? 'Work and Family' or 'Work and Life' Balance Policies in the UK since 1997 and the Implications for the Pursuit of Gender Equality," *Social Policy and Administration* 42(5): 524-541.

Lister, Ruth (2004) "The Third Way's Social Investment State," in Jane Lewis and Rebecca Surender (eds.), *Welfare State Change: Towards a Third Way?*, Oxford: Oxford University Press.

Lister, Ruth (2006) "An Agenda for Children: Investing in the Future or Promoting Well-being in the Present?," in Jane Lewis (ed.), *Children, Changing Families and*

Welfare States, Cheltenham: Edward Elgar.

Marshall, T. H. (1963 [1977]) *Class, Citizenship and Social Development*, Chicago: University of Chicago Press (岩崎信彦・中村健吾訳『シティズンシップと社会階級』法律文化社, 1993 年).

Mückenberger, Urilich (2006) "Die zeitpolitische Wende in der Familienpolitik," in Christine Henry-Huthmacher (Hrsg.), *Politik für Familien: Wege in eine kinderfreuntliche Gesellschaft*, Herder: Freiburg: 213-226.

Pateman, Carole (1989) *The Disorder of Woman*, Cambridge: Polity Press.

Rubery, Jill (2002) "Gender Equality in the EU: The Impact of the EU Employment Strategy," *Industrial Relations Journal* 33(5): 500-522.

Rubery, Jill, et al. (2003) "Gender Equality still on the European Agenda—but for How Long," *Industrial Relations Journal* 34(5): 477-497.

Ryner, Magnus (2010) "An Obituary for the Third Way: The Financial Crisis and Social Democracy in Europe," *The Political Quarterly* 81(4): 554-563.

Searle, Geoffrey (1971) *The Quest for National Efficiency: A Study in British Politics and Political Thought, 1899-1914*, Oxford: Blackwell.

Strategaki, Maria (2004) "The Cooptation of Gender Concepts in EU Policies: The Case of 'Reconciliation of Work and Family'," *Social Politics* 11(1): 30-56.

Stuart, Kitty (2009) "Labour's Record on Inequality and the New Opportunities White Paper," *The Political Quarterly* 80(3): 427-433.

Surender, Rebecca (2004) "Modern Challenge to the Welfare State and the Antecedents of the Third Way," in Jane Lewis and Rebecca Surender (eds.), *Welfare State Change: Towards a Third Way?*, Oxford: Oxford University Press.

Taylor-Gooby, Peter (ed.) (2004) *New Risks, New Welfare: Transformation of the European Welfare State*, Oxford: Oxford University Press.

White, Stuart (2003) *The Civic Minimum: On the Rights and Obligations of Economic Citizenship*, New York: Oxford University Press.

White, Stuart (2004) "Welfare Philosopy and the Third Way," in Jane Lewis and Rebecca Surender (eds.), *Welfare State Change: Towards a Third Way?*, Oxford: Oxford University Press.

第3章

第二世代の両立支援と労働法
スウェーデン法を参考に

両角 道代

1 雇用システムと労働法

1) 社会の構造的変化と雇用システム

　雇用は，雇用機会や賃金を通して，社会の構成員に経済的社会的な利益を分配するシステムである。国家は，労働法や社会保障法などの手段を用いて雇用システムを規制し，コントロールする。雇用システムによる利益の分配は，私的自治（自由契約と集団的な労使自治）を通して行なわれるが，社会的に許容される範囲を大きく超える不公平は法により規制される。そのような法規範のひとつに，均等待遇原則（「等しいものを等しく扱え」）にもとづく男女差別の禁止がある。たとえば，ある女性が男性と同等の能力をもち，男性と同様に働けるにもかかわらず，性別ゆえに採用や昇進の機会を与えないことは違法な差別として禁止される。均等待遇原則にもとづく男女の形式的平等は，国際的にも普遍的な法原則として確立している。

　ヨーロッパや日本における20世紀型の雇用システムは，それが生成発展した当時の社会状況を反映し，「標準的労働者」である男性稼ぎ主に対して安定した雇用や所得を保障することにより家族の生活を保障するというかたちで，雇用を通した利益の分配を行なってきた。しかし，現代社会においては，多くの国で雇用や賃金の不安定化が進むとともに，共働き家庭が増加し，多くの女性が出産後も働き続けることを望むようになっている。また政策的にも，少子高齢化社会を支えるためには，女性を労働者として活用することが不可欠であるとの認識が高まっている。こうして，男性稼ぎ主の雇用を通

して家族の生活を保障するシステムは，現実の雇用や家族のあり方にそぐわないものとなったために機能不全に陥り，抜本的な変革を迫られている。

20世紀型雇用システムのもとでは，育児などの家族的責任を負うがゆえに「男性稼ぎ主」と同じ働き方を選択しない者（その多くは女性である）は，雇用継続の断念，昇進機会の喪失，非正規労働者としての不安定雇用や低賃金などさまざまな不利益を受ける。このような不利益は男女の形式的平等には抵触しないが，社会の変化のなかで許容される範囲を超える不公平として認識され，法規制の対象とされる傾向にある。多くのヨーロッパ諸国では比較的早い時期に産休や育児休業が法制化されたが，20世紀の終わり頃から，仕事と家庭の両立をさらに積極的に支援し，働き方の違いに起因する格差の是正をめざす法政策が発展しつつある。初期（第一世代）の両立支援が産休や育休の保障により女性が出産後も働き続ける道を開くものであったのに対し，近年（第二世代）の両立支援は広範囲の多様な法政策により両立の質を高めること，すなわち，男女ともに良質な雇用を確保しながら育児をすることができる環境を整えることをめざすものだといえる。第二世代の両立支援政策は，社会における労働者像や家族の変化を反映して，雇用を通した分配システムを法によって修正しようとする動きとして理解することができる。

2）本章の目的

日本の雇用システムや生活保障の仕組みは，国際的にみても特に強く「男性稼ぎ主」モデルの影響を受けている（大沢 2007: 59-67）が，近年は両立支援の法政策が発展しつつある。具体的には，産前産後休業の保障（労基法65条），妊娠出産および産休取得を理由とする不利益取扱いの禁止（男女雇用機会均等法〈以下，均等法〉9条），育児介護休業法に基づく休業や勤務時間調整の保障とその取得を理由とする不利益取扱いの禁止，男女の間接差別の限定的禁止（均等法7条），パートタイム労働者に対する不利益取扱いの禁止（パートタイム労働法8条）と均衡待遇（同法9条，10条）などがあげられる。また，2007年に制定された労働契約法は，労働契約に関する基本原則として，就業の実態に応じて均衡を考慮しつつ締結や変更すべきであること（「均衡考慮の原則」2条2項）や，仕事と生活の調和に配慮しつ

つ締結変更すべきであること(「仕事と家庭の調和への配慮原則」同3項)を定めている。

このような法制度の発展をみる限り,日本の両立支援も遅ればせながら第一世代から第二世代に移行しつつあるといってよいであろう。上記の多様な規定を適切に解釈し,今後の立法政策が進むべき方向を示すことが労働法学の重要な課題であるが,現在は喫緊の課題の対応に追われている段階にあり,多様な法政策を体系的に把握する作業は進んでいない。その作業を進めるためには,すでにある程度の発展を遂げている諸外国の法制度を素材として第二世代の両立支援の全体図を描くこと,すなわち,そこに含まれる多様な法政策の全体を見わたして,それらがどのような理念のもとに,どのようなかたちで雇用機会や賃金の分配を修正しようとするものなのか,そして,それは確立した法原則である男女の均等待遇とどのような関係に立つのかを明らかにすることが有用だと思われる。

そこで本章は,世界でもっとも両立の進んだ国といわれるスウェーデンの法制度を取り上げて,第二世代の両立支援がどのように行なわれているかを検討し,そこから見いだすことのできる法政策の基本構造や基本理念について考察する。なお,スウェーデンは EU に加盟しており,EU 法を国内法として受容しているため,関連する範囲で EU の指令や判例法理についても言及する。

2　両立をめぐる法政策の基本構造

1) 両立支援の基本的論点

まずは,両立支援をめぐる法政策の基本構造についてみよう。諸外国の両立支援を概観すると[1] (OECD 2007),多様性のなかに共通する法政策の論点が浮かび上がってくる。

第一に,そもそも国家が積極的に両立を支援すべきか否かという問題があ

---

[1] 諸外国の両立支援制度については,OECD (2007) を参照。

る。大まかにいうと，ヨーロッパでは国家が福祉政策や雇用政策の一環として両立を支援する傾向が強く，EU レベルでも指令により両親に各 4 カ月間の育児休暇を付与することが加盟国に義務づけられており，指令の基準を上回る保障をしている加盟国も多い。これに対して，アメリカでは家族のあり方という私的領域に対する国家の介入は最小限にすべきだという考えが強く，現在も所得保障のある育児休業は法制化されていない。アメリカでは女性の就業率も出生率も高いが，両立支援は基本的に各企業が経営戦略として行なうファミリーフレンドリー施策や民間業者の提供する保育サービスに委ねられている。

　第二に，国家が両立を支援する場合に，どのような両立モデルを標準として制度を作るかという問題がある。両立モデルは大きく「伝統型（母親が主たる養育者となり，仕事を中断して子どもの世話をし，かなり長いブランクの後に復職する）」と「対等型（両親ともに雇用を継続しつつ，育児休業や勤務短縮を利用して平等に子どもの世話をする）」に分けられる。ヨーロッパのなかでは，北欧諸国は早くから対等型の両立モデルにもとづく制度を整備していたが，ドイツなどでは伝統型モデルの影響が強くみられた。しかし近年は，第二世代の両立支援政策により，全体的に伝統型モデルから対等型モデルを念頭においた両立支援制度に重点が移行する傾向がある。EU の新しい両親休暇指令（2010/18 指令）が，休暇の権利を男女双方に等しく保障するだけでなく，その一部を父親に取得させることを促す「パパ・クォータ」の導入を加盟国に義務づけているのは，「対等型」への移行を反映したものといえよう。

　第三に，第二世代の両立支援における重要な労働法上の論点として，多くの女性が家庭と仕事を両立しようとすることから生じる雇用上の不利益をどのように扱うかという問題がある。

　ひとつの立場として，均等待遇原則にもとづく男女の形式的平等を貫徹するなら，ある個人の女性が出産や育児により男性と同じように働けない場合には，そのことを理由として男性より不利益な取扱いを受けても違法な差別にはあたらないと考えられる。両立が基本的に個人の選択の問題と捉えられているアメリカの法制度には，このような考え方の影響が強くみられる（富

永 2011: 130)。しかし，ヨーロッパのように国が積極的に両立を支援する社会では，多くの女性が両立を実現しやすい働き方を選択することから生じる雇用上の不利益を，何らかのかたちで法的に救済する仕組みが必要とされる。EU では妊産婦に対する不利益取扱いは女性に対する直接差別にあたるとされており（同上: 124），男女の働き方の違いに起因する不利益も，男女の間接差別禁止やパートタイム指令にもとづく不利益取扱いの禁止というルールによって一定の範囲で規制されている（JILPT 2011）。このような EU 法の枠組みのもとで，スウェーデンを含む各加盟国の法制度が整備されている。

2）スウェーデンにおける両立支援の基本構造

上記の枠組みに照らしてみると，スウェーデンの両立支援政策は基本的論点のいずれについても明確で一貫した立場をとっており，「北欧型」ともいうべきひとつのモデルを提示している。

①国家による積極的な両立支援

第一に，スウェーデンは世界でもっとも積極的に両立支援を行なっている国のひとつである。スウェーデンの社会政策の基本理念は，すべての人が働いて福祉国家を支えるという「就労原則 arbetslinje」である。国家は，働きにくい条件を抱えた人（障害者，移民，基礎的な教育を受けていない人，幼児の養育をする親など）も就労できるように環境を整える責任を負うと考えられており（宮本 2009: 92），すべての親が子を養育しながら働き続けることを可能にする両立支援は「就労原則」の一環と位置づけられている。また，両立支援のもうひとつの基本理念は「子の福祉 barnets bästa」であり，すべての子どもに対して良質の保育サービスを提供することや親子がともに過ごす時間を十分に確保することが重視されている（両角 2008: 44）。

具体的にみると，スウェーデンの両立支援政策は二本の柱からなっている。第一は，普遍的な公的保育サービスの保障である。保育サービスは主としてコミューン（地方自治体）が運営する公設保育所や保育ママによって提供される。乳幼児の保育は就学前教育として位置づけられ，学校教育法（現行法の制定は 1995 年）の定める基準により実施されている。同法により，各コ

ミューンは，親が有償労働に従事しているか教育を受けている満1歳から12歳のすべての子どもに対して必要な保育サービス（学童に対する放課後給付を含む）を提供する法的義務を負う。

　両立支援の第二の柱は，育児のための長期休業や勤務時間短縮の制度である。スウェーデンでは子どもが満1歳になるまでは親が家庭で養育するのが望ましいという考え方が強く，ほとんどの親が育児のために休業する。これを法的に保障するのが両親休暇法（Föräldraledighetslagen 現行法の制定は1995年。初めて法制化されたのは1976年）である。同法は，母親のみが取得できる産前産後休業のほかに，
　①完全両親休暇（父母のいずれかが子が満18カ月になるまで休業できる）
　②部分両親休暇（父母のいずれかが子が満8歳になるまで勤務時間を短縮できる）
　③臨時両親休暇（父母のいずれかが，子が満12歳になるまで子の看護や健診等のために年60日まで休業できる）
を取得する権利を保障している。これらの権利は雇用形態や勤続期間にかかわらず，すべての労働者に対して保障される。また，休暇を取得した期間については，一般社会保険法（Lagen om allmän försäkring 1962）にもとづき，両親給付として従前の所得の80%が支給される。ただし給付を受けられるのは合計480日分まで（③を除く）であり，そのうち390日を超えた分については定額給付となる。両親給付に加え，ほとんどの労働者には協約にもとづく上乗せ給付が支給される。

　部分両親休暇を取得する際には，勤務時間を短縮する割合を12.5%・25%・50%・75%のなかから選ぶことができる。また，労働時間を短縮する時期や勤務時間の配置は使用者と協議して決定することが原則であるが，合意に至らない場合は「使用者の業務の運営を著しく妨げない限り」労働者側に決定権が与えられている（両親休暇法14条）。同条の解釈につき，労働裁判所は2005年の判例（AD 92/2005）において，使用者が労働者の要求を拒否できるのは，労働者決定の原則に従うことにより現実に業務の運営に重大な支障が生じること，および，その支障を代替要員の確保などによって回避できないことを使用者が具体的に立証した場合に限られるとし，例外事由を

厳格に解釈する立場を明らかにした。

②「対等型」両立モデルの追求

つぎに，両立支援政策がめざす両立モデルについてみると，スウェーデンでは1970年代という早い時期から両親が有償労働と育児を平等に分かちあう「対等型」が理想とされ，両立支援はすべて男女双方を対象として行なわれてきた（両角 2008: 44）。そのため強制的な産休制度が存在しないなど，母性保護を重視する EU の法政策とは異質な点があった（現在は EU 指令の国内法化により導入されている）。

近年は，さらに父親の両親休暇取得を積極的に促進するために「パパ・クォータ」（1994年施行）や「平等ボーナス」（2008年施行）という制度が導入されている。前者は，母親と父親が有する両親給付の受給権（240日分ずつ）のうち，各60日分は配偶者に譲渡できない（すなわち父親が両親休暇を取得しない限り受給できない）とする制度である。後者は，父母が両親休暇を取得した日数に応じて，その配分が均等に近いほど高額（最大で日額 100 SEK）の給付が両親給付に上乗せされる。これらの経済的インセンティブのゆえか父親の両親休暇取得率は着実に上昇しており，1年間に支給された両親給付の総額のうち父親が受給した割合は，1998年には 10.4% であったのが 2010 年には 23% と倍増している。ただし，父親の5分の3は子どもの誕生後の1年間に両親休暇をまったくとっていないなど，両親休暇の取り方は男女で異なることが報告されている（Finansdepartmentet 2011: 33）。

このように「対等型」両立モデルが積極的に追求される一方で，最近は国家の政策が特定の家族モデルを個人に押しつける効果をもちうることを懸念し，親の「選択の自由」を強化するための改革も行なわれている。そのひとつとして 2008 年に導入された養育手当は，典型的な「対等型」モデルと異なる両立の選択肢を開く点で注目される。養育手当は，親が公的な保育サービスを利用せずに満1歳から3歳までの子を養育する場合に月 3000 SEK を上限として支給される。これにともなって両親休暇法が改正され，母親または父親が子どもが満3歳になるまで休業し，自ら子どもの養育をするということが可能になった。養育手当を導入するか否かの決定は各コミューンに委ねられており，2010 年には全 290 のうち 104 のコミューンが導入したが，

制度の利用率は1.8％と低く，利用者のほとんどは女性であった（Finansdepartmentet 2011: 34）。

③育児に起因する格差と法規制

スウェーデンでは，7歳未満の子をもつ女性の就業率が8割以上と世界最高のレベルにあり，妊娠や出産により退職する女性は稀である。他方，出生率は1970年代以降おおむね1.5から2.0のあいだで推移しており，2010年は1.98と高い数値を示している。この数値をみる限り，女性が出産後も雇用を継続することを可能にするという，第一世代の両立支援の目的はほぼ完全に達成されている。

しかし，「男女ともに良質な雇用（十分な収入，やりがいのある職務，昇進の機会，安定した地位などが得られる雇用）を確保しながら，十分に時間をかけて育児をすることができる」という第二世代の両立支援のゴールからみると，なお課題は残されている。そのことを示すデータとして，男女賃金格差の推移がある。中央統計局（SCB）によると，スウェーデンにおける2009年の男女平均賃金の格差は男性を100とした場合に女性が85.2で，これは国際的には小さい値であるが，じつは1970年代半ばからほとんど改善していない。

男女格差が解消しない原因としては，第一に，両親休暇の取得が女性に偏っていることから生じるさまざまな雇用上の不利益（不採用，配置，昇進の遅れ，解雇のリスクなど）があげられる。両親休暇法は男女双方に休業や勤務短縮の権利を保障しているが，実際に行使するのは主に女性である。2006年に出された均等オンブズマン[2]の報告書では，手厚い両立保障は女性の就労継続を可能にした反面，多くの女性が長期にわたって休業や短縮勤務をするというパターンを生み出し，かえって労働市場における差別的な構造を固定化しているのではないかとの指摘がなされている（両角 2008: 43）。

第二の（そして最大の）男女賃金格差の原因は職域分離である。スウェーデンは他の北欧諸国とともにOECD諸国のなかでもっとも男女の職域分離が強い国に属する。多くの女性は看護，介護，初等教育，デパートの販売員

---

2) 男女雇用機会均等法の実効性確保を担う専門行政機関で，2008年に差別法の制定にともなって差別オンブズマンに統合された。

など「女性の職業」に就き，公共部門に雇用される者が約半数を占めている（2010年には48％，男性は19％）。これに対して民間企業で管理職として働く女性の割合は非常に低い。政府の教育政策や労働市場政策にもかかわらず職域分離が解消しない原因としては，「女性の職業」の多くは女性が家庭で担っている仕事（育児，介護，家事など）と近い性質をもっており，伝統的に女性が多い分野であるために出産や育児との両立がしやすい職場環境が整えられていることが，女性の職業選択に影響を与えていることが指摘されている。2011年に出された政府の報告書によると，最近は医師や建築家など「男性の職業」とされてきた分野にも女性が進出しつつあるが，「女性の職業」に就く男性は依然として非常に少ないという（Finansdepartmentet 2011: 17-18）。このように男女の職域分離が残るなかで，賃金決定において，差別的な価値観にもとづき「女性の職業」が「男性の職業」よりも低く評価されていることが男女賃金格差の最大の要因と考えられている（Fransson and Norberg 2007: 81）。

　さらに，スウェーデンでは，パートタイム労働者の低処遇の問題も，主として男女の職域分離から生じている。2010年のSCBの統計によると，女性労働者の34％，男性労働者の11％がパートタイム労働（週労働時間が35時間未満）に従事している。このなかにはパートタイム労働者として採用された者と部分的両親休暇などによる一時的なパートタイム労働者が含まれているが，前者の本来的なパートタイム労働者は「女性の職業」に集中している。本来のパートタイム労働者の多くは育児と両立しやすい働き方としてパートタイム雇用を選択するが，賃金が低く，子どもの成長につれて非自発的なパートタイム（「部分的失業」）に陥りやすい（Eklund 2004: 264）。ただし，このような不利益は非正規労働者であること自体ではなく（スウェーデンでは，雇用形態を理由として賃金その他の労働条件に関して異なる取扱いをする慣行はほとんどみられない），主として「女性の職業」が低賃金であり，フルタイムのポストが少ないためにフルタイム雇用への転換が困難であることから生じている（Finansdepartmentet 2011: 20; Eklund 2004: 268）。スウェーデンでも多くの女性が両立を考えてパートタイム労働を選択している点は日本と同じだが，パートの処遇問題が生じる構造は異なることに注意

する必要がある。

　要するに、「対等型」両立モデルを推進するスウェーデンでも、多くの女性が育児や家庭と両立しやすい職業や雇用形態を選択し、出産してからは長期にわたって育児のために働き方を調整するという構造が強固に存在している。そして、そのような選択が雇用上の不利益をもたらす労働市場の構造こそが男女格差が解消されない主たる原因であり、女性に不利益をもたらすと同時に男性が両立を重視した選択を行なう道を妨げているといえる（男性が長期休業やパートタイム労働をした場合には、女性よりも大きな不利益を受ける傾向があることが報告されている。Finansdepartmentet 2011: 24）。スウェーデンでは、このような不利益の構造を解消することが重要な政策課題とされ、さまざまな法政策が展開されている。節を改めて、これらの法政策についてみることにしよう。

3　両立に関連する雇用上の不利益と法規制

1）両親休暇取得を理由とする不利益取扱いの禁止

　両親休暇法は、両親休暇の取得（勤務時間短縮を含む）を理由とする不利益取扱いを禁止しているが、その規制は2006年の法改正により格段に強化された。現行法のもとでは、募集採用から解雇まで雇用の全過程において、両親休暇と関連のある理由にもとづく不利益取扱いが禁止されている（16条）。

　ところで、EUおよび加盟国では、男女の均等待遇原則にもとづき、性別を理由とする間接差別が禁止されている。間接差別は、たとえば身長が170cm以上であることを採用条件とする場合のように、一見中立的な基準がどちらかの性別の者に偏って不利益な効果をもたらす場合に成立しうる差別である。両親休暇取得を理由とする不利益取扱いも女性に対する間接差別として争うことが可能だが、スウェーデンの両親休暇法は、間接差別が成立する範囲よりも相当に広く不利益取扱いを禁止している。この規程の解釈適用については立法理由書（*Regeringens proposition* 2006; 2007: 185）に詳しい記

述があるので，以下ではそれにもとづいて述べる（両角 2008: 48-49。なお，スウェーデンでは立法者意思が重視される伝統があり，立法理由書は裁判所が法解釈を行なう際にもっとも重要な指針となる）。

　第一に，間接差別の立証において，労働者側は「同様の状況にある労働者」との比較により，問題となる基準が不均等な効果を有することを立証する必要がある。これに対して両親休暇法では，両親休暇取得者のおかれている状況は多くの場合に他の労働者と比較しうるものではなく，男女差別禁止に準じたルールでは効果的な法的救済ができないことを考慮して，「同等の状況にある労働者」と比較して不利益に取り扱われたという立証が不要とされている。また，とくに賃金については，使用者は休業による不就労期間中の支払い義務を負わないものの，休業中に行なわれた昇給から両親休暇取得者を排除することは不利益取扱いにあたる旨が明記されている。

　第二に，間接差別の成否が争われる場合，労働者側がある基準が不均等な効果を有することを立証しても，使用者側が当該基準が正当な目的にもとづいており，かつ，その目的を達成する手段として適切かつ必要であることを立証すれば当該基準は正当化される。これに対して両親休暇法のもとでは，使用者は問題となる取扱いが「両親休暇に必然的に伴うものであること」を立証することにより正当化しうる。しかし立法理由書ではこの例外事由がきわめて厳格に解釈されており（休業中に事業再編成でポストが消滅した場合の配置転換や，有期雇用の募集において契約期間の大部分を就労できない場合の不採用など，不可避な事例に限定される），使用者にとって経済的合理性があるという理由により不利益取扱いを正当化する余地はほとんど残されていない。このように厳格な規制を設ける理由として，立法報告書には，今日では労働者が育児のために両親休暇を取得することはまったく自然な現象であり，使用者は当然にそれを予測して業務の運営を計画すべきであると述べられている。

　なお，数は少ないが，判例としては，レストランのサービス係募集に応募した女性が近い将来に両親休暇を取得することを理由として不採用とされた事例（AD 23/2011）や，地方自治体に勤務する医療スポーツトレーナーがリハビリ関係の教育訓練に応募したが，数カ月後に両親休暇に入るため新し

く得た知識を仕事に役立てることが難しいという理由で受け入れられなかった事例（AD 45/2009）において，両親休暇取得を理由とする不利益取扱いが認められ，使用者に損害賠償の支払いが命じられている。なお，差別オンブズマン（差別に関連する法律の実効性確保を担う専門行政機関で，差別法や両親休暇法に関する訴訟を労働者に代わって提起する権限を有しており，上記の訴訟はいずれもオンブズマンが原告となって提訴したものである）は，今後は賃金に関する不利益取扱いに関する訴訟を積極的に提起していく意向を表明している（DO 2011: 21）。

このように，現行の両親休暇法にもとづく不利益取扱い禁止は，不利益取扱いの立証に際して「同等の状況にある他者」との比較を要求せず，使用者が経済的理由によって不利益取扱いを正当化する余地を原則として認めないという特徴を有しており，この点でEUにおける妊娠差別禁止のルールと類似している。同法は，休業や勤務短縮などの権利（前記第2節2項）を手厚く保障したうえで，休業中の賃金支払いを除いて両親休暇取得者を休暇を取得しない場合と同様に扱うことを使用者に求めているが，それは「等しいものを等しく扱う」という均等待遇原則から導かれるルールではない。むしろ，同法は両親休暇取得者を妊産婦と同様に「他と異なる状況にあるもの」と認識し，彼らが「異なる状況」のゆえに雇用上の不利益を受けることがないよう，使用者に対して積極的な配慮（すなわち他の労働者と異なる取扱い）を要求しているのである。

2）職域分離と男女の同一価値労働同一賃金原則

すでに述べたように，スウェーデンは男女の職域分離が強い国であり，「女性の職業」に対する低い評価が男女賃金格差を生み出し，さらにパートタイム雇用が「女性の職業」に集中していることからパートの低賃金や部分的失業の問題が生じている。職域分離に起因する格差が解消されない背景には，多くの女性が育児や家庭と両立しやすい職業や働き方を選択し，男性は低賃金で社会的評価の低い「女性の職業」を避けるという構造がある。すなわち，スウェーデンにおいて，男女ともに良質な雇用と育児の両立を実現するという第二世代の両立支援の目標を達成するには，職域分離による賃金格

差を是正することが鍵となるのである。

①裁判規範としての「同一価値労働同一賃金原則」

　EUでは早くから男女の同一労働同一賃金原則が法規範として定められていたが，職域分離の問題を背景として，異職種に従事する男女の賃金格差を規制するために「同一価値労働同一賃金原則」が導入された（JILPT 2011: 21）。「同一価値労働同一賃金原則」は異なる職務の価値を客観的に比較することにより，慣習化した差別的価値観（たとえば，重いものを持ち上げることを細かい手作業より高く評価するなど）に挑戦するというラディカルな性質をもつ。

　男女の「同一価値労働同一賃金原則」は，EU運営条約157条および2006年の男女均等待遇統合指令に明記されており，加盟国であるスウェーデンの平等法（2008年）にも定められている。具体的には，男女賃金差別の成否が争われる場合，労働者側が，①同じ使用者に雇用される男女が同一価値労働に従事していること，②当該男女間に賃金格差が存在することを立証すれば，当該格差は性差別によるものと推定され，使用者側が格差を正当化する事由を立証しない限り違法な賃金差別が成立する。すなわち，「同一価値労働同一賃金原則」は均等待遇原則にもとづく性差別禁止法のなかで，男女賃金差別の立証方法に関する規範として位置づけられている（Barnard 2006: 345; 森・浅倉編 2010: 237, 249）。ただし，EUや加盟国の判例をみると，「同一労働」や「同一価値労働」への従事が賃金差別の成立要件とされるのは職務に関連する給付の格差が争われた事例であり，職務に直接関連しない給付（職域年金への加入など）の格差については他の事情から性別を理由とする格差であることが認められれば差別の成立が肯定されている（橋本 2007: 153-154; 森・浅倉編 2010: 240）。

　なお，比較される男女労働者の職務が「同一価値労働」にあたるか否かは，当該職務の客観的な内容や性質によって判断される（森・浅倉編 2010: 234-235; JILPT 2011: 22-23）。加盟国の法をみると「同一価値労働」の判断基準はほぼ共通しており，当該職務を遂行するのに客観的に必要とされる知識，経験，責任，肉体的精神的負担などの要素があげられている。使用者からみた労働の経済的価値は，当該職務を遂行する労働者の能力や市場の状況

によって異なるが，それらは「同一価値労働」に従事する労働者間の賃金格差を正当化するために使用者側が立証すべき事由として位置づけられている。

②「同一価値労働同一賃金原則」の機能不全とその原因

それでは，EU やスウェーデンを含む加盟国において「同一価値労働同一賃金原則」は十分に機能しているのだろうか。EU レベルで異職種の男女賃金格差が争われたケースとしては，エンダービー事件（イギリスの施設で働く言語療法士と心理療法士および薬剤師の賃金格差）[3]，ロイヤル・コペンハーゲン事件（デンマークの窯元で働く絵つけ職人とろくろ職人の賃金格差）[4]，イェムオー事件[5]（スウェーデンの県立病院で働く助産師と医療技術者の賃金格差）などがあげられるが，その数は多いとはいえない。また，スウェーデンやイギリスでは男女職域分離に起因する賃金格差の是正が進まず，現行法のもとでは「同一価値労働同一賃金原則」の潜在的可能性が発揮されていないとの批判がなされている（イギリスについて Fredman 2008: 207-208，スウェーデンについて Frannson and Norberg 2007; 両角 2010: 143-147）。

上記のように，性差別禁止法において「同一価値労働同一賃金原則」は均等待遇原則の下位規範と位置づけられ，同じ使用者のもとで「同一価値労働」に従事する男女労働者を「等しいもの」とみなし，両者間の賃金格差を性差別により生じたものと推定するルールとして存在している。このようなかたちをとった「同一価値労働同一賃金原則」が十分に機能していないとすれば，その原因は何だろうか。スウェーデンの経験やイギリス法に関する文献からは，以下の点を読み取ることができる。

第一に，「同一価値労働」の立証が困難なことである。欧米諸国には職務評価の手法や基本的な判断要素について一定のスタンダードが存在しており，適切な職務評価制度があれば異なる職務の価値を客観的に評価して比較する

---

3) Case C-127/92, Enderby v Frenchay Health Authority and Secretary of State for Health, [1993] ECR I -5535.

4) Case C-400/93, Specialarbejderforbundet I Denmark v Dansk Industri, Acting for Royal Copenhagen A/S, [1995] ECR I -1275.

5) Case C-236/98, Jämställdhetsombudsmannen v Örebro länslandsting, [2000] ECR I -2189.

ことは可能である（森・浅倉編 2010: 第1部，とくに第4章を参照）。しかし，性中立的で適切な職務評価を実施するには，対象となる職場や職業についてさまざまな事情を考慮したうえで慎重に制度設計を行なうことが必要であり，すでに適切な職務評価制度が存在する場合はともかく，そうでない場合には「同一価値労働」の立証は複雑で難度の高い作業となる（Fredman 2008: 208）。

　第二に，賃金格差の正当化に関する判断が難しいことである。同一価値労働に従事する男女間に賃金格差があることが立証された場合，性差別が推定されるが，使用者は当該格差の要因が性別と無関係であり，かつ「その要因が必要な目的を有し，目的達成に適切かつ必要な手段であること」を立証すれば，賃金格差を正当化しうる（Barnard 2006: 360, 362; 森・浅倉編 2010: 237）。正当化の成否はさまざまな要素を総合的に考慮する複雑な判断であり，とりわけ職種による労働市場の違い（一方の職種について，より高い賃金で労働者を勧誘し定着させる必要があること）を抗弁としてどの程度認めうるかが難しい問題となる。スウェーデンでは，1990年代の終わりから21世紀の初頭にかけて，均等オンブズマンが原告となり，男女職域分離に起因する賃金格差の是正を意図して複数の訴えを提起した。そのひとつが，助産師（女性）と医療技術者（男性）の賃金格差が争われた有名な助産師事件（AD 13/2001）である。しかし，労働裁判所は両者の職務が同一価値労働にあたることを肯定したものの，市場の違いなどによる正当化を緩やかに認めたため，オンブズマンは助産師事件を含むすべての裁判で敗訴した。これを受けて専門家のあいだでは，経済学やジェンダーに関する知見をもたない裁判官に複雑な判断を委ねることに対する疑問の声が高まった[6]。

　第三に，裁判規範としての「同一価値労働同一賃金原則」は，男女が同一価値労働に従事している場合に限定して同一賃金の支払いを求めるルールであり，一般的に職務の価値に応じた賃金を支払うよう求めるものではない。したがって女性の従事する労働の価値が男性のそれをやや下回っている場合には，著しい賃金格差があっても法的救済の対象とはならない（Fredman

---

[6) 判決要旨の英訳は，Eklund, Sigeman, and Carlson（2008: 370-376）を参照。判決についての詳細は，両角（2010: 141-144）を参照。

2008: 199)[7]。

　第四に,男女賃金差別の成立が認められても,法的救済の対象は原告個人に限定され,賃金格差を生み出している構造自体を変えることはできない。均等待遇原則にもとづく差別禁止は個人の人権と深くかかわっているため,個人に対して「差別されない権利」を保障し,均等待遇の実現を個人の権利行使に委ねる。「差別されない権利」の保障が人権的見地からきわめて重要であることはいうまでもないが,「同一価値労働同一賃金原則」の目的が差別的な賃金構造そのものを是正することにあるとすれば,その実現を個別訴訟のみに委ねるのは非効率的だといえよう(Fredman 2008: 206-207)。

　以上を要するに,「同一価値労働同一賃金原則」の機能不全は,均等待遇原則の下位規範とされることにより,本質的に異なるものを「等しいもの」と法的に擬制しなければならないこと,本質的に集団的な問題を個人の権利保障として処理しなければならないことから生じているといえよう。そうであるとすれば,「同一価値労働同一賃金原則」は本来,均等待遇原則にはあまりなじまない規範であるようにも思われてくる。

③均等待遇原則と積極的措置

　ところで,スウェーデンでは,オンブズマンが助産師事件を含む一連の訴訟に敗訴した後,異職種の賃金格差について男女差別を立証することは困難であるとして,民事訴訟ではなく使用者に「賃金分析 Lönekartläggning」という積極的措置を課すことにより男女の「同一価値労働同一賃金原則」の実現を図る方向へと,政策の重点が転換されている。

　賃金分析は1994年に均等法改正により導入された制度で,現行の差別法(2008年)は25人以上の労働者を雇用する使用者に対して,賃金分析を3年ごとに行なうよう義務づけている(同法3章10条)。具体的には,使用者は労働組合と協力しながら,①労働者が従事する職務を客観的な職務評価基準にもとづいて評価し,②同一労働または同一価値労働に従事する男女の賃金や,女性の多い職種とそうでない職種に従事する労働者の賃金について,その分布状況を調査し,③調査から明らかになった格差が性と無関係な理由

---

[7] ただし,この問題は,2006年統合指令で仮想比較対象者にもとづく男女差別の立証が認められたことにより改善されたとの指摘もある(森・浅倉編 2010: 250)。

によって合理的に説明できるか否かを検討し，現行の賃金制度のもとで性別に関連する格差が生じていないかを分析したうえ，④賃金分析の結果にもとづいて行動計画を作成し，オンブズマンに提出することを求められている。その目的は，使用者が伝統的な賃金決定システムにとらわれずに不合理な賃金格差を発見し，自主的に改善するよう促すことにある（両角 2010: 149）。

賃金分析は公法上の義務であって労働者個人の権利ではなく，専門行政機関である差別オンブズマンの指導や監督によって履行が確保される。オンブズマンは，賃金分析に関する情報提供やガイドライン作成などを行なって使用者を支援する一方，法の遵守を確保するために職場への立ち入り調査や罰則の適用を含む強力な権限を付与されている。賃金分析の導入当初は労使自治の領域に行政機関が介入することへの反発が強かったものの，最近はかなり普及しつつあり，差別オンブズマンによれば自主的な賃金格差の是正が1年間に数千件行なわれているという（両角 2010: 148-150）。

このように差別禁止よりも積極的措置が重視される背景には，スウェーデン特有の事情も影響していると考えられる。スウェーデンでは労使自治が高度に発達しており，労働者の権利は労働組合を通して集団的に守られると考える伝統がある。1995年のEU加盟以降は個人の権利保障が強化されつつあるものの，労働者個人の権利を個別訴訟により実現するというアプローチはいまなお弱い（両角 2010: 152）。

しかし，この分野における積極的措置の重要性は，イギリスのように個別訴訟による権利の実現が重視されている国でも認識されつつある。イギリスでは，「同一価値労働同一賃金原則」にもとづく差別の立証において労働者をサポートする仕組みが整備され，賃金差別に対する司法救済の内容も充実している。しかし近年は個別訴訟を中心とするアプローチの限界が意識され，それを補足する積極的平等アプローチが注目されているという（森・浅倉編 2010: 215-217; Fredman 2008）。そのひとつである「平等賃金レビュー Equal Pay Review」は，使用者が職務評価にもとづいて男女の賃金を比較し，大きな格差があれば原因を明らかにし，性にかかわる格差があれば改善計画を策定するというもので，専門行政機関により実施が推進されている。ただし，現時点では法的義務ではないこともあって実施率が低く，男女賃金格差

が有意に縮小したという効果を認めることはできないという（森・浅倉編 2010: 290-297）。

4 第二世代の両立支援の構造と基本理念

1) 両立支援と均等待遇原則

　スウェーデンにおいて，またおそらく他の多くの国においても，雇用上の男女格差の大部分は，結局のところ，多くの女性が育児と両立しやすい職業や雇用形態を選択し，出産後は育児のために働き方を調整することから生じている。スウェーデンでは政府が「パパ・クォータ」などにより男性の両親休暇取得を積極的に促進し，教育政策や労働市場政策を通して男女職域分離の解消に尽力しており，近年は徐々に効果を上げているものの，上記の構造自体は根本的に変わっていない。そして，両立しやすい職業や働き方を選ぶことが雇用上の不利益をもたらす労働市場の構造が，多くの女性を良好な雇用機会から排除し，男性が両立を重視した選択を行なうことを困難にしている。第二世代の両立支援においては，このような労働市場の構造から生み出される不利益の是正が大きな課題となる。

　差別禁止法は個人の尊厳に立脚し，均等待遇原則にもとづいて，本人の意思によって変えることができない属性（性別や人種など）や基本的人権の行使（宗教や信条の選択）を基準として人を区別することを禁じている。均等待遇原則にもとづく男女差別の禁止は労働法の基本原理のひとつであるが，これにより上記のような両立をめぐる不利益を救済することは難しい。なぜなら，職業や働き方は性別自体とは違って結局は本人の意思にもとづいて選択されるものであり，また，育児のために休業や勤務短縮を行なう者と行なわない者，「女性の職業」に従事する者と「男性の職業」に従事する者を「等しいもの」として比較することは困難な場合が多いからである。さらに，均等待遇原則によって救済される性差別の典型は，ある女性（個人）が男性と同様に働いているのに性別ゆえに不利益に取り扱われるような事例であるのに対して，両立をめぐって主に問題となるのは，多数の女性が社会におけ

る一般的な行動様式に従って，多数の男性とは異なる職業や働き方を選択することから生じる不利益であり，個別訴訟による救済には限界がある場合も多い。

2）「異なるもの」に対する配慮

　スウェーデンは，女性が出産後も就労を継続できる環境を整えるという第一世代の両立支援の目的をすでに達成し，両立の質の向上をめざす第二世代の両立支援に正面から取り組んでいる。現行の両親休暇法は，子を養育する労働者に対して休業や勤務時間短縮の多様な選択肢を保障したうえで，両親休暇などの権利行使を理由とする不利益取扱いを広く禁止し，両親休暇取得者を原則として休暇を取得しない場合と同様に扱うことを使用者に義務づけている。また，職域分離に起因する男女格差については，均等待遇原則にもとづく賃金差別禁止の限界をふまえ，使用者に賃金分析を義務づけ，使用者が自ら不合理な格差を発見して是正することを促すことにより「同一価値労働同一賃金原則」の実現がめざされている。

　これらは，いずれも均等待遇原則にもとづく差別禁止とは異質なルールである。これらのルールは使用者に対して形式的に「等しいものを等しく扱うこと」ではなく，むしろ「異なるものを公平に扱うこと」を義務づけており，そのために必要な積極的措置（たとえば従業員が育児のために休業することを計算に入れて業務運営の体制を作ることや，性中立的な職務評価にもとづいて賃金制度の合理性を検討することなど）を行なうことを求めているのである。スウェーデン法をみる限り，第二世代の両立支援の進展は，使用者に対し，「男性稼ぎ主」タイプの標準的労働者と異なる状況におかれている労働者のために積極的な配慮をするよう求めるという，新しい法的ルールを生み出しているように思われる。

　それでは，労働法が使用者にこのような配慮や措置を義務づけうる理論的な根拠は何であろうか。この点に関し，イギリスの労働法学者であるコリンズは示唆に富む分析と提案を行なっている（Collins 2003）。

　差別禁止法は均等待遇原則を基本理念とする制度と理解されているが，実際にはEUや加盟国の雇用差別禁止法は均等待遇原則から逸脱したルール

を多く含んでいる。このことから，コリンズは，差別禁止法は個人の尊厳にもとづく均等待遇を第一原則としつつ，一定の場合には分配的正義を実現するために均等待遇原則から逸脱することを要求していると考える。そして，分配的正義に関して差別禁止法が追求する目的を「社会的包摂 social inclusion」と理解することを提案する（Collins 2003: 21, 40-42）。

　コリンズによると，「社会的包摂」とは，社会的に排除されている人びとの集団を救済し，ふたたび包摂しようとする政策理念である。社会的排除とは，社会の構成員として享受すべき基本的利益（教育，就労，自立した生活，社会への参加など）から排除されることであり，その原因は貧困，不十分な教育，民族的出自，育児介護，それらの複合したものなどさまざまである。「社会的包摂」の理念にもとづく法的救済は，現実に社会的に排除されている（あるいは排除のリスクにさらされている）集団を対象として，その不利益を生み出している社会構造を考慮に入れつつ，それらの人びとの福祉を現実に一定のレベルまで向上させるためになされる。したがって，均等待遇原則にもとづく法的救済とは異なり，当該集団が不利益を受ける理由が性別のような不可変の属性なのか，雇用形態や子の有無のように個人が選択する余地のあるものかは問題とならないし，「等しいもの」との比較によって不利益を証明する必要もない。そして救済の方法や内容は，当該集団が受けている不利益を実際に是正する効果をもつものでなければならないが，必ずしも他の集団と等しい取扱いをすることや等しい結果を実現することが求められるわけではない（Collins 2003: 22-26, 39）。

　以上から明らかなように，「社会的包摂」にもとづく差別禁止ルールは，本質において，使用者に「等しいものを等しく扱う」ことではなく，労働者のおかれている状況や条件の違いを認識し，社会的排除のリスクの高い集団に対して，一定の範囲で積極的な配慮をするよう求めるものである（Collins 2003: 36-38）。コリンズは，「社会的包摂」の理念と強く結びついたルールの典型例として，妊娠差別禁止や障害者差別における「合理的配慮」の法理や，一定の範囲で性別や人種にもとづく優遇措置（ポジティブ・アクション）が許容されていることをあげる。また，間接差別の禁止も，現行法のもとでは潜在的可能性を発揮していないものの，本来は「社会的包摂」にもと

づく差別禁止としての性格を強くもつと述べ、そのことを端的に示す例としてイギリスの EAT がくだしたロンドン地下鉄事件判決[8]を紹介している。これは、鉄道会社に勤務するシングル・マザーが新たに導入された交代制にもとづいて不規則な勤務を命じられたために退職を余儀なくされ、新しい交代制は女性に対する間接差別にあたるとして訴えを起こした事例である。判決は、新制度の導入自体は使用者の経済的必要にもとづくものであるが、使用者は業務運営に支障をきたすことなく例外的措置によりシングル・ペアレントに配慮することが可能であったとして正当化の抗弁を退け、間接差別の成立を肯定した。すなわち、使用者が労働者のおかれている状況の違いに配慮せず、同じ基準を画一的に適用したことが間接差別と判断されたのである。

3)「社会的包摂」と両立支援

「社会的包摂」は近年ヨーロッパで重視されている社会政策の理念である。就労支援はそのもっとも重要な柱のひとつと位置づけられており、就労できないことだけでなく、非正規雇用をはじめ不利益な条件の就労を強いられることも社会的排除の一形態とされる（大沢 2007: 24）。そして、妊産婦や仕事と育児の両立を必要とする人びと（多くは女性だが少数の男性も含まれる）は良質の雇用を得にくいため、社会的包摂の観点から救済の対象とされるべき集団のひとつにあげられる（Collins 2003: 27）。コリンズは主にイギリスの状況を念頭において論じているが、スウェーデンでも就労を通した社会的包摂の実現は社会政策の最重要課題のひとつとされており、両立支援は男女の実質的平等をめざす政策であると同時に、「就労原則」にもとづく社会的包摂を実現する政策の一環としても位置づけられている（Government Offices of Sweden 2008: 9; 宮本 2009）。

コリンズのいう「社会的包摂」の理念は、「結果の平等」の単なるいいかえではなく、第二世代の両立支援がめざすことの本質をより適切に表現しているように思われる。第二世代の両立支援は男女格差の是正と密接な関係にあるが、その目的は格差をなくすこと自体ではなく、男女を問わず質の高い

---

[8] London Underground Ltd v Edwards [1997] IRLA 157 EAT, affirmed [1999] ICR 494 CA.

両立(良質な雇用を確保しながら,十分な時間をかけて子どもを育てること)を実現することが可能な環境を整えることにある。そして,それは結果として雇用における男女格差の縮小をもたらすことになる。

現代社会では,非常に多くの人びとが就労を通して経済的自立と社会参加を実現することを必要としている。そして,その多くは従来標準とされてきた「男性稼ぎ主型」の労働者とは異なる状況(育児介護や家事の負担,障害,疾病,妊娠出産,高齢,教育訓練や職業経験の不足など)におかれている。かつての「標準的労働者」を前提とする基準や制度を画一的に適用することは,これらの人びとを良質な雇用から排除する結果をもたらす。したがって「社会的包摂」の観点から,使用者は労働者のおかれている状況を考慮し「異なるものを公平に扱う」ために必要な配慮をすることを求められる。このような社会の変化にもとづく要請はさまざまなかたちで労働法制度にも徐々に取り入れられつつある。スウェーデンにおける第二世代の両立支援は,そのひとつの現われと理解することができるのではないだろうか。

5 日本法への示唆

本章は,スウェーデンの法制度を素材とした考察であり,より一般的に第二世代の両立支援の法的構造や基本理念を明らかにするには,他の国の両立支援をも検討して比較法的考察を深めることが必要である(これは筆者の今後の課題としたい)。しかし,スウェーデン法の検討からも,日本法のためにある程度の示唆を得ることができるように思われる。

日本では,かつての雇用慣行や家族のあり方を前提とした「男性稼ぎ主型」の生活保障システムが機能不全に陥り,多くの人が失業や貧困の危険にさらされている。また,そこまで至らなくともさまざまな理由で良好な雇用機会から構造的に排除されている人は多い。このような社会状況を背景に,政策理念としての「社会的包摂」の重要性は日本でも急激に高まっている(宮本 2009: 62-65; 大沢 2007: 23)。

そこで日本でも,少子化対策や女性の労働力活用にとどまらず,「社会的

包摂」の観点から，仕事と家庭の両立を必要とする人びとが良質な雇用から排除されないよう両立支援を進めていくことが考えられる。そして労働法の分野では，現行法の解釈と立法政策を通して，一定の範囲で，質の高い両立を実現するために必要な積極的措置を使用者に義務づけてゆくことがひとつの方向として考えられる。これに関連する法解釈上の論点としては，産休や育休などの取得を理由とする不利益取扱いが禁止される範囲（均等法9条，育介休法10条，16条など），配転命令権の濫用判断（育介休法26条，労契法2条3項），男女の間接差別が禁止される範囲（均等法7条，民法90条），パートタイム労働者であることを理由とする不利益取扱いが違法とされる範囲（パートタイム労働法8-10条，労契法2条2項，民法90条）などをあげることができよう。また，立法政策上は，勤務時間の短縮や時間帯の限定など働き方の選択肢の拡大，均等法にもとづく間接差別禁止やポジティブ・アクションの強化の是非，非正規労働者の処遇に関する法規制のあり方などが重要な論点となるであろう。

　なお，日本において特に深刻な問題である正規・非正規労働者の処遇格差は，本人の意思にもとづく契約上の地位を理由として生じており，また，非正規労働者はしばしば正規労働者と「異なるもの」として採用・処遇されているため，均等待遇原則にもとづく法規制には必ずしもなじまない。これに対して「社会的包摂」の観点からは，非正規労働者は救済の必要性が非常に高い集団であり（両立のために非正規雇用を選ぶ女性の他に，正規雇用に就けない若年者なども含まれる），正規労働者と「等しいもの」といえない非正規労働者についても，立法によって職務評価を含む雇用管理の見なおしなど処遇改善に必要な積極的措置を一定の範囲で使用者に課してゆくことは十分に考えられよう。その際には使用者側の負担にも配慮する必要があり，また業種や職場により必要とされる措置の内容が異なりうることを考慮して，柔軟性のあるルールを採用するべきであろう。

参考文献
大沢真理（2007）『現代日本の生活保障システム――座標とゆくえ』岩波書店。
厚生労働省（2011）『今後のパートタイム労働対策に関する研究会報告書』。

富永晃一「性差別としての妊娠差別規制の問題点」『日本労働法学会誌』118号：120-136頁。
橋本陽子（2007）「パートタイム労働者とフルタイム労働者の賃金格差の是正——同一（価値）労働同一賃金原則の再検討」日本労働法学会誌110号：149-161頁。
水町勇一郎（2011）「『格差』と『合理性』——非正規労働者の不利益取り扱いを正当化する『合理的理由』に関する研究」社会科学研究62巻3・4号：1-27頁。
宮本太郎（2009）『生活保障——排除しない社会へ』岩波書店。
森ます美・浅倉むつ子編（2010）『同一価値労働同一賃金原則の実施システム——公平な賃金の実現に向けて』有斐閣。
両角道代（2008）「ワーク・ライフ・バランスの基本原理——育児と雇用の両立をめぐるスウェーデン法の発展を素材として」『大原社会問題研究所雑誌』594号：36-53頁。
両角道代（2010）「雇用差別禁止法制——スウェーデンからの示唆」水町勇一郎・連合総研編『労働法改革——参加による公正・効率社会の実現』日本経済新聞出版社。
両角道代（2012）「スウェーデンにおける若年者雇用と職業能力開発——高等職業訓練（YH）を中心に」日本労働研究雑誌（2012年1月刊行予定）。
労働政策研究・研修機構（JILPT）(2011)『雇用形態による均等処遇についての研究会報告書』。

Barnard, Catherine (2006) *EC Employment Law,* 3rd ed., Oxford: Oxford University Press.
Collins, Hugh (2003) "Discrimination, Equality and Social Inclusion," The Modern Law Review 2003 66: 16-44.
Diskriminerings ombudsman (DO) (2011) *Årsredovisning 2011*, Stockholm.
Eklund, Ronnie (2004) "Sweden: part-time work-welfare or unfair?," in Silvana Sciarra, Paul Davis, and Mark Freedland (eds.), *Employment Policy and the Regulation of Part-time Work in the European Union: A Comparative Analysis*, Cambridge: Cambridge University Press.
Eklund, Ronnie, Tore Sigeman, and Laura Carlson (2008) *Swedish Labour and Employment Law: Cases and Materials*, IUSTUS FÖRLAG.
Finansdepartmentet (2011) "Ekonomisk jämställdhet mellan kvinnor och män," *Regeringens proposition 2011/12:1*: Bilaga 3, 1-39.
Fransson, Susanne, and Per Norberg (2007) *Att Lagstifta om Diskriminering*, SNS Förlag.
Fredman, Sandra (2008) "Reforming Equal Pay Laws," *Industrial Law Journal* 37: 193-218.
Government Offices of Sweden (2008) *Sweden's strategy report for social protection and social inclusion*.
OECD (2007) *Babies and Bosses: Reconciling Work and Family Life*, Paris: OECD.

第Ⅱ部
福祉レジームと家族政策

第4章

アメリカの福祉改革
福祉退出者研究の教訓と洞察

江沢 あや

前原 直子 訳

1 アメリカの福祉改革から15年

　アメリカに福祉改革が導入されてから，15年が経過した。TANF（Temporary Assistance for Needy Families：貧困世帯一時扶助）の導入，とくにTANF受給者に対する就労要件とタイム・リミットの導入は，アメリカ国内外で多くの注目を集め，福祉の定義と運営に関する新しい有力な方向性を示した。しかしながら，TANF受給者の劇的な低下は，しばしば改革の成功として受けとめられる一方，福祉「退出者」の研究は，改革の効果についてより批判的な側面を明らかにしている。福祉から就労への政策（welfare-to-work policies）から15年後，アメリカからわれわれが学ぶべき教訓は何であろうか。

　本章は，経験的観点から，米国の福祉改革の特徴と効果を検討するものである。これまで多くの研究が，政策レベルからアメリカ福祉モデルの特徴に焦点をあて検討してきた（たとえば渋谷・渡良瀬ほか編 2003; 根岸 2006; 木下 2007; 渋谷・中浜 2010を参照）。本章は，「福祉退出者」研究にもとづき，改革実施後のシングル・マザーの生活条件，労働条件を明らかにすることを目的とする。アメリカの福祉国家における貧困研究（青木 2003; 渋谷・ウェザーズ 2006），ジェンダー的側面からの研究（中田・杉本ほか編 1997; 下夷 1999; 杉本 2003; 2008）に加えて，本章は，福祉政策の背後にある，TANFを受給している，あるいは福祉名簿を離脱してしまったシングル・マザーの日常の現状をより具体的に論じるものである。このような経験

的評価は，福祉政策の背後にある生活を記録するだけでなく，福祉から就労へとシングル・マザーを移行させるのに必要なもの何かという仮説と，福祉政策の論理を批判的に評価するものである。

そのため第2節では，政治と福祉改革の目標を形づくった福祉と「依存」に関する政治的議論と同様に，アメリカの福祉改革の主要な特徴も紹介する。つづいてTANF取扱い件数の傾向と「福祉退出者」研究を検討し，それによってTANF現受給者と元受給者の生活と就労経験をクローズアップした見解を提供する。これにより私は，アメリカのシングル・マザーの生活条件と労働条件の改革に与える影響の評価と，その影響が日本のシングル・マザー政策に与える教訓を提示していきたい。

2　アメリカ福祉改革

1996年の福祉改革は，アメリカの社会福祉改革の歴史上，大きな分岐点となった。改革は，AFDC（Aid to Families with Dependent Children：要扶養児童世帯扶助）という母子世帯への最重要支援源をTANFに替えるだけではなく，福祉支援の特徴と目標を変更させた。つまり「われわれの知っている福祉は終わった（ended welfare as we know）」のだ。福祉改革は，より厳しい方策を導入することによって，TANFへの利用を減らしただけではなく，TANFの定義と付随する受給者条件を根本的に変えた。福祉改革は，単にシングル・マザーが福祉を頼りにするか否かという問題ではない。むしろ改革は，誰が支援に値するのか，支援形態はどうあるべきかという議論を想起させた。改革は新しい福祉レジームを導入したばかりでなく，何が福祉受給者の行動と就職予測を形づくるのかという仮説を提示した。改革の実際の結果を評価する前に，まずは1996年の福祉の再定義と，改革から生じた政策を形づくることになった「福祉」に関する議論を検証する必要がある。

AFDCは，1935年のフランクリン・ローズヴェルト大統領のニューディール政策の一環として制定され，困窮者に支援を提供するというアメリカ連邦政府の責任を確定し，政策上重要な躍進を遂げた。これは，一方に社会保

険，もう一方に AFDC を含むミーンズテストによる財政的な援助計画からなる二層構造をもつ制度の一部であった。社会保険プログラムの形態の社会保障制度は，一家の稼ぎ手が故人となった未亡人だけでなく，高齢のために働けない人，非自発的失業者をも支援した。これに対して，雇用されておらず依然として支援が必要な貧困層に，いくつかの財政的な支援プログラムがつけ加えられた。すなわち貧困の老人，目の不自由な人，夫に先立たれて子どものいる母親に対しては，ADC（要扶養児童扶助，のちに AFDC）というかたちで支援がなされた（Heclo 2001）。したがって，社会保障制度の主軸は就労にあった。つまり，「経済的援助を受けてしかるべき（deserving）」特定の階層の人びとに対しては例外が与えられたが，原則的にこの制度は，有利な雇用状況にあった人びとのためのものであった。

当時，とくにパートナーのいない母親への支援は何ら疑いもなく実行された。シングル・マザーは，当時，女性が遂行すべきと期待されていた役割——母親の役割を果たすこと——に従事していたという事実から，国家の支援適格者となった（Gordon 2002）。しかしながら 1960 年代までに，社会変化が AFDC 受給者の性質に重大な変化をもたらす一因となった。寡婦の大半は，増加し続ける離別した母，遺棄家庭の母，未婚の母にとって代わられた。さらに，アフリカ系アメリカ人女性は，AFDC 受給者総人口のうちつねに少数者であるにもかかわらず，メディアや公開討論の場で，「福祉」がアフリカ系アメリカ人女性の未婚の十代の母と強く結びつけられていた。大衆は，「貧者を助ける」ことを支持したが，アフリカ系アメリカ人のシングル・マザーの福祉への依存は，問題のある貧困であり，受給資格がなく，国家への支援への依存であるとますますみなされるようになった（Heclo 2001）。

それ以来，シングル・マザーが支援に「適格」か否かという疑問は，もっとも激しく議論される問題のひとつとなっている。設立当時は，母親の役割を果たすことでシングル・マザーは支援適格者であるとされたのに対し，国家の支援を受けて，働くよりも母親の役割に従事していたという事実によって，彼女たちは，改革の時点では支援に「不適格」とされた（Gordon 2002）。

福祉政策に関する議論において，「依存 dependency」はキーワードとなり，アメリカにおける福祉政策と改革をとりまく議論を激しく決定づけた。Fraser and Gordon（1994）によれば，「依存」をとりまく議論は，シングル・マザーの公的支援を受けていること（reliance）を否定的な観点から提示するだけでなかった。それは，自由主義者でさえも取り除くことのできない，疑いもなく軽蔑的な意味を「依存」という言葉にもたらした。1930年代，女性が男性の稼ぎ手や国家を頼りにすることは，当然のことと思われていたが，戦後期において「依存」は，「福祉」のもつ「問題」を象徴するようになった（Gordon 2002）。福祉を受給することは，いまや「依存」を助長すると想定され，就労による自立とは対照的に，それ自体，きわめて不愉快な状況となった。依存に関する議論のもっとも中心は，未婚のシングル・マザーが「福祉を生活の手段」として選択していること，そして長期間，福祉にとどまっている，という非難であった（Haskins 2006）。シングル・マザーは，福祉制度を利用している，とみなされていた。彼女たちは，非嫡出子をたくさん出産して，福祉から得たお金で財産を築いたと告発され，就労を通じて自分自身を支えるという動機も道徳性もなく，キャデラックを乗り回す「福祉の女王」として描かれた。いいかえれば，公的扶助を頼りにすることが道徳的に疑問がある状況になっているばかりではなく，国から支援を受給することは，個人の就労へのモチベーションにとって有害とみなされ，国の支援への依存の長期化を導いていると疑われた。

　福祉制度に関する議論は，福祉に頼ることを悪魔とみなしただけではなく，福祉政策が「非嫡出」，つまり婚姻によらない出産——チャールズ・ムレイの *Losing Ground*（1984）で頻繁に議論されて普及した考え——を助長している，と主張した。ムレイによれば，福祉政策は未婚出産を助長したが，そのことが今度は，福祉への依存だけでなく，多くの社会問題，犯罪，ドラッグ，貧困を引き起こしているという。彼の議論は，ニューヨークの民主党上院議員，ダニエル・モイニハンの初期の主張にもとづいている。モイニハンは，アフリカ系アメリカ人が直面する持続的な社会的不利益の主要な原因は，黒人家庭の「弱さ」であると主張した。すなわち，母子世帯や父親不在が多くみられる黒人家庭が，シングル・マザーによって養育された子どもたちの

成長と未来に, 長期にわたる影響を与えている (Moynihan 1967; Haskins 2006)。アフリカ系アメリカ人世帯において母子世帯が占める割合の高さは, 言い方をかえれば, 母子世帯, 貧困, 福祉への「依存」の再生産を含む「文化の脆弱さ」, 社会問題の根本原因とみなされた。

それゆえ, アメリカの「福祉」に関する議論は, 単に福祉を頼りとするシングル・マザーの数の増加に関するものではなかった。むしろ「依存」「非嫡出」に関する議論は, 福祉に頼ることを, きわめて不快なものとみなされている個人的動機や価値観——つまり非嫡出子を生むこと, 就労によって経済的な独立をめざすよりも福祉を頼ること——と結びつけた。受給者自身でさえ, この制度機能は障害であるとみなしていると主張された (Heclo 2001)。その結果, 福祉制度自体が, 徹底した改革を必要とする「依存」「非嫡出」の原因のひとつとみなされたのである。

3 個人的責任と TANF (貧困世帯一時扶助)

1996 年の PRWORA (Personal Responsibility and Work Opportunity Reconciliation Act : 個人的責任と就労機会の調整法) の通過は, 福祉プログラムの性格を根本的に変え, 受給者個人と政府の福祉プログラムに対する新規則を定めた。新たな福祉制度のキーワードは「個人の責任」となり, 体系的にレベル分けされた「依存」と「非嫡出」に焦点があてられた。

AFDC のもとでは, 子どものいる貧困家庭は必要に応じて, 支援を受けることは当然だったが, 新たなプログラムである TANF (Temporary Assistance for Needy Families : 貧困世帯一時扶助) のもとでは, 現金扶助の受給は, 特別な条件と結びつけられた。TANF のもとでは, 受給者が適格者であり続けるためには, 就労に関連した諸活動か雇用に従事することが要求されており, 現金扶助の連邦政府基金は最長 5 年間に限定されている。貧困世帯は, 困窮にもかかわらず, もはやそれ以上は支援されない。支援の受給は, 「個人の努力」と結びつけられている (Haskins 2006)。新たなプログラムは, 体系的に長期の「依存」を標的としており, 就労活動や就労に向けた活動に

従事することを要求し，現金扶助も5年間に限定している。

　改革は，個人の行動に向けられただけではなく，各州に福祉プログラムの運営責任を押しつけた。AFDCのもとでは，各州は連邦政府から需要に応じて基金を受け取ったが，しかしTANFのもとでは，各州には年間定額交付金（block grant）のかたちで，基金が割り当てられている。各州は，プログラムをかなり柔軟に設定することができるが，取扱い件数を制限しようというインセンティブをもつことになった。なぜなら出費が定額交付金を超えた場合は，州自身で負担しなければならないが，現金扶助で使いきらなかった基金は他の使途に向けることができるからである。各州はまた，TANFの取扱い件数の20％までの免除と，一定の条件のもとでの期間延長を認められている。したがって，州によってプログラムにかなりの幅がある（Rowe and Murphy 2009）。ある州は，厳しいタイム・リミットを設けなかったり（あるいはまったく設けなかったり），州レベルで追加費用が生じない限りは就業要件を強化しないこともあった。

　州はまた定額交付金の限度内で作業を行なうことに加えて，特定の作業要件に従った。それによれば州は，ペナルティを避けるために，取扱い件数の一定割合を就労と認められる活動に従事させなければならなかった（2002年は50％）。就労の割合が高ければ，見返りとして高業績ボーナスが与えられる。したがって福祉改革の中心となる特徴は，州が，条件つきの現金扶助の受給に加えて，予算制限のなかで特定の遂行目標と作業を合致させるというかなりの圧力に直面したことである。

　アメリカの福祉改革の議論のなかで，タイム・リミットと就労要件は多くの注目を受けてきたのであるが，改革の重要なもうひとつの側面は，十代の妊娠の防止をめざすプログラムと，養育費支払いの強化に関する新たな規定である。新しい法律では，未婚のシングル・マザーには，子どもたちの父性と父親の所在を確定するための協力が要請されている。いいかえれば，現金扶助受給者は，養育費支払いの遂行への協力と，子どもに対する父親の金銭的責任の強化を条件としている。養育費支払いへ協力しないと，TANFの手当を失う結果となる。結婚を推奨し，婚姻によらない出生を思いとどまらせるための教育プログラムも配備されている。州によっては「児童手当の制限

family caps」を実行するところもある。TANF の恩恵を受けているあいだに，婚姻によらない子どもをもうひとり出産した場合，その母親は，その子どもに対する追加の便益を受給してはいけない。就労要件と同様に，未婚の母親のもとに生まれる子どもの割合を減らす州は，未婚の母親の増加を止める革新的なプログラムを進展させるというインセンティブをもつ「非嫡出子ボーナス illegitimacy」を受ける資格がある。

こうして，福祉改革は，さまざまなペナルティとインセンティブを導入して「依存」と「非嫡出子」を減少させ，受給者に自力で苦境を乗り切る動機を与えるという想定のもと，個人責任と説明義務を助長してきた。

4 福祉改革とその結果の評価

AFDC の取扱い件数（caseload）が 500 万件のピークに達した 1994 年から，TANF の実施 5 年後にあたる 2001 年の間，総件数は合計で 57% 低下の 220 万ケースに落ち込んだ（Administration for Children and Families 2010）。この低下は，米国の公的補助プログラムの歴史上，最大であるばかりか，2001 年の TANF 受給者数は，1967 年以来，最低となり，人口に占める TANF 受給者割合も 1961 年以来，最低となった（U. S. Department Health and Human Services 2002）。さらに，2001 年の景気後退にもかかわらず，取扱い件数は依然として低く，その後も低下し続けた（Kaminski 2009）。2008 年の経済危機の 1 年後，取扱い件数は 170 万に落ち込んだ（Administration for Children and Families 2010）。とりわけ 2008 年のケースのうち 46% は，「子どものみ」のケースだった。このことは，その世帯における大人が，非嫡出子を出産したこと，就労参加要求に従わなかったり養育費支払いの遂行に協力しなかったことによる制裁，あるいは不在などのために支援を受けなかったことを意味する（Kaminski 2009）。1996 年には AFDC のもとで 246 億ドルが現金扶助として支払われたが，2008 年には，この目的で 86 億ドルしか使用されなかった。つまり連邦政府補助金は，それに代わって保育助成金や児童福祉，緊急援助などのような現金給付によらないプログ

ラムを支援したのである (Zedewski and Golden 2010)。

TANF 受給率が激減することにより，改革は成功だったとみなされる一方で，プログラム定着に至る15年間の評価は，重要な疑問を提起することにもなった。こうしたケースロード低下は，何を意味するのだろうか。さらに，就労福祉プログラムにおける「成功」をどのように評価するのだろうか。Schram and Soss（2002）の主張によれば，改革目標が立案される際の推論的な規定もまた成功という認識を規定しているようだ。取扱い件数の低下に焦点をあてることは，数の減少は労働力人口への「出口」を示し自立と就労を意味する，という仮説にもとづいている。しかしながら改革の効果に関する経験的研究は，さらに複雑な構図を明らかにしており，取扱い件数の低下に隠された社会的現実と意味に批判的な見解を提示している。

1) 福祉「受給者」(case) とは何か

取扱い件数低下をさらに綿密に検証する前に，考察すべき重要な問題点は，現在のアメリカの福祉レジームにおいて，何が福祉「受給者」を構成しているかという点にある。たとえば，ウィスコンシン州について考えてみよう。ウィスコンシン州は，厳しい改革アプローチの先駆者として広くみなされており，1987年から2000年にかけてAFDC／TANF受給者の93%もの取扱い件数の急激な低下という予期せざる結果をもたらした。しかしながらウィスコンシン州では，AFDC／TANFから支給される現金扶助を，新しく開発されたプログラムに置き換えて，その支給を延長した。このことは，現在，TANFに依拠した受給者は少数ではあるけれども，元受給者を支援する現在のプログラムの受給者総数は，実際にはそれほど減少をみせているわけではないことを意味する。現金扶助，保育，フードスタンプ，メディケイド，障害のある子どもの保護，その他の関連するサービスが含まれるならば，支援を受けている取扱い件数は3%だけ減少したにすぎない（Swartz 2001）。それゆえ，取扱い件数低下の重要性を把握するためには，TANFを通じた現金扶助に限られない州援助と援助全体を受けている人口についての，より綿密な検証を必要とする。

TANFケースロードの低下を評価する際の重要な要因は，転換（diversion）の役割にある。取扱い件数の綿密な検証によれば，TANF 受給者を管理する新しい規制の結果，TANF 元受給者が労働力人口となっていったことよりも，他のプログラムへ移行していったことを示唆している。TANF の導入は，とくに障害や慢性病のある受給者が，SSI（Supplemental Security Income：生活保護）——他に収入源をもたない障害のある成人と子どもを援助する——に申請するインセンティブを高めた（Karoly and Klerman et al. 2001）。TANF 導入以前は，多くが複雑で長期にわたる SSI への申請を行なうよりも，簡単な AFDC を，SSI のかわりに頼りにしていた。しかし TANF の履行の 5 年間は，ほとんどの州政府は，精神的・肉体的な健康問題の理由から，仕事への応募や，仕事の継続に対して大きな障壁に直面している「雇用困難な」階層の存在を認識した。SSI は，連邦政府基金で時限も就労要件もなく，州政府は TANF よりも SSI への申請適格者を援助しようという強いインセンティブをもっている。より積極的措置をとっている州では，障害をもっている女性たちは TANF よりも SSI を受給する傾向があるという研究結果がある。したがって SSI への申請適格者を援助する積極的な措置をとってきた州もある（ibid.）。全体として，元福祉受給者の 4〜12％ が，現在，SSI の恩恵を受けている（Acs and Loprest 2001; 2007）。

　さらに，他のプログラムの適格条件が広まっており，別のかたちの支援が TANF 受給者や非 TANF 受給者に利用可能となっている。メディケイド，AFDC 受給者を支援する健康保険プログラムは，現在，TANF 受給者に利用可能なだけでなく，低所得世帯を支援している。数多くの州は，働く福祉「退出者」が，いまだにある一定の条件のもとでメディケイド適格となっており，実際のメディケイド受給者数は，現在では，TANF 取扱い件数を超えている（Greenstein and Guyer 2001）。同様に，フードスタンプは，TANF の受給なしでも受けることが可能であるが，このことが，貧困世帯の食料関連の出費補助の最低レベルを支えているのである。Illinois Families Study（University Consortium on Welfare Reform 2004）は AFDC／TANF（元）受給者を追跡調査するパネル研究であり，この傾向を明らかにしている。この研究では，2003 年，元受給者のわずか 5％ しか TANF を受給者していなかったのに対し，47％ がフードスタンプやメディケイドを継続して受給し

ていた。Acs and Lorest（2007）の福祉退出者研究も同様に，TANF 退出後，退出世帯のうち半分以上がフードスタンプを受けており，5分の3がメディケイドを受けていることを明らかにしている。

　もっとも重要なことは，EITC（Earned Income Tax Credit：勤労者所得税額控除）の創設は，働く福祉退出者の所得に重要な貢献をしてきたし，またシングル・マザーの雇用促進のための所得控除を与えてきたことである（Grogger 2003）。内国歳入庁の管理によって，EITC は今日，最重要なアメリカの反貧困対策のひとつを構成しており，その予算は TANF の予算をはるかに上回っていることである（Beverly 2002）。EITC の事例の大規模な増加は TANF と同じ財源ではないために，福祉の取扱い件数として描かれていない。したがって EITC は，「依存」を助長するという批判に直面することもない。なぜなら EITC は，還付可能な税額控除として，雇用されている者にのみ適用され，したがって労働人口を支援する対策の一部であるにすぎないからだ。実際に EITC は，稼得金額ごとに 40％ まで，還付可能な税額控除となっている。2010 年には，ひとり親の受給適格年収の上限は，子どもの数に応じて，3万 5535 ドルから 4万 3352 ドルのあいだであり，3人以上の子どものいるひとり親に対する最大年額は 5666 ドル，適格な子ども1人の場合は 3050 ドルに達することが可能である。いいかえれば，EITC の受給者は，賃金に加えて税金の還付というかたちで現金を受けているのである。シングル・マザーは，AFDC のもとでは，金銭的に働くインセンティブが強くないのに対して（それは，フードスタンプとメディケイドを失い，より高い出費をともなうようになるからである。Edin and Lenin 1997 を参照のこと），EITC は，ワーキングプアの収入を助成するのであり，シングル・マザーの収入をおよそ2倍にすることが可能である（Ellwood 2000）。それゆえ勤労所得のあるシングル・マザーは，フードスタンプやメディケイドをもはや受給しないであろうが，彼女らでさえも EITC のかたちで，かなりの補助金を得ている可能性がある。

　したがって，狭義の TANF 取扱い件数の減少によって，州の支援プログラムの支援や受給の規模，TANF 現受給者と元受給者が今日受けているサービスの範囲を完全に把握できない。TANF のかたちでの現金扶助の受給率は

低下しているものの，他のプログラムが受給資格規準を広げ，多様化させており，このことは，TANF を通じて現金扶助を受けていない受給者が，別のかたちで連邦政府基金による援助やサービスを受給しつづけるかもしれないことを意味している。

2）福祉から就労へ：福祉退出者

　もちろん，TANF 元受給者のうち他のプログラムへと変えられた者や，あるいは別のかたちの支援を受け続ける者がいたことを考慮したとしても，TANF の導入が，シングル・マザーや元受給者の雇用の顕著な増加につながっていることは間違いない（福祉を受けるか否かにかかわらず）働く全シングル・マザーの割合は，1993 年の 58% から 2000 年の 75% に上昇した（Slack and Magnuson et al. 2007）。さらに，際立っているのは，TANF を退出し，現金扶助をもはや受給していない者の 65〜80% は，就労していることである（Brauner and Loprest 1999）。このことは，福祉改革の目標達成の成功を物語っている。過去において，アメリカのシングル・マザーは，既婚の母親に比べ就労しない傾向にあったが（Uzuhashi 1997），改革後，シングル・マザーの就労率は目にみえて増加している。しかし，ここでもまた，こうした傾向は何を象徴するのか，という疑問が生じている。元受給者は，どのようにして，どこで働いているのだろうか。就労は，州援助へ頼る傾向を解決しているのだろうか。

　「福祉退出者」における高い就労率にもかかわらず，中心となる関心事は，依然として，働く福祉退出者の収入に向けられている。福祉退出者の大多数は，週 35 時間以上働いているにもかかわらず，賃金は時給 5.5〜8.09 ドルと低いままであり，概算では，3 カ月ごと（年 4 回）の平均所得は 2300〜2600 ドルのあいだである（Brauner and Loprest 1999）。さらに，退出者は，TANF 受給者よりも大きな収入を得ているにもかかわらず，こうした増加分のほとんどは，現金扶助の減額と子どもの保育，通勤費，医療，仕事用の衣料など就労にかかわる追加的出費のために，相殺されている（Edin and Lein 1997; Albelda 2002; Slack and Magnuson et al. 2007）。アックスとロープレストの総合レポートによれば，福祉退出者に関するさまざまな研究全般

にわたっていえることは，60～70％の福祉退出者が，連邦政府の定める貧困ライン（poverty line）の100％未満の収入で暮らしているということである（Acs and Loprest 2007）。

　くわえて，福祉退出者の雇用は，きわめて不安定である。就労が決まった福祉退出者で，長期間同じ仕事にとどまる者はわずかで，大半は，1年以内に，仕事を変えるか辞めている（Corcoran and Danziger et al. 2000）。経済変動もまたここでは一定の役割を果たす。2001年の景気後退が始まると，シングル・マザーの雇用率（就労率）は2000年の75％から2005年には69％へと目にみえて低下した（Slack and Magnuson et al. 2007）。2008年の景気後退の間（2007年第4四半期から2009年第4四半期までの間），シングル・マザーの就労率は，63.9％まで低下した（Swenson and Crouse 2010）。福祉退出者のほとんどは，サービス部門や販売部門で低賃金の仕事に就いていることを考慮に入れると，彼女たちは，幼い子どもの保育とほとんど諸手当がついていない仕事を両立させることに挑戦している。福祉退出者のほとんどは，雇用者からは，健康保険手当，有給の医療休暇を受けていない（Loprest 1999; University Consortium on Welfare Reform 2004）。このことは，子どもや健康上の緊急時に，有給の雇用で埋め合わせることを困難にしている。したがって，雇用は万能薬ではない。シングル・マザーの就労形態はもろく，彼女らの賃金は収支を合わせるのにはとうてい，十分とはいえない。

　結果として，TANFではないプログラムやサービスを受けることが，依然として福祉退出者の収入と生計の中心となっている。Illinois Families Study（University Consortium on Welfare Reform 2004）によれば，働く福祉退出者の95％は，連邦政府の定める貧困ライン以下の収入で生活し，それゆえさまざまなかたちで，実質上の支援を受けていた。65％は自分自身のためにメディケイドを，82％は子どものためにメディケイドを受けている。働く福祉退出者は，育児手当の恩恵も受けており（25％），合計69％が何らかのかたちで州による住宅費援助を受けている（27％が住宅扶助，13％が公営住宅，19％が家賃補助）。35％はTANFは受給していないがフードスタンプを受給している。また88％が税の還付を82％がEITCを受給している

(ibid.)。したがって TANF 退出後でさえも，州援助は，働く福祉退出者の生活にとって重要な役割を果たし続けているのである。

3) 無就労，無福祉

しかしながら福祉改革のもっとも気がかりな結果は，TANF も受給せず，有給の就労にも携わらない元受給者という層の存在である。TANF の受給は，現在，特定の条件に結びついているため，受給適格者であるシングル・マザーのなかには，申請のために要求されている手続きをふむことを好まない傾向にある人や，養育費請求に協力しないため，あるいは就労にかかわる活動に参加しないために，制裁を受けそうな人もいる。Acs and Loprest (2007) はまた，1997 年から 2002 年の間，就労は徐々に福祉名簿からの退出の主たる理由としては減少しつつあること，かわりに受給者は，受給があまりに面倒であると感じたか，あるいは期限に達してしまったという理由から，TANF の受給を断念したことを指摘する。TANF 受給の厳格な運用条件には，抑制効果がある。つまり 2002 年，支給適格の低収入女性のうち 12.4% は，TANF 受給の経験がなかった (ibid.)。パーロットとシャーマン (Parrot and Sherman 2006) は，さらに，適格世帯の TANF 加入者の減少は，1996 年以来の TANF 取扱い件数の低下の半数以上にあたると主張している。

福祉支援に対するニードと受給とのあいだに断絶があることが，2008 年の景気後退の間の取扱い件数の傾向によって説明される。経済の悪化に対応して，調査された州のほとんどで取扱い件数が少し増加したにもかかわらず，取扱い件数が低下し続けた州もあった。したがって，取扱い件数の低下は，必ずしもニードの減少を反映するものではない。さらにこのような考えを補強するのは，TANF 受給率 (take-up rate) が，著しく減少し続けていることである。1996 年には，子どものいる貧困世帯の 44% が補助金を受給していたが，2008 年には平均で 30% の受給となった。しかしながらこの平均値は，一連の経験を説明しているわけではない。いくつかの州では，採用率は 4% 程度の低さである。無業のシングル・マザー，あるいはパートナーと同居していないシングル・マザーの割合は，2008 年の景気後退の間，24.6%から 30.2% への増加した，とみなす研究もある (Swenson and Crouse

2010)。したがって雇用に加えて，新たな取扱いや採用率の急速な減少は，TANF 取扱い件数の減少において重要な役割を果たしている，と考えられるだろう (Schram and Soss 2002)。

結果として，TANF 元受給者および潜在的受給者層における貧困と困窮は強まってきている。一般に子どもの貧困は，1990 年代に減少したが，貧困ラインの半分以下で生活する子どもの数は，2000 年から 2004 年の間で（77 万 4000 件と）顕著に増加し続けている。この厳しい剥奪の増大は，TANF からの援助を受けている子どもの数が減少した時期に，顕著に増加しており，このプログラムの厳しい運用が，特定の層の子どもたちを，より高い危険にさらし深刻な貧困状態に向かわせていることを示唆している。

Illinois Families Study (University Consortium on Welfare Reform 2004) は，「無就労，無福祉」のケースにおいて経験される困難を描いている。それによれば，就労のない TANF 退出者が，TANF 受給者や働く福祉退出者と同じく，パートナーと同居割合が低い。就労のない TANF 退出者が収支を合わせるためボーイフレンドや子どもの父親から非公式に支払いを受けたり，インフォーマルな労働につく傾向にある。こうしたインフォーマル経済はつねに，AFDC 時代の公的扶助を受けているシングル・マザーが「収支を合わせる」ために，その中心となっていたが (Stack 1974; Edin and Lein 1997)，不安定でリスクの高い状況である。驚くことではないが，公式の雇用を見つけられない TANF 退出者は，高いレベルの困難をも経験している。立ち退き，電気・ガス・水道の遮断，医者へ行くことができないこと，子どもに十分な食物の供給ができないことへの不安，などである (University Consortium on Welfare Reform 2004)。仕事も福祉も得ることができない人びとの厳しさを増す貧困経験は，新たな福祉体系のなかで，とくに子どもが高い危機に瀕していることを示唆している。

4) 退出者，留まる者，繰り返す者：取扱い件数の多様性と差異

退出者に関する研究は，福祉退出者のうち働いている者と，働いていない者，双方の厳しい生活の現実を示しているだけではなく，TANF 現受給者と元受給者が今日，経験している生活条件，労働条件を形成する要因のいくつ

かをクローズアップする視点を提示している。こうした研究は、働く能力は、TANF 受給者自身がコントロールできない要因に英訳されていることを示している。アメリカの（福祉）改革の導入前は、Edin and Lein（1997）によれば、福祉から雇用へと移行したシングル・マザーたちは、福祉にとどまっている者よりも、公式にも非公式にも収入源を得る傾向にあった。高い教育水準、子どもの父親からの子どもへの支払い、車の利用、家族からの非公式な援助などである。改革実施後の福祉退出者の研究は、同様に、働く福祉退出者は、年齢がより高くなり、教育も高く、TANF を受給し続けている者よりも子どもの年齢も高いことを示している。働かずに TANF を受給し続けている者は、仕事を見つけられずに TANF を退出する者と同様に、仕事を見つけて TANF を退出する者よりも、健康上の問題や働くための他の障壁をもつ傾向にある（Acs and Loprest 2007）。しかしながら「留まる者」と「退出者」とのボーダーラインにある者は、実際には、あまりはっきりしない。退出者のなかには、不安定な雇用のために福祉名簿の登載・不登載を「繰り返す」者もいる（Miller 2002）。いいかえれば、福祉から限られた資金しか得られない仕事へと移行することは、ブーメラン効果をもつ可能性がある。つまり就労による TANF の退出後、仕事を続けて収支を合わせることに困難を感じて福祉名簿に戻ってくる者もいるのである。いわゆる「サイクラー cycler」の状況は、TANF を退出して働く者の状況に似ているが、子どもの保育の問題など多くの障壁に直面するので仕事は不安定で繰り返し福祉を受けることになる。

　福祉に関する世論は、これまでシングル・マザーが福祉から就労へと移行するように向かわせる個人的モチベーション、罰則、インセンティブに焦点をあててきた。福祉退出者に関するデータは、就労の「障壁」と、公式・非公式の収入源を得られるレベルと量が、TANF 受給者の就労能力を形成し TANF を退出する有力な要因であることを示している。いいかえれば、このような研究に描かれている TANF 受給者の状況は、雇用に対する心理的アプローチでは解決しえない障壁が存在することや、収入源が限られていることを認識するよう求めている。

5 改革がもたらした結果の評価──日本への教訓

　日本の視点から，アメリカの改革に学ぶべき教訓は何であろうか？　この問題を念頭においたうえで，私は，イリノイ州，ウィスコンシン州，ニューヨーク州の 2002 年から 2005 年までの福祉改革の調査研究を行なってきた。私は，TANF のクライアントに直接働きかけるソーシャル・ワーカーや NGO はもちろん，州レベル，あるいは地方の福祉局の政策立案者と面談した。そこであらかじめ，私は，日本のシングル・マザーに関する基本的な事実と問題点を紹介した。すなわち，日本のシングル・マザーの 80% 以上は，有給で雇用されており，ほとんどのシングル・マザーは，週 35 時間以上働き，補助金が支給される公立の保育施設を利用し，大半は，しばしばきわめて低い収入に付与される児童扶養手当を頼りにしている，と（労働政策研究・研修機構 2003; 厚生労働省 2005）。驚いたことに，インタビューを受けた人びとのなかには，現在の「福祉から就労プログラム welfare-to-work programs」の詳細を発表するに際して，自分たちが用意したものが見当違いで不必要なものであることに気づき，準備した資料をゴミ箱に捨てようとする人もいた。なぜなら「日本は，われわれが 10 年後にそうありたい，というところにすでにある」からということであった。いいかえれば，アメリカの改革の主目的が，シングル・マザーの雇用を促進することにあるのだとしたら，日本はモデルケースとして際立っており，この数十年間，きわめて高い就労率にある。しかしこの出会いから 10 年後，私たちは現在，どこにいるのだろうか。

　初期の調査研究で主張したように（Ezawa and Fujiwara 2005），日本とアメリカ福祉改革の目標の違いは，アメリカの改革は，シングル・マザーの就労参加を促進し福祉への「依存」を食いとめることを主たる目標に設定したことに対し，日本の 2002 年に導入された福祉改革は，すでに働いているシングル・マザーの児童福祉手当の受給率を減らすことを目的とした。アメリカの政策立案者は，「依存」を対象としたが，すでにみてきたように，さま

ざまな種類の補助が継続される可能性を残していた。とくに EITC, メディケイド, フードスタンプ, 雇用を条件とした家賃や保育補助などである。

　日本の場合, これとは対照的に, 政策は, 働いているシングル・マザーの児童扶養手当へ長期に頼ることを減らし（母子寡婦福祉法令研究会 2004 参照), 彼女たちを「公的支援なしの就労」へと移行させようとした。また 2005 年に導入された別の改革は, 就労率が低い, 長期にわたって生活保護を受給しているシングル・マザーを対象として就労率をあげることを目標とした。

　当初, 日本のシングル・マザーの状況は, アメリカとはたいへん異なるもののようにみえたが, 公的扶助を受給するシングル・マザーをとりまく議論は, 重要な共通点を明らかにしている。アメリカと同様に, 日本のシングル・マザーに長期の生活保護受給者が存在することを発見したことによっては,「依存」と仕事する「意欲」が少ないことが問題にされた。その結果は, 彼女らの雇用促進を目標としたさまざまなプログラムへと結実した。アメリカ福祉改革の経験がひとつの例を提唱しうるとすれば, きわめて低い教育と少ない収入源しか得られないシングル・マザーの雇用促進と福祉手当の削減は, 相当のリスクをともなって現われることをわれわれは認識すべきである, ということである。すでにみてきたように, 公式, 非公式にも収入源が限られており, 健康上の, あるいは他の個人的障壁がある人びとは, とくに, 生活賃金を得る安定した雇用を見つけることが難しいかもしれない。そして結局は, 生活保護名簿に舞い戻ることになるかもしれない。アメリカの経験が示してきたように, シングル・マザーへの支援に対する資格を制限し,「個人の努力」を頼りにすることは, 就労や福祉なしで収支を合わせる試みでもあり, 母親と子どもの困難という相当のリスクをともなうことになる。かわりに日本のケースは,「働く福祉退出者」の将来に対する重要な実例を提示するかもしれない。

　アメリカにおけるように, 日本でも, 何十年ものあいだ, シングル・マザーの高い雇用が続いたあとでさえも, フルタイムの就労は, 生活賃金や貧困ラインより上のライフスタイルを保障していない。日本のシングル・マザーの就労の軌跡のデータは, 学位の高いシングル・マザーで, 正社員であって

さえ，児童扶養手当支給の所得制限以上を稼ぐことが難しいことを示唆している。大卒でさえも，若いうちに正社員になり，結婚や出産で雇用を中断しないで継続的に仕事しなければ所得制限を超える可能性が低いのである（労働政策研究・研修機構 2003; Ezawa 2006）。日本女性の，いわゆる M 字型就労曲線が継続して主流にあることに照らせば，シングル・マザーの短期の収入の改善は起こりそうにない。日本におけるシングル・マザーの高い就労率にもかかわらず，貧困率は 65～70% と依然として高い（阿部 2005）。

こうした観点からの日米の比較は，自分自身で市場の力と戦い続けるシングル・マザーが直面する厳しい現実を描いている。過去の議論は，シングル・マザーの「依存」と生活保護にもとづく安易なライフスタイルを摘発してきたのに対し，福祉改革の結果は，シングル・マザーが最善を尽くしているにもかかわらず生活賃金を稼ぐために直面している制約を強調している。フルタイムで働いているのにもかかわらず，なぜシングル・マザーの賃金はこんなにも低いのだろうか。このことは，労働市場におけるジェンダーの特徴であって，いずれ改革される必要がある。

参考文献

青木デボラ（2003）「アメリカの貧困家族と自立支援の現実」青木紀編『現代日本の「見えない」貧困――生活保護受給母子世帯の現実』明石書店。

阿部　彩（2005）「子供の貧困」国立社会保障・人口問題研究所編『子育て世帯の社会保障』東京大学出版会：119-142 頁。

埋橋孝文（1997）『現代福祉国家の国際比較――日本モデルの位置づけと展望』日本評論社。

木下武徳（2007）『アメリカ福祉の民間化（アメリカの財政と福祉国家）』日本経済評論社。

厚生労働省（2005）『全国母子世帯調査結果報告』。

渋谷博史・中浜隆編（2010）『アメリカ・モデル福祉国家〈2〉――リスク保障に内在する格差』昭和堂。

渋谷博史・渡良瀬義男ほか編『アメリカの福祉国家システム――市場主導型レジームの理念と構造』東京大学出版会。

渋谷博史・C. ウェザーズ編（2006）『アメリカの貧困と福祉（アメリカの財政と福祉国家）』日本経済評論社。

下夷美幸（1999）「アメリカにおける母子家庭と福祉改革――AFDC から TANF への移行」『日本女子大学　社会福祉』第 40 巻。

杉本貴代栄（2003）『アメリカ社会福祉の女性史』勁草書房。
杉本貴代栄（2008）『女性が福祉社会で生きるということ』勁草書房。
中田照子・杉本貴代ほか（1997）『日米のシングルマザーたち——生活と福祉のフェミニスト調査報告』ミネルヴァ書房。
根岸毅宏（2006）『アメリカの福祉改革（アメリカの財政と福祉国家）』日本経済評論社。
母子寡婦福祉法令研究会（2004）『総合的な展開をみせる母子家庭等施策のすべて』ぎょうせい。
労働政策研究・研修機構（2003）『母子家庭の母への就労支援に関する研究』日本労働研究機構。

Acs, Gregory, and Pamela Loprest (2001) "Final Synthesis Report of Findings From ASPE'S 'Leavers' Grants," Washington, DC, The Urban Institute.
Acs, Gregory, and Pamela Loprest (2007) "Final Report: TANF Caseload Composition and Leavers Synthesis Report,." The Urban Institute.
Administration for Children and Families (2010) Caseload Data, U.S. Department for Health and Human Services.
Albelda, Randy (2002) "Fallacies of Welfare-to-Work Policies," in Randy Albelda and Ann Withorn (eds.), *Lost Ground: Welfare reform, poverty and beyond*, Cambridge, Mass.: South End Press: 79-94.
Beverly, Sondra G. (2002) "What Social Workers Need to Know about the Earned Income Tax Credit," *Social Work* 47(3): 259-265.
Brauner, Sarah, and Pamela Loprest (1999) "Where Are They Now? What States' Studies of People Who Left Welfare Tell US," *New Federalism* (A-32 (May)).
Corcoran, Mary, and Sandra K. Danziger et al. (2000) "How Welfare Reform is Affecting Women's Work," *Annual Review of Sociology* 26: 241-69a.
Edin, Kathryn, and Laura Lein (1997) *Making Ends Meet: How Single Mothers Survive Welfare and Low-Wage Work*, New York: Russell Sage Foundation.
Ellwood, David T. (2000) "The Impact of the Earned Income Tax Credit and Social Policy Reforms on Work, Marriage, and Living Arrangements," *National Tax Journal* 53(4): 1063-1105.
Ezawa, Aya (2006) "How Japanese Single Mothers Work," *Japanstudien* 18: 57-82.
Ezawa, Aya, and Chisa Fujiwara (2005) "Lone Mothers and Welfare-to-Work Policies in Japan and the United States: Toward an Alternative Perspective," *Journal of Sociology and Social Welfare* 32(4): 41-63.
Fraser, Nancy, and Linda Gordon (1994) "A Genealogy of *Dependency*: Tracing a Keyword of the U.S. Welfare State," *Signs* 19(2): 309-336.
Gordon, Linda (2002) "Who Deserves Help? Who Must Provide?," in Randy Albelda and Ann Withorn (eds.), *Lost Ground: Welfare reform, poverty and beyond*, Cambridge, Mass.: South End Press: 9-25.

Greenstein, Robert, and Jocelyn Guyer (2001) "Supporting Work through Medicaid and Food Stamps," in Rebecca M. Blank and Ron Haskins (eds.), *The New World of Welfare*, Washington, D.C.: Brookings Institution: 335-368.

Grogger, Jeffrey (2003) "The Effects of Time Limits, the EITC, and Other Policy Changes on Welfare Use, Work, and Income Among Female-Headed Households," *Review of Economics and Statistics* 85(2): 294-408.

Haskins, Ron (2006) *Work over Welfare: The inside story of the 1996 Welfare Reform Law*, Washington, D.C.: Brookings Institution.

Heclo, Hugh (2001) "The Politics of Welfare Reform," in Rebecca M. Blank and Ron Haskins (eds.), *The New World of Welfare*, Washington, D.C.: Brookings Institution: 169-200.

Kaminski, Jim (2009) "Trends in Welfare Caseloads," The Urban Institute.

Karoly, Lynn, and Jacob Alex Klerman et al. (2001) "Effects of the 1996 Welfare Reform Changes on the SSI Program," in Rebecca M. Blank and Ron Haskins (eds.), *The New World of Welfare*, Washington, D.C.: Brookings Institution: 482-499.

Loprest, Pamela (1999) "Families Who Left Welfare: Who are They and How Are They Doing?," The Urban Institute.

Loprest, Pamela, and Pamela A. Holcomb et al. (2007) "TANF Policies for the Hard to Employ: Understanding State Approaches and Future Directions," *Assessing the New Federalism*, The Urban Institute.

Miller, Cynthia (2002) "Leavers, Stayers, and Cyclers: An Analysis of the Welfare Caseload," Manpower Demonstration Research Corporation.

Moynihan, Daniel Patrick (1967) "The Negro Family: The Case for National Action," in Lee Rainwater and William L. Yancey (eds.), *The Moynihan Report and the Politics of Controversy: a Trans-action social science and public policy report*, Cambridge, Mass.: MIT Press: 39-124.

Murray, Charles (1984) *Losing Ground: American social policy, 1950-1980*, New York: Basic Books.

Parrott, Sharon, and Arloc Sherman (2006) "TANF at 10: Program Results are More Mized than Often Understood," Washington, DC, Center on Budget and Policy Priorities.

Rowe, Gretchen, and Mary Murphy (2009) "Welfare Rules Databook: State TANF Policies as of July 2008," The Urban Institute.

Schmidt, Lucie, and Purvi Sevak (2000) "AFDC, SSI, and Welfare Reform Aggressiveness: Caseload Reductions vs. Caseload Shifting," Population Studies Center, Institute for Social Research, University of Michigan.

Schram, Sanford F., and Joe Soss (2002) "Succes Stories: Welfare Reform, Policy Discourse, and the Politics of Research," in Randy Albelda and Ann Withorn (eds.), *Lost Ground: Welfare reform, poverty and beyond*, Cambridge, Mass: South End Press: 57-78.

Slack, Kristen Shook, and Katherine A. Magnuson et al. (2007) "Family economic well-being following the 1996 welfare reform: Trend data from five non-experimental panel studies," *Children and Youth Services Review* 29: 698-720.

Stack, Carol B. (1974) *All Our Kin: Strategies for Survival in a Black Community*, New York, NY: Harper and Row.

Swartz, Rebecca (2001) "What is a 'Case' in Post-Reform Wisconsin? Reconciling Caseload with Workload," Hudson Institute, Welfare Policy Center.

Swenson, Kendall, and Gilbert Crouse (2010) "ASPE Research Brief: Employment Patterns Among Persons with Children During the Recession," Office of the Assistant Secretary for Planning and Evaluation, Office of Human Services Policy, U.S. Department of Health and Human Services.

U.S. Department of Health and Human Services (2002) *Temporary Assistance for Needy Families Program (TANF)*, Fourth Annual Report to Congress.

University Consortium on Welfare Reform (2004) *The Two Worlds of Welfare Reform in Illinois. Illinois Families Study*, Northwestern University.

Zedlewski, Sheila, and Olivia Golden (2010) "Next Steps for Temporary Assistance for Needy Families," The Urban Institute.

第5章

イギリスの成年後見法にみる福祉社会の構想*
判断能力の不十分な成年者をとりまく家族,社会,国家

菅 富美枝

1 本章の視点

　精神的障害,知的障害,認知症,その他の理由（障害 disabilities）によって,自ら意思決定を行なうことができない状態にある場合,われわれはどのように社会生活を続けていくことができるのか。未成年者については,日本法の場合,そうした障害がなくとも,その年齢ゆえに,一律に法的な意味での判断能力（「行為能力」）がないとみなされ,本人に代わって親権者（通常は,父母（養親を含む）であることが多い）が法定代理人として,財産管理やその他の法律行為を行なう（民法 824 条）。同様に,未成年者のために,日常生活や教育,医療に関する決定等が行なわれる（民法 820 条,821 条参照）。では,自ら意思決定を行なうことができない状況にあるのが成年者であった場合,家族,社会,国家には何ができるのか,あるいは,何をすることが法的に求められているのか。

　判断能力の不十分な成年者をとりまく社会的環境については,その社会,国家における伝統的な個人像,家族像,あるいは共同体像が関係していよう。だが,本章では,文化的,社会学的な考察ではなく,国家統治の観点から,判断能力の不十分な成年者をめぐる法政策に着目したいと考える。具体的な考察対象としては,現在,世界的水準からみてもっとも理想的と考えられて

＊ 本章は,文部科学省「科学研究費補助金（平成 22 年度～24 年度若手研究（B）課題番号 22730009「現代社会における「支援型法」の可能性と限界――自己決定を実現させる法的枠組みの構築」)」にもとづく研究成果の一部である。

いるイギリスにおける意思決定能力法（the Mental Capacity Act 2005），および，同法を基軸とした法体制（いわゆる成年後見制度）を取り扱う。

そもそも，諸外国の法制史上，判断能力の不十分な人びとをめぐっての国家，社会，さらに家族の関心対象とは，主として彼らの有する財産であった。わが国における旧禁治産制度も，その例外ではない。しかしながら，21世紀以降，社会や国家の関心対象は，判断能力不十分者の財産管理（とくに，家産の承継）から，彼ら自身の健康・幸福・安全，すなわち，全人格的な福祉（welfare）の向上へと移りつつある。さらに，客観的な水準を満たした「財産管理」や「身上監護」を付与するという視点が生み出す，いわば本人不在の発想が問題視され，これまでの成年後見制度が自明のものと考えてきた「他者による決定」が内包する理論的問題（個人の自律という哲学的命題との抵触性）が認識されるに至った。その結果，現在では，本人の意思決定主体性の維持や潜在能力の発揮という観点から，「代行決定 substituted decision-making」は必要最小限に抑制されるべきとの見方が強まりつつある。むしろ，世界的な注目は，さまざまな日常生活（例，金銭管理，財産運用の他，ケア，医療，教育）のなかで自ら決定できるだけの能力をもちあわせていない場面・状況において，本人自身による決定を支援すること（「自己決定支援 supported decision-making」）へと移行しつつある（菅 2010a: 第1章，第3章）。こうした意識変化は，医療の分野における患者の権利（治療拒否権，治療選択権，インフォームドコンセント）や，福祉サービスの分野における利用者の権利の発展・成熟化（秋元 2010）とも無関係ではないだろう。

以上の点について，先述のイギリス2005年意思決定能力法は，判断能力の不十分な成年者の意思決定をどのように「周囲」が「補っていくか」という発想に立っていることが顕著に表われている点で注目に値する。別の言い方をすれば，イギリスの成年後見法制は，医療，福祉サービスに加えて，日常的な金銭管理やケアの保障についても，これらを一種の公共財と考え，国家や社会はその増大に努めるとともに，分配にあたっては，受け手の側から再構成するものであるようにみえる。

さらに，同法において，日本を含む諸外国法において一般的な「成年後見

adult guardianship」という用語が用いられず（その意味では，厳格にいえば，「イギリス成年後見法制」という呼び方は正しくない），制定法の名称として「意思決定能力 mental capacity」という語が用いられている点も注目される。判断能力が不十分であると「認定された人びと」ではなく，判断能力の不十分さが「疑われる状態」に焦点をあてることによって，判断能力の不十分な人びとをカテゴライズ（例，旧日本民法における「禁治産者」や現行制度における「制限行為能力者」，旧イギリス精神保健法における「患者 patient」）することを避け，（状況しだいで）誰にでも起こりうる問題と捉えること――排除ではなく，社会的包摂――が可能になっている（菅 2011b）。

以上，本章では，同法における個人の捉え方，家族の位置づけ，自由主義的な連帯（連携）のメカニズム，国家のあり方などの考察を通して，イギリスにおける福祉体制の一側面を描いてみたい。こうした考察を通して，「福祉国家と家族」という本書全体のテーマにつなげたいと考える。

2005年意思決定能力法下におけるイギリスの成年後見法制は，第一に，各成年者が将来的に判断能力を失う場合に備えて，自ら準備を行なう自己責任型社会（具体的には，任意後見としての「永続的代理権 the lasting power of attorney」の設定）を前提としている。一方で，生来的に判断能力を有しない人びとや，準備を行なわないうちに判断能力を欠くに至った人びとに対して，公的セーフティ・ネットとして，わが国でいうところの法定後見制度を用意している（ただし，日本法と異なり，後述するように，決定主体の異なる三種の類型が存在する）。その際，代行決定にあたって，家族に独占的な地位を与えるという法政策はとられていない。家族外の関与を排除しうるような独占的な決定権限を法で与えるという形態はとられておらず，そうした運用もなされていないのである。しかしながら，こうした法姿勢は，とくに，医療に関する同意や決定をめぐって，家族などに何らかの決定的な権限を与えることを検討している他の法制度とは，対照的である。

以下，本章では，現代福祉国家における，判断能力の不十分な人びとをめぐる法的支援体制のひとつとして，イギリスの2005年意思決定能力法制に着目し，とくに同制度における家族をめぐる法政策に焦点をあてて論じることにする。

2 2005年意思決定能力法

1) 2005年意思決定能力法の意義

2005年意思決定能力法 (the Mental Capacity Act 2005: 2007年10月1日施行) は、イギリス (イングランドおよびウェールズをさす) において、成年後見制度の根幹をなす基本法である。同法は、1989年に事務弁護士協会 (Law Society) によって提案されて以降、15年以上の歳月をかけた改革の成果である。

そもそも、イギリスにおいて、一般的な人権保障の法的根拠としては、ヨーロッパ人権条約 (the European Convention)、および、同条約を国内法化した1989年人権規約 (the Human Rights Act 1998) が存在する。さらに、とくに、判断能力の点で障害を有する人びとの権利の保障については、身体的障害を有する場合と同様、現在では、国連障害者権利条約 (the UN Convention on the Rights of Persons with Disabilities) が規定しており、イギリスは2009年6月に同条約を批准している (ちなみに、わが国は、2007年9月に署名を行なっているものの、批准には至っていない)。2005年意思決定能力法も、こうした人権意識向上の流れのなかに位置づけられる。本制度の意義は、大きく分けて三つある。

第一に、これまで諸外国の成年後見制度が主たる内容としてきた「代行判断 substituted judgment」と呼ばれる、自ら意思決定できない人びとのために、法律上権限を与えられた者 (意思決定者 decision-maker) が代わって決定を行なうというアプローチを改め、コミュニケーション・スキルの向上などによって、本人の意思決定を支援することを第一に行なう「決定支援 supported decision-making」アプローチへと大きく舵を切り替えたことが注目される。一方で、「ベスト・インタレスト・アプローチ」を採用し、決定支援が現実的に困難な場面に備えて、制定法上の厳格な要件のもと、「代行決定 substituted decision-making」の余地を残した点が特徴的である。これは、代行決定をいずれ廃止すべきものと捉える消極的立場とは異なる見解で

あり，むしろ，適正な代行決定は判断能力不十分者の権利擁護のために必要だと考える，限定的容認論の立場であるといえよう[1]。

これに関連して，第二に，「決定支援」アプローチから「代行決定」アプローチへと移行すにあたってのいわば分水嶺ともなる，「意思能力がない lack capacity」とする法的判断について，「時間限定的かつ事柄限定的 time-specific, issue-specific」アプローチに立っている点が注目される。これは，代行決定の実行を必要最小限にとどめることこそが判断能力不十分者の人権保障につながると考える「小さな成年後見」の発想につながるものであると考える（菅・上山 2010）。

第三に，家族の位置づけに関する変化である。2005年意思決定能力法は，旧任意後見制度（1985年持続的代理権授与法 the Enduring Powers of Attorney Act 1985）下にみられたような，家族であるという身分にもとづいて必ず（代理権登録への）異議申し立ての機会を与えるという立場をとらず，本人が（代理権登録に関する）通知を望む者にのみ与えるという「非家族（依存）主義」（菅 2010a: 第5章）をとっている。また，最近の裁判例において，任意後見の準備のないままに判断能力を欠くに至った人びとの福祉に関する決定や医療行為に対する同意に関して，なるべく法定後見人（deputy）の選任を避けようとする方向性がうかがえる。この状況は，法定後見人申立人や候補者が家族であっても同様である（後述，第3節2項を参照）。

一方で，2005年意思決定能力法には，たとえ決定権限を有する者が公式に定まっていようとも，独断的判断に陥るのを避けるべく，本人の周囲にあって本人の福祉の向上に真摯な関心を有する人びと（典型例としては，家族，友人，その他本人のケアや治療にかかわってきた人びと）から本人情報を得たうえでなければ正当に決定権限を行使したものとはみなされないという規

---

[1] なお，社会保障給付以外に管理すべき財産がない判断能力不十分者について，成年後見を申し立てるまでもなく給付金の受給および本人のための消費を一定の者（アポインティー appointee）に認める行政上の「アポインティーシップ」制度については，司法の枠の外において，本人の意思に代えて私人が一種の代理行為を行なうものであることから，先述の国連障害者権利条約との抵触性が問われうる。同様の指摘に，Lush（2011: 64）。

定が存在する（Section 4(7) of the Mental Capacity Act 2005: 資料②）。本規定によって，家族が公式な後見人となっている場合でも，家庭内へのいわば本人の「囲い込み」を阻止することができると同時に，専門家など家族外の者が後見人となっている場合でも，本人をよく知りうる立場にある者からの情報に耳を傾けることなくして意思決定がなされることが避けられる。同規定に加えて，福祉的決定をめぐる最近の裁判例の蓄積によって，「インクルーシブ・アプローチ」は，確実に，イギリスの成年後見制度全体を貫く法体制となりつつあるように思われる。この点については，本章全体を通して検討していくことにしたい。

さらに，2005年意思決定能力法の特徴として，法的な意味での後見にとどまらず，一般生活を送るうえで必要とする種々のサービスの提供について，同法の根本理念である「ベスト・インタレスト」（Section 1 (5) of the Mental Capacity Act 2005: 資料①）に従って行動している限り，本人の同意を得て提供したものとみなされるとする規定（Section 5 of the Mental Capacity Act 2005）が存在する。この規定は，治療行為を実施しようとする医療従事者，施設入所手続きを進める地方当局の社会福祉部門，ケアを提供しようとする施設内のケア・スタッフといった専門家のみならず，日常生活のうえで本人のために種々のサービスを提供しようとする事実上の援助者にも適用され，本人のためになされるサービス提供の適正化と奨励が図られている（後述，「5条行為者」）。ここには，生活をともにするなど，本人の求めている事柄について多くの情報をもち，本人の福祉の向上に真摯な関心を有する家族も含まれる。この点において，「非家族（依存）主義」の原則に立ちながら，家族を排除するのではなく，むしろ，家族が実質的に本人の福祉の向上にかかわってきたという事実がある限り包摂する「家族包摂主義」がうかがえる。次項では，紙面の都合上，本章の考察に必要な限りにおいて，2005年意思決定能力法の概要を紹介する。

2) 2005年意思決定能力法の概要

2005年意思決定能力法の最大の特徴は，①「傷つけられやすい vulnerable」人びとを「エンパワー empower する」ための保護的環境を構築する

法的枠組みを整えたうえで，例外的処理方法として，②「誰が」「どのような状況に限って」本人に代わって意思決定をなす（代行決定）権限を与えられるのか，またその際には，③どのような他者関与（具体的には，代行決定と決定支援の両者をさす）が行なわれるべきであり，どのような関与が禁じられるべきか，を明らかにした点にある。さらに，④支援提供に際して，当該行為は本人の「ベスト・インタレスト」に適うものであると合理的に信じたことが証明できることを条件として，（利他的）行為に正当性が付されるというメカニズムを確立した（行為規範，裁判規範，さらには評価基準としての「ベスト・インタレスト」ルールの創設）点が特徴的である（菅 2010a: 18-19, 20-27, 27-31, 53-54, 95-101, 138-142）。資料①に，同法の基本原則をあげる。

第一，第二，第三の原則からは，本人に意思決定能力がないと法的に判断することに対してきわめて慎重であるべきとする2005年法の姿勢がうかがえる。そのうえで，第四，第五原則は，本人に意思決定能力がないと判断せざるをえない例外的状況において，他者関与のあり方を規律している（行為規範としての「ベスト・インタレスト」）。五つの原則は，イギリス成年後見制度を貫く基本姿勢を示していると同時に，今後，よりよい改革を続けていくうえで，つねに立ち戻られるべき原点となっている（評価基準としての

資料① 2005年意思決定能力法　五大原則

　第一に，人は，意思決定能力を喪失しているという確固たる証拠がない限り，意思決定能力があると推定されなければならない（第一原則：意思決定能力存在の推定の原則）（Section 1(2) of the Mental Capacity Act 2005）。
　第二に，人は，自ら意思決定を行なうべく可能な限りの支援を受けたうえで，それらが功を奏さなかった場合のみ，意思決定ができないと法的に評価される（第二原則：エンパワーメントの原則）（Section 1(3) of the Mental Capacity Act 2005）。
　第三に，客観的には不合理にみえる意思決定を行なったということだけで，本人には意思決定能力がないと判断されることはない（第三原則）（Section 1(4) of the Mental Capacity Act 2005）。
　第四に，意思決定能力がないと法的に評価された本人に代わって行為をなし，あるいは，意思決定するにあたっては，本人のベスト・インタレストに適うように行なわなければならない（第四原則：ベスト・インタレストの原則）（Section 1(5) of the Mental Capacity Act 2005）。
　第五に，さらに，そうした行為や意思決定をなすにあたっては，本人の権利や行動の自由を制限する程度がより少なくてすむような選択肢がほかにないか，よく考えなければならない（第五原則：必要最小限の介入の原則）（Section 1(6) of the Mental Capacity Act 2005）。

(著者作成)

「ベスト・インタレスト」)。また, 実際に個々の後見行為 (法的, 公式的なもののみならず, 後述するように, 実際の支援行為など事実的なものも含む) の正当性が問題となる (なった) 場合には, 事前においても事後においても, これらの文言や趣旨に照らして論じられることになる (裁判規範としての「ベスト・インタレスト」)。以下では, 本章の趣旨に直接的に関連する限りで, 第四, 第五原則に着目する。

3) 2005年意思決定能力法の基本理念

先述のとおり, 2005年意思決定能力法の第四原則と第五原則は, あらゆる意思決定支援を試みても本人による意思決定が現実的に不可能である場合にかかわっている。そうした場合には, 例外的に, 必要最小限の範囲で (第五原則参照), 他者決定が行なわれることが法的に許容されるが, その際の要件となるのが, 第四原則に示された「ベスト・インタレスト」への適合性である (資料②)。だが,「ベスト・インタレスト」とは具体的にどのようなものであろうか。本項では, 代行決定のあり方を規律している, 2005年意思決定能力法上の「ベスト・インタレスト」概念について考察する。

この点について, 2005年意思決定能力法は,「ベスト・インタレスト」の定義をおいていない。その理由は, 同法の対象とする決定の範囲が多岐にわたり, また, 同法が扱う人びとの状況が多種多様であるため,「ベスト・インタレスト」を定義することが困難であり, さらに, 各人の多様な情況と刻々と変化する状況にあった「パーソナルな意思決定」を実現するため, その人にとっての, その時点での,「ベスト・インタレスト」を知ることこそが重要であると考えられたためである。そこで,「ベスト・インタレスト」について抽象的な定義を試みるよりも, 各人の情況・状況における具体的な「ベスト・インタレスト」を発見すべく, そのために必要だと考えられる要素のみが抽出され,「チェックリスト checklist」として提示されている (Section 4 of the Mental Capacity Act 2005: 資料②)。

このように, チェックリストは,「ベスト・インタレスト」を探し出し, 確定し, 実現するにあたって考慮しなければならない要素 (a checklist of factors which must be considered) を例示的に列挙したものとなっている。

第5章　イギリスの成年後見法にみる福祉社会の構想　143

資料②　「ベスト・インタレスト」を見つけるためのチェックリスト

①本人の年齢や外見，状態，振る舞いによって，判断を左右されてはならない（Section 4(1) of the Mental Capacity Act 2005 & Code of Practice, paras. 5.16-5.17）。
②当該問題に関係すると合理的に考えられる事情については，すべて考慮したうえで判断しなければならない（Section 4(2) of the Mental Capacity Act 2005 & Code of Practice, paras. 5.18-5.20）。
③本人が意思決定能力を回復する可能性を考慮しなければならない（Section 4(3) of the Mental Capacity Act 2005 & Code of Practice, paras. 5.25-5.28）。
④本人が自ら意思決定に参加し主体的に関与できるような環境を，できる限り整えなければならない（Section 4(4) of the Mental Capacity Act 2005 & Code of Practice, paras 5.21-5.24）。
⑤尊厳死の希望を明確に文書で記した者に対して医療処置を施してはならない。他方，そうした文書がない場合，本人に死をもたらしたいとの動機に動かされて判断してはならない。安楽死や自殺幇助は，認められない（Section 4(5) of the Mental Capacity Act 2005 & Code of Practice, paras. 5.29-5.36）。
⑥本人の過去および現在の意向，心情，信念や価値観を考慮しなければならない（Section 4(6) of the Mental Capacity Act 2005 & Code of Practice, paras. 5.37-5.48）。
⑦本人が相談者として指名した者，家族・友人などの身近な介護者，法定後見人，任意後見人等の見解を考慮に入れて，判断しなければならない（Section 4(7) of the MCA 2005 & Code of Practice, paras 5.49-5.57）。

（著者作成）

　全体を通してみえてくるのは，「本人を中心に位置づける place the donor at the centre of any decision」――裏返せば，本人を脇におき，後見人の見解やその他の客観的価値観を押しつけることを避ける――姿勢である。チェック項目①から⑦の内容に目を向けるとき，それらは，「本人にとって」のベスト・インタレストを確保するために慎重に用意された規定であることがうかがえる。このことは，チェック項目⑥に端的に表われており，また，本人自身による意思決定を支援する④や，本人の意思決定能力の回復に期待する③も関連する。チェック項目①や⑤においては，代行決定者が，本人の客観的状況を外部者の視点で観察した結果，良いと考えたにすぎないものを，「ベスト・インタレスト」と捉えてはならないことが明示されている。

　そして，もっとも注目すべきは，チェック項目③，④に顕著に表われているように，意思決定できない状態にあって代行決定を要する場面においても，本人に対する意思決定支援を続行し，本人による意思決定の可能性に期待する姿勢であり，イギリス成年後見制度を貫く「エンパワーメント」体制の堅固さである。代行決定を要する状況においても，つねに，「支援された自己決定」に戻る道が確保されているのである。本人自身による意思決定の可能

性に期待し，そのための支援提供を継続する「エンパワーメント」体制は，ここでも揺らいではいない。

同様に，チェック項目⑥が示唆するのは，たとえ自ら意思決定を行なうことは（少なくとも現段階において）困難であろうとも，本人を安易に意思決定の結果だけが帰属する「客体」として扱うことなく，本人の意向，心情，信念，価値観，その他本人が大切にしている事柄を代行決定に反映させることの重要性である。そのためには，本人の主体的な参加が有益である（チェック項目④）。つねに本人を意思決定のプロセスに関与させようとする法制度は，たとえ単独での意思決定が不可能であっても，あらゆる人を，意思決定の「主体」として尊重するものといえよう。

チェック項目①から⑦は，いずれも，「本人にとってのベスト・インタレスト」の確定にあたって，ふむことが法的に求められている手続を構成している。そして，その結果導き出される結論こそが，「ベスト・インタレスト」として，法的に承認される。決定代行者（decision-maker）は，こうして導き出された「ベスト・インタレスト」に従って，決定権限を行使することが求められ，かつ，認められている。

そして，本章の目的との関係で注目すべきは，決定代行者が公式な決定権限を有する成年後見人（任意後見人や法定後見人）である場合のみならず，介護被用者，家族，親友などの日常的なケア提供者や，医療従事者，福祉関係者など，客観的に本人に利益を与えうる「（広義の）サービス」を提供する（にすぎない）場合であっても，同様にこうした手続きを遵守することが求められている点である（Code of Practice, para 5.2）。事実的なサービス提供に関しても成年後見法の枠内において規定するイギリス法（後述，2005年法第5条）は，民法の枠内において財産管理を中心に成年後見を捉えてきたわが国の法体制（内田 2008）とは異なり，ソーシャル・ケア（social care）をめぐる法体制にも影響を与えるものとなっている点がきわめて特徴的である[2]。次節で詳しく検討する。

3　家族の枠組みを超えた支援体制——制度の担い手としての広義の「市民」

1) 本人の周囲にいる「援助者」に与えられた権限

　2005年意思決定能力法の特徴のひとつとして，日本法においては，法定後見はもとより成年後見の射程範囲からも除外されるものである一方，イギリスの成年後見法においてはその中心を占めると考えられている重要な事柄として，日常生活上のケア（①洗顔・着替え・身だしなみを整える行為の介助，②飲食の介助，③意思伝達の介助，④移動の介助，⑤教育やソーシャルプログラム，レジャーへの参加の手伝い，⑥買い物を届けたり，様子を見に訪問すること，⑦本人からお金を預かって買い物をすること，⑧ガスや電気器具の修理を依頼すること，⑨掃除や料理の提供，⑩デイケア，介護施設や養護施設でのケアの提供，⑪転居の手伝い）や健康増進のためのケア（①検査の実施，②医療や歯科治療などの実施，③薬の投与，④検査や治療のために病院に連れていくこと，⑤養護ケアの提供，⑥血液検査や，理学療法，手足療法などの実施，⑦緊急事態における処置）の提供をめぐる問題がある。ここで，「ケア care」について，事実行為としての側面にのみ着目するならば，なるほど，とくにわが国の成年後見法の感覚からすれば，射程範囲に入ってくることはない。わが国の通説的理解においては，成年後見の対象として法律行為のみを考えることが一般的であるからである。

　だが，本章でみてきたとおり，2005年意思決定能力法は，意思決定に困難を抱える人びとが直面するあらゆる「決定」問題が「主体的に」解決されることを目的として制定された法律である。別の言い方をすれば，2005年意思決定能力法は，他者の意思決定に関与する人びとの権限について定める

---

2) この点に関連して，あらゆる人びとに対して，「選択を行なう権利 the rights of every citizen to exercise choice」と「支援を受ける権利 to receive assistance」を保障すべく，2005年意思決定能力法の射程範囲は，法の領域にとどまらず広く医療や社会福祉領域にも及ぶべきと考え，関係諸機関，地方当局，各種NPO団体，権利擁護団体との連携を提唱するものとして，The Public Guardian Board (2010: 5, 15, 16)。

法律(後見人を中心とする成年後見法)ではなく,意思決定に困難を有する人びとの支援のされかたについて定める法律(本人を中心とする成年後見法)である。このような視点に立つとき,医療行為や介助行為,日常生活上のさまざまなケアのように相手方の善意にもとづいたサービス提供(「授益」行為)であっても,それらを「受け取る」という決定(「受益」決定)が提供の前提をなすものである以上,代行決定の正当性に関する手続的保障は,同様に及ぼされなければならないと考えられる。暗黙裡とはいえ,本人から同意を得ることなく,サービス提供者によって,どのような食事をとる／とらない,どのように休暇をすごす／すごさない,どのような治療を受ける／受けないといった決定が本人に代わってなされている以上,これらは 2005 年意思決定能力法の射程(規律の対象)に入るべき代行決定の場面である。こうした厳格な姿勢は,客観的な効用ゆえにともすれば当然に正当性が認められると思われがちなケアの提供を,後見人中心主義ではなく本人中心主義に引き戻す意義(すべての代行決定行為には,本人を中心に据えた「ベスト・インタレスト」基準からの正当化が必要であるという視点)を有している[3]。

　こうした「ケア」をめぐる問題について,イギリス法において,わが国の任意後見契約における委任に相当する「永続的代理権」を授与しておくことによって,事前に決定権限者を定めておくことが可能である(福祉的決定に関する永続的代理権 welfare lasting powers of attorney: Section 9(1)(a) of the Mental Capacity Act 2005)。とはいえ,諸事情(例,手間,時間,費用,様式の複雑さなど)から,本人に事前の準備がないままに「ケア」が必要な状態となることも考えられよう。こうした場合,2005 年意思決定能力法において,保護裁判所(the Court of Protection)によって決定が行なわれたり(Section 16(2)(a) of the Mental Capacity Act 2005),一定の事柄に限って法定後見人が決定を任せられうることが規定されている(Section 16(2)(b) & 17(1),(2) of the Mental Capacity Act 2005)[4]。これらにくわえて,

---

[3]「5 条行為権限」のより詳細な説明について,菅(2010a: 174-176, 188-192)。

[4] ただし,2005 年意思決定能力法の基本的姿勢は,法定後見人の任命について慎重に,かつ,授権範囲・期間は限定的にというものである(Section 16(4)(a), (b) of the Mental Capacity Act 2005)。菅(2010a: 169-173)。

2005年意思決定能力法は，より適切かつ迅速な支援の提供を可能とすべく，本人の周囲にいる介護者（carers）（家族のほか，ヘルパーなどの介護被用者の両者を含む）や医療従事者に対して，決定権限を「消極的に」与える規定をおいた点が注目される（Section 5 of the Mental Capacity Act 2005）。

ここで「消極的に」という表現を用いたのは，決定主体を明確にしたうえで決定権限を与えるという手法ではなく，本人に代わる決定を自発的に行なった人びとに対して，実際に行なわれたケアの提供行為が本人のベスト・インタレストにかなうものである限り「責任を問わない protection from liability」という方法で，その限りにおいて遡及的に決定権限を認めるという構造になっていることによる。条文の規定から「5条行為 section 5 acts」と呼ばれるこれらの行為は，免責規定に裏打ちされた（legal backing）範囲で，決定権限を与えられたのと同様の効果を与えられる。2005年意思決定能力法5条は，これまでコモン・ロー上曖昧に認められてきた「必要の原理 doctrine of necessity」の明確化・充実化を図ったものである。同規定によって，同意能力を有さない本人に対して種々の「ケア」を提供することが可能となった。こうしたメカニズムが，公式な手続きをとる負担を省いたうえで，適切かつ迅速な「ケア」の提供を可能にしている[5]。

他方，「5条行為権限」は，免責を基本としており，積極的に授権することが予定された権限ではないことに注意が必要である（菅 2010a: 174-176, 186-202, 205-208; 菅 2010b: 42-45）。本人の傍にあって本人の福祉に対して利他的な関心を真摯に有する家族，友人，介護者や医療従事者に対して，当該本人の「ベスト・インタレスト」が何かを捜し出し，そこから導き出された「ケア」を提供した限りにおいて，「正当な権限なく他人の領域に介入した」という責任を免れさせるのみである。行為の正当性が認められるためには，三要件（①行為に先だって，直面している問題について，本人が意思決定能力を有しているか否かを判断するにあたり，合理的な考察を行なったこと，②行為に際して，本人は意思決定能力を有していないと，合理的に信じたこと，③行為に際して，当該行為は本人の「ベスト・インタレスト」に適

---

[5] なお，生命維持のために必要な治療行為の中止などの重大な医療行為については，法的義務とまではされていないものの，保護裁判所の判断を仰ぐことが奨励されている。

うものであると，合理的に信じたことを満たすことが必要である（Section 5 (1)(a), (b) of the Mental Capacity Act 2005）。これら三要件が満たされた限りにおいて，それらの行為の受領について本人が有効に同意した場合と同様，提供者は（不法に他人の権利を侵害したという）責任を免れ，結果的に，行為権限を与えられたことになるのである（Section 5(2)(a), (b) of the Mental Capacity Act 2005）。逆の言い方をすれば，「ケア」の提供といった事実行為に関しても，本人の同意を得ずに行なう以上，他の形態による代行決定の場合と異ならないと考え，手続的正当性（ここでは，三要件の充足）を問うのがイギリスの成年後見制度の特徴であるといえよう。

2）社会に開かれた家族

前項でみたように，2005年意思決定能力法第5条は，本人の傍にあって，本人の福祉に対して利他的な関心を真摯に有する家族，友人，介護者や医療従事者に対して，当該本人の「ベスト・インタレスト」が何かを捜し出し，そこから導き出されたケアを提供した限りにおいて，「正当な権限なく他人の領域に介入した」という責任を免れさせるという構造をとっていた。こうした免責構造において，本人の「家族である」ということは，それだけでは特別な法的意味を与えられていない点が注目される。すなわち，（後見人への公式な任命手続きを経ている場合を除いて）家族も，「5条行為」として正当化されるための三要件（前述）を満たしている限りにおいて免責を受けうるのみであり，ここには，家族と家族以外（親しい友人を含む，いわゆる「他人」）を区別する視点はみられない。この意味では，イギリス成年後見法制度上，家族も，意思決定に困難を抱える人びとの傍らにあって，彼らがなおも現有している能力を発揮できるよう支援し，同時に意思決定を補うことに努める「一市民」としての位置づけを与えられているにすぎない。

この点に関連して，イギリス2005年意思決定能力法において，意思決定能力を失った人びとの治療をめぐって，家族・親族には，本人に代わって意思決定を行なう権限も，本人に代わって同意を与える権限も与えられていない。家族・親族が（本人の「身内」であるという）固有の立場にもとづいて代理人になるということは，法制度上予定されていないのである。こうした

「非家族主義」の姿勢は，医療同意や生命維持装置の取り外しなど，人生の特別な場面においても異なることはない。だが，こうした姿勢は，同様の法体系に属しながら，家族に家族であるがゆえの特別の地位を法律上何らかのかたちで認めるカナダやオーストラリア各州の医療同意権限をめぐる諸制度とは対照的である（菅 2010a: 第 5 章, 192-193; 菅 2011a: 348-352）。他方，法的な位置づけはそうであるとはいえ，実質的に「5 条行為」要件を満たすにあたって有利な立場にあるのは，互いに望めば本人のもっとも近くに居られる家族であり，これを否定するものではない。

　こうした法の規定の仕方に加えて，福祉決定に関する法定後見人の任命をめぐる最近の裁判例を分析し，保護裁判所の傾向から，2005 年意思決定能力法体制が与えうるソーシャル・ケア・サービスへの影響について検討しよう。

　視覚障害，知的障害（自閉症）を有する P 氏（30 歳）は，類まれなピアノの才能をもち，コンサート開催によって多額の収入を得ている。これまで，保護裁判所の審判のもと，オフィシャル・ソリシター（the Official Solicitor）と呼ばれる公的後見人（後述）が，P 氏の財産管理および福祉的決定を行なってきた。今回，P 氏の財産管理および福祉的決定をめぐって，P 氏の両親（すでに離婚）と姉とが財産管理と身上監護のそれぞれについて法定後見人（共同後見）への就任を申し立てたことに対して，全国視覚障害者協会（the Royal National Institute for the Blind）から，第三者後見人との複数後見の必要性が主張され，争われた。

　判決において，ヘドリー判事は，①家族が法定後見人への任命を希望して申し立てを行なっており，②家族内に紛争がなく，③後見人としての任務遂行にあたってやる気や能力の点で特段の疑義がない場合，裁判所は，そうした申し立てに対して寛大さと共感をもって臨むべきであると判示した（Re P [2010]EWHC 1592（COP), para 9）。この背景には，障害のために援助を必要としている人びとに対して，第一にケアを提供すべきは家族であって国家ではないとの見解が控えていると思われる（para 8）。

　しかしながら，これとは対立する見解を示したのが，G v E and Manchester City Council and F [2010] EWHC 2512（COP）におけるベーカー判事

である。本事案において，E 氏（20 歳）は，結節性硬化症が原因で，重い知的障害を抱えている。E 氏は 15 年前から里親 F による身上監護を受けてきたが，地方当局（マンチェスター・シティ・カウンシル・ソーシャル・サービス部）は最近になって，E 氏を居住型福祉施設（入居者 3 人に対して 2 人のスタッフが配属されており，特別なニーズに対応）に入所させた。地方当局による当該措置については，別件で，同じくベーカー判事によって，ヨーロッパ人権法 8 条が禁止する「自由の剥奪 deprivation of liberty」にあたるとしてその違法性が確認されている（[2010] EWHC 621 (Fam)）。E 氏の姉 G は，地方当局による E 氏の身上監護への関与を中止させ，自ら，E 氏の福祉的決定について，里親 F とともに法定後見人に就任する（複数後見 jointly and severally）ことを裁判所に申し立てた。審判が出されるまでのあいだ，E 氏は里親 F のもとで，新しいソーシャル・ワーカーたちの協力も得ながらめまぐるしく回復を遂げ，現在では専門学校への就学も検討されている。姉 G の申し立ては，主として，将来的に E 氏の腫瘍や腎臓結石除去の手術を行なう際の医療同意や，将来的な E 氏の進学に関する決定，今後の E 氏のケアに関する決定（とくに，里親 F がケアをすることができなくなった場合）を見こして行なわれたものであり，とくに，地方当局の関与を阻止することにあった。G の申し立ては，地方当局，および，本人を代理するオフィシャル・ソリシターから反対され，裁判所によって棄却された。

　棄却にあたり，ベーカー判事は，福祉的決定をめぐっては，本人の周囲にいるさまざまな人びとによって協働して行なわれるべきであり，一部の人びとだけ（本事案においては，里親 F と姉 G）に排他的な法的権限を与えるというスキームを 2005 年法はとっていないと明確に述べた（para 57）。

　本判決は，第一に，身上監護に関して法定後見人を選任することは例外的とする裁判所の方針を明示したものとして注目に値する。同様に，*Re London Borough of Havering v LD and KD* [2010]（COP: 公刊物未登載）においても，ターナー判事は，身上監護法定後見人を任命することはかなり稀であるということは裁判所の慣例（the practice of the court）であると述べている（para 41）。具体的には，ケアに関する日常的な決定（レスパイトの利用

や，旅行に関する決定も含む）や，専門家による医療行為の実施については，必ずしも法定後見人への任命を申し立てることなく，2005年法の規定（とくに，第5条）に従い，厳格な手続きに則って行なわれるべきこと，その一方で，重大な問題や深刻な状況（例，居所指定，医療行為の実施をめぐって見解が一致しない場合）については，むしろ私人である法定後見人に任せることなく，裁判所が直接的に行なうべきであると考えられている。

　このように，*G v E* 判決は，裁判所が身上監護に関して法定後見人の任命を認めることに消極的であるとする方針を示しており，このことは，人びとがあらかじめ任意後見契約を締結しておこうとする社会の動きと無関係ではないと考えられている（Dalgetty 2011: 97）。

　第二に，*G v E* 判決は，法定後見人への就任が家族からの申し立てであることは，2005年法における「ベスト・インタレスト」の尊重という根本理念において，何ら特別な意味を有するものではないと述べた点でも注目される。この点，家族の任命を優先的に捉えた *Re P* 判決とは，対照的である。法定後見人の任命が例外であることを前提として，任命を行なう例外的場面においては，申立人が家族であるか否かということに終始することなく，あくまで本人（ここでは，E氏）のベスト・インタレストは何かという観点に焦点が当てられることが明らかとなった。

　以上，最近の判決から，保護裁判所は，裁判所自らが決定をくだすべきと考える深刻な場面を除き，判断能力の不十分な人びとが日常的に直面しうる福祉的決定をめぐっては，本人のケアに実質的にかかわってきた人や，本人の福祉を最も真摯に考えかつ実現できる人びと（例，同居の家族，担当医師，担当ソーシャル・ワーカー）が有するそれぞれの「本人（に関する）情報」を最大限に集めたうえで，本人にとっての「ベスト・インタレスト」の探求・確定が多角的に，多層的に行なわれることを期待している（インクルーシブ・アプローチ）ことがうかがえる。こうした裁判所の姿勢は，家族がケアを行なうことこそがもっとも望ましいと暗黙裡のうちに受けとめられているわが国の姿勢とは大きく異なるといえよう。

3）後見人・援助者に対する社会的支援

つぎに，イギリス2005年意思決定能力法全体を通して，（法定後見人，任意後見人の他，家族・友人などの「5条行為者」を含む）広義の「後見人」は，慎重な判断にもとづいた決定が，あとからみて本人にとってのベスト・インタレストに適わない結果を生じたとしても，行為時に，当該決定が「ベスト・インタレスト」に適っていると合理的に信じたことを立証できれば，その法的責任を免れうることが保障されている点に注目したい。

この点に関連して，たしかに，2005年意思決定能力法においては，本人にとってのベスト・インタレストの追求を図ることが後見人の職務であり，ベスト・インタレストに反するような行為は正当な職務の遂行とはみなされず，その結果，そうした後見人の行為は，本人に対する違法な権利侵害として，法的責任を追及されうる。だが，その一方で，後見人に対する責任追及をあまりに形式的に行なうことは，かえって後見人の柔軟な職務遂行を妨げかねないであろう。後見人は，事後的な非難をおそれるあまり，（一般的にみて）妥当な結果を確実なものとすべく無難な決定を押しつけるという姿勢で臨まざるをえなくなるからである。しかし，ここから生じるのは，「本人を中心に据えた」姿勢（すなわち，本人に対するエンパワーメントや，本人の権利や行動の自由に対する制限を最小限にしようという姿勢）ではない。むしろ，後見人に過度の委縮効果を及ぼす管理体制が，今度は，後見人による本人の生活管理を生み出してしまうという悪循環の構造が作り出される危険性がある[6]。

こうした負の連鎖を断ち切るためには，本人に対するエンパワーメントに加えて，支援者である後見人に対するエンパワーメントを促進することがいわば最良の処方箋であると考える（菅 2010a: 第6章; 菅 2010b: 41-47）。そこで，2005年意思決定能力法4条9項は，決定代行者（裁判所が，直接的に決定をくだす場合を除く）は，自らの行為が本人のベスト・インタレスト

---

[6] たとえば，イギリスでも，旧レシーバーシップ制度においては，レシーバー（法定財産管理人）たちは，事後的な批判をおそれて，日常生活に必要な金銭管理すら本人の自由にさせることを躊躇していた。また，日本法における実際の運用について，同様の問題点を指摘するものとして，菅・上山（2010: 15-16）。

にかなっているということを「合理的に信じている if he reasonably believes」限り，法を遵守している（there is a sufficient compliance）とみなされ，その際には，チェックリスト（資料②）に従ったということが，自らの行為の正当性を担保することを規定する（Section 4(9) of the Mental Capacity Act 2005 参照）。また，後見人は，日常的に後見職務をこなすなかで，絶えず自らの行為の正当性，合理性について，本人にとっての「ベスト・インタレスト」の観点から自問自答し続けるとともに，周囲からの疑問に対しては即座に応答し，説明責任を果たせるよう，常日頃から用意しておくことが期待されている（Code of Practice, para 6.32 参照）。そして，こうした責任を果たしていると自覚できている限り，後見人には比較的広範な裁量が与えられる。

さらに，2005年意思決定能力法では，免責の要件が法で示されているという意味で，あらゆる「市民」に対して行為の方向性を示しているものの，多くは各行為者による「責任ある裁量行使」に任されており，具体的な行為方法の詳細をめぐって「管理」するという姿勢はとられていない点が注目される。2005年意思決定能力法は，意思決定に困難を抱える人びとの支援をめぐって，支援を自発的に行ないたいと望む人びとが過剰な法的責任に萎縮することなく，積極的に利他的支援活動に従事できるための法的基盤を整備することによって，自発的な支援行為を側面支援しているのである。ここにみえるのは，国家による支援者の管理（監視や規制）ではなく，支援者を「支援」しようとする「二重の支援構造」（菅 2006: 第1章，第2章）である[7]。イギリスの成年後見制度は，こうした「二重の支援構造」を整えることによって，意思決定に困難を抱える人びと福祉の向上に親身な関心を寄せる人びとを広く参集させ，利他性を十分に発揮させて，本人の周囲に支援の輪という協働関係を形成する契機を内包していると評価できる。別の見方をすれば，2005年意思決定能力法は，意思決定に困難を抱える人びとの支援を「誰に押しつけるか」という視点——義務負担者を選び出す視点——では

---

[7] 2005年意思決定能力法の意義として，最大の努力をしている人びとに対して安心と支援を与えるという側面に着目する見解として，Hale（2010: 62）。

なく，そうした人びとを支援しようとしている者を，彼らの個人的背景（例，血縁，地縁，そのほか人的つながり）にかかわらず，法が明示している理想的な支援のあり方に向かって「どのように後押しするか」という視点に立って，制度設計されているといえよう（菅 2010b: 41-45）。

　さらに注目すべきは，後見人たちを導くためのガイダンスとして，さまざまなものが社会に用意されている点である（例，2005 年意思決定能力法の施行指針としての Code of Practice のほか，公的，準公的な機関が発行する種々のリーフレットやホームページの充実化）。これらは，後見人たちを孤立無援に陥れることを防ぐと同時に，2005 年法の基本理念を社会へと浸透させる機能を果たしている。

　以上，2005 年意思決定能力法は，公式の後見人（法定後見人や任意後見人）にも，事実上の後見人（「5 条行為者」）にも，「責任ある裁量行使」を保障する枠組みを設けることによって，新たな後見人型として，家族共同体の枠組みを超えた「市民」を登場させた。2005 年意思決定能力法は，自発的な（広義の）後見人を「市民社会」から創出するという発想に立っている点においても，注目に値しよう（菅 2011a）。このようにみてくるとき，イギリスの成年後見制度体制においては，各個人が自らの将来を予想し，万が一の意思決定能力の喪失に備えて準備しておく（具体的には，任意後見の準備）という「自己決定型」社会の構築がめざされている一方で[8]，「社会連帯」的側面として，すべての市民が，自らも，そして他人のためにも，ベスト・インタレストの実現にかかわることのできる法的・社会的な枠組みの構築が実現可能となっているといえよう。

　本節における考察を通して，イギリスの 2005 年意思決定能力法制は，財産管理にとどまらず，判断能力の不十分な人びとに対する医療や教育といった公的サービスを，社会の構成員に分配すべき「財（資源）」として広く捉え，かつ，その供給主体を社会のなかで多元的に捉えて彼らを奨励し，さら

---

[8]　今後の改革として，①意思決定能力に変動のみられる人びと，② 10 年以内に意思決定能力を失うおそれがある人びと，③意思決定能力を失う危険性の高い職業に就いている人びとを中心として，任意後見契約の増加が推奨されている（The Public Guardian Board 2010: 16）。

に，その実施（給付，提供）にあたっては，受け手が有する選択権（ここでは，とくに，選択しない〔拒絶する〕権利）を侵害しないよう，利用者主体的に構成されているという見方ができるかもしれない[9]。

4　家族の機能を補完する仕組みの構築

1）判断能力の不十分な人びとを公的支援制度へとつなぐ法的，社会的なシステム

つぎに，家族の「外」にあって家族の果たしうる機能を補完する法的，社会的なシステムとして，「第三者代弁人 Independent Medical Capacity Advocate: IMCA」に着目する（2005年意思決定能力法施行に先立ち，2007年4月から導入）。IMCA の主たる役割は，自ら意思決定できない本人のために何らかの決定が行なわれようとしている場面において，家族や友人に代わって，本人の意向・心情・信念・価値観を探り，本人に代わって「ベスト・インタレスト」を表明する（represent, advocate）ことである。その特徴は，意思決定自体を本人に代わって行なうものではないものの（IMCA に決定権限はない），意思決定に困難を抱えながらもひとり暮らしを続けている人びとをもろもろの公的支援制度（ここには，成年後見制度も含まれうる）へとつなぐ，法的・社会的なネットワーキングの要としての機能にある。

たとえば，IMCA の利用が法的に義務づけられているのは，NHS（全国保健サービス: National Health Service）[10]や地方当局によって，健康・医療サービスや，介護サービスの給付の実施が提案されている場合において，具体的には，①「重大な」医療行為（例，抗癌剤の使用，癌の摘出手術，腕足の切断，視覚や聴覚を失うおそれのある手術，不妊手術，妊娠中絶など）を

---

9) さらには，判断能力の不十分な状態にある人びとに対して，支援を提供することによって，本人自ら決定を実現できるようにすること——意思決定支援——を，公的サービスと捉える見解について，菅（2012b）。
10) 支払い能力に関係なく，すべての国民に無償で医療を提供するという理念のもと，1948年に設立された組織である。保健省（the Department of Health）のもとにあり，各地方当局と連携している。

施す／中止する／中断する必要があったり，②病院，介護施設に入所（28日以上の長期にわたって），あるいは入居施設に入所（8週間以上の長期にわたって）させる必要があると考えられているにもかかわらず，本人が意思決定能力を失っていて同意できない状態にあり，かつ，本人の意思決定を支援したり本人の意思や利益を代弁してくれる後見人や家族，友人がない場合があげられる（Section 37-39 of the Mental Capacity Act 2005，および，Code of Practice, paras 10.40-10.58）。こうした状況において，NHS や地方当局は，本人の生命にかかわるような緊急の場合を除き，IMCA から提出された報告書を十分に参考することによってはじめて，本人のために本人に代わってサービス提供を行なうことができる。保護裁判所に判断を求める審判を申し立てる必要はない一方，自らのサービス提供が「5条行為」として免責を受けるための実質的要件（前述）として，IMCA の活動が利用される。さらに，ケアプランの見なおしがなされる場合や，虐待が疑われる場合にも，IMCA が利用されうる（Code of Practice, paras 10.59-10.68）。

このように，IMCA は，サービス提供者・機関に対して，当該状況におけるベスト・インタレストを本人に代わって表明したり，本人のために何らかの意思決定がなされたりサービス提供が行なわれようとしている場合に，それらに異議を申し述べるのが主要な任務である。そして，本人の「ベスト・インタレスト」をめぐって関係者間で見解が分かれ，時間をかけた議論によっても一致が見いだせない場合，IMCA は最終的に，保護裁判所に対して審判の申立てを行なう権限を有している（ただし，まずは，オフィシャル・ソリシターに依頼する必要がある）。本人や関係者が直接，保護裁判所に対して申し立てを行なうことは，法的助言サービスや訴訟代理サービスによる一部公費負担がある[11]とはいえ，費用がかさむことからも，今後ますます「相談者」としての IMCA の役割は大きくなるものと考える。2007年10月の新法施行以来，2万人以上の人びとが重大な意思決定を行なうにあたって IMCA サービスを利用しており[12]，2005年法の理念の実現を図るべく同サ

---

11) 公費による法的サービス（public legal funding）の内容や利用要件について，Code of Practice, paras 15.38-15.44 を参照。

ービスのさらなる活用が提言されている（The Public Guardian Board 2010: 15）。こうした IMCA の活動は，わが国において，「市民後見人」の育成や組織化を考える際，参考になるところが多いように思われる。

2）判断能力の不十分な人びとの「意思決定主体性」を維持させる制度

さらに，IMCA の機能は，判断能力の不十分な人びとを種々の公的支援制度（医療制度，社会保障給付〔生活保護，障害手当など〕制度，介護制度）につなげることにとどまらない。本人との関係において，IMCA は，判断能力が不十分であり，また，自らの希望を述べることのできない状況において，人びとが決して単なる「決定の帰属先」となることなく，決定の主体であり続けることができるよう，彼らの「声」となるべく積極的な代弁活動を行なっている。IMCA は，意思決定を行なう立場にある人びとが「ベスト・インタレスト」に適った決定をくだせるよう情報提供を行なうことを目的としているが，その際には，主観的情報ともいうべき「本人の心情に関する情報」の収得に最大の努力を払う（資料②，チェックリスト⑥）。たとえば，IMCA は，本人と個人的に面談し，また，健康サービスや社会保障サービスの受給記録をみたり，本人の介護や治療にかかわっている人びとや，本人の意向，感情，価値観や信条などについて意見をいってくれそうな立場にある人に相談してセカンドオピニオンを得ることなどが求められている。

こうした点は，終末期医療の決定をめぐって顕著に表われる（資料②，チェックリスト⑤）。本人に対する最大限の治療を行なおうとする医療従事者たちの見解に配慮しながらも，本人のこれまでの文化的価値観，宗教心，超

12）IMCA の活動に関する最新の報告書（Department of Health 2010）によれば，2009年度は，全体として，9173 件の IMCA サービスの利用があった（前年度より 39.4% の増加）。そのうち，住居に関するものが 4087 件，ケア・レビューに関するものが 617 件，重大な治療行為に関するものが 1316 件，虐待に関連するものが 1326 件，そして，2007年の精神保健法改正を受けて 2009 月 4 月 1 日に施行された「自由の制限に関するセーフガード（Deprivation of Liberty Safeguards: DOLS）」に関連するものが 1214 件となっている。IMCA 利用に関する個々のデータ（各 IMCA サービス提供者が記録）はすべて，Health and Social Care Information Centre（イングランドとウェールズが対象）で管理されている。

自然的な考え方などを見つけだし，最期まで反映させることを試み，本人に代わって本人が決定できるとしたら参考にしたであろう情報を医療従事者たちに積極的に質問を行なう。この意味で，IMCA は，本人に代わって本人を（ありのままに）表現する「代弁人」本来の活動を行なっているのである。

これらは，これまでの社会であれば，本人をとりまく家族の役割であったかもしれない。だが，共同体としての家族の解体，崩壊の問題を持ち出すまでもなく，福祉制度とは，国家と個人との直接的な関係であるという認識に立つとき，本人を支援する存在としての家族と IMCA が並置されうると考える。

5　むすびにかえて
──個人，家族，市民，国家が織りなす，自己決定を支援する社会

かつてのわが国の「旧禁治産制度」がそうであったように，「旧成年後見制度モデル」においては，判断能力の不十分な人びとの処遇は，いわば家族共同体の責任として，家族共同体の内部において行なわれること（具体的には，本人に代わっての財産管理，身上監護とともに，本人の経済取引や社会生活からの隔離（いわば，家族共同体内部への押し込み））を強いられてきた。判断能力の不十分な家族構成員を管理・保護すべき主体として，法制度上，そして，国家統治システム上，家族が位置づけられてきたのである。しかしながら，1990 年代後半以降，2000 年代に入ってからの「現代的成年後見制度モデル」においては，判断能力の不十分な人びとが市民社会の構成員，すなわち，「市民」であることを規範的前提とし，意思決定主体として市民社会に包摂されることを現実化することが目標とされてきた。そして，こうした変化と呼応するかのように，「現代的成年後見制度モデル」において，家族は，家族共同体であるがゆえの責任から開放され，判断能力の不十分な成年者を周囲で支援する人びとの一類型という地位へと転換されてきた。

イギリスにおける 2005 年意思決定能力法体制は，こうした世界的動向をもっとも明確に反映させた制度であるといえよう。そこでは，家族は，（判断能力の不十分な人びとを管理，監督，保護するための）固有の義務を押し

つけられることなく，他方，固有の地位・権利を強調することなく，しかしながら，本人の福祉の向上に真摯な関心を有する限り，「市民」としての立場において本人の援助者たる地位（具体的には，任意後見人，法定後見人，あるいは「5 条行為者」として）を獲得している。ここには，判断能力の不十分な本人とともにその家族を家族共同体から開放し，その両者を，自発的かつ緩やかな連帯のメカニズムとしての「市民社会 civil society」が受け入れているという構図がみえる。

そして，判断能力の不十分な人びとやその家族を受け入れ，包摂している社会とは，本人との（形式的な）人的関係を問わず，本人の福祉に真摯な関心を有し，かつ，法で規定された適切な手続きを経ている限り，かかわることが認められ奨励された「支援型社会」（菅 2006: 第 7 章）[13]である。この点について，イギリス 2005 年意思決定能力法は，社会のなかの自発的支援者に対して，基本 5 原則やチェックリストにみられたような行動指針を与え，かつ，免責規定を設けることによって，「責任ある裁量行使」を認めて活動を後押しするという「二重の支援」構造を設けていた。さらに，公式な後見制度（任意後見制度，および，法定後見制度）と事実上の後見制度（生活実態に即した支援としての「5 条行為」制度）を巧みに組みあわせ，そのうえで，イギリス社会において伝統的なチャリティの風土を活かした IMCA サービスを活用し[14]，本人支援を，家族のみではなく，社会全体で受けもつことを可能にした。2005 年意思決定能力法のさらなる活性化のためには，社会におけるさまざまなアクター（"many different players"）による協働こそが不可欠であろう（The Public Guardian Board 2010: 15）。

---

[13] とくに，公益信託や信託法など，イギリス法に特徴的な分野における「個に支えられたヴォランタリズム」の保障へ方向づけられた社会，民間，なかでも個々人に基軸を据えて「公益」の充実化を図るという方向性について，菅（2006: 169-171）。ここには，すべての人が直接的あるいは間接的に「公益」にかかわることのできる構造を備えた法制度が認められる。

[14] 2005 年意思決定能力法施行より以前から各地で活躍してきた多くの権利擁護団体が，IMCA サービス提供者として活躍している。なかには，IMCA サービスの実践ガイドを公表しているものもあり，さらに，IMCA の養成にあたって，Action for Advocacy や Advocacy Partners といった組織が保健省から予算を得て協力を行なっている。

一方，逆の見方をすれば，イギリス2005年意思決定能力法は，社会における相互扶助的な精神と市民各自の自覚に期待して設計され，運用されているともいえる。すなわち，人びとの自発的な支援指向に期待する2005年意思決定能力法の体制は，国家の任務を縮減するものであるようにもみえる点にも注意が必要であろう。たしかに，柔軟に，個別に，要支援者のニーズと尊厳に応えるという観点からは，必ずしも閉塞的な家族，親族共同体に頼ることなく，広く一般に「市民」のなかから適切な者を支援者として参集させ，意思決定に困難を抱える人びとに支援を供給できるメカニズムは望ましいと思われる。しかしながら，（自己防衛力という点で）弱い立場にある人びとの人権と尊厳，生活の安全を確保すべく，本人を中心として周囲に支援の輪を拡充していくための最終的な責任主体としての国家の役割は，今後も失われることはないと考える。シティズンシップを高め，支援を必要とする人びとの保護を行なう政府の役割は，今後も軽視されることはないであろう(The Public Guardian Board 2010: 6)。

この点について，2005年意思決定能力法におけるイギリスの成年後見制度は，「主観的なベスト・インタレスト」の追求という新しい理念にもとづき，中世以来続くパレンス・パトリィ（国王大権，国親思想）の精神（菅 2010a: 序章）を現代的に再構成したうえで，裁判所を頂点として，自由主義的に実行しているようにみえる。2005年意思決定能力法においても，裁判所は，判断能力の不十分な人びとの福祉（健康，幸福な生活）について最終的な決定責任を負っている（菅 2010a: 第3章; 菅 2012b）。また，判断能力の不十分な人びとの財産について，たとえば，交通事故などによって多額の損害賠償金を得た場合，財産管理能力を有さない本人に代わって，財産を保全・管理する部門（Court Funds Office: CFO）が裁判所内に設けられてきた[15]。これは，法定後見が開始されると，私人である法定後見人が，原則として，本人の全財産に対するアクセスを独占的に与えられるわが国の制

---

15) 菅（2012b: 70-71）。さらに，裁判所がリリースを許可した限りでの具体的な金銭の使途について，会計報告書のチェックといった事務的な処理は後見庁が行ない，裁判所（官）が関与することはない。これらは，行政機関である後見庁の任務であり，司法と行政との適正な役割分担がなされている。

度とは大きく異なる。

　さらに，イギリスの法制度においては，オフィシャル・ソリシターの存在が注目される。オフィシャル・ソリシターは，イギリス法制史上長い歴史を有する官職であり，その起源は 18 世紀にさかのぼるが，現在では，1981 年上級裁判所法 90 条 (the Senior Court Act 1981, section 90) に規定され，司法長官によって任命される職位である[16]。オフィシャル・ソリシターは，（自らの救済を求めるべく）裁判所への申し立てや訴訟遂行を行なうにあたって必要な判断能力が欠けたまま，周囲に支援する者がおらず，そのままでは権利擁護が図られない状況にある人びとのために，区裁判所，高等法院，保護裁判所における裁判手続きを進めるべく「訴訟上の代理人 litigation friend」としての役割を果たす。これまで，避妊手術や植物状態にある人の栄養チューブの取り外しといった本人に重大な影響をもたらす医療行為の提供の是非，治療の方針をめぐる見解の相違，面接交渉や居所指定に関する見解の相違，人身損害についての賠償請求，離婚や婚姻の無効などの多くの複雑な事案において，本人に代わって訴訟代理を行なってきた。また，周囲に適切な後見人候補者が見つからない場合の最後の手段として，判断能力の不十分な人びとの財産管理人や受託者，そして財産管理法定後見人としての役割も果たしている。

　以上，本章において，イギリス 2005 年意思決定能力法に関する考察を通して，徹底した個人主義（家族共同体における自己決定や自律の重視。独立した個人像や個性の重視）を前提に，家族から開放された個人の行先，あるいは，受け入れ先として，「市民社会」をみた。さらに，それを国家が下支えすると同時に統轄するという複合的な体制をみた。今後，こうした体制はどこへ向かうのか。かつて民間において，弱者救済のために自発的なセーフティ・ネットを形成し，小規模ながらもその機動性，柔軟性の点で国家福祉に勝る「福祉エージェント」であり続けてきたチャリティ（より広くはフィ

---

[16] オフィシャル・ソリシターのもとで職務を実行する公務員は 135 名あり，そのうち，法曹資格を有する者は 22 名，ケース・ワーカーは 40 名である（2011 年執筆時）。オフィシャル・ソリシターは，本人に関する個人情報などを裁判所に提供する役割も果たしている。

ランソロピー）の歴史（岡村 2010: 10）にみられるように，2005年意思決定能力法体制においても，イギリスにおける伝統的な「福祉社会」の底力が試されているように思われる。

参考文献

秋元美世（2010）『社会福祉の利用者と人権――利用関係の多様化と権利保障』有斐閣。
内田　貴（2008）『民法1（第4版）』東京大学出版会。
岡村東洋光（2010）「フィランスロピー研究の現代的意義と用語の整理」『大原社会問題研究所雑誌』626号: 1-10頁。
上山　泰（2010）『専門職後見人と身上監護（第2版）』民事法研究会。
菅　富美枝（2010a）『イギリス成年後見制度にみる自律支援の法理――ベスト・インタレストを追求する社会へ』ミネルヴァ書房。
菅　富美枝（2010b）「自己決定を支援する法制度，支援者を支援する法制度」『大原社会問題研究所雑誌』622号: 33-49頁。
菅　富美枝（2011a）「イギリスの成年後見制度にみる市民社会の構想」『経済支林』78(3): 341-375頁。
菅　富美枝（2011b）「イギリス法における行為能力制限の不在と一般契約法理等による支援の可能性」『成年後見法研究』8号: 35-50頁。
菅　富美枝（2012a）「障害（者）法学の観点からみた成年後見制度――公的サービスとしての意思決定支援」『大原社会問題研究所雑誌』641号: 59-77頁。
菅　富美枝（2012b）「イギリスの成年後見制度にみる裁判所の役割――法定後見をめぐる最近の決定から＊」『実践成年後見』40号: 63-76頁。
菅富美枝・上山泰（2010）「成年後見制度の理念的再検討――イギリス・ドイツとの比較を踏まえて」『筑波ロー・ジャーナル』8号: 1-33頁。

Dalgetty, E. (2011) "Health and Welfare under the Mental Capacity Act 2005: a Proactive Approach to Planning Ahead," *Elder Law Journal* 1: 97-100.
The Department of Health (2010) *The Third Year of the Independent Mental Capacity Advocacy (IMCA) Service 2009/2010*.
Hale, B. (2010) *Mental Health Law*, 5th ed., London: Sweet & Maxwell.
Lush, D. (2011) "Article 12 of the United Nations Convention on the Rights of Persons with Desabilities," *Elder Law Journal* 1: 61-68.
The Public Guardian Board (2010) *Annual Report 2010*.

第6章

フランスの家族手当と家族政策の歴史的転換
「主婦手当」問題を中心として

深澤 敦

1 本章の課題と「二階建て」のフランス家族手当制度

今日,アメリカを除く先進諸国の多くが少子高齢化の問題に直面しているなかで,フランスにおける合計特殊出生率(Indicateur conjoncturel de fécondité)は暫定値で 2008 年に 2.006, 2009 年で 2.001, 2010 年には 2.012 を記録するとともに本土・海外県合計の総人口がはじめて 6500 万人の大台に達し[1],「産める国フランス」への関心が日本でも近年しだいに高まっている。そして,フランスの子育て事情に関するジャーナリストなどによる現地取材をふまえた単行本や研究者による論文なども少なからず公刊されている。しかし,それらの大部分は「現状分析」に重点がおかれ,世界的にもっとも早くから少子高齢化に直面したフランス(高齢化率 7% に達するのは日本が 1970 年なのに対してフランスは 1864 年)がいかなる経過をたどって家族政策を充実させるに至り,子育てしやすい「母性主義的福祉国家 a maternalist welfare state」になったのかについての長期の歴史的視点からの解明がまったく不十分であるように思える。こうした問題意識から,本章では家族手当を中心としたフランス家族政策の歴史的展開において特異な位置を占めている「主婦手当 l'allocation de la mère au foyer」の問題に焦点をあてることによって,「福祉国家とジェンダー」の関係史におけるフランス的特徴の一端を明らかにしたい。

---

1) http://www.insee.fr/fr/themes/document.asp?ref-id=ip1332.

ところで,この主婦手当は「家族補足手当 le complément familial: CF」を創設した1977年7月12日(n°77-765)法によってすでに撤廃され,1978年1月1日以降は支給されていない。しかし,今日のフランスの「家族諸給付 les prestations familiales」が本来の「家族手当 les allocations familiales」とその他の諸給付から構成される,いわば「二階建て」の仕組みになっているのも,家族手当とは別に主婦手当が1938年,1939年に創設されたことにその起源を有していると考えられる。

そこで,初めにこの「二階建て」の制度が今日どのようになっているかについてみることにしよう。まず現在のフランスでは20歳未満の子を2人以上扶養している場合に「家族状態や所得がどうであれ」,表1の家族手当月額が支給される[2] (2010年の金額,1ユーロ=113円で換算)。

くわえて,11歳以上の児童を扶養している場合には,11歳から16歳までの児童1人につき35.03ユーロ(3958円)と16歳以上の児童1人につき62.27ユーロ(7036円)の年齢加算があり,また20歳に達した子が同居しており,その子が20歳の誕生日を迎える前月に少なくとも3人の扶養児童のための家族手当を受給している場合には,その子の21歳の誕生日前月まで毎月78.75ユーロ(8899円)の「定額手当 l'allocation forfaitaire」を受給できる(ただし,その子が働いて月809.59ユーロ=9万1483円以上の所得を稼いでいないことを条件とする)。これらが親の所得による制限なしに支給される「一階部分」を構成している(その金額は,表1のようにドイツの児童手当 das Kindergeld よりも明確に低額である)。

ところで,家族諸給付の中核をなすこの「一階部分」は上記のように2人

表1 フランスとドイツの家族手当月額

フランス	ドイツ(18歳まで)
	1人目→184ユーロ
扶養児童2人→124.54ユーロ(1万4073円)	2人目→184ユーロ
扶養児童3人→124.54＋159.57＝284.12ユーロ(3万2105円)	3人目→190ユーロ
扶養児童4人→284.12＋159.57＝443.69ユーロ(5万137円)	4人目→215ユーロ
扶養児童5人→443.69＋159.57＝603.26ユーロ(6万8168円)	5人目以降も同額

註:ドイツについては齋藤(2010: 51)を参照。

---

[2] DREES(2010: 2)によれば,2007年で所得制限のない支給額は家族諸給付総額の73％を占めている。

以上の扶養児童を有することが要件とされ，子1人の場合には支給されない。しかし，2004年1月1日以降，本来の家族手当とは別の「乳幼児迎え入れ給付 la prestation d'accueil du jeune enfant」のひとつとして，所得制限付きの「基礎手当 l'allocation de base」が子1人でも3歳になるまで毎月支給されている。ただし「所得制限」はかなり高い水準に設定されているために2008年には193万7000世帯がこれを受給し（DREES 2010: 4），その月額は2010年で178.84ユーロ（2万209円）であり，第2子以降への本来の家族手当よりも高額である。なお，乳幼児迎え入れ給付としては，この基礎手当以外にも「出生・養子手当」，「保育方法自由選択補足手当」，「就業自由選択補足手当」，2006年7月1日以降では「就業自由選択オプショナル補足手当」が受給可能となっている[3]。さらに，1974年7月16日法によって創設された所得制限付きで毎年の「新学年手当 l'allocation de rentrée scolaire」として2010年では子1人につき6〜10歳児に282.17ユーロ，11〜14歳児に297.70ユーロ，15〜18歳児には308.05ユーロが支給される。また，3歳以上の児童を少なくとも3人扶養している場合には，第3子が3歳に達した翌月から「家族補足手当 CF」（月額162.10ユーロ＝1万8317円）が所得制限付きで支給される（これは既述のように1978年1月1日以降，それ以前の単一賃金手当・主婦手当・託児費手当に代わって創設されたものである）。そして，「住宅手当」や孤児への「家族支援手当 l'allocation de soutien familial」，重い病気や障碍のある児童を有する親への「親付添日手当 l'allocation journalière de présence parentale」，「障碍児養育手当 l'allocation d'éducation de l'enfant handicapé」などをも含めたこれらの諸手当が総体としての家族諸給付の「二階部分」を構成していると考えられる。

　今日では以上のようにきわめて複雑多様な「二階建て」となっているフランスの家族手当制度を実態としてのみならず概念的にも正確に理解するためには，まず「一階部分」の形成史を明らかにしたうえで，「二階建て」の嚆矢となった「主婦手当」の問題を詳細に分析することが何よりも不可欠であるように思われる。本章では，これまで日本ではほとんど解明されてこなか

---

3) これらの手当については，深澤（2009: 154-155）参照。

った，こうした研究課題に以下で取り組むことにしたい。

2　フランスにおける家族手当制度の生成と展開

　今日，フランス家族政策の実質的担い手となっているのは，県レベルでの家族手当金庫である。第二次世界大戦後は各県に一つ，ないし二つ存在するこれらの金庫（現在の金庫数は 123）は県や国の行政機関とは別個の自律的な金庫となっているが，その起源は第一次世界大戦の末年から民間経営者層が各地で自主的に創設し始めた「家族手当補償金庫 Caisse de Compensation」にある[4]。経営者層は当初，出産奨励という観点からよりも，むしろ全般的な賃金引き上げを回避する手段として家族手当を重視し[5]，しかもその費用負担を彼らのあいだで均等化するための一種の共済保険金庫である補償金庫を創設するのである。つまり，ひとつの補償金庫に加入した企業は，その従業員が扶養する児童総数にかかわらず賃金総額（従業員数や総労働日などを基準とする金庫も少数ながら存在したが）の一定割合に相当する分担金を金庫に拠出する（あるいは当該企業のこの分担金とその従業員に実際に支給された手当総額との差額を補償する）ことによって，扶養児童数に応じ

---

4) 戦前の補償金庫に関しては，深澤（2008）参照。
5) フランスの経営者層が，第一次世界大戦中の物価高手当の基本給への組み入れや全般的賃上げを要求する労働組合に対抗するために補償金庫を創設し，家族手当の支給を一般化したことは決して看過されてはならないであろう。両大戦間期には一般的に，「家族手当の支給が往々にして新たな賃上げ要求の後に決定されたことが間違いなく認められる」（Dieude 1929: 143）のである。たとえば，1922 年の第 2 四半期以降の急速な物価上昇に対応したパリの金属労働組合の賃上げ要求に対して，パリ地域補償金庫（CCRP）は強力な産業別経営者団体であるパリ地域金属機械・関連産業グループ（GIMM）との明確な任務分担（後者が団体交渉の対象となる賃金問題を担当し，その対象とならない家族手当は前者の担当）と協議にもとづいて第 2 子以降への手当の増額を決定している。つまり，まず 1923 年 3 月 20 日の GIMM 通達で集団的形態での賃上げを拒否し，その代わりに家族手当を引き上げるという方針が示され（*L'Humanité*, 1er et 2 mai 1923），翌 21 日の CCRP 管理委員会と 22 日の GIMM 総会での承認をふまえて 3 月 26 日の CCRP 総会で最終的に手当増額が決定され，同年 4 月 1 日から実施されるのである。

て定額が支給される家族手当の費用負担の均等化を実現し，企業間での競争条件の平等化を図ったわけである。かくして，最初は主として公務員への支給から始まった家族手当[6]が，経営者拠出のみで賄われ（当初1921年の全国平均の拠出率は賃金の1.6%）（深澤 2008上: 40)，こうした機能を有する補償金庫を通じてこそ民間企業にも普及する。しかも，大半の補償金庫が賃金・俸給による制限や国籍・嫡出の要件なしに第1子から家族手当を支給し，またパリ地域補償金庫 (Caisse de Compensation de la Région Parisienne: CCRP) では1920年の設立当初から「絶対的なルール」とされた母親への家族手当の直接支給がしだいに一般化されていき[7]，母となった女性従業員に支給された「授乳手当 primes d'allaitement」を別として「受給権者 attributaire」は基本的には父親であるにしても，育児を実際に担っている母親が「受領者 allocataire」として家族手当を受け取る慣行が確立するのである（ただし，これはCCRPのように金庫自体が手当を直接支給している場合であるが，支給を個々の加入経営者に任せている金庫では事業所で父親に支給

---

6) まず1917年4月17日法で一定の給料以下の国家公務員に対して「家族扶養手当 Allocations pour charges de Famille」が支給され，ついで1918年11月14日法で所得制限が撤廃されて国家公務員における家族手当の一般化は完成する。

7) いち早く1922年12月19日法で家族手当の支払いが義務化された公共事業の補償金庫 (Caisse de Compensation du Bâtiment et des Travaux publics) でも「金庫自体が郵便為替 mandat-poste で母親に手当額を送り届ける」(AN F2 2023所蔵の当金庫の宣伝ビラ) 支払い方法を採用している。

8) Maignan (1946: 21)。このような個々の経営者による父親への手当支払いが他方でなされていたために，「フェミニスト情報活動誌 Journal d'information et d'action féministes」というサブタイトルを掲げた週刊『ラ・フランセーズ La Française』は，後述の1938年11月12日政令法が公布された際に，「多数の金庫や経営者 un grand nombre de caisses et d'employeurs によって遵守されているこの〔母親への直接支払い〕慣行は，それでも一般的ではない」とし，本政令法を実施するためのRAP政令で「手当の支払いが常に母親になされることを獲得することがわれわれに残されている」(«Allocations familiales et travail féminin», La Française, 3-10 Décembre 1938) と主張している。また，この政令法（第5条）や翌年の家族法典（第16条）で扶養児童の食料・住宅・衛生状態に欠陥が認められる場合に家族手当の支給が延期ないし一時中断されうることが規定される背景には，「手当のカネで飲む親たち les parents qui boivent l'argent des allocs」(Chauvière et Bussat 2006: 113)，とりわけそのような父親への支給が問題になっていたと考えられる。

されるのが一般的であった)8)。

　そして，1930年代の大恐慌の到来とともに補償金庫数や加入企業数が減少するなかで，経営者層も私的イニシアティブのみによる家族手当制度の一般化が不可能であることを自覚し国家介入を受け入れざるをえなくなり，家族手当に関する1932年3月11日法が成立する（深澤 2010: 15）。この法で農業部門をも含むすべての雇主がひとつの補償金庫に加入し，子のフランス国籍や嫡出の要件なしに扶養児童を有するすべての被用者に家族手当（その最低額は，各県や各職業カテゴリーにおいてすでに認可されていた補償金庫が本法の公布時に実際に支給していた手当額とされた）を支給する義務が課され，1933年から1937年までに出された職業別の実施期限を定めた24の政令（デクレ décret）によって商工業と自由業の被用者（広義の労働者）における家族手当の一般化が進展していく（Alvin 1947: 157）。さらに農業部門に関しても，「農村からの転出が出生率低下に及ぼす影響を心配した」（Pedersen 1993a: 382）政治家などに促され，農業に属する職業を確定した1935年10月30日の政令法（décret-loi）に続く1936年8月5日の公行政規則（Règlement d'Administration Publique: RAP）によって，前年に75日以上就労する農業労働者を雇っている全農業経営者の補償金庫加入と彼らへの家族手当支給が義務化され，農業における家族手当制度がスタートする。しかも，フランス農業の中心的担い手は自営農であり（1938年に農業労働者は全農業就業人口の14%にすぎない）（ibid.），彼らは若いときなどに農業労働者として働くことも稀ではなく両者の社会的な垣根が低いことなどから，1938年5月31日の政令法は，1936年のRAP政令で設けられていた75日以上の就労日数という制限を撤廃し，すべての農業労働者と折半小作農（métayer）への家族手当の支給を規定し，さらに同年6月14日の政令法は2人以上の扶養児童を有し一般所得税を免除されている（ただし，この非課税条件は後述の1939年「家族法典」で撤廃されるが）すべての農業経営者にも家族手当の支給を拡大する（その実施は1940年1月1日以降）。かくして，労働者世帯以外への家族手当の支給がまずは農業部門から法制化されるのである。

　ところで，1936年6月4日に成立したレオン・ブルム（人民戦線）政府

は，第一次世界大戦後に分裂した CGT と CGTU の再統一（トゥールーズで 1936 年 3 月に統一大会）をバネとした労働運動の高揚に支えられて，組閣直後の 6 月 7 日に首相官邸で経営者団体（CGPF）と CGT との初めてのトップ会談を組織し，労働組合活動の自由の承認や従業員代表制の設立，7〜15％（平均 12％）の賃金引き上げを確約したマティニオン協定（l'accord Matignon）を締結させるとともに，週 40 時間労働・2 週間の有給休暇・団体協約の三大社会立法を早くも 6 月 11〜12 日に下院で，同月 17〜18 日には上院で可決させる（Margairaz et Tartakowsky 2009: 85）。これに対して，マティニオン協定の際などにも家族手当の引き上げは誰からも提起されなかったのである（Ceccaldi 1957: 54-55）。当時の財界系紙『ル・タン Le Temps』によれば，「先の 6 月の『社会革命』と人が一致して呼ぶところのことが起きたときに，革命の組織者たちが彼らの諸要求の第一に賃労働者（salariés）の多子家族のための経営者拠出の引き上げを掲げると多くの人が予想していた。……だが，そんなことはなかった。……家族手当引き上げの原則が明記された団体契約はほんの少しでしかないであろう」[9]という状況がブルム政府成立後の最初の数カ月には観察されている。

しかし，1936 年の半ば以降に物価上昇が加速するなかで，賃金引き上げ問題を中心とした労使紛争が多発し，CGT は実質賃金・購買力を維持する方法として「賃金の物価スライド制」を要求するが，その要求が拒絶されたために，スライド制に代わる解決策として強制調停仲裁制度を受け入れ[10]，それに関する 1936 年 12 月 31 日法が成立する。そして，この法とそれを補強し，賃金と同様に生計費上昇に比例して家族手当を引き上げるよう仲裁人に義務づけた 1938 年 3 月 4 日の強制調停仲裁法が，フランスの家族手当制度に最初の大きな転換をもたらすことになる。

---

9) *Le Temps*, 20 septembre 1936.
10) CGT が新たな社会立法から生じるあらゆる紛争の平和的解決を可能とする強制調停仲裁手続きの組織化を 1936 年 9 月に提案したことについては，Laroque（1938: 385）参照。

3 仲裁裁定と最初の主婦手当（割増）の導入

　既述のように，人民戦線政府の樹立によって攻勢に移った労働運動が要求したものは，何よりも全般的な賃金引き上げであって家族手当の引き上げではまったくなかった。たしかに 1936 年 6 月に賃上げよりも家族手当の優先的な増額を提案した経営者は存在したが，そうした提案のほとんどは労働者代表によって拒絶された（Ceccaldi 1957: 55）。しかし 1937 年以降，労使紛争が調停によっても解決されなかった場合には，上記の法にもとづき（とくに経済的レベルの紛争に関して）非常に広範な権限を有した公的任命の仲裁人（あるいは第三仲裁人 surarbitre）による裁定が出されるようになり，その裁定のなかで賃金ばかりでなく家族手当の引き上げも規定されることが多くなる。とりわけ注目されたのは，パリ地域の金属産業における労使紛争に対する 1937 年 2 月のパリ大学法学部教授ウィリアム・ウアリによる仲裁である。この仲裁は，予告された 10% ではなく 8.5% のみ賃金を引き上げる代わりに家族手当の倍増を裁定し，他の仲裁人もこの例に倣うようになる（ibid.）。また実際に，パリ地域補償金庫（CCRP）は 1937 年 4 月以降それまでの第 1 子に対する 30 フランの手当月額を 60 フランに，第 2 子への 50 フランを 100 フランへと 2 倍に引き上げている（深澤 2008 上: 31）。

　このように仲裁人たちが家族手当の増額を重視したのは，経営者側の意向を汲んだというよりも，1935 年以降にフランスの死亡数が出生数を凌駕することが知られるようになるなかで，有力な国会議員や大臣をもリーダーと

11）大きな影響力を有したこの全国連盟は，男性が家族の規模に比例した投票権をもつ「家族投票 le vote familial」を要求し，「女性参政権に反対する。それは，女性に投票権を付与した諸国（ドイツとイギリス）が出生率の急速な低下を経験したからだ」（Thébaud 1985: 291）と主張していた。このような議論に影響されたフランスでは，1919 年 5 月 20 日の下院で女性への選挙権付与がはじめて可決されたにもかかわらず，「反フェミニストの牙城 citadelle des antiféministes」である上院で 1922 年 11 月 21 日に否決され（Cova 2008: 66），日本と同様に女性の選挙権獲得は第二次世界大戦後を待たなければならなかったのである。

して擁するようになった「人口減少対策全国連盟 l'Alliance nationale contre la dépopulation」(フランス人口増加全国連盟 l'Alliance nationale pour l'accroissement de la population française として 1896 年結成) などの出産奨励主義者 (彼らナタリスト natalistes は, 有力な「出生率・家族防衛国会議員団 le Groupe parlementaire de Défense de la Natalité et de la Famille」を組織していたが, その団長は長期間にわたりアドルフ・ランドリである) の主張に配慮したものであった。人口減少対策全国連盟[11]は, 家族手当に関する「政府の行動が遅いことが判ると政府の賃金交渉者に直接依頼し, 仲裁によって家族手当を引き上げ, 賃金を得ていない母親のための特別手当を設けるよう彼らに促して」(Pedersen 1993a: 399) いたのである。また, 仲裁人たちにも民間の家族手当の水準が, とりわけ国家公務員の場合と比べて低すぎるように思えていた。というのも, 1932 年家族手当法は既述のように各県や各職業において実際に支給されていた手当額を最低限とすることのみを規定し, 実際の手当額の決定は各補償金庫に委ねられていたために, 生計費の上昇にもかかわらず長期に額が固定されていたり, また相対的に高い手当の場合には最低額に引き下げられたりすることも少なくなかったからである (たとえば有名なカトリックの実業家ルイ・デッシャンを指導者としたルーアンの金庫[12]などは 1931 年 6 月から扶養児童 1 人の家族への手当を 50%, 他の家族の場合は 30 フランだけ引き下げ, その約半年後にも建設産業の手当額に揃えて引き下げを実施している) (Talmy II 1962: 193-194)。このよ

---

12) この金庫は la Caisse patronale de Sursalaire familial という名称で早くも 1919 年に創設され, 同年 6 月には加入 68 企業の 3800 労働者家族に「家族付加賃金」を支給しているが, デッシャンはその理由について, 「同一労働・同一賃金 A travail égal, salaire égal 原則は……労働の機械的な生産性しか考慮しておらず, 労働の担い手の道徳的・社会的な価値を少しも考慮していない。ところで, 一方における独身の労働者, 結婚していても子のいない労働者と他方において自らの職業的労働に加えて多かれ少なかれ多子家族の扶養を引き受けている労働者のあいだには, 労働報酬に際して考慮すべきである道徳的・社会的な価値の差が存在する」(Deschamps 1919: 164) からだと主張していた。なお, 古くからの「同一労働・同一賃金」原則に対して, フランス人口増加全国連盟の戦前からの主要な指導者のひとりであった下院議員アドルフ・ランドリが有子労働者と無子労働者のあいだの「同一労働・同一生活水準 à travail égal, niveau de vie égal」という定式を 1936 年末に提示している (Talmy II 1962: 196)。

うな状況下にあって，1937年11月25日の下院では，とりわけ扶養児童3人以上への家族手当の増額を可能とするために補償金庫への経営者拠出の引き上げを促すよう政府に提案する決議が満場一致で可決されるとともに，他方で当面の家族手当引き上げを担ったのが労使間賃金紛争の仲裁人たちであった。

しかしながら，彼らは個々の労使紛争ごとに仲裁裁定をくだし，しかも多子家族への手当引き上げを優先することもあれば，はじめの何人かの子への手当増額を重視する場合もあるなど，まったくバラバラな裁定がなされてしまったのである（これに対して，一般的には団体協約の対象となり，それによって定められる賃金の方は一定の平準化傾向がみられた）。こうして，1936年6月1日に全国の補償金庫で実施されていた約34の異なった手当額一覧表（barèmes）が，早くも1937年4月には3倍以上の117に増加する[13]。そのうえ，「〔上記のウアリ教授によってなされたような〕仲裁は団体協約が適用される企業を対象とするが，これらの企業は同一の地域区分や同じ職業的権限を有しない複数の金庫に加入しており，また，これら金庫のそれぞれの一部分しか占めてはいない。その結果，仲裁の実施は各金庫の受給者に対して〔も相互に〕異なった給付を行ない，仲裁決定にかかわる経営者間での特別な補償を実施することを余儀なくさせる」（Ceccaldi 1957: 56）（〔 〕内は引用者，以下同様）ようになる。

そして，このような家族手当の複雑化や制度間の差異をいっそう加速させたのが，まずは若干の金庫によって創設され始めた主婦手当なのである。既

---

[13] Ceccaldi（1957: 56）．なお，1936年12月の強制調停仲裁法の実施にともない労働省内に設置された「集団紛争調停仲裁手続諮問委員会 Comité consultatif des procédures de conciliation et d'arbitrage des différends collectifs」の1938年7月26日会合で検討された家族手当に対する仲裁裁定の影響に関するウアリ覚書「1938年3月4日法第10条の家族手当への適用方法に関するノート」のなかで，この頃には同一県内で「異なった手当表の数が15に〔も〕達する県が複数存在する」（AN F2 2023, «NOTE sur le mode d'application de l'article 10 de la loi du 4 mars 1938 aux allocations familiales»: 3）ことが注記されているとともに，「固有の意味での賃金が努力への報酬，職業的価値の対価であるのに対して，家族手当は家族の父親が引き受ける社会的負担および出生率低下 dénatalité に抗する闘いへの彼の貢献に対する補償であるだろう」（ibid.: 4）とウアリ教授のナタリスト的見解が表明されている。

婚女性の工場労働を禁止しようというフランスでの議論は 1880 年代の半ばからアルベール・ド・マンらのカトリック系議員や家族主義者 (familialistes) によってすでに提起されていたが (Rollet 1947: 196-200), 母親が家庭外で就労しないことを要件として主婦手当を支給する提案がはじめて国会でなされるのは第一次世界大戦後の 1921 年のことである。それは, 1913 年 7 月 14 日の多子家族扶助法に対する修正法案 (さまざまな妥協の結果, 1923 年 7 月 22 日の「多子家族国家助成法 Loi d'encouragement national aux familles nombreuses」に帰結) に関する下院討論の際に「妻の〔家庭内〕不在が出生率減退のもっとも重要な原因である」と断定するルミール神父が提出した以下の対案に掲げられていた。つまり,「フランス国籍を有し労働者の職業に属するすべての家族の母親は, 外部での労働に従事するために家庭をもはや留守にしないという条件で, 16 歳未満の子 1 人につき年 360 フランの手当を国家から受給する」[14]というものである。このような提案が実際に法制化されることは決してなかったにしても, 1930 年代の大恐慌期になると「女性が恐慌を〈引き起こしている〉」かのような俗説が流布され,「家族の母親の労働は何よりも自分の家にある」とするローマ法王ピウス 11 世の回勅「Quadragesimo Anno (第 40 番年)」が発せられた 1931 年 (5 月) の 11 月 5 日の日刊紙『ル・マタン Le Matin』にはノーベル物理学賞の受賞者である「シャルル・リッシェ[15]が, 出生率の危機と男性失業の両方に対する解決策として労働力からのすべての女性の強制的排除を要求した」(Offen 1991: 143) 書簡が掲載される。他方で, 前年の 1930 年に家庭の外で母親が就労する理由を調査し, 73 県 3 万人の母親の 8 割が生活のためにやむをえず働いていることを明らかにした (Talmy II 1962: 198-199) カトリッ

---

14) *J. O.* du 23 mars 1921, *Débats parlementaires, Chambre des députés*, Séance du 22 mars: 1362. ところで, 下院の社会保険委員会は, 検討されていた多子家族への国家手当について,「多子家族のもっとも重い負担を背負っているのは母親である」から, それが母親に支給されることを最初は決定していたが, しかし「父親こそが正規の家長 le chef normal de la famille である」(ibid.) といった多くの反対意見に遭遇し, 結局のところ母親への支給を撤回している。

15) Ch. リッシェはフランス人口増加全国連盟の主要な 4 人の創設者のひとりであった (De Luca Barruse 2008: 25-26)。

ク系女性団体である「女性市民社会連合 Union féminine civique et sociale: UFCS」(1925年3月結成) は，この1931年に「母親の家庭復帰委員会 le Comité du retour des mères au foyer」を設置し，「労働者階級の妻が家庭にとどまることを可能に（そして促進さえ）するために福祉と賃金構造を変更するほぼ10年のキャンペーンを開始した」(Pedersen 1993b: 253) のである（また，UFCS は1932年に2回目の調査をも実施し[16]，1933年に主婦手当に関する特別の全国大会を開催し[17]，さらに同年に UFCS によって結成され，下部組織として地域や地方の委員会をも有する「主婦同盟 Ligue de la mère au foyer」は1935年8月3日のデクレで公益を承認される）(Talmy II 1962: 203)。まさに，このようなキャンペーンに呼応して，主婦手当の最初の支給方式が1931年から民間の実業家，しかも UFCS 調査に協力したノール県キリスト教経営者連盟（l'Association des Patrons chrétiens du Nord）の所在地の経営者よって実施されるようになる。

　それはノール県ルーベ近郊のワッツルロ市にある繊維工場のカトリック系経営者であるフィリップ・ルクレルクによってはじめて1931年10月から採用された支給方式である。彼は母親が家庭にとどまっているかどうかに応じて異なる表2の家族手当（日額）一覧表を作成し，それにもとづいて手当を支給したのである（Talmy II 1962: 199 note 73）（なお，手当が日額になっているのは，彼が1920年代を通じて「ルーベ・トゥルコアン繊維コンソーシアム Consortium Textile de Roubaix-Tourcoing」から独立していたにしても (Pedersen 1993a: 258)，この有力なコンソーシアムで1922年規約以降に家族手当が労働時間に比例して支給されてきた伝統をふまえたものと考えられるし，また1932年3月11日法でも「日手当の数は当該期間中になされ

---

16) この2回目の調査で，ノール県ルーベ・トゥルコアン地方の繊維都市全体における就労している母親の比率は1930年で43.7% であることが明らかにされる（Talmy II 1962: 200 note 77）。

17) 1933年にはこの大会のみならず，家庭への女性の復帰を要求する一連の決議を採択するカトリック系団体主催の大会が開催されているが，それに対抗して女性の労働権を擁護する諸集会（たとえば1934年12月パリで開催された「フランス女性三部会 États généraux de la femme en France」など）が組織されていることについては，Sullerot (1972: 429) 参照。

表2 Ph. ルクレルクの工場における家族手当日額(1931年)

扶養児童数	1	2	3	4	5	6	7	(人)
母親就労(a)	1	3.5	9.6	14.40	18	21.60	25.20	(F)
母親主婦(b)	2.40	6	10	15	20	25	30	(F)
b−a	1.4	2.5	0.4	0.6	2	3.4	4.8	(F)

た労働日数を下回ってはならない」と規定される)。これらの差額 (b−a)、つまり児童数1人の場合は1.40フラン、2人では2.5フラン、6人で3.4フラン、7人では4.8フランがいわば主婦手当の日額に相当することになる。また、当該地方の女性の週平均賃金は当時130フランであるから (Talmy II 1962: 200)、子1人の場合の主婦手当週額8.4フラン (1.4フラン×6日) は女性賃金の6.4%、子2人の週手当額15フランはその11.5%、子6人の週手当額20.4フランは15.7%、子7人の28.8フランは22.2%となり、女性賃金との代替比率はかなり低いレベルにある。しかし、この「主婦手当」をも含めた母親主婦の場合の手当総額 (b) は、扶養児童数が3人になれば母親の非就業への「最低限誘因値 seuil minimal incitatif」(Martin 1998: 1137) とされる女性賃金の3分の1を超え、子5人以上では女性賃金とほぼ同等かそれを超える額となっている。

これについで、同じくノール県の4企業が1933年10月にルーベ・トゥルコアン地方に「主婦協会 l'Association de la mère au foyer」という名称の特別補償金庫を創設し、ルクレルクの先例に倣って家庭にとどまる主婦のための補足手当を支給するようになる (この特別補償金庫は創設後に新規の加入者を得て、1937年6月には加入20企業を擁する)。しかも、この場合には1932年法の実施にともなって、それまで相対的に高額であった家族手当を法に規定された最低額 (法定手当) に揃えることによって浮いた資金を主婦補足手当に充当しつつ、表3の一覧表にもとづく「二階建て」の家族手当

表3 「主婦協会」の家族手当日額(1933年)

扶養児童数	1	2	3	4	5	6	7	8	(人)
補足手当(a)	1.00	2.10	3.60	4.40	5.70	7.00	8.80	10.60	(F)
法定手当(b)	1.00	2.40	4.40	7.60	10.80	14.00	17.20	20.50	(F)
a/b×100	100%	87.5%	81.8%	57.9%	52.8%	50%	51.2%	51.7%	

(日額)を支給している(Talmy II 1962: 202 note 86)。ここでは児童数が少ないほど「二階部分」の主婦補足手当のウェイトは高くなる傾向がみられ,母親が主婦の場合には子1人では2倍の合計手当となるが,しかし4人以上でも5割増し以上の手当を受給できる本格的な「二階建て」となっている[18](このために,加入企業は一階部分の法定手当には賃金の3%,二階部分の主婦補足手当には賃金の1.8%に相当する拠出金を負担した)(ibid.: 202)。

また,「世帯を持つ」ことを促進するために結婚に際して資金を貸与し,妻が家庭の外で就労するやいなやその返済を迫るアルデンヌ県シャルルヴィルの金庫や家庭にとどまる母親を児童と同じ被扶養者とみなすパリのシモノ・ゴダール会社によって始められた方式なども存在し,後者はノール県リール市の繊維産業金庫などによっても採用されていた。しかし,これらはまったく例外的であり,民間の補償金庫で専業主婦を考慮した手当制度を導入した金庫[19]のほぼすべてが最初のルクレルク方式,つまり共働き世帯用と妻が専業主婦で片働き世帯用の二つの手当額一覧表(後者は要するに「主婦割増」つきの一覧表)を採用していたのである(Ceccaldi 1957: 58)。

以上のような主婦割増・主婦手当の支給経験とナタリストやUFCSなどからの要請,政治家からの圧力などを受け,1937年以降に多発する賃金紛争の仲裁人たちは,家族手当の引き上げばかりでなく主婦割増や主婦手当の導入をも裁定することが少なくなかったのである。とりわけ,マルヌ県の化学産業における労使紛争に対して,若き国務院主任審理官(maître des Re-

---

[18] ちなみに,1936年7月にリール選出の下院議員 H. ベキャールによって提出された法案では,前年3月28日に J. ルロール議員らによって提案されていたように主婦手当を支給するために第1子への家族手当を廃止するか,あるいは経営者の拠出を引き上げるかは各金庫の選択に委ねているが,「家長」の所得制限付きの主婦手当額は子1人の家族では一階部分の家族手当の2倍,子2人では同額,子3人でその7割,子4人以上では5割に設定されていた(Talmy II 1962: 203-204)。

[19] これらの金庫は1938年に22金庫で,当時の全金庫数228(Comité central des allocations familiales 1938: 92)の9.6%となっている。なお,ナンシィに本部を置いていた「東部地域家族手当金庫」は,「この主婦手当 cette prime à la mère au foyer を早くも1937年初めから創設した最初の金庫である」(AN F 22 1511, Lettre datée du 13 Mars 1939, de la Caisse d'Allocations Familiales de la Région de l'Est, à M. le Préfet de Meurthe-et-Moselle)と自ら主張している。

quêtes au Conseil d'Etat) である Ch. ブロンデルが1937年6月27日にくだした仲裁裁定は「実際の転換点」をなしたと評価されている。この裁定は，母親の家庭への維持が「安定し豊かな家族生活の本質的諸条件のひとつ」であり，主婦手当を「家族手当の正常な方式のひとつ」だとして，月額125フランの主婦補足手当の支給を規定し，この方式を当該職業の全体へ適用させることを課したのである[20]。また，「1937年12月31日と1938年8月26日のベルナールとカヨー仲裁（les arbitrages Bernard et Caillaud）は，賃上げの一部分を主婦に割り当てることによって，この〔主婦手当〕制度をノールの繊維産業全体に拡大する」（Ceccaldi 1957: 58）のである。かくして，1938年末にUFCSは，家族手当を受給している民間産業の160万家族のなかで，金庫の私的イニシアティブや仲裁，さらには主としてCFTC（1919年結成のキリスト教系労働組合ナショナルセンター）が締結した団体協約などによって主婦手当をも受給するようになっているのは約30万家族，18.75％であると公表している（Pedersen 1993b: 260）[21]。

しかしながら，このような個々バラバラのイニシアティブによって引き上げられた家族手当や新たに導入された主婦割増・主婦手当は，あまりにも多様かつ複雑になりすぎ，各補償金庫にも多くの困難をもたらしていた。たとえば，CCRPの1937年6月の総会では，早くもつぎのように報告されている。つまり，金属産業における既述の同年2月のウアリ仲裁によって，第4子以降への手当額は十分だと評価され変更なしに月額200フランに据え置かれ，他方で最初の子どもたちへの手当は不十分だとされ第1子・2子が倍増，第3子に対しては120フランから150フランへ増額されたが，しかし他の仲

---

[20] Talmy II (1962: 204). なお，Ch. ブロンデルは1904年から毎年開催されている「社会カトリシズムの移動大学」である社会問題研究週間（Semaines Sociales）運動のメンバーであった（ibid., note 94）。

[21] また，こうした動向のなかで，1938年5月に開催された家族手当全国大会では，「当該区域でもっとも一般的に実施されている金額の水準での〔家族手当〕県最低額の確定に行政が遅滞なく着手すること」と並んで，「ただ一つの賃金しか得ていない世帯を援助するために取られたイニシアティブの進展を行政が防げないこと」（Comité central des allocations familiales 1938: 105）を要求する決議（voeu）が発せられていることに注目する必要があろう。

裁では異なった手当額が提示され，「〔このような〕手続きは実際上，実現不可能な多数の手当額一覧表（une multiplicité de barèmes）に帰着してしまっている。賃金が職業ごとに異なるのはノーマルなことであり，困難を引き起こさないが，しかし家族手当が同一地域内で異なるのは重大な不都合（de graves inconvénients）をもたらさないわけにはいかない。まず第一に，家族はこのような相違を理解しない。子どもはつねに〔同じ〕子どもである。ついで，補償金庫は支給する手当額の一覧表が会社ごとに異なっているなら何が何だかもはや見当がつけられない。それに，補償はその場合には不可能となる」（CCRP, Procès-Verbal de l'Assemblée Générale du 28 Juin 1937）と。こうしていまや，家族手当額の統一化と均一な主婦手当・主婦割増の立法による創設が避けられない喫緊の政治的課題となっていたのである。

4　1938年11月12日政令法と「家族法典」

　政府・行政側もこれまで何もせずに手をこまねいてみていたわけではない。「一般的に実施されている家族手当額の変化が当該県ないし職業において確認されるときに，手当額は訂正されうるであろう」という1932年法第2条の規定にもとづいて，労働省はとりわけセーヌ県に関しては1936年12月1日の行政令（arrêté）で家族手当の最低月額を子1人では30フラン，2人で80フラン，3人では150フラン，4人で300フラン，それ以上の子1人につき200フランに引き上げていた（Helleu 1937: 153）（なお，1937年2月ウアリ裁定によって子4人以上は現行額で十分だと判断されたのは，CCRPの場合には36年10月1日改訂により子4人ではすでに400フラン，それ以上の子1人につき200フランに増額され，この行政令の最低額を上回っていたからであろう。それに対して，子1人や2人の場合には最低額と同じ金額，3人では最低額を50フランだけ上回る200フランにすぎなかったので，既述のような引き上げが裁定されたと考えられる）。

　また立法府では，1937年に入り既述のような仲裁裁定がくだされ始めると下院の社会保険委員会（Commission d'assurance et de prévoyance sociales）で家族手当の引き上げと統一化が検討される。当委員会の有力議員であった A. ランドリなどは前年末から民間の家族手当を国家公務員のそれまで引き上げることを提案していたが，この委員会の討論のなかでその方式よりも各県の理論的賃金に比例させる案が決定される。同案では第1子にはその賃金の5％，第2子に10％，第3子には15％，それ以上の子1人につき20％とされ，その提案が1937年5月にブルム首相に提出される（Pedersen 1993a: 381）。こうして，家族手当額を県平均賃金に結びつける方式が浮上し[22]，この「1937年5月に〔人口減少対策全国〕連盟の会報で，それについてはじめて述べた功績は全国連盟〔会長〕の F. ボヴラに帰せられる」（Talmy II 1962: 195 note 57）とされる。さらに，下院社会保険委員会の当該問題に関する小委員会の委員長でもあった A. ランドリは，そこでの議論をふまえて1937年7月2日に，家族手当を第1子には県平均賃金の5％，第2子に10％と同じであるが，第3子には25％という案さえも提示している（ibid.: 197）。他方で主婦手当に関しては，1935年3月28日に議会に提出された，第1子への家族手当を廃止して主婦手当を創設する法案（J. ルロールとデュヴァル・アルヌーの提案）を一部取り入れた H. ベキャール議員の法案が既述（注18）のように1936年7月に出されていたばかりでなく，主婦手当が全般的な賃上げよりも費用が安くより有効であることを示唆する他の法案（グッシュウ法案）が1936年8月5日に提出され，またベキャールも1937年1月2日に同様な法案を再提出している（Talmy II 1962: 204 note 93）。

　以上のような政治・行政上の動向を決定的に押し進め，家族手当を中心とする家族政策の大転換をもたらすのは，1938年3月14日からの約1カ月間に終わった第二次ブルム政府に代わって4月10日に成立した E. ダラディエ政府である（1940年3月21日まで約2年間の政権であるが，彼を党首とする急進党は1938年10月に人民戦線・連合から離脱する）。この政府は，第一次ブルム政府の政策をもっとも象徴する週40時間労働制をまずは防衛

---

[22] フランスの行政上で「県平均賃金」の概念は，このときに家族手当との関連ではじめて出現し，その後に最低賃金の確定に際しても用いられていくのである（Alvin 1947: 77, 104）。

産業において撤廃するとともに,「フランスの出生率低下はドイツに有効に立ち向かうことを妨げるであろう。フランスを頼りにしえない」[23]というベルギー新聞の報道が伝えられるような状況のなかで強力な家族政策を推進し始める。そして,その最初の達成が家族手当に関する 1938 年 11 月 12 日政令法である。

翌年 4 月 1 日から実施されるこの政令法(ただし,農業には適用されない)は,第 1 条で「各児童に帰属する手当の最低額は,労働大臣の行政令によって各県ごとに,また当該県の職業の総体に対して毎年決定される」と規定し,県レベルでの家族手当の統一化を図る。これに続けて,より具体的に「この最低額は,受益者である第 1 子に対しては当該県における男性成人賃労働者(salarié)の平均月額賃金の 5%,第 2 子に対しては 10%,第 3 子およびそれ以降の児童のそれぞれに対して 15% を下回ってはならない」として,第 3 子までの最低額は上述の下院社会保険委員会案をそのまま取り入れている(第 4 子以降について委員会案は 20% で,より多子家族を優遇していたが)。なお,手当の最低額がこのように統一化されたとしても,仲裁によってこれを上回る手当額が裁定されることはありうるので,第 3 条では「仲裁人および場合によって第三仲裁人は,裁定が適用される経営者にとって家族手当の増額から生じうる負担の増大を考慮しなければならないであろう」と命じている。また,第 6 条で「世帯の一人っ子に対しては,その子が 5 歳に達する時に家族手当の支給は停止されるであろう」と規定し,子 1 人の場合に対する最初の制限が導入される(2 人以上の場合には義務教育が終了する 14 歳まで第 1 子にも支給される)。

そして注目すべきは,本政令法第 2 条による主婦割増の創設である。ただし,そこでは「主婦割増」というタームが使われているわけではなく,正確に引用すると「第 1 条で規定された〔家族〕手当額には,母親ないし女性尊

---

[23] このような新聞記事を含む「人口に関する覚書」が,つぎに述べる政令法発布と同じ 1938 年 11 月 12 日に首相のダラディエに提出されている(De Luca Barrusse 2008: 152)。なお本書によると,人口減少対策全国連盟のなかでも「もっともファシストの政策に惹きつけられたように思えるポール・オリー」などは,すでに 1936 年に「国家は生まれてくる子どもの量と質に責任を有する人種の保護者である」と言明する著作を公刊している(ibid.: 153)。

属が報酬活動（une activité rémunératrice）に従事していない家族に対する割増 des majorations が含まれなければならないであろう」と規定される。しかも，それに続けて，「これらの割増の特典は，女性賃労働者（salariée）としてもっぱら（exclusivement）〔自己の賃金で〕児童の扶養を引き受けている母親ないし女性尊属に対してもまた与えられる」とされており，「未婚の母」や離婚した場合，あるいは父親が死亡ないし所得を得ていない場合などでもっぱら自らの賃金で児童を扶養している女性労働者にも割増を認めている。このような規定は，当時のフェミニストたちによっても好意的に評価されており，とりわけ自ら「フェミニスト情報活動誌」と称する『ラ・フランセーズ *La Française*』では，本政令法が「手当の割増 une majoration des allocations」という表現を採用し，「いくらかのキャンペーンのスローガンとなり，大衆を誤りに導き，女性労働に対する新たな攻撃と彼らにみえる……『主婦特別手当 allocation spéciale de la mère au foyer』というタームを〔1938年〕11月12日政令法のテキスト自体では使用することが避けられたことから……〔この家族〕手当の割増制度は反フェミニスト的改革と思われるべきではない」（Andrée Jack, «A propos des allocations familiales», *La française*, 17-24 Décembre 1938）と主張されている[24]。とはいえ，本政令法の「母親ないし女性尊属に与えられる割増」に関する1939年3月31日の「公行政規則 RAP」政令は，この割増が第1子の誕生から家族手当が支給される全期間にわたって母親ないし女性尊属に与えられ（第2条）[25]，その割合を1940年11月15日までの移行期には県平均賃金[26]の5%，その後は10%に設定するとともに（ただし，扶養する児童の人数がどうであれ，

---

24) しかし他方で，この改革は「基礎があやふや（bancale）であり」，もっぱら自分の賃金のみで児童を養う場合に女性労働者への割増はなされるのに対して，男性労働者への割増はないことは「男性に対する不公平をひとたび是認している」として，アンドレ・ジャックは公平な単一賃金割増を要求するスタンスに立っているようである。

25) このように第1子の誕生から主婦割増が与えられるようにしたのは，「母親を家庭に維持しなければならないのは，まさにこの時期であるからだ」（Drouhet 1943: 85）と解説されているが，他方でこの「割増の，母親ないし女性尊属への支払い Le payement de la majoration à la mère ou à l'ascendante」が本 RAP 政令の第2条に明記されたことは注目に値する。

該当家族にひとつの割増のみとなった点は既述のように補償金庫が自主的に設けた主婦割増・手当とは大いに異なっている)[27]，その受給資格として扶養児童がフランス国籍を有することを課し（第1条），かくして家族諸給付に関して（その二階部分の法による設立とともに）はじめて国籍要件が導入されたことは，その後の家族政策の本格的な転換との関連で特記される必要があろう[28]。また，上記のように政令法第6条によって，一人っ子の場合に家族手当の支給が5歳までに制限されたのは，この主婦割増の財源を捻出するためでもあったとされている（Cann 1944: 58 note 1）。

ところで，この政令法は，「1930年代ドイツのベビーブームについて〔フランスの〕政治家の注意を喚起した最初の専門家のひとり」（Chauvière et Bussat 2006: 82）であった人口学者のアルフレッド・ソヴィによって主として起草され，内閣に提出されたのであるが，手当の拡大に危惧の念を抱く財務省は官報へのその公表を阻止しようと図ったようである。たまたま電話接続の誤操作によって財務相（人民戦線の強固な反対者であるポール・レイノー）の協力者2人のそれに関する会話を知りえたソヴィは，本政令法を実施に移さなければ財務相顧問を辞任すると迫り，ようやく官報に掲載されたと自ら記している（Sauvy 1967 II: 328 note 1）。この時期にはいまだに新たな家族政策への転換に対する躊躇が政府・行政の一部に強く存在したことを物語るエピソードであるが，翌1939年2月に上院議員で「多子家族協会全国

---

26) なお，政令法では一階部分の家族手当が「男性成人労働者の県平均月額賃金 salaire moyen mensuel, dans le département, d'un salarié adulte du sexe masculin」との割合で示されていたのに対して，このRAPの主婦割増に関する規定では「男性成人」が削除されている。

27) 各家族にひとつの割増に限定されたのは，児童の数よりも「もっぱら考慮されるのは家族の母親の状況であるからだ」（Drouhet 1943: 83）と説明されている。

28) さらにつけ加えるならば，1938年11月12政令法とそのRAP政令において「家族的であると同時にナタリスト的政策の要請は，よりいっそう明確である。追加手当〔主婦割増〕の本質的な目的は，唯一の賃金しか得ていない賃労働者の家族に追加的な援助をもたらすことではなく，家族の母親を家庭にとどめ，また〔すでに外で働いている場合には〕家庭への復帰を促進することである」（«Note de M. François de Menthon, Professeur à la Faculté de Droit de Nancy» in *Droit social*, mai 1939: 180）という実施当時の注釈からしても，上記アンドレ・ジャックの「割増制度は反フェミニスト的改革と思われるべきではない」との評価はあまりにも楽観的すぎたであろう。

同盟 Fédération Nationale des Associations de Familles Nombreuses」会長のジョルジュ・ペルノやアドルフ・ランドリ，フェルナン・ボヴラらをメンバーとし首相直轄の「人口高等委員会 Haut Comité de la Population」が設置される頃になると国際情勢の緊張も加わり急速に新政策への転換が加速されていく。そして，この高等委員会の成果として，戦争勃発の1カ月あまり前に1939年7月29日の「フランスの家族と出生率に関する政令法 Décret-Loi relatif à la famille et à la natalité françaises」（いわゆる「家族法典」）が公布されることになる。

明確にナタリスト的，さらには「生権力」的な発想にもとづいて構築されているこの家族法典は，前年11月12日政令法による5歳以上の一人っ子に対する家族手当の撤廃を拡張し第1子への月額手当を全面的に廃止することによって，フランスに居住する扶養第2子以降に家族手当の支給を限定し（第11条），その代わりに成人男性労働者の（後に述べる人口2000人以上の密集地を含む自治体における）県平均賃金月額の2カ月分という比較的高額な「初産手当 une prime à la naissance du premier enfant (à la première naissance)」を設けるとともに，2人以上の扶養児童を抱えるすべての就業者へ家族手当の支給を拡大する（第10条）。かくして，一階部分の家族手当は労働者の枠を越えてフランスで最初のユニバーサルな社会的給付となるが，他方で二階部分の新たな「初産手当」の支給要件としてその子がフランス国籍を有し，かつ結婚後2年のあいだに生まれた嫡出子であることが課されるのである（第1条）。このような支給要件に，生活（生命の再生産）過程に介入し特定の家族モデルを優先させようとする家族法典の優生学的・生権力的な志向が明確に現われているが，前年11月12日政令法によってすでに設けられていた最初の二階部分である主婦割増・手当についても同様な傾向を家族法典のなかに見いだすことができる。

家族法典は，上述のように一階部分の家族手当の支給を「自らの主要な生活手段をひとつの職業活動（une activité professionelle）から手に入れているすべての人びと」（第10条）に拡大したが，その手当額については第13条で，第2子に成人男性賃労働者（un salarié adulte）の県平均賃金月額の10％，第3子以降には20％を最低額とすると規定し（さらに，第39条と第

41条で国家公務員や地方公務員などへの家族手当も，これらの最低額に統一される），前年11月の政令法（第3子以降に15%）よりも多子家族を優遇する人口政策を強化する一方で，その県平均賃金に関して同一県内でも人口2000人以上の密集地を含む自治体と含まない自治体とを区別し（第14条），それぞれに適用される二つの県平均賃金（前者の都市的賃金と後者の農村的賃金）の制定を提示する（この「二つの平均月額賃金 deux salaires moyens mensuels」は1940年11月18日法で明確化されると同時に，家族手当の法定金額が第2子には当該平均賃金月額の10%，第3子以降は20%に確定され，以前のような支給されるべき最低額ではなくなる）。こうして，「以前は労働の場が企業に応じて付与される手当額を規定したが，しかるに家族法典（第14条）は家族手当の支給と計算のために考慮されなければならないのは家族の住居（la résidence de la famille）であることを明確に提起する」[29]と解されている。また，このように住居を基準として家族手当が労働者以外にも支給されるようになれば，それが賃金の一部（付加賃金）であるとはますます考えられなくなり，家族法典の第21条は年金計算の基礎となる賃金からの家族手当の除外を規定するのである。

ところで，家族法典の第23条は前年の政令法で創設された主婦割増を継承する「主婦手当 une allocation dite de la mère au foyer」に関する規定である。ただし，この主婦手当は前者を継承するとはいえ，両者にはいくつかの重要な相違点もある。とりわけ，主婦手当は主婦割増とは異なって，母親が家庭外で働く機会の多い上記の人口2000人以上の密集地を含む自治体に限定され，そこで母親が家事・育児に専念するよう誘引するために「少なくとも1人の扶養児童を有し，唯一の職業収入（un seul revenu professionnel）しか得ていない賃労働者家族（familles salariées）に支給される」と規定される。つまり，労働者家族以外は主婦手当を受給できないことになる（とはいえ，1938年11月12日政令法が農業には適用されなかったために，この段階の家族手当と同様に主婦割増も労働者家族に限定されていた）。た

---

[29] Drouhet (1943: 195)。同様に，「〔家族〕法典によって備えられた種々の給付の主要な支給基準は，もはや労働の場ではなく，これ以降は家族の住居である」（Chauvière et Bussat 2006: 106）と考えられている。

だし，主婦割増に関する1939年3月31日のRAP政令を継承して，この主婦手当の支給要件としても扶養児童がフランス国籍を有することが課せられている。また，この手当は主婦割増と同様に，扶養児童1人から支給され（その額は当該自治体に適用される県平均賃金の同じく10％に設定），一人っ子の場合には5歳になるまでに限定されている。しかし，但し書きで，「本手当は児童の監護を担い，その子の実際の扶養を自らの賃金によって単独で引き受けている母親労働者ないし女性尊属労働者に対しては〔一人っ子の場合でも〕，上記12条に規定された〔義務教育終了〕年齢まで支給され続けるであろう」と規定される。つまり，この場合には，1938年11月政令法と翌年3月RAP政令による割増規定（割増はあくまで家族手当への割増であるから，それが支給される期間に限定されていた）とは異なり，一人っ子には支給されなくなった家族手当とは別個のひとつの手当として義務教育終了年齢まで支給されることになる。それゆえ，この手当に初産手当とは異なって嫡出子の要件が法文上では課されていないのは，子を自己の賃金でのみ養う「母親労働者」のなかに未婚の母をはじめとして非嫡出子の母親が少なくないことを考慮したものと考えられる。

しかしながら，これらのケースは「但し書き」で言及されている例外でしかなく，中心的な政策目標は合法的に結婚し嫡出子を有する「主婦」への本格的な手当としての主婦手当支給にあったように思われる。それは，（家族法典が1940年4月1日から実施された後のヴィシー政権期に入ってからではあるが）国家公務員への家族手当と主婦手当に関する同年11月18日財務相通達の第2部「主婦手当 l'allocation de la mère au foyer」のなかで，一階部分の「家族手当に関して規定されていることとは異なって，〔主婦手当の場合における〕『子』というタームは夫婦の婚姻から生まれた嫡出子しか基本的には対象にしない」と明確に述べられていることからもうかがうことができる。かくして，男性稼ぎ主モデル（male breadwinner model, gagne-pain masculin de la famille）にもとづき特定のフランス人家族を優先させようとする家族法典の優生学的・生権力的な志向は，家族諸給付のこの二階部分にも見いだすことができるのである。

なお，家族法典のこのような志向を規定したものが何よりも迫りくるドイ

ツの侵略戦争の脅威であったことはたしかである。というのも，首相のダラディエは，彼が党首を務める急進党の1939年6月4日の執行委員会で，近くフランス人家族に関する法典の公表がなされることを予告しながら，つぎのように政府の意図を明らかにしているからである。つまり，「人影まれな国は自由な国ではありえない。そうした国はあらゆる侵略にあけ放たれた街道であり，あらゆる渇望にささげられた餌食である。それゆえ，フランスが前世紀にあった状態にとどまることを可能とする出生率政策（une politique de natalité）をわれわれは追求するであろう」（Ceccald 1957: 74）とはっきり表明している。ここに，国民それぞれの「善き生 bien-être」（福祉）を保障しようとする「福祉国家 welfare state」化と対外的脅威に対して国力（とりわけ人力・兵力）の維持・拡大をめざす「戦争国家 warfare state」化は相互に絡みあった複雑な過程であり，そこにおいて「出生率政策」を核とする家族政策（広くは「生政治 biopolitique」）が中心的役割を担わされていくことが端的に示されている（それゆえ，高齢者介護などは「家族政策」の範疇に長らく含められはしなかったと考えられる）のである。

そして，このような家族政策を集中して遂行するためにこそ，ドイツとの「奇妙な戦争」のさなかダラディエ辞任後の1940年3月22日に首相に就任した P. レイノーは，家族法典を起草した人口高等委員会の中心メンバーのひとりであった G. ペルノを同年6月5日にフランス最初の家族大臣に任命することになる。しかし，早くもその10日あまり後にフランスは敗戦の憂き目にあい第三共和政が崩壊するとともに，ドイツ占領下でフィリップ・ペタン元帥のヴィシー傀儡政権が樹立される。ペタン元帥は，組閣3日後の1940年6月20日に「あまりにも少なすぎる児童，少なすぎる武器，少なすぎる同盟者，これこそわれわれの敗北の原因である」（Capuano 2009: 33 note 1）という有名な演説を行なうが，「労働，家族，祖国」のスローガンを掲げるこの政権のもとで1941年3月29日法によって創設されるのが「単一賃金手当 une allocation de salaire unique」である。

この手当は，家族法典によって創設された主婦手当と同様にひとつの職業収入しか得ていない「賃労働者の家族 familles des salariés」に対して扶養児童1人でも支給されるが[30]，しかし主婦手当と異なって居住自治体の人

口数による制限は撤廃され（これは，家族法典によって導入された人口2000人以上の密集地を含む自治体と含まない自治体との異なった取り扱いに対して各地から多くの批判が寄せられた[31]ことを考慮したものと思われる），賃労働者が実際に仕事に従事している場合に従来の一律・低額の主婦手当に取って代わるものである。つまり本手当は，主婦手当が子の人数にかかわらず既述のように居住自治体に適用される県平均賃金の一律10％だったのに対して，扶養児童1人の場合には5歳になるまでその20％，5歳を越えたなら10％，2人の場合には25％，3人以上には30％が義務教育終了の15歳まで支給される。こうして，家族法典によって扶養児童1人ではまったく支給されなくなり，また1941年2月15日法によって子2人の場合に平均賃金の10％に据え置かれた一階部分の家族手当（ただし同法では，3人の場合の家族手当は30％で家族法典と同じであるが，4人以上では法典の子1人につき20％が30％に引き上げられて多子家族により有利になっている）をはるかに上回る額の単一賃金手当が本格的な二階部分として構築されたのである。そして，この単一賃金手当も，初産手当や主婦手当と同様にフランス国籍をもつ児童の家族に対してのみ支給され，かつ基本的には嫡出子

---

30) なお，戦争終了までの時限立法であった1941年11月17日法によって，結婚後の2年間に限定して（夫が動員された場合には，その期間だけ延長される）子のいない夫婦にも県平均賃金の10％の単一賃金手当が支給されるようになるが，これこそ扶養児童に対して支給されるのではない文字どおりの「主婦手当 l'allocation de l'épouse au foyer」である。そして，この手当は，戦後も最初は1947年3月1日まで，その後さらに延長されて1967年9月1日まで維持されることになる（Bonnet et Dicharry 1946: 12; Martin 1998: 1150）。

31) とりわけ，二つの県平均賃金にもとづく家族手当の支給実施（1940年4月1日から）を控えて各地からこの点に関する多くの批判が労働大臣宛に送られているが（それらの書簡はフランス国立古文書館ANのF22 1511に所蔵），その有力な根拠は人口2000人以上における主婦手当と高額の家族手当が「都市センターへの農村人口のエクソダスを悪化させ」（AN F22 1511, Lettre datée du 24 Février 1940, du Président de la Caisse d'Allocations familiales des industries du vêtement de Rouen et de la Région, à M. le Ministre du Travail），結局のところ都市での子育ての困難さによって出生率が低下するというものであった。こうした批判を考慮して，1941年2月15日法の第4条では，都市や工業センターに近接し，そこに住民の多くが職場を有する農村的性格の自治体にも都市の県平均賃金を適用する修正を施している。

を有する婚姻家族に限定されていた（ただし，1943年7月6日法で子をひとりで扶養している未婚の母にも例外的に受給が認められるが）ことは，一階部分の家族手当とは大いに質的性格を異にする。しかも，こうした性格を有する単一賃金手当が，母親の「専業主婦」化を促進し，1943年には子2人の母親の76%，子3人の母親の88%，子4人以上の母親の98%によって受給され，補償対象の家族諸給付総額の半分を超え52.46%（初産手当が1.56%）をも占めたのに対して，一階部分の家族手当はその45.5%にすぎなくなることは（Ceccaldi 1957: 83），ナチス占領期におけるフランス家族政策の質的かつ量的な変容，その生権力化を明確に示しているのである。

5　第二次世界大戦後における家族手当と家族政策の展開

　戦後解放期のフランスでは，ヴィシー政権による生権力的な家族政策，とりわけ国籍・嫡出要件の重視を修正して，一階部分の家族手当が充実され（ただし，「新たな家族給付憲章」と呼ばれた1946年8月22日法でも第1子に対する家族手当は以前と同様に支給されず，子2人の場合に基礎賃金月額（salaire mensuel de base）の20%，子3人でその50%，4人以上の子1人につき30%増しとなり，子2人では単一賃金手当よりも低額に設定されていた)[32]，また住宅手当などの新たな二階部分も創設される。しかし，当時のフランスではいまだに女性の労働力率は低迷しており，1950年代半ばには賃労働者家族の場合の単一賃金手当（この手当は，上記1946年8月22日法によって国籍・嫡出要件が削除されるとともに，扶養児童1人の場合にはそれ以前と同様に5歳になるまで基礎月額賃金の20%，5歳を超えたなら10%，2人の場合は40%，3人以上では50%に設定され，その後も変更されないが，一人っ子に関しては1948年9月1日法で10歳以上，さらに1958年12月30日のオルドナンスにより5歳以上に対しては廃止される）に相当する新たな「主婦手当」が賃労働者でない家族（1955年8月6日法

---

[32]　しかし，1968年になると子2人に対する家族手当と単一賃金手当は同額となる（Martin 1998: 1134）。

で農業者家族，また1956年12月11日法で他の自営業者家族）に対しても支給される（とはいえ，この「主婦手当」は単一賃金手当よりもはるかに低率であり，子2人の場合に基礎月額賃金の10%，3人で20%，4人以上の子1人につき10%増しとなっている）（Martin 1998: 1130）。

このような単一賃金手当と主婦手当は，当時の一般的な女性賃金の低さや家庭電化製品の未発達による家事・育児労働の重い負担などとあいまって，第3子の誕生の場合ばかりでなく，はやくも「第2子の誕生において母親を家庭にとどめるための誘因政策」（ibid.: 1149）として1960年代の半ばまで機能していたと考えられる。そして，2人の扶養児童を有する母親の就業率が急速に上昇し始めるのはフランスにおける「女性解放」運動の画期をなす「1968年革命」以降のことであり，また「専業主婦」という理想からの断絶を法律上ではじめて示すのは1972年1月3日法（単一賃金手当と主婦手当への所得制限の導入と託児費手当の創設）でしかない。しかし，これを契機にフランスは，「出産奨励主義者や家族主義者が考えていたような家族政策からはじめて離脱していく」（Prost 1984: 21）のである。さらに他方では1975年7月4日法によって，家族手当の権利を職業活動への従事に結びつけていた戦後の社会保障法典の規定が削除され，非就業者をも含めたすべての世帯に対して家族手当が支給されることになる。この法は1978年1月1日から施行され，かくして所得制限のない一階部分の家族手当の一般化・普遍化が完成すると同時に，この日以降は単一賃金手当・主婦手当・託児費手当が廃止され，冒頭に述べたように1977年7月12日法によって創設された所得制限付きの「家族補足手当CF」がそれらに代わって支給されるようになる（ただし，この比較的高額なCFは，片働きか共働きかにかかわらず3人以上の扶養児童を有する家族に支給されるにしても，その場合にいまだ克服されていない母親の就労困難さや所得制限を考慮すると，「単一賃金手当・主婦手当」的な性格を完全に払拭しているわけではないと思われる）。

こうして家族諸給付の新たな「二階建て」構造が樹立されるとともに，とりわけその二階部分にはその後も時代の変化にともなって多様な給付が導入されてきたし，今後も導入され続けるものと思われる。そして，外国人をも含めてフランス領土内に住むすべての男女が「生権力」に操られることなく

自らの意思で子を産み育てることができ，かつ高齢になったときには公的介護や（十分な介護者支援制度を備えた）家族介護を享受しうる「善き生」をジェンダー平等の達成を通じて真に保障する「福祉国家」による新たな「生政治」の可能性を「軍事・戦争国家」化に対抗しながら，また試行錯誤を含みながらも少しずつ切り開きつつあると考えられるのである。

参考文献

齋藤純子（2010）「ドイツの児童手当と新しい家族政策」『レファレンス』716 号（9月）：47-72 頁。

深澤　敦（2008）「フランスにおける家族手当の形成と展開——第一次世界大戦後のパリ地域補償金庫を中心として（上）（下）」『立命館産業社会論集』第 43 巻第 4 号（3 月）：23-46 頁；第 44 巻第 2 号（9 月）：13-46 頁。

深澤　敦（2009）「フランス家族政策の歴史的展開——家族手当を中心に」『経済』No. 170（11 月）：141-159 頁。

深澤　敦（2010）「フランスにおける 1930 年代の大恐慌と社会保険・家族手当」『歴史と経済』第 207 号（4 月）：12-20 頁。

Alvin, Louis (1947) *Salaire et Sécurité Sociale*, Paris: PUF.

Bonnet, Mme, et J. Dicharry (1946) *Les Prestations familiales: Leur nouveau Régime (Loi du 22 août 1946)*, Lyon: Éditions de la plus grande France.

Capuano, Christophe (2009) *Vichy et la Famille: Réalités et faux-semblants d'une politique publique,* Rennes: Presses Universitaires de Rennes.

Cann, Jeanne (1944) *Les Allocations Familiales, L'Allocation de la Mère au Foyer et L'Allocation de Salaire unique dans le Commerce et l'Industrie*, Thèse pour le Doctorat, Université de Rennes, Faculté de Droit, Loudéac, Imprimerie Traonouil-Anger.

Ceccaldi, Dominique (1957) *Histoire des prestations Familiales en France*, Paris: UNCAS（厚生省児童局『フランスにおける児童手当の歴史』1962 年）.

Chauvière, Michel, et Virginie Bussat (2006) «Instituer un périmètre pour le 〈familial〉: le Code de 1939», in Cahier d'Histoire de la Sécurité sociale, N° 3, *Les Mouvements familiaux et leur institution en France: Anthologie historique et sociale*, Coordoné par Michel Chauvière avec la collaboration de Pauline Kertudo, Paris: Comité d'Histoire de la Sécurité sociale: 78-117.

Comité central des allocations familiales (1938) *XVIIIe Congrès national des allocations familiales, Nancy 25 Mai 1938, Compte rendu*, Imprimerie Coquemard.

Cova, Anne (2008) «Femmes et familles: le Conseil national des femmes françaises pendant l'entre-deux-guerres», in Virginie De Luca (dir.), *Pour la Famille. Avec les familles. Des associations se mobilisent (France 1880-1950)*, Paris: Harmattan: 61-88.

De Luca Barrusse (2008) *Les familles nombreuses: Une question démographique, un enjeu politique, France (1880-1940)*, Rennes: Presses Universitaires de Rennes.

Deschamps, Louis (1919) «Le Sursalaire Familial à Rouen—Commnunication de M. Louis DESCHAMPS», in *Semaines Sociales de France, XIe Session—Metz 1919, Compte rendu in-extenso*, Paris: J. Gabalda: 163-168.

Dieude, Ch. (1929) *Les Allocations Familiales: Historique, État actuel en France et à l'étranger, Résultats acquis, Nature économique et juridique, Avenir de cette Institution*, Louvain, Éditions de la Société d'Études morales, sociales et juridiques.

DREES (2010) «Les prestations familiales et de logement en 2008», *Études et Résultats*, N° 725 (mai).

Drouhet, Pierre (1943) *L'Évolution juridique des allocations familiales*, Paris: Edition sociale française.

Helleu, Yves (1937) *Les Caisses de Compensation d'Allocations Familiales: depuis la Loi du 11 Mars 1932*, Thèse pour le Doctorat, Paris: Librairie Technique et Économique.

Laroque, Pierre (1938) *Les Rapports entre patrons et ouvriers*, Paris: Fernand Aubier.

Maignan, Gustave (1946) *Les allocations familiales dans l'industrie et le commerce* (brochure sans le nom de l'éditeur).

Margairaz, Michel, et Danielle Tartakowsky (2009) *Le Front populaire*, Paris: Larousse.

Martin, Jacqueline (1998) «Politique familiale et travail des femmes mariées en France. Perspective historique: 1942-1982», *Population* 6: 1119-1153.

Offen, Karen (1991) "Body politics: women, work and the politics of motherhood in France, 1920-1950," in Gisela Bock and Pat Thane (eds.), *Maternity & Gender Policies: Women and the Rise of the European Welfare States, 1880s-1950s*, London and New York: Routledge: 138-159.

Pedersen, Susan (1993a) *Family, Dependence, and the Origins of the Welfare State: Britain and France, 1914-1945*, Cambridge: Cambridge University Press.

Pedersen, Susan (1993b) "Catholicism, Feminism, and the Politics of the Family during the late Third Republic," in Seth Koven and Sonya Michel (eds.), *Mothers of a new world: maternalist politics and the origins of welfare states*, London and New York: Routledge: 246-276.

Prost, Antoine (1984) «L'évolution de la politique familiale en France de 1938 à 1981», *Le Mouvement social*, numéro 129 (octobre-décembre): 7-28.

Rollet, Henri (1947) *L'Action sociale des catholiques en France (1871-1901)*, Paris: Éditions contemporaines.

Sauvy, Alfred (1967) *Histoire économique de la France entre les deux guerres*, tome II, Paris: Fayard.

Sullerot, Évelyne (1972) «Condition de la femme», in A. Sauvy (dir.), *Histoire économique de la France entre les deux guerres*, tome III, Paris: Fayard: 418-434.

Talmy, Robert (1962) *Histoire du mouvement familial en France (1896-1939)*, tome II, Paris: UNCAS.

Thébaud, Françoise (1985) «Le mouvement nataliste dans la France de l'entre-deux-guerres: L'Alliance nationale pour l'accroissement de la population française», *Revue d'histoire moderne et contemporaine*, tome XXXII (avril-juin): 276-301.

第7章

ドイツ社会国家と家族政策

齋藤 純子

1 家族に対する経済的支援の展開

　ドイツの基本法（憲法）第6条には，婚姻と家族は国の特別な保護を受けることが定められ，社会法典第1編（総則）には，第6条に，「子を扶養する義務を負う者または子を扶養する者は，そのことによって生じる経済的負担の軽減を求める権利を有する」と明記されている。戦後，西ドイツ[1]の家族政策が，「家族負担調整 Familienlastenausgleich」という概念のもとに，子どものいる家庭に対する経済的支援を中心に展開されてきたのも，これに相応しているように思われる。その原則は，「国は家族に，より多くのお金を与えなければならない，しかもできるだけすべての家族に同じように与えなければならない」（Ristau 2005: 17）というものであった。
　「家族負担調整」は，「国による移転給付であって，家族の存在に関連づけられたもの，とくに子に関連した支出に対する調整となるもの」を説明する概念として用いられる（Felix 2008: 1262）。家族負担調整には，(1) 水平的調整（課税についての公正）と (2) 垂直的調整（需要についての公正）の二つの目的があるといわれる。(1) は，同一所得水準内において，子のいる者の租税負担を，子のいない者とのあいだで調整することである。同じ所得であっても子のいる者の租税負担能力は子のいない者よりも小さくなるから

---

[1] 1990年の東西ドイツ統一は事実上，旧西ドイツ（ドイツ連邦共和国）による旧東ドイツ（ドイツ民主共和国）の吸収合併であり，統一後は旧西ドイツの制度が継承された。そのため，本章では基本的には旧西ドイツの歴史のみをたどる。

である。(2) は,子に要する費用負担が相対的に重い低・中所得の多子家庭を経済的に支援することである (Bäcker et al. 2010: 296-299)。具体的には,(1) として所得税の児童控除 (Kinderfreibetrag) の制度,(2) として児童手当 (Kindergeld) の制度,それも低所得者により多く支給され高所得者には支給が制限されるような児童手当の制度がある。基本法制定後の最初の家族関連の措置として1949年に復活した児童控除は,児童手当が多子家庭に対する給付という性格を長いあいだ払拭できなかったのとは対照的に,第1子から認められていたため,家族負担調整の中心的役割を担ってきた。

しかし,公正な家族負担調整のあり方をめぐっては政党間で激しい意見の対立があった。1960年代まで政権を主導したキリスト教民主同盟／社会同盟 (CDU／CSU)[2] が児童控除を重視したのに対し,社会民主党 (SPD) は,累進課税のもとで高額所得者に有利な児童控除に批判的であり,連邦政府の負担による普遍的な児童手当制度を1950年代にすでに支持していた (Gerlach 2010: 182)。その結果,政権の帰趨によって,児童控除と児童手当の比重は大きく変化することとなった。たとえば,シュミット政権 (SPD・自由民主党 (FDP) 連立) 下の1975年から1982年まで,児童控除が廃止され,家族負担調整は児童手当に一本化された。その際,児童手当の支給額は,従来の児童控除による減税額に見合う水準まで引き上げられ,その後も4次にわたり引き上げが行なわれた。1982年にCDU／CSUが政権に復帰すると,児童控除が復活し,児童控除と児童手当の二元制に戻った。児童控除が1986年以降,大幅に拡大されたのに対し,児童手当の額は1995年までほとんど引き上げられず1981年の水準にいわば凍結された (Heuchert 2009: 17) うえ,連邦政府の財政難から,所得により減額して支給する措置が導入された (表1・表2参照)。

児童控除の廃止について1982年に違憲判決をくだした連邦憲法裁判所は,児童控除拡大後の家族負担調整制度についても,1990年以降,違憲決定をつぎつぎとくだし,子どもの最低生活費に対する課税の免除を求めた。これ

---

2) キリスト教民主同盟 (CDU) とキリスト教社会同盟 (CSU) は,地域を棲み分ける姉妹政党であるが,連邦議会ではつねに統一会派を形成してきたので,便宜上まとめて表記する。

表1 児童控除額の推移（1950〜2010年）

政権	適用期間	児童控除（年額）		
		第1子	第2子	第3子以降
アデナウアー (1949-63)	1950-	400	250	700
	1954-	600		840
	1955-	720		1,680
	1957-	720	1,440	1,680
	1958-	900	1,680	1,800
エアハルト (1963-66)	1962-	1,200	1,680	1,800
キージンガー (1966-69)				
ブラント (1969-74)				
シュミット (1974-82)	1975-	—		
コール (1982-98)	1983-	432		
	1986-	2,484		
	1990-	3,024		
	1992-	4,104		
	1996-	6,264		
	1997-	6,912	6,264	
	1998-	6,912		
シュレーダー (1998-2005)	2000-	9,936 (5,080)		
	2002-	5,808		
メルケル (2005-)	2009-	6,024		
	2010-	7,008		

註：控除額の単位は2000年1月までDM，2002年1月以降€。2000年の控除額のみ比較のため括弧内にユーロ換算（1€＝1.955833 DM）した額を表示。政権の欄の網かけは，SPD主導の政権を示す。
出所：齋藤（2010: 53），表2を転載。

を受けて，1995年に所得税法が改正され，子どもの最低生活費分の所得額については児童控除または児童手当によって税を免除することが同法に明記された。具体的には，所得税法中に「子の最低生活費への課税免除」を実現するための毎月の税の還付として児童手当が規定され，負の所得税（所得税の事前還付）の性格を付与された。こうして，家族負担調整は所得税法上で一体化され，児童控除と児童手当をめぐる対立には終止符が打たれることとなった。なお，所得税法においては，家族負担調整でなく「家族履行調整 Familienleistungsausgleich」という用語が採用された。家族負担調整が子を

表2 児童手当の支給額の推移（1955～2010年）

政権	適用期間	支給額（月額）				
		第1子	第2子	第3子	第4子	第5子以降
アデナウアー (1949-63)	1955.1.1-	−	−	25		
	1957.10.1-	−	−	30		
	1959.3.1-	−	−	40		
	1961.4.1-	−	25*	40		
エアハルト (1963-66)	1964.1.1-	−	25*	50	60	70
キージンガー (1966-69)						
ブラント (1969-74)	1970.9.1-	−	25*	60		70
シュミット (1974-82)	1975.1.1-	50	70	120		
	1978.1.1-	50	80	150		
	1979.1.1-	50	80	200		
	1979.7.1-	50	100	200		
	1981.2.1-	50	120	240		
	1982.1.1-	50	100	220	240	
コール (1982-98)	1983.1.1-	50	70-100**	140-220**	140-240**	
	1990.7.1-	50	70-130**	140-220**	140-240**	
	1992.1.1-	70	70-130**	140-220**	140-240**	
	1994.1.1-	70	70-130**	70-220**	70-240**	
	1996.1.1-	200		300	350	
	1997.1.1-	220		300	350	
シュレーダー (1998-2005)	1999.1.1-	250		300	350	
	2000.1.1-	270(138)		300(153)	350(179)	
	2002.1.1-	154			179	
メルケル (2005-)	2009.1.1-	164		170	195	
	2010.1.1-	184		190	215	

註：支給額の単位は2000年1月までDM，2002年1月以降€。2000年1月の支給額のみ比較のために括弧内にユーロ換算（1€＝1.955833 DM）した額を表示。*ただし，一定の所得額を超える者には支給されない。**所得額により減額して支給される。政権の欄の網かけは，SPD主導の政権を示す。
出所：齋藤（2010: 51），表1を転載。

「負担」として捉える表現であるのに対し，家族履行調整には，家族が社会のために特別に履行している，子の養育という仕事を評価するという積極的な意味合いがある。

　家族履行調整は，児童控除または児童手当のいずれか所得により有利な方

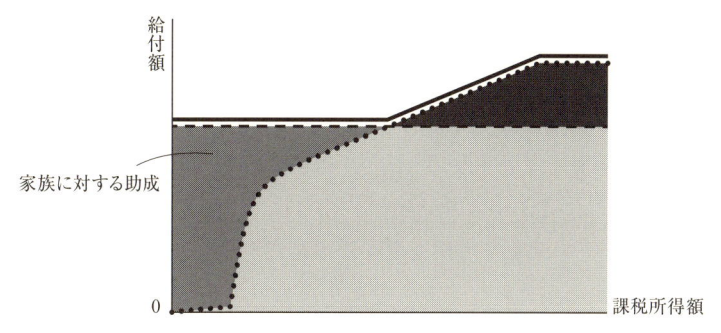

第7章　ドイツ社会国家と家族政策

図1　家族履行調整の仕組み

•••• 児童控除による減税額　--- 児童手当の支給額　── 家族履行調整の給付総額

出所：齋藤（2010: 68），図1をもとに筆者作成。

が適用されることによって行なわれる。その給付額は，高所得者にとっては児童控除により所得に応じて認められる所得税の減税額となるが，減税額が少ない低所得層には児童手当の額までが減税額に上乗せして保障される。この上乗せ分は，「家族に対する助成」と位置づけられている（図1参照）。

児童控除の範囲は，連邦憲法裁判所の1998年の違憲決定を受けて，1999年の所得税法改正により2000年から従来の最低生活費（6912マルク）に加えて養育費（3024マルク）も，さらに2001年の所得税法改正により2002年から最低生活費（3648ユーロ）に加えて養育・教育・職業教育費（2160ユーロ）も認められるよう拡大された。2010年以降は，両者合わせて7008ユーロの児童控除が認められている。家族負担（履行）調整の拡充の過程では，連邦憲法裁判所が大きな役割を果たしてきた。

2　児童手当──子の存在にもとづく普遍的な給付

児童手当は，そもそも戦間期に開始された，多子家庭を助成する民間事業主の共同事業を起源とする。1954年，家族の負担を産業ごとに調整するために，職業別同業者組合に事業主の拠出金による家族調整金庫を設置し，第3子以降に児童手当を支給する制度が法定された。対象が第3子以降に限定

されていたのは，子2人までは平均的な賃金によって養えるという前提に立っていたためである（Heuchert 2009: 16）。しかし，使用者団体が連邦憲法裁判所に提訴して金庫の設置の義務づけに抵抗した（Gerlach 2010: 433）ため，連邦政府は国庫負担への方針転換を余儀なくされた。1961年，連邦政府の負担による第2子児童手当（ただし所得制限付き）が開始され，さらに1964年の連邦児童手当法により，全額連邦負担で第2子以降（第2子については所得制限付き）に児童手当を支給する制度が創設された。前述のとおり，1975年1月から，家族負担調整の児童手当への一本化にともない，支給対象が第1子まで拡大されて所得制限も撤廃され，18歳未満のすべての子を対象とする現在の児童手当制度が完成した。

なお，1995年に児童手当が所得税法に規定されて以降，児童手当の99％以上は所得税法にもとづいて支給されており，連邦児童手当法にもとづく支給は，国外居住者などを対象とする例外的なものとなっている。

児童手当は，原則としてドイツ国内在住のすべての子どもについて親の所得にかかわりなく支給される普遍的な手当である。児童控除との一体化以降，その支給額は，毎年のように引き上げられているが，2002年の引き上げの際には，第1子および第2子の支給額のみが引き上げられ，長年にわたる多子家庭への重点的な助成が是正された（Heuchert 2009: 19）。2010年1月以降の月額は，第1子および第2子184ユーロ，第3子190ユーロ，第4子以降215ユーロである。子が18歳になるまでは特別の要件なしに支給されるので，家計にとっては安定的な所得となる。子が求職中であれば21歳未満まで，職業教育中であれば25歳未満まで，障害のために自ら生計を維持できない場合は年齢制限なしに支給される。

2005年，稼得能力を有する生活困窮者のための最低生活保障である求職者基礎保障の導入と同時に，子の扶養のためにその受給者に転落することを防止するために，一定範囲の低所得者には子1人あたり最高140ユーロの「児童付加給付 Kinderzuschlag」が追加的に支給されることとなった。

現在，児童手当の支給対象児童の数は合計で約1750万人（Bundesministerium für Arbeit und Soziales: 893），児童控除による所得税の還付分と児童付加給付の支給額を含めた「家族履行調整」の総額は，連邦政府の「社会予

算」によれば，年間393億ユーロ（2009年見込み額）に達する。最終的に児童控除が適用となる場合でも，児童手当の名目で先に支給が行なわれており，子どものための給付のうちで児童手当ほど国民の意識のなかに根づいているものはないといわれる（Felix 2005: 23）。

3　育児休業制度——親手当と親時間への発展

1）育児休業制度の始まり

　家庭と職業の両立支援策の柱である育児休業制度は，1979年にシュミット政権（SPD・FDP連立）下で導入された母親休暇（Mutterschaftsurlaub）にさかのぼる。女子労働者は，8週間の産後休暇に続けて，子どもが6カ月になるまで（すなわち4カ月間の）休暇の取得が認められ，休暇中は，部分的な所得補償として最高日額25マルク（月額約750マルク）の母親休暇手当（Mutterschaftsurlaubsgeld）が与えられることとなった。この制度により初めて，母親となった労働者は，一時的に職業を離れて育児にあたることが可能となった。

　1982年の政権交代により誕生したコール政権（CDU／CSU・FDP連立）は，1986年から，まったく異なるコンセプトの育児手当（Erziehungsgeld）と育児休暇（Erziehungsurlaub）を導入した。これは，従前に職業に就いていたか否かを問わず，育児に従事する親に対し月額600マルク（7カ月以降については所得により段階的に減額）の育児手当を支給すると同時に，就業中の親には育児休暇の請求権を与える制度である。母親休暇との相違は，(1)父親も取得できること，(2)従前所得の補償でなく，育児に従事することへの評価として手当を支給することであった。育児のために職業を中断した者だけでなく，職業に就いていなかった者（専業主婦など）も受給できる。

　育児手当の支給期間は，当初，子どもが10カ月になるまでだったが段階的に延長され，1992年生まれの子どもから2歳になるまで支給されることとなった。また，同時に，育児休暇の期間が育児手当の支給期間から切り離され，子どもが3歳になるまでに延長された。3歳までは母親が家庭で育て

ることを前提として、「就業」「離職して子育て」「子育て終了後の職場復帰」の三つの時期が想定されていたのである（3期モデル）。

2）親時間の導入

シュレーダー政権（SPD・同盟90／緑の党連立）下で、2000年に育児休業制度の改革が行なわれ、育児手当に「予算（Budget）方式」という受給のオプションが設けられた（2001年から実施）。この方式を選択すると、従来のように2歳になるまで600マルク（307ユーロ）でなく、1歳になるまで900マルク（460ユーロ）を受給することができる。1年で職場復帰した場合の不利益が相対的に縮小された。

育児休暇は、「親時間 Elternzeit」に改称されるとともに、両親が同時に取得することを初めて認め、休暇中の週30時間までのパート労働、また、労働時間短縮の請求権を認めるなど、柔軟な取得のための仕組みが導入された。子どもが3歳になるまで両親が合計で週60時間までの労働を行ないながら同時に親時間を取得することも可能になった。

これらの改革により、両親がともに労働時間を短縮して育児にあたる「共同モデル」が初めて提示されたといえる。母親による子育てを前提にした従来の「3期モデル」という一時中断型の両立から、就業と育児を同時に行なう同時並行型の両立に向けて一歩踏み出した。

3）親手当の導入

育児手当については、支給額が定額でかつ低額であるため大多数の家庭にとっては効果的な所得保障となりえないこと、またそのために、主たる生計維持者である父親の休業が事実上不可能であり、父親と母親の双方に職業と家庭の両立を可能にすることができないことが、問題点として指摘されてきた。また、漸次強化された所得制限の結果、育児手当は、子どもが生まれたすべての家庭に対する普遍的な給付でなく、低所得の家庭に対する支援に変容していた。

2003年11月、第二次シュレーダー政権（SPD・同盟90／緑の党連立）のシュミット連邦家庭相[3]に対し報告書「活発な人口発展のための持続的な家

族政策」が提出された。この報告書は，出生率の向上と女性就業率の向上という二つの目標を同時に追求する家族政策を打ち出し，保育施設の拡充とともに，「親手当 Elterngeld」の導入を提言した。北欧諸国をモデルに構想されたこの「親手当」は，休業前の手取り所得の67％を12カ月支給するもので，そのうち3カ月は「パパの月／ママの月」（いわゆるパパ・クォータ）として親の一方（父親を想定）に割り当てることを予定していた。また，「親時間」については，保育施設の整備が遅れていることから，現行の3年間を短縮しないとしたものの，近年，専門的労働力不足から多くの企業がより早期の職場復帰を望んでいることを指摘した。

親手当は，ただちには実現されなかったが，次期メルケル政権（CDU／CSU・SPD 大連立）の連立協定に盛り込まれ，フォン・デア・ライエン連邦家庭相のもとで2007年から導入されることとなった。ただし，「パパの月／ママの月」は，連立協定において2カ月に短縮され，さらに2006年5月の与党間協議で，12カ月の支給期間に含めずボーナスとして追加し，支給期間を合計14カ月に延長することが決定された。なお，法律では性中立的な「パートナー月」の表現が採用された。

親手当の基本的性格は，育児にあたる親の休業期間中の経済的損失を補償することを目的とする所得代替給付である。所得制限なしに，休業前の手取り所得の67％（ただし最高1800ユーロ）が連邦政府によって保障される。拠出制の社会保険であれば，従前の所得額に応じた給付が行なわれるのは当然であるが，全額国庫負担の手当としては異例である。ただし，特例措置として，休業前の所得がゼロの者（たとえば専業主婦など）にも最低300ユーロが保障され，また，平均月間就業所得が1000ユーロ未満の低所得者に対しては，1000ユーロとの差額20ユーロごとに支給率が1％加算される。

なお，給付費削減のため，2011年から，1200ユーロを超える所得については支給率を段階的に65％まで引き下げ，年間課税所得が一定額（単身者

3）正式には連邦家庭高齢者女性青少年相であるが，煩瑣なので，家庭政策の担当相としての表記は連邦家庭相とする。省名についても同様。なお，省名・大臣名とも1953年の設置以降，省の所掌分野の変更に応じた変遷があるが，便宜上，連邦家庭省（相）と略記する。

25万ユーロ，夫婦合算50万ユーロ）を超える場合には支給されないことになった。

4) 親手当の効果

2009年に出生した子ども約66万5000人についてみると，2011年3月までに終了した分だけで，約78万件の親手当の支給が行なわれ，全国平均で母親の96.3%，父親の23.6%が親手当を受給している。このように，親手当の導入後，育児のために休業して手当を受給する父親が著しく増加した。もっとも，女性の平均受給期間11.7カ月に対し，男性の平均受給期間は3.5カ月と短く，男性の74.6%は「パートナー月」相当の2カ月の受給となっている。まさに「パートナー月」ゆえの効果とみることができよう（Statistisches Bundesamt 2011: 6, 8, 32）。

連邦政府の「社会予算」によれば，親手当と旧制度である育児手当の支給総額は，合計47億ユーロ（2009年見込み額）に達している。

4 保育の拡充

1) 保育整備の停滞

ドイツの家族政策でもっとも遅れていたのが，保育の整備である。西ドイツでは，就学前児童の教育・保育は，社会福祉の原則である「補足性原理」に則り，一義的には親の責任であるとされ，親の自由に任されてきた（小玉 2008: 80）。保育施設は，あくまでも家庭（親）による養育を援助する手段として，民間福祉団体などの施設が十分にサービスを提供することができない場合に限り，公共団体が設置する（オーバーヒューマ・ウーリッチ 2004: 96）。とくに3歳未満児のための保育施設は，3歳になるまで家庭で母親が育てるべきであるという観念が強固であったため，著しく整備が遅れた。他方，女性の就業が当然のこととして社会に組み込まれていた東ドイツでは，はるかに充実した保育が提供されていた。ドイツ統一後20年以上がたった今日でも，保育の東西格差は大きい。

西ドイツでは、1950年代末から1960年代初めに「経済の奇跡」が始まると、労働力不足が顕在化し、最後の潜在労働力として既婚女性に注目が集まったものの、連邦政府は、外国人労働者の導入によって対処する方針をとった。

1969年のSPD・FDP連立政権への政権交代後、1973年から、スウェーデンのdagmamma（昼間ママ）に倣って、自分の子どもと一緒に他人の子どもを3人まで自宅で保育する「保育ママ」のモデル・プロジェクトが5州で実施され、3歳未満児の保育のあり方が模索された。しかし、野党のCDU／CSUは、1974年、これに対抗して、母親自身が育児に専念できるようにするため、子どもが3歳になるまで母親に育児手当を支給する育児手当法案を提出した。この法案の構想は、1986年、CDU／CSU政権下で、育児手当制度として実現したが、育児手当の給付は保育施設の整備よりもはるかに安上がりであった。

2) 3歳以上の子どもの保育請求権の導入

1990年のドイツ統一にともない、東西で異なる妊娠中絶法を統一することが課題となった。東ドイツでは期間規定による解決（妊娠12週以内の中絶は自由）が、西ドイツでは指標規定による解決（一定の社会的指標が該当する場合には処罰しない）が行なわれていたからである。統一にあたっては、子どもを産み育てやすい環境を整えることが重要視され、支援措置のひとつとして、1992年、社会法典第8編（児童・青少年援助）に、3歳以上の子どもの保育請求権と、3歳未満児については需要に応じた供給義務が定められた。3歳以上の子どもの保育請求権は1996年1月からの導入が規定されていたが、猶予措置により完全実現は1999年1月となった。

その間に3歳以上の児童の保育事情は大きく改善され、1998年末には全国平均でほぼ9割の供給率が達成された。ただし、請求権の内容として詳細な保育条件が定められなかったため、請求権は昼食のつかない半日保育でも十分に満たされるとみなされた。そのため、とくに旧西ドイツ地域では、保育時間が短くてフルタイムで働く親のニーズに十分応えられないという問題が残された。また、学校も、半日制が一般的で、昼食時に児童が帰宅するこ

とが母親のフルタイム就業を妨げる一因となっていた。

3）保育拡充の契機と始まり

2000年の経済協力開発機構（OECD）の学習到達度調査（PISA）において，ドイツは親の所属する社会階層による学力（読解力）の格差がもっとも大きい国であることが示された。これを契機に，就学前段階での知的教育の重要性が認識され，保育拡充の気運が高まった。同じ頃から，人口減少がドイツの経済や社会全体に及ぼす負の影響が認識され始め，少子化問題が社会問題として浮上し，2002年の連邦議会議員選挙では，家族政策が大きな争点となった。

2003年3月，第二次シュレーダー政権（SPD・同盟90／緑の党連立）が発表した包括的な改革プログラム「アジェンダ2010」には，保育と全日制学校の拡充が盛り込まれた。保育と全日制学校の不足が，親の職業と家庭の両立を妨げていることが指摘されると同時に，親の社会的地位にかかわりなく子どもには幼少期から最良の教育機会が必要であると謳われ，州と地方自治体に対する資金供与（保育に年15億ユーロ，学校に合計40億ユーロ）が約束された（Presse- und Informationsamt der Bundesregierung 2003: 42-45）。

全日制学校の拡充については，2003年4月，連邦と各州のあいだで5年間の投資プログラムに関する行政協定が締結され，これにもとづき，総額40億ユーロが連邦政府から各州に供与されることとなった。

3歳未満児のための保育の拡充のためには，2004年12月に昼間保育拡充法が制定され，3歳未満児の保育についての「需要に応じた」提供の最低基準，つまり，3歳未満児に必ず保育が提供されなければならない場合が初めて具体的に（両親が就業中または職業訓練中である場合など）定められた。同法は2005年1月から施行され，2010年までに旧西ドイツ地域で約23万人分の保育を増設することが目標となった。これは旧西ドイツ地域で17％，全国で21％の保育率に相当する。また，同法により，社会法典第8編（児童・青少年援助）が改正され，保育施設・サービスの任務のひとつとして，親の両立支援の援助が明記された。これにより，3歳以上の児童に認められ

ている保育請求権は，1日6時間以上の保育を提供しなければ満たされないと解されるようになった（Münder et al. 2009: 251）。

保育整備に必要な費用は，連邦から地方自治体に直接補助することができないため，社会扶助制度の改革によって地方自治体の負担を軽減することにより，間接的に援助する方法がとられたが，当初期待されたほど地方自治体の負担は軽減されず，保育整備のための資金は十分に供給されなかった。

4）1歳以上の子どもの保育請求権の導入

3歳未満児の保育の供給率は，2005年には全国平均で13.7％に上昇していたが，3歳未満児の母親の就業率を考慮すると，3分の1には保育の提供が必要であった。2005年11月に発足したメルケル政権（CDU／CSU・SPD大連立）の連立協定には，3歳未満児の保育の拡充と1歳以上の子どもの保育請求権の導入が盛り込まれた。2007年1月からは親手当が導入され，手当の支給期間が最大でも14カ月に短縮されることとなったため，1歳児と2歳児のための保育の供給は差し迫った課題となった。

このような状況のなかで，フォン・デア・ライエン連邦家庭相が2007年2月9日の『南ドイツ新聞』のインタビューで，2013年までに50万人分の保育を増設し1歳児と2歳児への保育供給率を35％に引き上げるという大胆な提案を行なった。メルケル首相はこの方針を支持したが，与党CDUのなかからは，財源の観点から反対する声もあった。また，同党の支持基盤に大きな影響力をもつカトリック教会の司教は，「国の援助によって母親に出産後すぐ子どもを国に預けさせようとする家庭相は，子どもを産む機械に女性を貶めようとしている」と連邦家庭相を批判した。一方，連立のパートナーであるSPDは，2月26日に，2010年までに1歳以上の子どもに全日の保育請求権を導入する，より強力な保育施設の整備構想を発表した。

4月2日，連邦・州・地方自治体の全国団体による「保育所サミット」で，2013年に3歳未満児の保育の定員数を約75万人まで引き上げ，全国平均で35％の供給率を達成することが合意された。8月28日，連邦と各州との協定により，1歳からの保育請求権を2013／2014年度から導入すること，保育拡充の目標値を75万人分とすること，連邦が2013年まで総額40億ユー

ロ（うち投資費用21億5000万ユーロ），2014年からは運営費用として毎年7億7000万ユーロを負担することが定められた。連邦政府の費用負担関係法案の閣議決定を経て，10月18日，連邦と16州のあいだで行政協定「投資プログラム『保育資金調達』2008-2013」が締結された。この協定により，連邦から州に対して今後6年間に総額21億5000万ユーロの補助が行なわれることが，必要な法改正が2008年末までに公布されることを条件として，定められた。協定に盛り込まれたこの条件は，合意への効果的な圧力となった（Henninger und von Wahl 2010: 374-375）。

関係者の合意を得て，2008年12月に児童助成法が制定され，2008年7月21日にさかのぼって施行された。児童助成法による社会法典第8編（児童・青少年援助）の改正で，従来の目標値を引き上げ（供給率35%），整備期間を2013年7月末まで延長すること，2013年8月から1歳以上の子どもに保育の請求権を認めることが定められた。また，地方自治体に対する州の保育運営費補助を可能にするため，財政調整法の改正により，18億5000万ユーロの増収を州にもたらすよう売上税の配分が変更された。

5）家庭内保育に対する手当

連邦政府の保育の拡充政策に対しては，連立与党内でもCSUの保守派からイデオロギー的な揺り戻しともいえる激しい反発があった。保守派の論拠は，片働き家庭と共働き家庭のいずれを選択するかの自由が与えられるべきという「選択の自由」論である。親自身が家庭で保育にあたる場合にも施設保育と同様に国の助成が与えられるべきであると主張したが，この主張に対しては，現金支給では子どものために使われるとは限らないとか，教育に疎遠な階層の子どもにこそ，発達を促すために家庭外保育の機会が提供されるべきであるという反論がなされた。結局，妥協策として，2008年の児童助成法の制定時に，社会法典第8編（児童・青少年援助）に「世話手当 Betreuungsgeld」（いわゆる「かまど報奨金」）の規定が設けられた。これは，1歳からの保育請求権が導入される2013年から，自分の子に施設保育を受けさせることを希望しない親，また受けさせることができない親のために毎月の給付を導入するという規定である。

この規定は，単なる意図の表明にすぎず，法的機能の意味がないという見方もある。法案の提案理由書は，児童の養育の際に親が果たす傑出した役割を評価することを連邦政府が表明したものであり，その具体的方法は2013年までに明らかにするが，立法者の決定は自由であると説明していた。しかし，2009年10月に発足した第二次メルケル政権（CDU／CSU・FDP連立）の連立協定には，「公的サービスや給付に対する選択の自由を可能とするために」150ユーロの世話手当を，場合によってはバウチャーにより，連邦の給付として導入することが定められ，さらに具体化された。

野党のSPDや同盟90／緑の党から，世話手当の規定の廃止を求める法案や動議が連邦議会に提出され，2011年7月には委員会の公聴会が開催された。世話手当に対し学者は否定的であったが，一部の家庭団体は導入を強く主張した。労働組合や女性団体は，一般にこれに反対である。また，専門労働力の確保の観点から女性就業率の向上とそのための保育の拡充を望む使用者団体も，この手当には反対している。

6）保育整備の最新状況と展望

2010年3月1日現在，全国で47万人の3歳未満児が保育を受けており，3歳未満児の保育率は，2010年の目標値の21％を超え，23％に達した。ただし，旧西ドイツ地域（ベルリン州を含まない）で17.4％，旧東ドイツ地域（ベルリン州を含まない）で48.1％と，東西格差が大きい。年齢別にみると，0歳児については，全国で2.4％とほとんど整備されていない。1歳児では，旧西ドイツ地域で15.0％にとどまり，さらに努力が必要である。2歳児では，

表3　保育供給率（2010年3月1日現在）

（単位：％）

	全　国	旧西ドイツ地域	旧東ドイツ地域
0歳児	2.4	1.9	5.0
1歳児	22.7	15.0	57.3
2歳児	43.5	34.8	81.4
3歳未満児合計	23.1	17.4	48.1
3歳～6歳未満児	92.6	92.1	95.3

註：旧西ドイツ地域，旧東ドイツ地域ともベルリン州を含まない数値。
　　旧東ドイツ地域にベルリン州を含めると，0歳児，1歳児，2歳児への供給率はそれぞれ4.6，54.8，80.4と若干低くなる。
出所：Statistisches Bundesamt（2010）.

旧西ドイツ地域でも 34.8% と，かなりの水準が達成されている。

　3 歳以上 6 歳未満の児童については，全国で約 192 万人の児童が保育を受けており，保育率は東西両地域とも 9 割を超えている。しかし，東西格差とかなりの地域間格差があり，親のニーズに合致した保育時間となっているかという点で問題が残っている。

5　家族政策の変遷と社会国家の変容

1）保守主義的な福祉国家における家族

　ドイツは，エスピン-アンデルセンの福祉国家の類型論において，保守主義的なコーポラティズムの国に位置づけられる。社会保険中心のアプローチをとるこのような国では，社会保障の権利は職業上の地位に由来し，家族の構成員の権利は，通常，男性である収入稼得者に依存する。その形成過程においてはキリスト教会が強い影響を及ぼし，伝統的な家族制度の維持に努めた（エスピン-アンデルセン 2001: 29-30）。この類型は，男性稼ぎ主モデルと親和的である。また，他の論者によっても，ドイツは強固な男性稼ぎ主モデルの国として描かれてきた（Fleckenstein 2010: 790）。ゴーチェによる家族政策の分類でも，ドイツは，男性が主たる稼ぎ手である伝統的な家族を奨励する伝統主義的モデルに分類されている（神尾 2005: 31-32）。

　ドイツでは，カトリックの社会思想に由来する「補足性原理」にもとづいて，家族は，とくにケア（育児・介護）の主たる提供者の役割を与えられ，国は，家族がこのような役割を果たせるように，「普遍的な家族支援」を行なってきた。一方，女性はもっぱら家庭で育児・介護を担当する者として社会的な保護が与えられ，その就業は奨励されなかった（Fleckenstein 2010: 790-791）。補足性原理が，家族主義を制度化してきたのである（エスピン-アンデルセン 2003: 107-109）。

　しかしながら，ブリージズとゼーライプ-カイザーによれば，保守主義的な福祉国家を成立させた「完全雇用」「標準的雇用関係」「女性の低就業」という社会経済的な前提条件は，ドイツでもすでに崩れており，エスピン-ア

ンデルセンのいう保守主義的な福祉国家は，1970年代半ばから始まった男性稼ぎ主中心の社会政策（社会保険制度）の縮減と，おおむねそれと並行して進められた家族のための社会政策の拡充によって，本質的に変容したという（Bleses and Seeleib-Kaiser 2004: 79, 145-154）。全般的傾向としては，標準的な労働者を前提とする社会保険の役割の縮小と税財源による普遍的給付の拡大は，明らかにみてとれる。しかし，家族のための社会政策といっても，時代と政権によってその目標と内容は異なる（Hinrichs 2009: 197-199）。その内実をもう少し丁寧にみていく必要があるだろう。

2）キリスト教政党主導の家族政策

戦後まず家族政策に関心を寄せたのは，キリスト教会と，キリスト教会に近い家庭団体，そしてこれらを支持層とする CDU／CSU であった。1953年，第二次アデナウアー政権（CDU／CSU・FDP ほか連立）下で，SPD と FDP の反対を押し切って「連邦家庭青少年問題省」が設置された。厳格なカトリック教徒であった初代のヴュアメリング連邦家庭相は，「道徳的に健全な家庭こそ共産主義への防波堤である」と公言して憚らず，理想とする家庭の実現のためには母親や女性を家庭にとどめることが不可欠であったため，「家にいる母親は，車やステレオや外国旅行の何倍もの代わりとなる」として，女性の就業を敵視し保育施設の拡充を拒否した（Gerlach 2010: 179-181）。

SPD と FDP は，連邦家庭青少年問題省の創設に象徴される，「家族のような一般的な事項」を扱う政策領域の制度化には反対だった。SPD は，キリスト教政党の推進するイデオロギー的な家族政策を軽蔑と疑念を抱いており（Gerlach 2010: 187），1960年代まで，「家族政策のアリーナ」では，一方に教会，家庭団体，CDU／CSU が，反対側には，SPD と FDP があって，対峙していた（ibid.: 433）。

1950年代後半から1960年代の初めの「経済の奇跡」の開始とともに，労働力不足が懸念されるようになると，第二代の連邦家庭相はもはや女性の就業を敵視せず，母親のパート就業を可能とするための保育の整備を検討した。このころからしだいに，女性のライフコースとして「3期モデル」が議論さ

れるようになり、保育拡充の努力も始まった (Gerlach 2010: 185)。しかし、連邦政府は、労働力不足に対して基本的には外国人労働者の受け入れによって対処する方針であって、女性の就業率の向上を積極的にめざすことはなかった。

3) 分業モデルの家族政策

1960年代末、キリスト教政党の家族政策に背を向けてきたSPDとFDPが政権についたこと、他方で社会の価値観の変化が起きたことで、家族政策をめぐる状況が大きく変わった。1970年代には家族政策において規範を重視する行動は次第に重要性を失っていった (Gerlach 2010: 434)。ドイツの家族政策は、この時期に、制度としての家族のための政策から家族の構成員（とくに女性と子ども）のための政策へと転換したといわれている。シュトローベル連邦家庭相（SPD）は、「家庭は子どもを通して成立する。合理的な家族政策は、家族の中の個々のメンバーの解放に寄与するものでなければならない」と述べており (ibid.: 187-188)、家族政策の意義づけが変化したことがうかがわれる。

1980年代、1990年代の保守リベラル政権の家族政策は、基本的には男性稼ぎ主モデルと合致するかたちで展開された (Fleckenstein 2010: 796)。その象徴が、1986年の育児手当・育児休暇制度の導入である。一般に、育児休業制度は代表的な両立支援策とみられているが、性中立的に規定されていたとしても、実際には、賃金の低い母親の方が休業して育児にあたることが想定されており、その意味では男性稼ぎ主モデルを補完するものであった。

4) 家族政策のパラダイム転換

ドイツの合計特殊出生率は、1970年代に2を割り込み、以後ずっと1.3前後の低水準で推移してきた。しかし、ナチス時代にとられた優生政策の記憶から戦後のドイツでは出産促進政策はタブーであり、少子化が社会問題として取り上げられ積極的な対策がとられることはなかった。ところが、21世紀に入ると、人口減少の経済・社会全体への負の影響が認識され始め、少子化対策の観点から家族政策が論じされるようになる。

1998年の政権交代で誕生したSPD・同盟90／緑の党連立政権は，連立協定で「ドイツをふたたび子どもと家族に優しい国にしたい」と謳っていたものの，当初，家族政策への関心はそれほど高くなかったように思われる。シュレーダー首相は，政権発足時の宣誓の際に，家族政策を「意味のない空騒ぎ」と退けた。旧東ドイツ出身のベルクマン連邦家庭相は，自らの経験をふまえて，女性の就業を可能とするための条件整備として3歳未満児への保育の提供に取り組んだ（Gerlach 2010: 214）が，保育に関して目立った進捗はなかった。一方，2000年には育児休暇が親時間に改められ，2001年にはパート労働法によりパートタイム勤務の請求権が導入され，両立支援策が改善された。

2002年4月18日，シュレーダー首相は，半年後の連邦議会選挙を視野に入れて，自ら「歴史的」と呼ぶ，家族政策に関する政府演説を連邦議会で行なった。SPDによれば，そもそも家族政策について首相が政府演説を行なうのは初めてであった。この演説は，政権の3年半の成果を謳いあげ，選挙後の方針を示すものであった。シュレーダー首相は，「われわれは，1998年以降，本当に家族に優しい社会へ向けて政策転換に成功した」と宣言し，児童手当の支給額の引き上げ，所得税における子どもの養育・教育・職業教育費の控除の導入，児童控除の大幅引き上げなどを例としてあげた。

2002年秋の連邦議会議員選挙では家族政策が争点のひとつとなった。家族政策が一躍，政党間競争の場となったのである。政権与党が全日制の保育と学校の拡充によって，家庭と職業の両立を可能にすることをめざすのに対し，最大野党のCDU／CSUは，児童手当と育児手当を統合した「家族手当 Familiengeld」の創設により，子どもを家庭外保育に委ねて就業するか，休業して自ら保育にあたるかの「選択の自由」を親に与えることを主張した（カールヴァイト 2002: 6-9）。この選挙で政権与党が勝利を収め，同年10月に第二次シュレーダー政権（SPD・同盟90／緑の党連立）が発足した。

シュレーダー首相が2003年3月に発表した包括的改革プラン「アジェンダ2010」には，経済財政改革や社会保障改革とならんで，3歳未満児のための保育と全日制学校の拡充が盛り込まれた。連邦政府の解説パンフレットでは，「家庭または職業」という見出しの「または」が「と」に訂正され，「親

は子どもかキャリアかの選択を迫られてはならない」と述べられており，家庭と職業の両立を可能とすることが政策目標として鮮明に打ち出された (Presse- und Informationsamt der Bundesregierung 2003: 42-45)。前述のように，全日制学校の拡充のための5年間の投資プログラムおよび昼間保育拡充法の施行により，連邦の財政援助を含む取組みが開始された。アジェンダ2010で提案された改革は，大きな反発を招いた項目も多かったが，保育の拡充については社会の幅広いコンセンサスがあった（Wrohlich 2008: 96)。

連邦家庭相には経験豊かな実力政治家シュミット副党首（SPD）が任命され，ドイツの出生率と女性の就業率がヨーロッパで最低であるという現実に向き合った最初の担当相となった。同相は，ドイツのタブーを打ち破り，家族政策は人口も意識しなければならないことを初めて公言した。(Gerlach 2010: 221-222)

2003年11月には，同相の委託を受けた経済学者のリュールップ博士らが報告書「活発な人口発展のための持続的な家族政策」を提出した。この報告書は，持続的な家族政策，すなわち出生率の上昇と女性の就業率の上昇という二つの目標を追求する家族政策が必要であると主張し，具体的な対策として，(1) 保育施設の拡充を進めること，(2) 育児休業による所得減少（機会費用）を少なくするために所得比例の休業給付（=「親手当」）を導入することを提言した。出生率も女性の就業率もドイツより高い北欧諸国をモデルとした構想であった。この二つは，その後の家族政策の中心テーマとなっていく。また，明示的に掲げられていないものの，親手当からは，中高所得者層・高学歴層の出産の奨励という目標をみてとることもできる。大卒女性（35～39歳）の有子率39％は，状況を象徴する数値として議論において何度も引き合いに出された。

大規模な労働市場改革の一環として，2003年12月に，従来の失業扶助と社会扶助を統合再編し，稼得能力を有する生活困窮者を新設の求職者基礎保障に吸収するための法改正が行なわれたが，この改革によって負担を軽減される地方自治体の資金が保育の拡充に振り向けられることが期待された。このように，労働市場政策の支出縮減と並行して，女性就業率の向上を図る方向で家族政策の現代化が進められたことは，興味深い。

5) 新しい家族政策の展開

　2005年9月の連邦議会選挙でCDU／CSUがSPDに僅差で勝利したものの，いずれも単独過半数を獲得することができず，11月12日にCDUのメルケル党首を首相とする大連立政権が誕生した。前政権下で始められた新しい家族政策は，新政権のフォン・デア・ライエン連邦家庭相によって継続された。連邦政府は，『第7次家族報告』(2005年) に対する所見 (2006年) のなかで，家族に必要なものとして，「お金」「時間」「インフラ」の三つをあげた。フォン・デア・ライエン連邦家庭相は，2006年3月31日の記者会見で，出生率上昇の鍵は，男女が子どもをもちながら職業生活を送ることを可能にすることであり，そのためには (1) 所得の確保，(2) 毎日の職業生活において子どものための時間がもてること，(3) 良好な保育・教育サービスの提供が必要であると発言した。インフラ整備と時間政策と経済的支援を三本柱とする「新しい家族政策」が明確に打ち出されるようになった。このうち，家族のための時間政策は，労働時間政策が中心となるが，そのほかに保育施設の開所時間，商店の営業時間，官庁の開庁時間，公共交通機関の運行時間の調整などもテーマとなる。

　母親の就業を前提とするフォン・デア・ライエン連邦家庭相の政策は，党内右派や，より保守的な姉妹政党であるCSUの反発を招いたが，若い世代の女性支持層の拡大をめざすメルケル首相の支持を得て推進された。また，女性の就業率の向上をめざす新しい家族政策は，専門労働力の不足を憂慮する経済団体に訴えるところが大きく，その支持も得ることができた。女性の労働参加の推進は，男女平等をめざす女性政策のテーマとしてでなく，経済発展に貢献につながる家族政策の課題として語られた。このことは，家族政策の「戦略的な経済化」(Henninger und von Wahl 2010: 372) と評されている。

　前政権のシュミット連邦家庭相のもとで提案された親手当の構想は，新政権のフォン・デア・ライエン連邦家庭相のもとで実現することとなった。SPDの連邦議会選挙のマニフェストに盛り込まれたこの構想は，新政権の連立協定において2007年から導入することが明記されたからである。こうして，従来の定額の育児手当は，従前の賃金に比例した所得補償を行なう親

手当に拡充された。同時に，父親の育児休業を促進する目的で，別の親が休業する場合に限り親手当の支給期間が 2 カ月延長される制度（事実上のパパ・クォータ制）が導入された。親手当制度は，新しい家族政策のマイルストーンとして高く評価されている。

　3 歳未満児の保育については，フォン・デア・ライエン連邦家庭相が 2007 年 2 月，新聞のインタビューで，2013 年までに 50 万人分の保育の拡充により，1 歳児および 2 歳児の約 35% が保育を受けられるようにするという大胆な提案を行なった。構想を打ち出して公開の場での議論を巻き起こし，事を進めるのが同相の手法のように思われる。メルケル首相は同相を支持したが，与党 CDU からは反対する声が出され，キリスト教会からも批判を受けた。

　しかし，連邦家庭相は，2007 年 4 月に「保育所サミット」を開催し，2013 年までに全国平均で 35% の供給率を達成するという合意を整備の責任を負う州と地方自治体からもとりつけた。これを受けて 2008 年 12 月には「児童助成法」が制定され，2013 年 8 月から 1 歳以上 3 歳未満の児童に保育に対する請求権を認めることが定められた。前政権下で開始された保育拡充政策は，2005 年と 2009 年の二度の政権交代を超えて継続されており，保育整備の必要性については，党派を超えた幅広いコンセンサスが成立しているといえる。

　2009 年 9 月の連邦議会選挙で CDU／CSU と FDP が合計で過半数を獲得し，第二次メルケル政権（CDU／CSU・FDP 連立）が発足した。この政権

表 4　新しい家族政策の推進者

期間	政権党	連邦首相	連邦家庭相
1998–2002	SPD・同盟 90／緑の党 （中道左派連立）	ゲアハルト・シュレーダー (SPD)	クリスティーネ・ベルクマン (SPD)
2002–2005	SPD・同盟 90／緑の党 （中道左派連立）	ゲアハルト・シュレーダー (SPD)	レナーテ・シュミット (SPD)
2005–2009	CDU／CSU・SPD （大連立）	アンゲラ・メルケル (CDU)	ウルズラ・フォン・デア・ライエン（CDU）
2009–	CDU／CSU・FDP （保守リベラル連立）	アンゲラ・メルケル (CDU)	ウルズラ・フォン・デア・ライエン（CDU） クリスティーナ・シュレーダー（CDU）

出所：筆者作成。

においても再任されたフォン・デア・ライエン連邦家庭相は,不祥事による前任者の辞任を受けて,より枢要なポストである連邦労働社会相に転じ,新しい連邦家庭相には若手女性政治家のシュレーダー議員が就任したが,新しい家族政策は継続されており,現在,三本柱のうちもっとも遅れている保育の整備が重点的に進められている。

一方,フォン・デア・ライエン前連邦家庭相は,連邦労働相としての立場から,新しい家族政策と関わりの深い女性政策について相変わらず積極的な発言を行なっている。たとえば,2011年には,民間企業の経営幹部について30%の女性クォータ制を法律で義務づけることを提案した。ただし,この提案はメルケル首相によって退けられている。

6) パラダイム転換の成功要因

ドイツの家族政策のパラダイム転換を決定的にしたのは,大連立政権下での所得比例の親手当の導入(2007年)と児童助成法(2008年)であった。その成功の原因は何であろうか。

ヘニンガーとフォン・ヴァールによれば,よりにもよって保守政党の家庭相がドイツ福祉国家の伝統的な家族主義の掘り崩しにとりかかったことは,政治学的には「ニクソン訪中」戦略と呼ぶことができるという。保守強硬派の共和党員ニクソンだからこそ,ワシントンの政治上の対立者たちから共産主義への接近を疑われることなく対中外交の転換を果たすことができたように,7人の子持ちである保守政党の家庭相は,保守政党の反対者たちから家庭を掘り崩していると非難されるおそれがなく,また,SPDが長年要求してきたことを実行している以上,連立相手のSPDから抵抗を受けるはずもなかったからこそ,家族政策を現代化することが可能だったのである(Henninger und von Wahl 2010: 361–362)。

ゼーライブ−カイザーは,家族政策の転換の成功要因として,以下の六つをあげている(Seeleib-Kaiser 2010: 424–425)。

(1) 家族政策の機能的基盤が過去20年間に大きく変化したこと。たとえば,女性の就業率の上昇,高度技能職での女子雇用の拡大など。

(2) 経済成長に寄与する家族政策を経済団体が支持したこと。

(3) 新しい家族政策を主唱した政治家が,「ジェンダー平等」や「選択」の枠組みを使う代わりに,ドイツ経済のための出生率と人的資源の向上という社会経済的根拠に沿って主張を正当化したこと。

(4) フォン・デア・ライエン連邦家庭相が新しい家族政策のアジェンダ設定者としてリーダーシップを発揮したこと。

(5) 1998年の連邦議会選挙で敗北したCDUが,女性有権者の支持を取り戻すために同党の家族政策の現代化に着手し,同党の改革派が新しい家族政策のアプローチを積極的に推進したこと。なお,その結果,2009年の連邦議会選挙では,CDUが勝利したが,家族政策の分野ではSPDよりも能力が高いとみなされたという。フォン・デア・ライエン連邦家庭相のもとで推進された新しい家族政策が女性有権者の支持の回復にプラスに働いたことはもっともなことに思われる。政党における女性クォータ制の導入過程においても示されたように,ドイツでは女性有権者の支持をめぐり政党間の競争があり,これが政策の展開に影響を与えている(齋藤 2008: 49-51)ことがうかがえる。

(6) 二大政党による大連立政権であることによって,州および自治体の任務である保育整備について連邦資金の拠出により比較的容易に対処することができたこと,およびSPDが連立政権内で反対者として振舞うことなくCDUの現代化の過程を支援したこと。SPDと大連立を組んでいなければ,CDUの改革派が党内の保守派の反対を押し切ってそのアジェンダを実現することはできなかっただろうといわれている。

参考文献

エスピン-アンデルセン,イエスタ(2001)岡沢憲芙・宮本太郎監訳『福祉資本主義の三つの世界——比較福祉国家の理論と動態』ミネルヴァ書房。

エスピン-アンデルセン,イエスタ編(2003)埋橋孝文監訳『転換期の福祉国家——グローバル経済下の適応戦略』早稲田大学出版部。

オーバーヒューマ,パメラ,ミハエラ・ウーリッチ(2004)泉千勢監修編訳・OMEP日本委員会訳『ヨーロッパの保育と保育者養成』大阪公立大学共同出版会。

カールヴァイト,カトリン(2002)「家族政策が大きな争点」『Deutschland』No. 3 (6-7月):6-9頁。

神尾真知子(2005)「少子化対策の展開と論点」『少子化・高齢化とその対策——総合

調査報告書』国立国会図書館調査及び立法考査局：23-43頁。
小玉亮子（2008）「ドイツ　PISAショックによる保育の学校化――「境界線」を越える試み」泉千勢ほか編著『世界の幼児教育・保育改革と学力』（未来への学力と日本の教育⑨）明石書店。
齋藤純子（1992）「ドイツの育児休暇法」『季刊労働法』163号（5月）：80-88頁。
齋藤純子（1997）「ドイツにおける妊娠中絶法の統一」『外国の立法』No. 201（5月）：281-294頁。
齋藤純子（2006）「「育児手当」から「親手当」へ――家族政策のパラダイム転換」『外国の立法』No. 229（8月）：164-170頁。
齋藤純子（2007）「ドイツの連邦親手当・親時間法――所得比例方式の育児手当制度への転換」『外国の立法』No. 232（6月）：51-76頁。
齋藤純子（2008）「ドイツの取組の特徴と日本への示唆――政党におけるクォータ制の定着」『諸外国における政策・方針決定過程への女性の参画に関する調査――ドイツ共和国・フランス共和国・大韓民国・フィリピン共和国』内閣府男女共同参画局：47-58頁。
齋藤純子（2010）「ドイツの児童手当と新しい家族政策」『レファレンス』（国立国会図書館調査及び立法考査局）716号（9月）：47-72頁。
齋藤純子（2011）「ドイツの保育制度――拡充の歩みと展望」『レファレンス』（国立国会図書館調査及び立法考査局）721号（2月）：29-62頁。

Bäcker, Gerhard et al. (2010) *Sozialpolitik und Soziale Lage in Deutschland, Bd. 2: Gesundheit, Familie, Alter und Soziale Dienste*, 5., durchgesehene Aufl., Wiesbaden: VS Verlag.

Bleses, Peter, and Martin Seeleib-Kaiser (2004) *The Dual Transformation of the German Welfare State*, Basingstoke: Palgrave Macmillan.

Bundesministerium für Arbeit und Soziales (Hrsg.) (2011) *Übersicht über das Sozialrecht, 2011/2012*, 8. Aufl., Nürnberg: BW Bildung und Wissen.

Felix, Dagmar (2005) *Kindergeldrecht, Kommentar*, München: Beck.

Felix, Dagmar (2008) "§ 30 Familienlastenausgleich," in Bernd von Maydell et al. (Hrsg.), *Sozialrechtshandbuch*, 4. Aufl., Baden-Baden: Nomos: 1262-1286.

Fleckenstein, Timo (2010) "Party Politics and Childcare: Comparing the Expansion of Service Provision in England and Germany," *Social Policy and Administration* 44 (7): 789-807.

Gerlach, Irene (2010) *Familienpolitik*, 2., aktualisierte und überarbeitete Aufl., Wiesbaden: VS Verlag.

Hinrichs, Karl (2009) "The German Welfare State: Tradition and Changes," in Stanistawa Golinowska et al. (eds.), *Diversity and Commonality in European Social Policies: The Forging of a European Social Model*, Warsaw: Wydawnictwo Naukowe Scholar/Friedrich-Ebert-Stiftung: 184-212.

Henninger, Annette, und Angelika von Wahl (2010) "Das Umspielen von Veto-Spielern.

Wie eine konservative Familienministerin den Familialismus des deutschen Wohlfahrtsstaates unterminiert," in Christoph Egle und Reimut Zohlnhöfer (Hrsg.), *Die zweite Große Koalition: eine Bilanz der Regierung Merkel 2005-2009*, Wiesbaden: VS Verlag: 361-379.

Heuchert, Oliver (2009) *ZDF WISO: Mehr Geld für Familien*, 2. aktualisierte Aufl., Frankfurt am Main; New York: Campus Verlag.

Münder, Johannes et al. (Hrsg.) (2009) *Frankfurter Kommentar zum SGB VIII: Kinder- und Jugendhilfe*, 6., vollständig überarbeitete Aufl., Baden-Baden: Nomos.

Presse- und Informationsamt der Bundesregierung (Hrsg.) (2003) *Agenda 2010: Deutschland bewegtsich: Autworten zur Agenda 2010*, Bonn: Presse- und Informationsamt der Bundesregierung.

Ristau, Malte (2005) "Der ökonomische Charme der Familie," *Aus Politik und Zeitgeschichte* 23-24: 16-22.

Seeleib-Kaiser, Martin (2010) "Socio-Economic Change, Party Competition and Intra-Party Conflict: The Family Policy of the Grand Coalition," *German Politics* 19(3-4): 416-428.

Statistisches Bundesamt (2010) *Statistiken der Kinder- und Jugendhilfe: Kinder und tätige Personen in Tageseinrichtungen und in öffentlich geförderter Kindertagespflege am 01.03.2010*, Wiesbaden: Statistisches Bundesamt.

Statistisches Bundesamt (2011) *Öffentliche Sozialleistungen: Statistik zum Elterngeld, Gemeldete beendete Leistungsbezüge für im Jahr 2009 geborenen Kinder*, Januar 2009 bis März 2011, Wiesbaden: Statistisches Bundesamt.

Wrohlich, Katharina (2008) "Familie und Bildung in der Agenda 2010: Ziele, Maßnahmen und Wirkungen," *Vierteljahrshefte zur Wirtschaftsforschung*, 77(1): 90-97.

第8章

ひとり親家族の子育てと福祉援助
貧困家族におけるジェンダーと家族主義からの考察

岩田 美香

1　問題の背景

　近年，社会全体の，さらに子どもをめぐる格差や貧困については，メディアや研究を通して明らかにされてきている。国際的な比較（OECD データ）からも，日本の子どもの貧困率の高さ，社会政策などの再分配によって貧困が悪化すること，さらに教育費の公私負担割合では私費が高く家計が多くの教育費を負担していることが指摘され，政府の各種白書にも掲載されるようになった[1]。しかしブームとしての貧困問題や社会的弱者への関心ではなく，一人ひとりが不平等の問題を社会構造との関連で認識し，それが根づいていくまでには，まだ距離があると思われる。筆者の講義においても，子育ちの現状を考えてもらうために，貧困によって高等教育に進むことも就職活動もままならずホームレスになった若者と，一方で小さな頃より「お受験」をめざして多くの習い事やスポーツ，アウトドア活動に勤しんでいる子どもたちの映像を見てもらうことがある。学生たちの感想は，大部分が若者・子ども両者の立場での同情や怒り，社会問題や矛盾を指摘している。しかしそれさえも時間の経過とともに，貧困からは「遠い」と思っている自分たちの生活に紛れて，映画の一シーンのように忘れ去られてしまう。また，少数派ではあるが，「かわいそうとは思うけれど，自分ならば，もっとがんばれる。若者の努力が足りない」「やはり親次第なので，自分の子どもには貧困になら

---

[1] 厚生労働省（2010），文部科学省（2010），子どもの貧困白書編集員会編（2009）など。

ないように，たくさんの習い事を与えて育てたい」といった感想もある。内向きの意見であるが，ある意味「正直な」感想である。

　貧困にかかわる問題は，その実態を知ることが第一歩で，それがわが身のことではなくとも放っておけない課題として，社会から個人から何ができるのかを考えていくことが要求されると思うが，一個人としては，こうした学生たちのように，自助努力を強調する意見や自分と自分の家族のリスク回避だけを考えることも「まとも」な反応であろう。その背景として，社会における貧困の自己責任や家族責任という考え方，さらには家族にかかわる性別役割分業観が影響している。教育や福祉現場での研修会において，生活困難にある家族の現状を講義した後，最後の感想として「貧困といっても戦後の貧困ほどではない」「政治の問題ではなく心構えの問題ではないか」「母子家庭は自分で選択したのだから，自分で自立するべきではないか」「何といっても子どもを産んだのは母親なのだから母親の責任」といった意見が，いまだ教員や援助者からも出てくる。

　本章では，家族の責任やジェンダー・バイアスによる家族の捉えられ方，そうした親への「期待」や「プレッシャー」が，貧困家族やひとり親家族をはじめとした困難を抱えがちな家族内の生活において，どのようなかたちで表われるのかを概観し，そこから家族に対する福祉政策と援助の課題について考察していく。そこでは，世論としての家族責任やジェンダーの偏りだけではなく，生活困難にある当事者や援助者についても取り上げていく。

2　ひとり親家族にみるジェンダーと家族責任の重なり

　ひとり親家族の現状については，全国的には厚生労働省による「全国母子世帯等調査結果報告」（2006年11月現在，以下「全国調査」と示す）によって把握できる。全国調査によるひとり親となった理由としては，死別によるものは減少し，離婚や非婚・未婚などの「生別」によってひとり親家族を形成する割合が増加し，2006年で父子の77.4%，母子では89.6%を占めている。この自らの「選択（他に選択肢がない選択であっても）」によって，

ひとり親という家族形態を形成していることが、親本人にとっても周囲の理解においてもさまざまなかたちで影響している。

また、母子家族・父子家族ともに低所得化・貧困化はみられ、全国調査においても母子世帯の2005年の平均年収は213万円、父子世帯であっても421万円であり、同年の全世帯平均563万8000円と比較しても低いことが指摘されているが、その生活は一様ではなく、父子家族・母子家族それぞれに特徴をもった階層性を帯びている。

以下では、全国調査をふまえつつ筆者が2003年と2008年に行なった地域に暮らす母子家族の調査（以下、「地域調査」と示す）を中心に[2]、ひとり親家族の階層性と、そのなかでジェンダー問題と家族責任がいかに表われてくるのかを示していく。

1) ジェンダー・バイアスと家族責任の累積

地域調査からみた母子家族の場合は、とくに、所得階層・職業の有無・母親自身の学歴階層といった社会的階層差が、母親自身の実家の社会的資源の差もともないながら存在している。母子家族を形成する離婚理由をみても、高所得・高学歴であるほどに「性格の不一致」が主要な理由であるのに対して、無職・低所得・低学歴のシングル・マザーたちは「性格の不一致」が主要な要因でありながらも、「借金」「夫からの暴力」や「アルコールの問題」が相対的に高くなっている。政策にも掲げられている別れた夫からの養育費の確保についても、「定期的に」と「不定期に」を合わせても受けている者は2割程度にすぎず（2008年地域調査）、養育費を母子家族の収入としてあてにする施策の限界は、離婚に至る経緯も含め、別れた夫婦間で養育費の取り立てをすることの難しさや、元夫に養育費の支払い能力がないことなどによって明らかである。参考までに、反対に父子家族が元妻から養育費を受け取っている割合は、「定期的に」と「不定期に」を合わせても3.6％にすぎない。

---

[2] 北海道民生委員児童委員連盟の協力を得て2003年と2008年に札幌市を除く道内で実施した調査。詳しくは、北海道民生委員児童委員連盟（2004）、および北海道民生委員児童委員連盟（2009）を参照のこと。

母子家族としての生活再建も，その多くは母親と子どもだけで生活しているが，2割ほどの母子は実家の親と同居しており，それは母親の学歴階層に連関している。シングル・マザーの学歴が高くなるほどに実家との同居率も高く，娘に高等教育を授けることができるだけの余裕のある親（祖父母）は，シングル・マザーとなった娘を同居して援助できる階層としてみることができる。さらに，2003年地域調査と2008年地域調査を比較すると，同居率が17.9％→19.4％と微増しており，条件別では，比較的高所得である年収500万円～1000万円未満層で増加し二極化が進んでいた。NFRJデータにみる家族の援助においても，社会階層の高い方が親族への援助を頼っており（大和2009)，母子家族も同様の傾向にある。祖父母に対しても不況が影響し，また母子家族への福祉メニューも不十分ななかで，シングル・マザーである娘に対して親（祖父母）たちは，「同居する」という方法で，娘と孫の生活を援助しているのであろう。

　実家の親たちのサポート内容も，離婚当初は「子育て」や「物質的」援助が多く，ついで「金銭的」「住まいに関する」援助となっており，これらは就労し高学歴のシングル・マザーであるほどに多くの援助を受けている。シングル・マザーの就職が困難であることを考慮して，余裕のある実家の親たちは娘の再就職に向けての「資格取得」や「保育援助」，また「緊急時の援助」などにもサポートの手をさしのべて，より良い条件の仕事に就けるように応援している。実家の親たちは，下記の自由記述にもあるように自分の娘が母子家族となったときに，自分の娘と孫の生活を再建させるために，あらゆる援助を行ない，それは子育て領域で使われる「ストラテジー（戦略）」ともいうべきものに近い。そこまで援助しなければ，母子として自立していくということは難しいのであろう。

　・これからは子どもを育てていくために仕事を探すのは難しいと思ったので，離婚後すぐに両親と相談して学校進学を決め，技術（資格）を身につけることにしました。私は両親と同居しているので安心して学業に専念し，資格を取得して，また更なる資格取得のために進学させてもらいました。でも同じ学校には，ひとり親で子どもと二人暮らし

の友人がいます。子どもが熱を出したと言っては学校を休まなければなりません。
・私は両親と同居なので，色々協力してもらい，助かっています。産まれた時から子供の体調・食事の相談，遊び相手，私が留守の時は面倒をみてもらい，保育所の送迎なども協力してもらいました。家族全員で子育てをしてもらっています。1人で育てていらっしゃる方は大変だと思います。

　シングル・マザーの就職の困難さは，「女性＋幼い子どもがいる」という条件によって多くの不利を負っているが，それに加えて男性のように学卒後の就労が継続するのではなく，出産を契機として仕事をやめて家に入り，母子になることでふたたび一から就職活動をすることによる，女性特有のライフコースにかかわる難しさも存在している。「M字型」といわれる女性就労の底辺が上がってきた（結婚や出産しても仕事をやめる女性が減ってきた）といわれているが，彼女たちの「学卒後」「結婚後」「妊娠・出産後」時の就労の有無では，学校卒業後には9割の就職率であったものが，結婚後で6割，妊娠・出産後は5割に落ち込んでいる。ここでは，シングル・マザーの条件による大きな違いはみられなかった。しかし，「母子家族になってから」についてみると，母子家族になる以前の仕事を引き続き継続できているのは，現在の雇用形態が「正社員」の者や「年収300万円以上」の者，そして「大学卒業以上」の母親に多くなっている（2008年地域調査）。これらの三条件を満たすシングル・マザー，すなわち大学を卒業して正社員としての就職し，一定の（300万円以上の年収では十分とはいえないが）年収を得ている女性でなければ，母子家族となる前の仕事を継続して行なうことは難しい。一方，就職していない母親たちは，「病弱，身体的・精神的ハンデのため」「仕事が見つからない」「子どもの面倒を見るため」が上位三つの理由である。これを階層別にみると，「病弱，身体・精神的ハンデ」は低所得・低学歴・母＋子のシングル・マザーに多く，反対に就職活動をしても「仕事が見つからない」は，所得・学歴ともに高く祖父母と同居しているシングル・マザーに多くなっている。社会経済的に弱い立場にある母親たちは，自分自身の健康な

ど「就職活動以前」の問題によって職に就くことができていない。その母親自身の健康状態を概観しても,年収では300万円未満層で4人に1人以上が通院しており,「通院はしていないが体調が悪い」を加えると4～5割弱にも上がり,学歴階層でみても同様の傾向にある。彼女たちの子どもについても,大部分の子どもたちは健康であるが,通院している子どもや身体・精神的ハンデをもった子どもは,母親の所得でも学歴でも,低い層において相対的に高くなっている。母親の学歴が低いと,自分自身や子どもが病気やハンデになるわけではないが,所得や学歴の違いに代表させてみたときには,その低い位置にある女性たちに,さまざまなリスクが重なって存在していることを示している。貧困と障害との関連についての指摘は,ほかの研究でも明らかにされてきている (藤原 2010)。

さらにさかのぼって,彼女たちが20歳になるまでに経験したことを複数回答で答えてもらうと,父親の死亡や両親の不仲・離婚や生活困窮など,彼女たちが娘として育っていくなかでリスクとなる要因は,無職・低所得・低学歴層ほど多く経験している。こうした不利な条件の重なりをみると,彼女たちの「自助努力」が足りないということだけでは片づけられない不平等が存在していることがわかる。すなわち,「無職」や「低所得」「低学歴」に代表されるシングル・マザーは,自らの育ちのなかで受けてきたハンデを再生産するかたちで生活を送らなければならないという側面をもっており,貧困が離婚して母子世帯となる以前から形成されていること (庄司 1997) を示している。

子育てにおいても,その悩みは「子どもの学習・進路」がもっとも多く,地域調査2003年と2008年との比較では「子どもの学習・進路」や「団らん・話し合いがもてない」が増加傾向にある。経済的な要因が大きく影響する教育・進学問題や,母親の就労時間が増加することで子どもとの触れあいの機会が減るといったことが,悩みとして増加しているのである。さらに階層別にみると,「子どもの学習・進路」については,あらゆる階層にわたって高い割合を示しているが,「親子関係」や「子どもの病気・ハンデ」「子どもの不登校・引きこもり」「子どもの不良行為」については,社会経済的に弱い母親たちに高く表れており,反対に「子どもの発達やしつけ」は社会

経済的に安定している層の母親たちに表われている。

　これらの悩みの解決としての相談相手も，全体で「同居していない親」「近所の知人・友人」「同居の家族」が上位を占めるが，反対に相談する人が「誰もいない」というシングル・マザーは無職・低所得・低学歴の母親に高い。実際に子育てを頼める相手についても，「誰もいない」者は無職・低所得・低学歴のシングル・マザーに多い。彼女たちは，「自分の親は頼りにならない」と回答し，さらに親以外に頼りになる存在も「いない」と回答している。社会的なネットワークについても同様の傾向がみられ，無職・低所得・低学歴の母親たちは，「友人との交流」も「近所との交流」も，ほとんどつきあいがなく，相談者も援助者も日頃の交流も少なく孤立してしまっている。

　こうした生活は子どもの育ちにも影響している。アンケート全体の自由回答を通して，わが子に豊かな経験を与えたいと願いながらも，金銭的・時間的に余裕がないために子どもに我慢を強いているという，親としての辛さが記されている。子育ての悩みとして上位を占めている教育・進学問題は，学校現場からも語られるように（藤本 2009）金銭的な制約が大きく，それは母親たちの教育期待――「自分の子どもに，どこまで進学させたいのか」をたずねた質問においても表われている。全体では，「高校卒業まで」がもっとも高く，「大学卒業以上」「専門学校卒業」と続いており，義務教育終了の「中学卒業まで」でよいと思っている母親は0.4％にすぎない（2008年地域調査）。条件別では，低所得・低学歴の母親たちは「中学卒業＋高校卒業」まででよいと思っている割合が高く，年収500万円以上や自分も大学を卒業している母親たちは，「大学卒業まで」の学歴を修めてほしいと考えている。しかしこれらは，「高校までしか行かせてあげることができない」という，「期待」というよりは「現実的な」状況を回答してくれていると思われる。それを裏づけるように，教育費の捻出においても，学資保険など，前もって準備しておくお金については，無職・低所得・低学歴層で「保険をかけていない」が高くなっているが，借金についてみると，「子どもの就学のため」の借金が低所得・低学歴層で高くなっている。借金をしてでも「せめて高校までは行かせてあげたい」という思いを読みとることができる。下記の回答

にも，社会への要望とともに，わが子に対する心配を訴えている。

- 子供が勉強好きで，成績が良くても，大学に行かせられるのか心配になる。経済的に無理かもしれないと思うと，どうすればよいのかわからない。収入は少なく，ボーナスもないと，質素な生活をしていてもお金は貯まらない。かといって，正職員で雇ってくれるところもない。
- パートのため，家族手当なども無く，不公平を感じる事が多くあります。子供が塾に行っているため，食費などを削って生活していますが，大学に行きたいと言った時に，進学させる事はできないかもしれません。
- 上の子供は資金不足のため，大学で除籍になり，不公平感を感じました。お金のない家庭の子供の中には優秀な子供がたくさんいます。貧乏は貧乏の連鎖を招くだけ……公平に教育が受けられる社会にして欲しい。
- 本人が行きたいと言ったので，塾に少しの間行かせたが，金銭的に無理で，続ける事ができなかった。進学も高校までだと思う。それ以上は無理なので，子供にはそのように言ってある。仕方ない事とあきらめている。
- 格差社会というものを近頃イヤというほど感じる。子供の教育についても高校へ行かせたくても，最終的にはお金の問題は外せない。特別な……ではなく，あたりまえに受けさせてあげたい。教育もあたりまえには行かない。パート収入は不安定で，かといって現時点で社員になれるような会社への就職はままならず，その日暮らしで安定も安心も得られない。せめて子供にはこんな生活にならぬようとは思うものの八方塞がりです。

2) ジェンダーのメリット・デメリットと家族責任

　父子家族におけるジェンダーの偏りや家族責任は，どのようなかたちで表われるのであろうか。ここでも父子家族の生活の実態からみていきたい。労働市場では女性よりも有利といわれる男性であっても，シングル・ファーザ

ー全体の平均所得が低いことは先に述べたとおりであり，そこには社会的な不況の影響に加え，「父子」となったことも影響している。父子家族問題は，単に家事や子育ての担い手である妻の喪失という問題だけではなく，現行の就労システムが「仕事か子育てか」という選択を迫ってくるために，いままでとは同様の働き方ができずに収入減になるという経済的な問題も重なっている。自由記述にも「職種，職域が限定されます。出張や夜勤のある仕事はできません」という訴えがみられ，2008年地域調査でも，父子家族となったために職場や仕事内容を変えたシングル・ファーザーは3割程度おり，それは「父と子」だけで暮らす父子家族や低所得の父親たちに多くなっている。

　この「父＋子」だけの暮らしであるか，あるいは「父＋子＋祖父母（どちらか一方の場合も含めて）」であるかの違いは，生活のさまざまな側面で父子家族の「差」をもたらしている。同居しているシングル・ファーザーは，実家からの援助が「子育て」から「住まい」「金銭的援助」に至るまで援助してもらっている場合が多く，彼らは専業主婦をもつ夫のように，いわゆる「夫役割＝仕事」に集中している。経済的に困難したときの対応をみても，全般的に「親から借りる」割合が3割程度（2008年地域調査）存在するが，とりわけ同居父子家族は，その割合が高い。

　同居して祖父母の援助を得ることですべてがうまくいっているとは言いがたく，たとえば，朝食や夕食を子どもと一緒に食べる頻度をみても，同居しているシングル・ファーザーは，その割合が低い。親子間のコミュニケーションにしても，「祖父母に任せてある。普段は子どもと電話かメールでやりとり」といった記述もある。反対に父と子だけの場合には，食事を一緒にとる割合は高いものの，その内容は出前や弁当あるいはカップ麺などですませてしまい，「翌日の献立に困る」という記述もみられた。これはシングル・マザーの回答にはみられないものであり，男性が家事に参加するようになったとはいえ，性別役割分業にもとづく男性の家事・子育ての課題が表われてくるのであろう。

　しかし祖父母との同居や援助も，近年では貧困が深刻化しており，生活の困窮を緩和しきれなくなってきている。2003年地域調査では，実家の親からの支えによって，シングル・ファーザー自身の学歴や職業による階層性は，

母子家族のように表われてこなかった（隠されていた）が，2008年地域調査では，より明確になってきている。これまでは，同居か否かが，父子家族の特徴を語るうえでの大きな要因になっていたが，近年では，それに加えてシングル・ファーザー自身の社会経済的属性が家族の生活を規定している。

たとえば，父子家族となってからの貧困の経験をたずねた質問（2008年地域調査）では，父と子だけの家族のみならず，低所得や低学歴の父親は，「公共料金の滞納」「食費の抑制」「子どもの学校経費の未払い」「クレジットカードの未払い」といった生活を経験している割合が高い。また，「金銭的理由による医療サービスの抑制」も，父と子だけ・低所得・低学歴の階層において1～2割程度みられ，背景には健康格差（近藤 2007）といわれる状況も確認できる。子どもの健康においても，「200万円未満層」の子どもに「通院している子」「身体的・精神的ハンデをもった子」の割合が高くなっている。

さらに貧困問題は父親のネットワークにも関連し，近所でも，友人との交流でも，「ほとんど付き合いがない」割合が，父と子だけ・低所得・低学歴階層で高い。一般に男性は近所付き合いに疎く，日中，仕事に出ている父親が「近所付き合いがない」と回答することは想像に難くないが，自分の職場やプライベートの友人とも「交流がない」と回答していることは，いかに彼らが余裕のない生活を送っているのかを示している。

母子家族のときと同様に，生活の困窮は子育てにも影響し，全国調査でも地域調査でも，子育ての悩みは，「子どもの学習・進路」「子どもの発達やしつけ」「子どもとの団欒や話し合いの時間がもてない」という順位になっている。気持ちのうえで抱く不安の内容は，どの階層にあっても同じであるが，それを相談する・できる相手についてみると，「だれもいない」という者が社会経済的条件の弱い層ほどに多くなっている。また父親自身が病気になった場合の子どもの預け先も，とくに父と子だけの家族と世帯年収の低い層で「誰もいない」割合が高く，彼らは実家の親も「頼りにならない」と回答している。一方，「親以外の頼りになる人の存在」については，どの階層の父親も「いない」と回答しており，ここに父子家族全般にわたるサポート・ネットワークの特徴がみられる。シングル・ファーザーは，具体的な援助にお

いて身内の親や親戚に頼る以外，他の人には頼ることが少なく，このことは，親や親戚の援助が得られない父親はサポーターが身内にも外にも誰もいないことを示している。

　また，わが子への教育期待についても，年収では高収入（といっても500万円以上），高学歴において，子どもに「大学卒業以上」の学歴を希望する父親が多く，「高校まで卒業すればよい」と考えている父親は，年収・学歴ともに低い。この教育「期待」は実際の教育費の準備にも反映しており，学資保険を「かけていない」父親は，年収・父親の学歴ともに，低い層で5〜6割を超している。母子家族同様に，父子家族にとっても子どもの教育費の捻出は大きな負担であり，「お金に困ったのは子どもの教育費。子どもは大学進学をあきらめた」「子どもをそろばんや習字に通わせたいが金銭的に無理，でも何とかしてあげたいといつも思っています」という自由回答のように，それを支払えないことは，親の「負い目」として感じている。

　父子家族では，前述のように実家の親たちの生活と父子との生活が渾然となるかたちでの「家族依存」，すなわちシングル・ファーザーは親世帯をも含めた一家の稼ぎ手として機能し，実家の親が中心となって家事と孫たちの子育て役割をこなし，息子の就労を支えている。これによって「父＋子」という単位での問題を潜在化させてしまい，さらに「父子家族」として自立していくための社会的な援助をも後退させてしまう。

　こうした父子家族の家族責任にもとづく祖父母への依存は，性別役割分業が慣行として現存していることの表われでもあり，それを解消すべく2008年地域調査でもシングル・ファーザーの再婚希望の高さはシングル・マザーに比べて高い（図1）。シングル・ファーザーは，再婚を「ぜひしたい」「できればしたい」という割合が38.4％になっており，それは実家に同居している父親において，より高くなっている（父＋子では35.1％，祖父母と同居では48.3％）。半数近くのシングル・ファーザーが，実家の援助なしには父子家族として生活できず，将来的にも，「父と子」の単位で生活することをめざすよりも，妻・母役割の女性が家族に加わることで「父母子」として生活を再建していこうという思いは，ひとりでは家事や子育てができないという切実な問題（ジェンダーにおけるデメリット）があり，他方で，シング

図1 再婚の希望

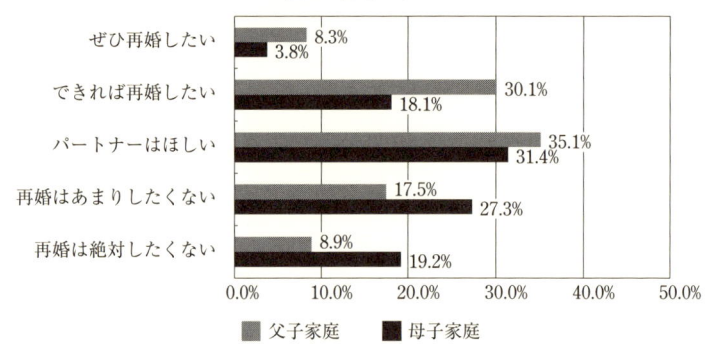

- ぜひ再婚したい: 父子家庭 8.3%, 母子家庭 3.8%
- できれば再婚したい: 父子家庭 30.1%, 母子家庭 18.1%
- パートナーはほしい: 父子家庭 35.1%, 母子家庭 31.4%
- 再婚はあまりしたくない: 父子家庭 17.5%, 母子家庭 27.3%
- 再婚は絶対したくない: 父子家庭 8.9%, 母子家庭 19.2%

註：回答数，父子 302，母子 2,686。
出所：北海道民生委員児童委員連盟（2009: 63）。

ル・ファーザーには周囲の理解や勧めもあって再婚がしやすい（ジェンダーにおけるメリット）という実情がある。シングル・マザーの場合には，家事や育児はこなすことができるというメリットはあるが，再婚に関しては周囲の理解を得にくいというデメリットがあり対照的である。

3 家族問題と家族主義

1) 家族問題の表われ方

これまで調査結果を用いてひとり親家族の現状をみてきたが，普段私たちは，ひとり親家族の問題をどのようなかたちで知るのだろうか。先に概観したシングル・マザーの就職問題にしても，一般には就労率という数値によって評価することが多い。その値でみれば，地域調査における5年間の比較で，76.4%（2003年）→77.1%（2008年）と，不況にもかかわらずほぼ横ばいである。もちろん地域的な特性もあり，全国の就労率85.3%（2006年）よりは低くなっているが，同地域内での母親たちの就労実績は不況にあっても微増している。

その背景には，母子をめぐる施策が存在している。2002年3月に「母子家庭等自立支援対策大綱」が出され，それをもとに「母子及び寡婦福祉法」

と「児童扶養手当法」が改正された。また 2003 年には「母子家庭の母親の就労の支援に関する特別措置法」が制定され，全般に「働くことによる福祉」が強調されてきた。さらに「きめ細やかな福祉サービスの展開」という名目のもと，母親たちの所得保障として重要な児童扶養手当についても，実質的な引き締めとなっている。ワークフェア政策は，母親たちの就労率だけを取り上げてみれば「効果」を上げたことになるが，その内実は，雇用形態では正社員は 28.0% にすぎず，平均年収も 300 万円未満層が 87.5% と 9 割近い（2008 年地域調査）。不安定就労に就くことで，就労「率」を維持させているにすぎない。そもそも，日本のシングル・マザーの就労率は高く，働いても貧困状態にある事が問題なのである。数値のうえで就労率を上げている親と子の生活とは，つぎに述べているように子どもの育ちを保障しているものではない。

- パートだと仕事をした分しか給料がなく，また休みもあまりないため，体調が悪くてもムリをしがちになります。その結果，寝込む程になってしまう時もあり，子供に負担をかけてしまう時があります。パートでも 8 時間以上の時もあるが，残業がつくわけでもなく，疲れきってしまいます。1 日 12 時間位の時もあります。子供にとっては，私だけが家族であるので，休みを合わせ夏休みや冬休みは何日かまとまった休みもほしいが，それもままならないのがツライです。土日などは，仕事の合間に家に帰り，あわただしく昼食や晩ご飯を食べ，ゆっくりもできないし……。子供もあまりわがままやイヤな顔をしないで，がまんしているのがわかるので，かわいそうな時もあります。
- 生活費に困り，ご飯を茶碗に少しだけよそい，それを食べさせるとき，私の心の中は，ごめんなさいでいっぱいです。
- やはり安定した雇用と収入がないと安定した生活や人生設計が難しいと思われる。急病などの時にも高額な医療費など金銭的な不安がつきまとう。生活費も切り詰めている。借入れをしたとしても，返済できる自信がない。ほとんど貯蓄もできない中で子供も金銭的な面に気を使ってがまんしているようだ。進路も入学金や授業料の事で選択肢

が少なくなってしまうし，子供も考えてしまうようだ。
・いつも「ふつうに生活したい」と思っていました。明日，食べるご飯の心配や家賃の支払，学費，病気になったら……。いつも頭から離れることのない生活です。どんなに頑張ってみても変わることのない生活に疲れたなあと思う事もありました。もう若くはないので，これから何ができるだろう？　と考えたりもします。ほんの少しでいいから，気持ちに余裕がほしい。先に幸せが見える生活がほしい。つらく苦しいことがあっても，生きてて良かったと思いたい。

さらに，その問題や課題は，非行や不登校，発達の遅れなど，子どもの行動特性や心理的な要因として，あるいは親子関係のこじれとして私たちにみえてくる。つぎの事例も，筆者が中学校で行なっていたスクール・ソーシャル・ワーク実践における事例（岩田 2009）であるが，「問題」の背景には，個々の家族の諸事情が存在している。

不登校で親子関係がうまくいっていないとして援助を依頼された中学2年のAは，母子家族であったが，母親との同居も最近のことである。それまではきょうだいともに父親と住んでいたが，その父親も子どもたちに食事代となるお金だけを渡して，ほとんど家に帰ってくることはなかった。子どもたちは，きょうだいみんなで不登校となっており，父親への連絡が取れないなか，別れた母親に連絡がつき，子どもたちは母親のもとで暮らすこととなったのである。しかし，小さい頃から母親と離れて育ったAは，母親を受け入れることができず，また転校した学校でも，対人関係が苦手で一度も登校していない。離婚前，Aの母親は夫がつくった多額の借金を返済するために，子どもたちを姑たちに預けて住み込みの仕事へと入るが，その期間が長くなってしまったために，夫は他に女性をつくり，姑は自分の息子をかばうべく，Aたち孫に「母親が男をつくって家を出て行った」といい聞かせて，その数年後に両親は離婚の手続きをとることになる。幼かったAは母親に甘えることができない寂しさや，祖母から聞いていた母親のイメージを引いて「母親を恨んで」育ってきたので，いまさら簡単に親子関係が修復するものでもない。母親も長年の親子関係のブランクを埋めるために，複数のパー

トに出る前には子どもたちの食事を作り，子どもたちへのメモ手紙も残していくが，親子の溝はなかなか埋まらない。心理相談員からは，「もっと子どもと向き合うように」とアドバイスされたが，日に二～三つのパートをこなしていくためには，その時間も十分に取れない状況である。彼女たちにとってのパートという働き方は，単に時間給であることだけではなく，なかには，その日その職場に行ってみないと当日の仕事量がわからない，すなわちその日の収入もわからないというものもある。Aの母親も，ホテルのベットメーキングや海産物を扱うパートをしており，職場に行ってはじめて，ベットメーキングが必要な部屋数を言いわたされ，その日の水揚げ高に応じた海産処理の仕事量が伝えられ，雇用主の「事情」によって労働時間が決められていく。こうした不安定な仕事で生活を賄っていくためには，つねに多めの仕事を入れておかなければならないのである。本来であれば，パートであっても，よりよい条件の職場を選び雇用条件に対して何らかの苦情もいえるのであろうが，高校中退で特別の特技や資格を有していない母親にとっては，その選択肢もなく，ただ働くしかない。この母親にしても，生活保護も使わずに働いて「自立」しているという観点からは評価されるのであろう。けれども子育て・子育ちから支えていくためには，口頭で母親にアドバイスする心のケアだけではなく，その「向き合うための時間」が確保できるような，生活基盤にかかわる援助が必要となる。

　また，喫煙や夜中に遊び歩いて補導されたこともある中学1年のBは，非行傾向への対応とともに，母親が夜中の水商売をしているために，家が子どもたちの溜まり場にもなっていることから，親の仕事を変更してもらうことも含めて援助を依頼されたケースである。Bの家も母子家族であり，母親は夕方から深夜まで家を留守にし，その間，家に大人は不在となる。「母子家庭」と「水商売」ということだけで偏見をもたれることは母親も承知しているが，上の子は私立高校に入学したばかりで，Bやその下の子どもも含めて専門学校や大学へ行かせるためには，スーパーやビル清掃などのパートでは賄いきれない。高校しか出ていない母親にとって，せめて子どもたちには自分よりも上の学校へ行かせてあげたいという思いは，母親と何度も話し合っていくなかで，はじめて明らかにされた。また母親は，自分の職業の

ために子どもたちが後ろ指をさされないようにと、夕方、お店に出かけるまでに部屋の掃除と洗濯と子どもたちの食事の用意をして出かけるが、そうした生活の実態も、家庭訪問を重ねるなかで、ようやくみえてくるものである。以前は、母親は深夜に帰宅後すぐに寝て、朝に子どもたちを学校へ送り出してから仮眠を取り、ふたたび起きて家事をすませて出勤するというサイクルで働いていた。しかし最近では、Bが問題を起こし学校を休んでしまうために、昼間の仮眠をとらずにBを学校に送り届け、また学校からの呼び出しにも応じているが、その生活は、帰宅が深夜を回っている母親にとって体力的には限界に近い。

いずれの場合も、表面にみえている問題・課題と、生活実態に即したニーズとは乖離しており、親への自助努力を強いるだけは限界がある。

2）潜在化してしまうニーズと家族主義

家族に内在する特性としてのジェンダー・バイアスや家族責任という規範は、生活困難の家族、とりわけひとり親家族においては、より強められて内在化している。それは、貧困・ひとり親家族に、「実際上の生活の困窮」と、「わが子に対する申し訳なさ」、そして「自己責任を強いる偏見」という三つの要因がかかわっているからである。生活上の困窮については先に調査結果や事例によって概観してきたとおりであり、子どもに対する申し訳なさについては、わが子に対して人並みのことをしてあげられない後ろめたさと、父母子というプロトタイプの「家族」を親が壊したことに対する負い目とがある。

では、貧困家族やひとり親家族に対する偏見やバッシングとはどのようなものであろうか。ふたたび地域調査の結果からみて行きたい。ひとり親家族が増加し人びとのライフスタイルも多様化しているが、「父子・母子であることに偏見を感じる」者の割合は、社会階層に関係なく父子で27.7％、母子にいたっては48.3％であり（2008年地域調査）、この数値は5年間で変化していない（2003年の父子は27.9％、母子は48.2％）。さらに具体的な状況は、自由記述に多く語られていた。

・子供が問題を起こした時などは，片親で愛情不足だなどと言われているのではないかと思いますが，すべてをひとり親のせいにされては，親も辛く，ストレスがたまってしまいます。
・ひとり親の子供はしつけができていないとか，気持ちが安定しないとか決めつけた言い方をする人がいるので，今の時代でもそんな考え方をするのかと思う場面も多々あります。
・ひとり親家庭の方が，色々な面で援助や手当があり，良い暮らしをしていると勘違いしている人が多く，"いいね"とか"私も離婚しようかな"などと言われる事があります。
・生活費を得るため，社会的信用を得るため，仕事をすれば子供のことがおろそかになり，子供のことを一生懸命やれば，たちまち生活が苦しくなります。子供を育てながら1人の限界を感じます。1人親のハンデをなるたけ感じさせない様に多くの人と関わりながら育てて行ければ良いと思います。まだまだ世間の偏見は強く，理解を持っていただければと思っています。
・近所の人や職場の人などから差別の目で見られます。ここに引っ越してきた時も，私の弟が家に来ただけで，"ほら，もう男を連れ込んでいる"など，非難・中傷を浴びました。私の子供が離婚した当時，精神的に不安定になり，玄関前で"保育所に行きたくない"と泣く事が多かったのですが，"ほら，男連れ込むから子供おかしくなって"とも言われました。父か弟以外家に男性が来た事はないのに……。その頃，両親が現役で働いていたため，子供にブランド物の服を買ってくれました。それを着せていると"母子のくせに生意気"と言われました。私が働いているため，子供を1人で留守番させる事が多く，母も病気になり，見てもらえなくなったため，子供を1人で家におかないようにと，習いものをさせました。そうするとまた，"母子のくせに"と同級生の親たちに言われ……。とにかく母子は好奇の目にさらされるんだと感じています。
・今の時代は高卒じゃなく，大卒がいいと思います。しかし金銭面で，心配になり，知り合いに愚痴ると，"体を売ればいいんだよ"なんて

偏見な目で見られます。誰も好き好んでひとり親家庭になんかなった訳じゃありません。なんかくやしいです。
・私が離婚したことで，子供が就職活動をする時，会社の面接官に子供が根ほり葉堀り離婚のことを聞かれ，泣いて帰ってきました。子供に聞かれても子供は関係がありません。しかし，現状では私のことで，子供の将来の足を引っぱってしまったことにかわりなく，親・子つらい思いをしました。ひとり親家庭でも，人から後ろ指をさされないよう，がんばっていますが，あきらめなければならない子供の将来があったこと，たくさんのことを我慢して生活しているひとり親家庭の子供がいることを知ってください。
・打撲等で病院にかかると虐待ではないかと疑われ，いろいろと細かく質問され，旅行に出かけると「どうしてひとり親なのに行けるの？」と言われることがよくある。他の子と同じことをしても（子供が）「あそこはお父さんがいないから……」とも言われる。父親・母親両方しなくちゃいけなくて，頑張っているのに周りの声は冷たい。

アンケートのなかでは思いや怒りを表現していたが，日常生活では，表に出すことはなく，「声にはならない声」として消えていってしまう。世間からの偏見や批判をかわすために，シングル・マザーたちはおとなしく身を小さくし，さらに「自己責任」の規範を強く内面化するとともに実行していく。またときには，同じシングル・マザーでありながらも，生活保護を受給している母子家族の生活を避難するというかたちで，自らの当事者性を周辺化していく（岩田 2007a; 2007b）。そこには，「ひとり親」や「貧困」の原因を個人に求めるという家族責任をも包摂した「家族主義」が家族の内外に浸透している。この家族主義とは，青木（青木 2007: 79）によれば，家庭こそが家族の福祉の責任を第一に負わなければならないと公共政策が想定するようなシステムのことであり，とりわけ社会的規範やイデオロギーとして主張され，それが家族員相互の支えあいや感情的依存によって，家族間の不平等や家族資源と市場の関係を曇らせる，思考を停止させる役割を果たしている，と示しているものである。だからこそ，その解決においても前述のように祖

父母との同居や援助、あるいは再婚というかたちで「家族」にこだわった自衛策をとっていたのであろう。近年、「繋がり」の重要性から、シングル・マザーやシングル・ファーザーたち自身による自助組織やネットワークも作られている。しかし、その活動に「乗れる」ひとり親と、それでも「放っておいてくれ」「そっとしておいて」という親たちとの隔たりは、なかなか埋まらない。メディアで、ひとり親の活発な活動が取り上げられ注目されるほど、筆者が調査や援助実践で出会うひとり親たちは、身を引いて行く。

　ひとり親家族で貧困になるということは、「家族」規範から落ちこぼれるとともに、社会一般の貧困認識（青木 2010）の矢面に立つこととなる。そして前述の三つのフィルター（要因）を通して、家族責任とジェンダー規範は強められ、他方で本来のニーズは子どもの問題行動や家族問題に収斂されてみえづらく、家族の抱えるニーズと福祉制度や福祉サービスとに不一致やズレを生じさせてしまう。

4　二つの「支え手」への援助展開

　これまで概観してきた現状をもとに、福祉政策と援助について考えてみたい。母子家族・父子家族ともに「子育てをしている」という共通性があるが、これが子どものいないカップルの離婚であれば、これまでに家族主義の影響を受けることはないであろう。そこで、その共通基盤である「子育て」というケア役割から見なおしてみたい。

　マーサ・ファインマンは、フェミニズム法学の立場から、子どもや高齢者などケアを必要とする対象を「避けられない依存者」とし、その依存を引き受ける、避けられない依存の世話をする者を「二次的な依存者」であるとしている。彼女は「二次的な依存とは、やむをえず誰かに依存しなくてはならない人のケアの責任を果たす（あるいは、割り振られた）ときに起こる。誰かをケアする人が、ケアを行うために自分自身も人や社会的資源に頼らざるをえなくなるというごく単純なからくりをはっきりさせるために、私はこの依存を『二次的依存』と呼ぶ」としている（ファインマン 2009: 29）。そし

て，子どもに代表される依存者のケアを家族に負わせている（依存の私事化）という現実から，ケアを制度的に支える必要性を主張し，法律で保護する家族のかたちを，「依存者とその依存者のケアの担い手」という単位で考えることを提唱している。この立場からすれば，シングル・マザーであれ，シングル・ファーザーであれ，子どものケア役割を引き受けている時点で二次的な依存者であり，社会資源に頼ることも，制度的に彼女・彼らのケア役割を支えていくことも当然のことであり，当事者が何らかの後ろめたさを感じるものでもないし，周囲が感じさせるものでもない。さらに，その二次的依存者が貧困などの生活困窮にある場合には，より制度が手厚くなることも必然のものである。このことを，当事者も含め社会的に合意が得られているかどうかが，貧困にある子どもの不平等問題の解決にかかっている。

　また，かりに子育て支援全般としての合意が得られたとしても，なかには，目の当たりにする日常の親たちの生活態度や言動から，援助するに値しない，容認できない貧困（Undeserving Poor）として，とらえられるかもしれない。たとえば，受給された手当の無計画な使用や，本来の主旨とは異なる目的への使用や，あるいは親としては相応しくない態度などが考えられる。もちろん虐待など子どもの人権侵害が起きている場合には，その法律や手立てに乗っ取って子どもの保護を進めていくが，親のだらしなさや子育ての下手さ・拙さやシプラーが描く貧困者のソフトスキル（シプラー 2007: 181）といったものが欠如している場合などについては，親自身の育ちも含めた問題の背景を考慮して援助を構築していく必要がある。「子ども手当」をめぐって問題が指摘されたように，福祉手当やサービスを単に家族に支給するだけでは，援助としては機能しないのである。制度の狭間に落ちてしまうニーズや，表面的な問題と本来のニーズのズレは，簡単な窓口対応でのサービス給付で把握できるものではないし，また，当事者の「声にならない声」を社会に対して代弁していくこともできない。ソーシャル・ワークをはじめとした「人を介して」の援助を通して福祉制度が功を奏し，また，制度と当事者のあいだに生じる問題や矛盾を，さらなる制度設計に反映していくこともできる。

　生活保護制度のケース・ワーカーや児童福祉施設・児童相談所・子ども家庭支援センターなどのソーシャル・ワーカーだけではなく，子育てをめぐっ

ては，地域の保健師・保育士・教師など，子どもを育てている親を援助している専門職はさまざまな領域に存在している。しかし，その数の少なさや現場の疲弊はつねにいわれており，領域によっては多少改善されつつも「焼け石に水」といった感じは否めない。社会福祉の現場環境が整っていないことだけが原因とはいえないが，生活保護ワーカーや児童福祉施設職員のなかには，貧困やクライエントへの認識が厳しい（岩田 2004; 2007b）者も存在しており，援助者の量とともに質の向上も課題となる。

　子どもの「支え手」である二次的依存者としての親を社会で支えていくこと，さらに，その親子の「支え手」である専門職を支えていく（充実を図る）ことが重要である。とくに後者は，社会福祉政策を構築していく際に，保健所や保育所・幼稚園や学校などの子どもの発達に沿った，親にとって身近な施設や機関を積極的に組み入れ，その専門職を支えて福祉サービスや支援メニューを有効に機能させていく必要がある。

参考文献
青木　紀（2007）「『貧困と家族』研究の動向と課題」『家族研究年報』32：78-87 頁。
青木　紀（2010）『現代日本の貧困観——「見えない貧困」を可視化する』明石書店。
阿部　彩（2008）『子どもの貧困——日本の不公平を考える』岩波書店。
岩田美香（2006）「父子・母子家庭の階層性——ジェンダー視点からの考察」『子ども家庭福祉学』第 5 号：59-69 頁。
岩田美香（2007a）「周辺化される貧困——母子世帯における貧困問題をめぐって」『総合社会福祉研究』No. 31：48-57 頁。
岩田美香（2007b）「当事者意識：貧困当事者とは誰か？——母子世帯への調査から」青木紀・杉村宏編『現代の貧困と不平等——日本・アメリカの現実と反貧困戦略』明石書店：210-228 頁。
岩田美香（2008）「社会福祉援助者の『貧困観』——母子生活支援施設職員への調査結果」『教育福祉研究』第 14 号：69-880 頁。
岩田美香（2009）「階層差から見た父子家庭の実態」『季刊　家計経済研究』No. 81：43-51 頁。
岩田美香（2009）「ひとり親家族から見た貧困」貧困研究会編『貧困研究』Vol. 3, 明石書店：22-33 頁。
岩田美香（2009）「ひとり親家族——背後にある貧困問題」乾美紀・中村安秀編『子どもにやさしい学校——インクルーシブ教育をめざして』ミネルヴァ書房：75-96 頁。
厚生労働省（2010）『平成 22 年度版　厚生労働白書』。
子どもの貧困白書編集員会編（2009）『子どもの貧困白書』明石書店。

近藤克則（2007）『検証「健康格差」社会』医学書院。
シプラー，ディビット・K.（2007）森岡孝二・川人博・肥田美佐子訳『ワーキング・プア——アメリカの下層社会』岩波書店。
庄司洋子（1997）「ひとり親家族の貧困」庄司洋子・杉村宏・藤村正之編『貧困・不平等と社会福祉』有斐閣。
ファインマン，マーサ・A.（2003）上野千鶴子監訳・解説，速水葉子・穐田信子訳『家族，積みすぎた方舟——ポスト平等主義のフェミニズム法理論』学陽書房。
ファインマン，マーサ・A.（2009）穐田信子・速水葉子訳『ケアの絆——自立神話を超えて』岩波書店。
藤本典裕（2009）『学校から見える子どもの貧困』大月書店。
北海道民生委員児童委員連盟（2004）『ひとり親（父と子・母と子の家庭）の生活と意識に関する調査報告書』。
北海道民生委員児童委員連盟（2009）『ひとり親家庭（父と子・母と子の家庭）の生活と意識に関する調査報告書』。
文部科学省（2010）『平成21年度版　文部科学省白書』。
大和礼子（2009）「援助資源としての家族」藤見純子・西野理子『現代日本の家族　NFRJからみたその姿』有斐閣：199-208頁。

第Ⅲ部
家族と女性の歴史分析

第9章

近代日本の企業福祉と労働者家族

榎　一江

1　課題と方法

　本章の課題は，戦間期日本の企業福祉について，とりわけ労働者家族に対する施策に着目して考察を加えることにある。企業による福祉サービスの提供は，主として労働者自身に対するものと理解され，労務管理の一環としての意義づけが与えられてきた。しかしながら，実際には労働者のみならず，その家族への施策も少なくなかった点に着目してみたい。試みに，鐘淵紡績株式会社新町絹糸工場（群馬県多野郡新町）の『工場案内』（1921年）をみてみよう。「通勤工手はどの様に優待されますか」という問いに答えるかたちで列記された施策は，以下のとおりである（鐘淵紡績株式会社新町絹糸工場 1921: 24-25）。

一，白米の元値分配をして居ります夫れは会社で安い相場の時に玄米を沢山仕入れて会社の精米所で白米としますですから純良な白米を得られ値段も市中の相場よりも常に一円に付二三合は安く差し上げますから御家族の多人数の方は年分には非常な幸福であります　麦もその通りであります
二，其外薪，炭，味噌，醤油の日用品は市価よりも非常に格安に分配いたして居ります
三，尚又家賃の補助金を差し上げ乳哺児のある方には幼児保育料も差上げます

四，通勤者浴場の事　通勤工手の御家族のために僅か一銭の湯札で入浴が出来ます

五，御家族の中に御病人でもありましたら御遠慮なく御申出で下さい直に工場医の往診が願はれ薬代治療代は全く実費で車代や診察料等は一切徴収しません

六，通勤工手のお家に出産のありました時は当場医師並に免許ある産婆をさし向けお世話を致し実費の外一切取立てません

七，若しお金の御入用の御事情がありましたら会社の金融相談所へお話になれば金子の用達をなしますし又其他家事上の御相談にも応じます

八，軍籍にある従業員にして従軍又は予後備召集或ひは簡閲点呼等に応召せられました時は其応召欠勤中給料の半額を支給いたします

　米の廉売をはじめとする生活用品の調達，家賃補助や保育料の支給，風呂の提供，病気やお産の世話，借金，従軍時の給料保障は，当時，日常的に労働者家族に必要とされた福祉サービスの典型を示している。こうした施策は先進的な事例ではあるが，工場労働者が家族の生活を支えているという状況に対し，企業が労働者の家族に何らかの配慮を示す必要が生じていたことがわかる。とくに，第一次世界大戦期には，賃金の上昇を上回る物価上昇が労働者家族の生活を脅かしていたが，企業は，賃金以外のサービスを提供することでこの問題に対処しようとしたのである。

　こうした企業の施策に着目するのは，日本型福祉国家の形成に際して，企業福祉の先行が指摘されてきたからである。たとえば深澤（2003）は，福祉サービスに対する国家の関与が弱く，企業の自由を最大限保障する点に日本の特徴があることを指摘している。そうした企業の施策を通して，戦後日本の企業社会が性別分業を前提にした「近代家族」モデルを付与してきた点は，木本（1995）に詳しい。たとえば，妻が専業主婦であることを条件に社宅を貸与する制度の存在が知られている。もちろん，現在につながる企業福祉の展開は，戦後に大きく変化した。家族をも巻き込んだ労務管理施策を，戦後日本企業が，アメリカのヒューマン・リレーションズとその手法を導入しつ

つ，独自に充実させていったとみる議論もある（大内 2002: 150）。しかしながら，戦前期に形成されたその萌芽が，日本独自の展開に影響を及ぼしたことは想像に難くない。家族に対する施策の連続／断絶は，それ自体検討すべき課題といえよう。

検討するのは，法政大学大原社会問題研究所所蔵協調会資料にある企業調査ファイルである。この資料群は，1919（大正8）年12月に設立された協調会の求めに応じて各社が提供した就業規則・就業案内などの資料から構成される。その調査・分析結果は，『社会政策時報』などで発表され，協調会『最近の社会運動』にも反映されている[1]。とはいえ，このような協調会の労働調査は，明治期に作成された「職工事情」のようなインパクトのある資料としては捉えられていない。個別企業が一般に公開している以上の情報に乏しいためであろう。しかしながら，各産業の主要企業を網羅する点で，産業横断的な検討には利用価値の高い資料といえる。

なお，協調会資料には各工場への調査に際して作成された「労働事情調査報告」（稿本）も含まれている。調査内容はおおむね同様であり，各社の特徴が特記される形式になっている。たとえば，山陰製糸株式会社工場労働事情調査報告の目次を示せば，以下のとおりである。

第一，概念（一，位置其他　二，従業員）
第二，雇用状態（一，募集　二，労働契約　三，徒弟制度　四，勤続及移動）
第三，就業状態（一，就業時間及休憩時間　二，出欠勤　三，能率　四，公休日　五，工場設備及作業状態）
第四，賃金及給与（一，賃金　二，賞与及其他ノ給与）
第五，福利増進施設（一，日用品供給　二，社宅及寄宿舎　三，衛生医療　a 食事　b 医療　四，金融保険扶助　a 立替金制度　b 保険制度　c 貯金及送金　d 扶助救済　五，教育修養慰安娯楽　a 教育修養　b 慰安娯楽）

---

[1] 詳細については，二村一夫「協調会の労働調査について」（『二村一夫著作集』http://oohara.mt.tama.hosei.ac.jp/nk/kyochoki.htm）を参照せよ。

第六，管理及監督（一，企業管理　二，作業監督及風紀思想）
　　第七，付属書類目次

　本章では，とくに「第五，福利増進施設」に着目し，当時一般的にみられた日用品の供給，住居，医療，金融，教育などといったメニューのうち，住居，とりわけ家族を有する労働者を対象とした社宅制度の展開を追う。社宅制度は，炭鉱や鉱山，製鉄所など，僻地に多くの男性労働者を要する産業において，住宅を整備する必要から展開される事例が多く，官営八幡製鉄所の住宅政策はその一例である（時里 2011: 28-48）。ここでは，主として紡績業を中心とする繊維産業を取り上げたい。それは，この産業が戦前期日本の重要産業として男女工を多く雇用しただけでなく，経営者の積極的な発言が当該期における日本の経営思想に大きく影響し，その経営実践が日本の企業福祉の型を形成したと考えられるからである。
　以下，近代日本におけるパターナリズムの再編過程を概観し，企業福祉の歴史的考察をふまえて社宅制度の検討を行なう。社宅制度が労働者家族のあり方を強く規定していたことを確認したうえで，倉敷紡績の社宅調査を通して，労働者家族の生活に迫ることとする。

2　大正期におけるパターナリズムの再編

1）安川敬一郎の温情主義

　近代日本の経営パターナリズムは，大正期に洗練されたといってよい。もちろん，労働者に対して法的な義務以外に何らかの施策をとることはそれ以前にも広汎にみられた現象であった。しかし，それらは，個別経営による試行錯誤のなかで必要に応じてさまざまな形態をとって実施されていたのであり，その実態は，産業，企業によっても，あるいは，地域によっても異なっていた。そうした多様なあり方が，「温情主義」「家族主義」「協調主義」と名づけられ，「主義」として再編されていったのである。
　その過程において重要な役割を演じたのは，紡績業を中心とする繊維産業

の経営者たちであった。第一次世界大戦後に，紡績業者たちが自らの経営理念を積極的に表明する必要があったのは，いうまでもなく夜業廃止・労働時間短縮をめぐる問題が経営に直結したからである。近代日本のパターナリズムは，第一次世界大戦期を経て大企業を中心とする経営者の言説において強化されていったといえよう（榎 2009: 28-42）。

一例として，「西の渋沢栄一」とも称された安川敬一郎（1849~1934年）を取り上げよう[2]。安川は，倉敷紡績の大原孫三郎とともに，労使協調思想をはっきりもっていた資本家と位置づけられている（間 1898: 143; 佐藤 1993: 25-47）。彼は，福岡藩士徳永省易の四男として生まれ，1864年安川家の養子となり，1866年に家督を相続して敬一郎と改名したのち，明治鉱業や安川電機を経営し，北部九州を拠点に「地方財閥」を形成した（有馬編 2009）。協調会が設立された際には，その理事に就任している（梅田・高橋・横関 2004; 由井・島田 1995: 274-310）。

安川敬一郎は，労働問題に関する自身の意見を1919年9月15日から10月3日にかけて，8回にわたって福岡日日新聞に連載し，それを『労働問題管見』として発表した。それによれば，「温情主義といふことに意義があるとすれば，資本家の義務的観念と，労働者の義務的観念がうまく抱合して，双方の権利の主張を円滑に調整することでなくてはならぬ。資本家が同じ人類でありながら，一段上にあるやうな態度で，恵みをほどこしてやるといふやうな考へを持って居っては，到底労働者と融和することが出来ぬ。温情は資本家の特有物ではない，労働者側にも，資本家に対して温情を施してやる考へがなくてはならぬ」（安川 1919: 7, 8）という。実際，彼は労働組合の存在意義を認めた数少ない経営者でもあった。とはいえ，「労働者の弊習を矯むる手段および未だ労働者の自治に一任し難き点を気遣ひ，資本家側から労働者の為に施設すべき条項の一斑」として，衛生上の設備，教育機関および娯楽場の設備，生活の安定を保障する設備など9項目を掲げている（同上: 42-45）。現状においては，「斯の如き社会政策を資本家の手によりて施すことは，労働者の幸福を増進するに最も効果大きを信じて疑はない」から

---

2) 以下，本項は榎（2009）の一部をもとに加筆修正したものである。

である（安川 1919: 46）。安川においても，労働問題の解決は資本家の手によることが効果的と考えられたのである。

実際，安川は自身の炭鉱経営において労使の意思疎通をはかる機関として，社長以下ほぼ全従業員を組織する明治鉱業信和会を1919年10月1日に発足させている（佐藤 1993b: 37-67）。この活動が結果的に労働組合を排除する役割を果たしたことは，注意を要する。また，自身も営む紡績業をめぐる時間短縮，夜業廃止の要求に対しても，「勤続年限が短いといふことが，強ち忌むべき現象であるか否かは問題である。少女労働者が永久に工場に勤続して，一定の熟練労働者になって仕舞ふが好いか，短年月，労働して後，多少の貯へを得，結婚して労働を廃止し，家庭の人となるが好いか，是れは大きな社会眼を以て観察せねばならぬ」（同上: 31）という。そして，勤続期間の短い労働者が軽度の作業を長時間続けることは，体を壊さない程度であればむしろ望ましいとする。紡績で働く少女たちにとって適切なのは，工場で勤続し手熟練労働者になることではなく，数年働いたのち結婚して家庭の人となることであるという確信は変わらなかったのである。繊維産業の経営者によるこうしたジェンダー規範が若年女子を集中的に採用する雇用戦略に与えた影響については，ジャネット・ハンター（2008）に詳しい。

ところで，この安川敬一郎が自身の見解を発表した動機は明快である。

> 今日ではまだ工場法も完全に適用せられず，労働組合も出来て居ないのに，巴里では五大国の一として，労働会議にも列国の注意する位置を占め，来るべき十月の華盛頓会議には，否でも應でも資本家労働者の代表を送って，世界人類の為めに，我国の懐抱する主張を述べねばならぬ始末となって居る。巴里の結果は，不用意の致す所であったとしても，来るべき十月の問題は，不用意では免れ難い。何としても大に考へねばならぬ（安川 1919: 4, 5）。

「日本は大急ぎで世界と雁行するの準備をしなければならぬ」（安川 1919: 4, 5）という安川の念頭にあったのは，国際社会における日本の地位であった。鐘紡の武藤山治の場合も，政治的発言をはじめたのは，第一回国際労働

会議に雇主側代表として出席したことを直接的な契機とし，自らの施策を「温情主義」や「家族主義」と称した。労働問題は労働者の問題ではなく，すぐれて経営問題となっていたのであり，こうした発言が1920年代の日本におけるパターナリズムの再編を促し，労働者に対する福利施設の充実が図られたのである。

2) 意思疎通策としての家族主義

　もうひとつ，別の事例を取り上げよう。日本絹撚株式会社は，「主義」を明確にする企業のひとつであった。1920年現在，職員35人，職工587（男67，女471）人，その他雑役夫20人の従業員を擁していた。その主張は，「タトヘ一営利会社ト雖モ国民経済上ノ一機関タル以上ハ単ニ私利ノミヲ得ルヲ許サズ，先ヅ社内ニテハ労資協調ヲハカリ延イテ国富ノ増進ニ寄与シ以テ皇室中心的国家主義ノ理想ヲ実現センコトヲ期スルニ在リ」と説明された（協調会 1921a: 1）。こうした言説は一般的によくみられたが，労資協調を図ることは，皇室を中心とする国家主義に資するものとして，強調されているのである。実際同社では，1920年恐慌で事業縮小を余儀なくされ，一部休業を実施せざるをえなかった際も，「家族主義ノ徹底ヲキセンガ為ニ」ひとりも解雇することなく草取りなどをさせて相当の日給を支給したことが美談として強調されている（同上: 30）。興味深いのは，こうした同社の「家族主義」に対して批判的な工男も存在した点である。彼は，協調会の調査に対し，つぎのように答えている。

　　工場ニテハ昨年来ノ不況時代ニモ集団的解雇ヲ為サザリシコトヲ以テ家族主義ノ徹底セルモノナリト談称ス，然リ此点ハ他ノ工場ニ比スレバ確ニ温情ノ多ク存スルヲ認ム，然レドモ社長乃至高級幹部ト吾等トノ生活程度ノ相違ノ甚シキハ如何〔中略〕各人ノ能力ノ多少ヲ表現スル所得ニ多寡アル場合モ各人ハ平等ニ否必要ニ応ジテ消費ス，カクテコソ始テ家族主義ナリ家庭的ナリト謂フヲ得ベシ，本工場ノ如ク社長及工場長ハ豪壮ナル生活ヲナシ吾等ハ見ル影モナキ生存ヲ続ク，何ノ家族主義ノ存スルアラン（協調会 1921a: 110-112）

彼のいう「家族」の理想的あり方とは，各人の能力に応じて得た所得を各人の必要に応じて消費するというものであった。社長や工場長の「生活」と自分たちの「生存」の差は余りにも大きいという主張は，会社が説く「家族主義」の欺瞞を見抜いている。その前提には，比較可能な尺度として，それぞれの「生活程度」があり，生活のあり方が重要な関心事となっていた。こうした状況のもとで労働者の現実の「家族」に対する施策がどのように実施されていたのかを明らかにすることが，ここでの課題となる。

同社桐生工場では，「意思疎通並ニ作業員ノ福利増進ヲハカル為」，作業員相談所と家庭訪問係をおいていた（協調会 1921a: 94-99）。作業員相談所が扱う事項は，①「工場寄宿舎ニ関スル事項」，②「傷病者ノ療養ニ関スル事項」，③「金銭貸借及送金ニ関スル事項」，④「給料勘定ニ関スル事項」，⑤「雇用契約ニ関スル事項」，⑥「戸籍ニ関スル事項」，⑦「満期及半途退社ニ関スル事項」，⑧「縁談ニ関スル事項」，⑨「生計上ニ関スル事項」，⑩「其他工場ノ内外ヲ問ハズ一身一家ノ事ニ付一切ノ件」となっており，本人の仕事に関することだけでなく広く相談に応じるというものであった。実際，1919年5月に創設されたこの相談所には，6カ月で1130件の相談が寄せられたというから，労働者の関心を集めていたことがわかる。その内実は，①130件，②100件，③200件，④250件，⑤120件，⑥45件，⑦55件，ほか「送金ニ関スルモノ」130件，「身ノ振リ方ニ関スルモノ」60件，「其他」40件となっており，給料勘定に関するものを筆頭に金銭に関する相談が多かったといえよう。彼らの多くは，働いて賃金を得ているにもかかわらず金銭的に問題を抱えていた。その解決もまた，会社に求めざるをえなかったのである。

家庭に関しては，家庭訪問係が対応した。その役割は，「家庭訪問要項」によれば，「一，吉凶時ノ祝賀弔問　二，家計ノ調査　三，家庭事情ノ研究　四，家庭間ノ実情調査　五，戸籍上ノ件其他一切ノ家事ノ相談相手トナルコト　六，家族ニ対スル内職ノ周旋及就職ノ斡旋　七，生計上並経済上整理引受　八，調査統計材料等ノ収集」となっていた。実際，どのような実績があったのかは定かではない。しかし，会社側が労働者家族の生活に対して，家計調査などによって実情を把握し，金銭面でその維持を図るとともに内職や

就職を世話するなどの具体的対応を実施しようとしていたことは確認できる。家族主義を標榜する経営にとって，労働者家族の動向は経営の重要な関心事であり，家庭は労資協調を図るうえで積極的に介入すべき対象となっていたのである。本章が，企業による社宅制度の展開を通して労働者家族のあり方に注目するのは，そのためでもある。

3 繊維産業の社宅・家族政策

1) 日本正準製糸株式会社の事例

　繊維産業の住宅としては，独身者を対象とする寄宿舎制度が知られている。実際，農村に立地する製糸業の場合，職工用には寄宿舎を用意し，社宅は職員用とするものが多かった。製糸作業の中心を担うのは主に未婚の女性であり，少数の家族を有する男性は職員待遇とされていたから，職工用に社宅を設ける必要がなかったのであろう。

　例外的に職工家族用に住宅を設けた事例として，福島県伊達郡長岡村に位置する日本正準製糸株式会社長岡工場の場合がある[3]。同工場は270釜（うち50は養成釜）規模の製糸工場で，在籍者は職員23人，職工男27人，同女287人（1920年11月現在）となっていた。同社は，社宅を「職員社宅」と「家族寮」とに分かち，前者を職員用，後者を職工用とした。それは，「妻子ヲ有スル職工ヲ収容スルモノ」であったから，男性職工を対象としていたようである。平屋造りのトンネル長屋で，中央廊下の両側に5室ずつ計10家族が暮らすものであったが，1室の広さは6畳で，「採光通風共ニ不良ナリ」と評価されている。家賃は無料で，風呂は工場の浴場を利用でき，居住者のうち勤務者のみ工場での食事が提供された。

　一般に，製糸業では，大多数を占める女性職工は寄宿し，少数の男性職工は通勤する場合が多かった。しかし，同社の場合，女性職工の約3割が通勤

---

[3] 以下，同社の記述は，「日本正準製糸株式会社長岡工場労働事情調査報告」（法政大学大原社会問題研究所所蔵協調会資料）による。

工であったのに対し，男性職工のほとんどが寄宿しており，1921年1月19日現在のデータによると，通勤工3人，寄宿工26人（うち23人は20歳以上）となっていた。これは，農業労働者が極端に不足している長岡村で農家から通勤する男性がいないのに対し，供給過剰気味の女性に関しては通勤工となるものがいること，また，寄宿工女であった者が長岡村の青年と結婚した後も通勤工として引き続き工場に勤めるケースがあるため，と分析されている。いずれにせよ，農村において農家と切り離された男性職工を対象として，その家族を「収容」する施設として，家族寮が設けられたものの，その設備は寄宿舎の延長上にあった。職員社宅と区別された家族寮においては，労働者家族に対する特別な配慮はみられなかったのである。

2) 紡績企業の社宅

より積極的に労働者用の社宅を整備したのは，紡績業であった。紡績業においては，20世紀初頭から，勤続奨励のため社宅制度を設ける企業がみられた（千本 1999: 57-67）。社宅を貸与し，夫婦共稼ぎを奨励することによって定着を促そうとしたのである。

たとえば，東洋紡績株式会社「社宅居住者規定」（1917年4月）によれば，同社は，「家族ヲ有スル職工ニシテ永年勤続ノ見込アルモノニハ詮考ノ上社宅ヲ貸与スベシ」（第一条）として，社宅を用意していた。手続きは，まず希望者が「社宅願書」を職工係に提出し，「平素ノ勤怠，操行等ヲ調査シ適当ト認ムルモノニ限リ」（第3条）貸与が認められると，「社宅証書」を保証人連署のうえ，提出することになっていた。この保証人は，「所属工場ノ助役以上ノモノ若クハ会社ヨリ適当ト認メタルモノナルヲ要ス」（第5条）とされ，職工が家賃を滞納した場合は代わりに納付義務を負う。家賃は，勤務者定員を基礎として月額が定められたが，勤務者定員より少ない場合は1人につき30銭増額され，定員より多い場合は1人につき20銭が減額された。また，「借受人ノ家族中会社ニ勤務スルモノ少数ナルトキハ命令ヲ以テ同居者ヲ指定スルコトアルベシ」（第9条）とあり，家族以外の同居が命令される可能性があった。ちなみに，添付の「社宅願書」の文例書式によると，申請者の男工の家族は，妻（女工），長男（男工），長女（女工），二男（出勤

セズ),二女(出勤セズ),父(又ハ母)(出勤セズ)となっており,その他同居者として3人の男女工が名を連ねていた。総勢10人のうち7人が勤務者という構成は,社宅が複数の勤務者の共同生活を前提に貸与されていたことをうかがわせる。それは,「永年勤続」の奨励策として提供される恩恵と位置づけられており,家族員の多くが勤務者となることを要求していた。

もちろん,紡績業においても工場周辺地域の住宅事情によっては社宅を設けていない場合も多かった。たとえば,先述の安川が経営していた明治紡績合資会社行橋工場(福岡県京都郡行橋町)の「就業案内」によれば,「住宅料補助」が用意され,「生計主にして借家住ひをなせるものに対しては月額四円五拾銭,間借住ひをなせるものには其半額を支給し,又生計主にして自分の家屋に居住するものに対しては月額三円を支給す」としていた。また,「補助米」の用意もあり,「従業者生活費の軽減を図るの目的を以て当分の間白米価格一石二十七円以上に達せし時は通勤工手及其家族(満三才以下の小児及他に就職せる者は除く)に対し一人に付一日四合の割合を以て特に一石二十七円にて分配す」としていた。ただし本人が「生計主」でなければ本人のみがこの特典を受け,飯券を支給され会社で食事をとっている者は飯券1枚につき一合だけが配分された。

大阪莫大小紡織株式会社本社工場(大阪市東淀川区三津屋町)「就業案内」でも,賃金に関する事項として,「住宅補助料」を掲げている。これは,「当会社社宅又ハ寄宿舎以外ニ居住スル男女工手ニシテ独身ニ非ラザル世帯主ニ限リ住宅補助料トシテ一ヶ月ニ付日給額ノ二日分ヲ支給シマス」とあった。社宅や寄宿舎に住んでいない職工に対し補助を与えるこの制度は,「世帯主」が対象となっていたが,必ずしも男性に限られていなかった。いずれにせよ,「生計主」「世帯主」が就労していない家族の生活を支えているという前提に立ち,その生活費の負担を抑えるべく住居や食事に対する施策が設けられていた。労働者に対する福利厚生施設が整えられる過程で,家族を養う立場にある労働者の負担を軽減する策が講じられたものとみることができる。会社が格安の家賃で住居を提供する社宅制度は,その典型であった。こうした社宅で暮らす労働者家族の生活について,さらに考察を深めることにしよう。

4 労働者家族の生活──倉敷紡績の調査から

1）通勤職工住宅調査

倉敷紡績株式会社は，1889年に岡山県で操業を開始した紡績所であり，先述の大原孫三郎が父の後を継いで同社社長となったのは，1906年のことであった。以後，その経営活動とともに独自の社会貢献が注目されている（大津寄 2004; 兼田 2009）。

従業者数順上位200企業のランキングによれば，同社はすでに1907年に従業者数1436人で69位に位置し，「地方財閥」としての存在感をみせていた。1919年には同6220人で37位，1922年にも同6924人で37位となり，1931年には同4562人で42位に順位を落としたものの，1937年には同9813人で21位へと浮上した（阿部 2002: 62-63）。ここでは，多くの従業員を有する同社の人事課職員による調査を通して，労働者家族に対する企業側の取り組みを探ろう。

同社では，すでに1909年に，製品の高級化に即応できる熟練労働者を確保するため，社宅通勤で長期間働く労働者と男子労働者に重点をおく方が望ましいとする意見書にもとづき，労働力の男子化に備えていた。具体的には，練篠機，始紡機，間紡機の運転，精紡機の玉揚および仕上部の総検査などを男子労働者に割り当てる方針がとられ，その一環として社宅が整備されていった（倉敷紡績株式会社 1988: 89-91）。もっとも，第一次世界大戦期の綿

表1 倉敷紡績各工場社宅調査（1925年1月）

工場	開業年	所在地	敷地（坪）	建坪（坪）	家族（人）	畳（畳）	家賃（円）	電燈料（円）	水道料（円）
倉敷	1889	岡山	10.7	7.2	3.5	8.2	1.00	0.25	0.24
玉島	1908	岡山	17.1	6.8	3.7	7.2	0.77	0.35	0
萬壽	1915	岡山	15.1	9.0	3.9	8.2	1.49	―	0.25
坂出	1918	香川	6.0	6.0	3.1	7.9	1.13	0.35	0
早島	1921	岡山	12.6	9.6	3.7	11.3	1.45	0.25	0
岡山北方	1922	岡山	15.6	11.1	4.1	9.3	1.71	0.40	0
枚方	1924	大阪	8.0	5.5	3.4	8.0	1.30	―	0

出所：倉紡本店人事課（1925），開業年，所在地は倉敷紡績株式会社（1988）による。

業ブーム期には増産をめざして多くの女子が雇用されたため，1918年の万寿第二工場の増設の際には，「分散的寄宿舎」が整備されるなど，多様な居住形態が併存していたようである。

1925年2月末には，はじめて，同社高松工場で通勤職工の住宅調査が実施された。同工場は，1916年に中番手綿糸紡績工場（4万錘）として建設が決定されながらも，第一次世界大戦による英国からの紡機輸入の停滞により，1920年8月にようやく開業した工場であった（倉敷紡績株式会社 1988: 94）。

住宅調査は，工場係員が調査票を各戸に配布して実施され，回収数は343（うち自宅154，借家179，不詳10）であった（倉紡本店人事課 1925）。このとき，在籍通勤職工数は657人で，調査票から集計した職工数は自宅187，借家235，不詳11の計433人であったから，全体の66％ということになる。借家全体の平均像は，月収60.53円で家族4.9人が敷地9.9坪，建坪7.5坪，10畳，2室の家を借り，家賃4.29円を払って生活しているというものであった。月収に占める家賃の負担率は7.1％であった。同じく自宅通勤者の場合，不詳3世帯を除く151世帯の平均は，月収63.72円で家族6.2人が敷地58.0坪，建坪15.1坪，15.5畳，2.7室の家に住むというもので，住宅の広さでは借家とのあいだに格段の差があることがわかった。ちなみに，同社社宅の場合は，表1に示すとおり，家族数が少なく，若干狭くなっているが，家賃は低く抑えられていた。

2）社宅職工の生計調査

続いて同社では，1925年4月1日から1カ月間，社宅職工45世帯の生計調査を行なっている。それは，「当会社職工の或る標準家族が現在如何なる消費経済を営みつつあるかを知り，最低生活費測定の資料を求めんとする最初の試み」であったという（倉紡本店人事課〔1925〕: 2）。倉敷紡績萬壽工場（岡山県都窪郡倉敷）の場合，「工手入社案内」では，「社宅」について，「一家の人が移住して親子，夫婦共稼ぎをしようと云う人には社宅を貸して上げます，社宅の総戸数五百余各個に電燈があり，家賃も安く，至極便利にしかも衛生的に出来て居ります，其他学校，幼稚園，保育所，販売所，娯楽場，図書室等，の設備があります」と説明していた（倉敷紡績株式会社萬壽

工場〔1920年代〕)。充実した子育て施設を謳う入社案内に,共稼ぎを奨励する意図が確認できよう。

ところで,この調査で「標準家族」とされたのは,①「一世帯構成員の中,二人が工場職工なるもの」,②「一世帯の主たる生活資源が工場賃金によるもの」,③「一世帯構成員中一人以上の扶養者あるもの」であり,63世帯がそれに該当し,有効な回答が得られたのは45世帯であった。1925年4月末現在における社宅世帯総数は507戸であったから,必ずしも「標準家族」が多数を占めていたわけではなく,むしろ少数であったことは注意を要する。同社萬壽工場職工世帯の構成は,総数497戸1765人で,1人世帯から最高11人を要する世帯まで多様であった。1世帯平均は3.5人で,2人世帯がもっとも多く112世帯(22.2%),ついで3人世帯が103世帯(20.3%),1人世帯が76世帯(15.0%,うち男性55人,女性21人)となっていた。また,世帯構成員のうち工場職工が1人だけという世帯も全体の約5分の1を占めていた(倉紡本店人事課〔1925〕: 10)。にもかかわらず,夫婦共稼ぎで子どものいる家族を想定した「標準家族」の設定は,同社が描く労働者家族のあるべき姿を映し出しているように思われる。

「標準家族」45世帯の内訳は,3人世帯20,4人世帯16,5人世帯6,6人世帯3となっていた。その年齢構成は,表2のとおりである。25〜35歳の夫を世帯主とし,20〜30歳の妻と未就学児を含む子ども,母または父とい

表2 「標準家族」の年齢構成

	年齢	5未満	5〜15	15〜20	20〜25	25〜30	30〜35	35〜40	40〜50	50〜60	60以上	合計
世帯主	男			1	3	13	16	3	4			40
	女			1	4							5
配偶者	女				10	17	6	2	1			36
児女	男	14	17	1								32
	女	15	9	1								25
尊属親	男				1				1	2	2	6
	女			1	1				4	5	2	13
卑属親	男		5	1								6
	女		2	6	1							9

註:配偶者(男)の記載はなく,女性が世帯主となっている5世帯は配偶者のない世帯とみられる。
出所:倉紡本店人事課(1925)。

った家族像が浮かび上がってくる。子どもの数を世帯数で割ると，1世帯あたり1.27人となる。やや少なめなのは，若い世帯が多いためであろう。なお，かりに15歳以上50歳未満の者を「生産階級」とし，その他を「消費階級」とみなすならば，前者に属する者は99（男44, 女55）人，57.5%で，残る42.5%が後者であるとしている（倉紡本店人事課〔1925〕: 8）。この「消費階級」を含む「最低生活費」の算出こそが，この調査の目的とされていた。

ここでは，貯蓄的支出を除く純支出を第一生活費（生活必要費），第二生活費（社会生活費），第三生活費（文化生活費）および雑費，臨時特別支出に分けている。そして，第一「人が生活を維持する上に於て欠くべからざる需要に対応する支出」（食物費，被服身廻品費，住居費，薪炭水道費），第二「人が社会生活を営むに当って当然支払ふべき義務的支出」（保健衛生費，育児教育費，交際費，交通費，通信費，公課寄付），第三「人間がその生活内容を潤沢にし，豊富にし生を楽しむための費用で，人は之れ無しとするも生存を維持し社会的の生活を営む事ができるけれ共，人間生活の向上を計る上に於て欠くべからざる支出」（修養費，娯楽費，嗜好費間食費，粧身用品費）と定義した（倉紡本店人事課〔1925〕: 14-15）。

ひと月あたり1世帯平均でみると，賃金収入は世帯主賃金36円81銭，「家族賃金」24円52銭，合計61円33銭であり，その他副業や内職による収入はきわめて少額であった[4]。繰越金が15円06銭にのぼり，貯金引出やその他を含め，総収入は83円40銭となる。支出は，第一生活費に40円26銭，第二生活費に9円96銭，第三生活費に6円54銭をあて，雑費を含め59円56銭となった。総支出は，貯送金貸金などを含め66円34銭であった（倉紡本店人事課〔1925〕: 10-18）。

このデータを協調会の調査などと比較検討した結果，職工世帯の純支出割合について一定の結論を導き出している。それは，生活必要費に66～67%，

---

[4] ここでの「家族賃金」は，単に世帯主以外の家族の賃金をさす。賃金総額の60%を世帯主が，40%をもうひとりが得ている計算になる。ただし，ここには家族賃金が計上されていない4家族も含まれている。

社会生活費に 17% が割かれ,残りが文化生活費および雑費となるというものであった(倉紡本店人事課〔1925〕: 27)。もちろん,その内実は大きく異なっていた。たとえば,第一生活費において,萬壽工場の職工世帯は住居費が著しく低く抑えられ,全国平均の約8円の2分の1にも満たないが,食物費に多く支出している。第二生活費では,育児教育修養費が4円70銭と全国平均2円の倍以上を支出しているが,交際費は著しく少ないなどである。

ところで,突出した育児教育修養費に関してはさらに分析を進めている。そして,この費用が「子ども殊に就学前の児童の小遣ひと乳児の子守賃」であり,「一日五拾銭の子守賃を投じて他人に託児する家庭のかなり多い事」が見いだされた(倉紡本店人事課〔1925〕: 25)。月に10円以上の育児費を支出していた二つの家計に注目しよう。もっとも多くの育児費14円26銭を支出していたのは,世帯番号40の3(男2・女1)人家族である。世帯主賃金は 31.28 円であったが,家族賃金は 32.62 と多く,収入は借り入れなしで79円80銭あった。支出は第一生活費が 27.05 円とかなり低く抑えられる一方,育児費を含む第二生活費が 21.12 円と多くなり,第三生活費も9円44銭と平均を上回ったが,平均47銭である修養費に6円49銭を支出していることによる。

つぎに多いのは,世帯番号45の4(男2・女2)人家族である。世帯主の賃金は,31.25 円で平均を下回るが,家族賃金は 25.02 円と平均並みで,繰越金10円,借入5円30銭とその他30銭を合わせて,71円87銭の収入があった。これに対し,支出は第一生活費が30円21銭,第二生活費が25円27銭,第三生活費が10円72銭となっている。平均1円41銭にすぎない育児費に11円70銭を支出しているため第二生活費の割合が大きく,修養費や間食費が多いため第三生活費も多くなっていた。

これらは,生活必要費を切り詰めて,子どもに多くを支出している労働者家族の姿を示している。このような支出のあり方に関して,人事担当者は,つぎのような見解を述べている。

　　既に萬壽工場託児所設置あり且つ少額の経費を以つて事足るに拘はらず,高額の失費を敢てして他人に託児する事は,一面親の愛情にもよるであ

らうが，該託児所その者に対す信頼の欠陥も見逃すを得ないであらう。萬壽託児所改善問題に就て当局者の考慮すべき点でなければならぬ。又，児童の小遣も相当多きに上つている，社宅生活の如く，多くの世帯の密集せるところに於ては，相互の対他的感情上，或は，児女の小遣を節する事は可成な困難を伴ふものであらうが，夫婦共に家庭を外にして工場労働に従事するを得ない現制度の下に於いては，此の方面に何らかの施設をして，此の方面の非経済的，非衛生的な失費を防止する方法を採るの急務なるを思ふ。問題の解決は，主として託児所の設置および制度の改善に懸っている様に思はれる（倉紡本店人事課〔1925〕: 25-26）。

　企業の用意した託児所を利用せず，金銭的負担を覚悟して子守を雇う家族の行動に対しては託児所の整備を訴え，子どもの小遣いが多額にのぼることを「非経済的，非衛生的な失費」とみなし，防止策の必要性を指摘している。そうした「失費」を防ぐことは，「夫婦共に家庭を外にして工場労働に従事するを得ない現制度の下に於いては」，企業がなすべき施策と捉えられているのである。

3）最低生活費

　その後，作成されたと推定される「最低生活費算定ノ基礎」（法政大学大原社会問題研究所所蔵高野文庫）は，手書きの資料である。これによれば，結婚年齢は男工25～30歳，女工20～25歳とし，その後，結婚維持期間の延長とともに子女の数が増加すると仮定し，A～Dの4パターンが設定された。これは，『労働科学研究』2-2所収，暉峻「労働階級婦人ト子女ノ数」をもとに作成され，3年ごとに1子を産むと仮定して出産費用も計上されている。そして，一家庭の最低生活費にあてる収入は夫婦共稼ぎで分担するものとし，その分担割合を夫55％，妻45％とした。

　戦前期の労働者家族の場合，生計維持において，妻などによる内職収入が欠かせなかったことが知られ，それは，中堅的独立労働者においても同様であったとされる。しかしながら，ここでの想定は，夫婦二人で家計を分担するというものであり，妻の収入が補助的なものとはみなされていないことに

表3 ひと月あたりの最低生活費

(単位:円)

		最低生活費				分担額	
		個人費	家庭費	うち育児費	計	夫	妻
社宅	A		21.49	8.68	57.45	31.60	25.85
	B		28.04	15.23	64.00	35.20	28.80
	C		42.12	27.57	78.08	42.94	35.14
	D	35.96	48.68	34.13	84.64	46.55	38.09
通勤	A		25.74	8.68	61.70	33.94	27.76
	B		32.74	15.23	68.25	37.54	30.71
	C		47.89	27.57	84.85	46.12	37.73
	D		54.45	34.13	90.40	49.72	40.68

註：1) A（夫26〜30歳，妻21〜25歳，子女0.90人），B（夫31〜35歳，妻26〜30歳，子女1.58人），C（夫36〜40歳，妻31〜35歳，子女2.86人），D（夫41〜45歳，妻36〜40歳，子女3.54人）。
2) 個人費は，食物費，被服費廻品費，工場用品費，保健衛生費，通信費，修養費，娯楽費，嗜好品間食費，粧品用品費，雑費（未婚の場合）からなる。
3) 家庭費は，住宅費，水道電気料，育児教育費，交際費，公課費，雑費（既婚の場合）からなる。
出所：前掲「最低生活費算定ノ基礎」。

注意する必要があるだろう。フルタイムで働く女性労働者を多く雇用した紡績業においては，このような分担割合が現実的であったことは，先述の社宅調査における世帯主賃金と家族賃金の平均からも読み取れる。

さて，その算出結果は，表3のとおりである。個人費はどの家庭でも同一とされたが，家庭費は子女の数，社宅か否かで差が設けられた。とくに，家庭費の動向を決定づけたのは育児費であり，子女の数に応じて8円68銭から34円13銭が計上された。この8パターンの最低生活費を夫婦二人で負担するとして，それぞれの負担額が算出された。そして，この月収を確保するために設けられた最低生活費賃金（日給）は，表4のとおりであった。男女工ともに，年齢を重ねるごとに緩やかに賃金（日給）が上昇しているが，21〜25歳では既婚と想定された女工賃金が独身の男工賃金を上回っている。また，既婚の通勤工には家賃負担を補うべく賃金が上乗せされていた。

同時期に作成された実際の男女工の平均月収と最低生活費負担額の関係を示したグラフ（「年齢ニヨル子女数ノ変化ト最低生活費並ビニ男女工ノ最低生活費負担額」前掲高野文庫）が残されている。これによれば，女工の実際の平均月収は23歳をピークに減少し，33歳からふたたび若干上昇している。25歳までは男工の平均月収を上回り，最低生活費負担額をも大きく上回っ

表4 最低生活費賃金（日給）

年齢	男工		女工	
	社宅	通勤	社宅	通勤
13～14	—		0.612	
15～17	0.723		0.659	
18～20	0.723		0.715	
21～25	0.850		1.034	1.110
26～30	1.264	1.357	1.15	1.228
31～35	1.408	1.501	1.405	1.509
36～40	1.718	1.844	1.523	1.627
41～45	1.862	1.988	—	

出所：前掲「最低生活費算定ノ基礎」。

ていたものの，30歳以降，最低生活費負担額が月収を上回っていた。一方，男工の月収は33歳をピークに若干減少し，34歳以降で最低生活費負担額が実際の月収を上回っていた。こうした状況に対し，上記，最低生活費賃金は，夫婦共稼ぎを前提とした家計維持のため，独身時の賃金を低く抑え，年齢とともに賃金が上昇する仕組みを提唱した点に特徴があった。

5 結　語

　近代日本の企業福祉と労働者家族に関する考察を通して得られた知見をまとめておこう。

　第一次世界大戦後，労働問題への対応から，経営は労働者とその家族の生活に対して，具体的な施策を講じはじめた。そこでは，労働者の家庭生活に積極的に介入することで労働者の家計を維持する試みがみられたが，本章がとくに注目したのは，1920年代の紡績業における社宅制度の内実であった。

　紡績業の社宅は，主として家族を有する労働者を対象とし，家族員の複数の就業を前提とするものであった。とりわけ夫婦共稼ぎでの就業が奨励されたが，倉敷紡績の社宅調査は，その実態を明らかにするものといえよう。従来，戦前期における労働者家族の生活については，賃労働者層の下層における営みに焦点があてられてきた。そこでは，家族全員が何らかの仕事に従事することによってかろうじて生計を維持する姿が確認され，既婚女性の就業

が注目されてきた（布施 1979）。副業や内職で家計を助ける既婚女性の姿はよく知られているが，本章が確認したのは，夫婦で家計を分担する労働者家族の存在であった。こうした共稼ぎ形態は，夫婦で採炭作業を行なう筑豊炭鉱でも確認されている（野依 2008: 27-66）。彼らは，企業に雇用され，一定の収入を得ており，さまざまな福祉サービスを受けつつ消費生活を送っていた。問題は，子どもの育児教育費に多くの支出を要した点にあった。

子女の育児・教育にかかる費用をあらかじめ組み込んだ最低生活費賃金の策定は，この問題のひとつの解決策を示している。年齢とともに賃金が上昇する仕組みは，われわれにとってなじみ深いものではあるが，出来高給を基礎とする当時の現実からは大きくかけ離れていた。また，それは，夫婦二人がフルタイムで就労することによってはじめて生計維持が可能となるものであり，一方が，けがや病気で出勤できなければ当然のごとく月収は減り，たちまち家計が維持できなくなることが明白であったから，その実現は困難をともなっていたように思われる。

もうひとつの解決策は，育児教育費用を極力抑えることである。1日50銭で子守を雇ったり，子どもに多額の小遣いを渡したりする行為が企業福祉を担う人事担当者によって，望ましくない「失費」とみなされていたことは先述のとおりである。これは，妻が家庭にいれば必要のない費用であった。そうした観点からいえば，女性労働者を既婚者ではなく未婚者に限定するのも一案となるであろう。紡績業においては，既婚者の就業に際し夫の承諾を求めるのが一般的であったが，採用を未婚者に限定する企業もあった。たとえば，内外綿株式会社第二紡織工場（兵庫県西宮市）の「入社のしるべ」（1925年）は，入社資格を「年齢　戸籍面満十四歳以上三十歳未満の独身女性（戸籍抄本入用）」と明記していた。独身であれば，こうした費用を考慮する必要はないのである。

いずれにせよ，1920年代にみられた労働者家族は，すでに性別分業にもとづく「近代家族」像を内面化している人事担当者とは別の価値基準をもっていたように思われる。それが企業にとって望ましいものへと改編を迫られるプロセスは，同時に企業の施策を通して近代的性別分業構造が労働者家族に定着するプロセスと重なっていたのではないか，というのが本章から導か

れる展望である。

(付　記)
　本稿の作成にあたり，2010年度「日本経済研究センター研究奨励金」（代表：小池和男）の交付をうけた。記して謝意を表したい。また，本稿で使用した協調会の資料に関して，目録が刊行された。『協調会の企業調査資料』（法政大学大原社会問題研究所　ワーキング・ペーパー No. 48，2012年4月）を併せて参照されたい。

参考文献
阿部武司（2002）「産業構造の変化と独占」石井寛治・原朗・武田晴人編『日本経済史3　両大戦間期』東京大学出版会：53-125頁。
有馬学編（2009）『近代日本の企業家と政治──安川敬一郎とその時代』吉川弘文館。
梅田俊英・高橋彦博・横関至（2004）法政大学大原社会問題研究所編『協調会の研究』，柏書房。
榎　一江（2009）「近代日本のパターナリズム」『大原社会問題研究所雑誌』611・612号：28-42頁。
大内章子（2002）「日本企業の『家族対策』──その導入と日本的変容」『三田商学研究』45(5)：135-153頁。
大津寄勝典（2004）『大原孫三郎の経営展開と社会貢献』日本図書センター。
木本喜美子（1995）『家族・ジェンダー・企業社会──ジェンダー・アプローチの模索』ミネルヴァ書房。
兼田麗子（2009）『大原孫三郎の社会文化貢献』成文堂。
倉敷紡績株式会社（1988）『倉敷紡績百年史』。
佐藤正志（1993a）「安川敬一郎の経営理念──労資協調思想の一端」『九共経済論集』17：25-47頁。
佐藤正志（1993b）「安川・松本財閥における労使協調経営──明治鉱業信和会の成立と機能」『広島大学経済論叢』17(1)：37-67頁。
ジャネット・ハンター（2008）阿部武司・谷本雅之監訳『日本の工業化と女性労働──戦前期の繊維産業』有斐閣。
千本暁子（1999）「20世紀初頭における紡績業の寄宿女工と社宅制度の導入」『阪南論集』34(3)：57-67頁。
時里奉明（2011）「官営八幡製鉄所創立期の住宅政策」『経営史学』46(2)：28-48頁。
野依智子（2010）『近代筑豊炭鉱における女性労働と家族──「家族賃金」観念と「家庭イデオロギー」の形成過程』明石書店。
間　宏（1989）『日本的経営の系譜』文眞堂（日本能率協会1963年の再刊）。
深澤和子（2003）『福祉国家とジェンダー・ポリティックス』東信堂。

布施晶子（1979）「戦前の労働者家族の状態——既婚の婦人の就業を中心に（上）（下）」『歴史評論』347: 84-97 頁; 348: 78-91 頁。
安川敬一郎（1919）『勞働問題管見』。
由井常彦・島田昌和（1995）「経営者の企業観・労働観」由井常彦・大東英祐編『日本経営史3 大企業時代の到来』岩波書店：274-310 頁。

法政大学大原社会問題研究所所蔵資料
協調会資料
鐘淵紡績株式会社新町絹糸工場（1921）『工場案内』。
協調会（1921a）「日本絹撚株式会社桐生工場労働事情調査報告」（稿本）。
協調会（1921b）「日本正準製糸株式会社長岡工場労働事情調査報告」（稿本）。
倉敷紡績株式会社萬壽工場〔1920 年代〕『工手入社案内』（作成年不明）。
倉紡本店人事課〔1925〕『労働事情研究パンフレット　第六号萬壽工場職工社宅生計調査報告（第一部）』。
内外綿株式会社第二紡織工場〔1925 年〕『入社のしるべ』。
明治紡績合資会社行橋工場（1926）「就業案内」。
大阪莫大小紡織株式会社本社工場（大阪市東淀川区三津屋町）「就業案内」。

高野文庫
倉紡本店人事課（1925）『労働事情研究パンフレット　第二号高松工場通勤職工住宅調査記録』。
「最低生活費算定ノ基礎」。
「年齢ニヨル子女数ノ変化ト最低生活費並ビニ男女工ノ最低生活費負担額」。

第10章

イギリスにおける女性労働と古典派経済学
ガヴァネス問題から男女同一賃金論まで

舩木 惠子

1 淑女の貧困

　産業発展がめざましい1840年代のイギリスに「ガヴァネス問題」がゆっくりと進行していた。「ガヴァネス問題」とは，初めてイギリス社会が直面した女性問題であり，中産階級の独身女性の貧困問題を意味している。19世紀の女性たちは，家父長制の社会制度のなかで，財産権がないのが当然とされていた。とくに中産階級の既婚女性は，夫の意向である「家庭の天使」[1]という家庭生活の神聖性の側面から経済とは無縁の存在だった。彼女たちは表面上，公領域（職場）で生産者として働く夫たちの「家庭の避難所」として期待されていた。しかし俗に「飢餓の40年代」といわれたこの時期は，産業化にともなって生じるようになった周期的恐慌や，それによる家業の破綻などの原因で，結婚できない女性たちが急増した時期でもある。そして家庭における経済的な拠り所を失った妻ではなく，独身の彼女たちが求める一般的な職業がガヴァネスの仕事だった。こうして限られたガヴァネスの職に大量の独身女性が殺到したことにより，ガヴァネス職の社会的地位や信用を落とし，質の低下と賃金の低下，さらにガヴァネス職に就くことができない大量の求職者の存在が社会問題となった。
　バンクス夫妻は，過剰になった独身女性が多い階層は中産階級，および上流階級であり，ブリテンにおいては，1851年に15歳以上の独身女性が276

[1) ジョン・ラスキン（1819～1900年）をはじめとして多くの識者が「家庭の天使」の美徳を説いた。

万 5000 人おり，1861 年には 295 万 6000 人に増加，さらに 1871 年には，322 万 8700 人に増加したと述べている（Banks 1964: 27-28）。またキャロライン・ノートン事件などのさまざまな女性問題[2]を背景に，女性たちの経済的自立への訴えがイギリス議会に向けられるようになった。その一例が，1856 年にバーバラ・ボディションが設立した既婚女性財産法委員会である。ボディションはこの委員会を中心にイングランドで最初の請願書運動を起こし「既婚女性財産法案」を訴えたが，それは否決された。しかし，それと引き換えに成立した 1858 年「婚姻および離婚法」によって独身女性の財産権の一部が保障されることになり，中産階級の女性たちが人権や財産権を意識する契機となった[3]。だが問題なのは財産のない独身女性たちである。彼女たちがひとりで，あるいは家族を養いながら生きていく場合，彼女たちには仕事が必要である。当時，中産階級の女性の就労できる職業がほとんどなかったため「ガヴァネス問題」が生じたわけである。さらにこの問題が特異なのは，貧困が労働者階級の貧困ではなく，中産階級の独身女性の貧困という点にあった。将来は家庭の女主人となり，中産階級の家庭教育に携わるべき淑女が，非婚化と貧困化によって社会から余った存在となったことは，ヴィ

---

2) キャロライン・ノートンの事件。19 歳で結婚した家柄のよいキャロラインは 1836 年夫の暴力から逃れるために家を出たが，無一文で追い出され，子どもも取り上げられ，逆に姦通の罪を着せられて裁判で訴えられた。身の潔白と子どもへの面会を求めて「英国ならびに諸外国の評論」（1835～1844 年）や「大法官への素直な手紙」（1837 年）などのパンフレットを書いて議会に訴えた結果，1839 年に議会において「未成年保護条例」が可決し，面会権が認められた。良家の出身だったノートンが財産も子どもも結婚持参金まで暴力夫にとられたことは，当時のミドル，アッパークラスの女性たちに大きな衝撃を与えた（Strachey 1978: 64-76）。

3) バーバラ・ボディションはユニテリアンで，ノリッジ出身の国会議員ベンジャミン・スミスの子，フローレンス・ナイチンゲールのいとこ，ラファエル前派の画家である（作品は生前本人が売却しなかったのでケンブリッジ・ガートン・カレッジがほとんどを所蔵）。1856 年に父の黒人奴隷廃止運動のメンバーを中心に「既婚女性財産法案」（Women's Property Bill）の請願書運動を発起し，署名を 2 万 6000 名分集めて議会に提出したが，キャロライン・ノートンが請願書を書いた「婚姻および離婚法」が成立した。議会は，社会のモラルを壊すおそれの観点から「既婚女性財産法」と「婚姻および離婚法」を天秤にかけ，女性全体の財産権を主張した前者の代わりにノートンに同情が集まった後者の法案を成立させた。

クトリア時代の常識的な家庭観や道徳観に少なからぬ影響を及ぼした。

　1832年の第一次選挙法改正の結果，中産階級の多くは選挙権をもち，議会における新興勢力として実力を増した。しかし中産階級の節制や努力によって進んだ産業化のなかで生じた経済破綻が，「ガヴァネス問題」の直接的な原因となり，彼らの子女に影響が及ぶことになったのは皮肉なことである。彼ら中間層のなかから社会的救済の議論が発生し，「ガヴァネス問題」は徐々に社会に知られる問題となった。当初はガヴァネス供給過剰による現役ガヴァネスの給与や待遇の低下を救済することから始まった。ガヴァネス救済の代表的なものは，1843年にガヴァネス慈恵協会が設立されたことである。組織的なチャリティによるガヴァネス救済事業が始まると，この問題はガヴァネス求職者たちの経済的自立をめぐる議論に及んだ。こうして徐々に「ガヴァネス問題」とその周辺の諸事情によって，無関心だったヴィクトリア時代の男性社会に初めて女性問題という新しい社会問題を意識させたのである。1848年に出版されたJ. S. ミルの『経済学原理』の賃金論のなかで，ミルが古典派経済学においては例外的に女性の低賃金や雇用問題の分析を行なっているのも，こうした事情に影響を受けてのことではないかと思われる。このように19世紀の「ガヴァネス問題」を契機に女性と労働，家族や賃金をめぐる諸問題が徐々に社会に認識され，社会問題として扱われるようになったのである。

　ここでは，以上のことをふまえながら，「ガヴァネス問題」を古典派経済学との関係で考察する。そのことにより「ガヴァネス問題」の時代的意味を明確にし，女性の就労，家族，そして賃金について歴史分析の一考察を行なう。そして女性労働に課せられた歴史的，普遍的なジェンダーを認識することを期待するものである。

　最初に「ガヴァネス問題」を積極的に扱った『イングリッシュ・ウーマンズ・ジャーナル *The English Woman's Journal*』を分析し，ヴィクトリア時代の女性の雇用，低賃金問題とチャリティや新救貧法との関係を明らかにする。つぎに『イングリッシュ・ウーマンズ・ジャーナル』の編集長，ベッシー・レイナー・パークス（1829～1925年）による経済学の解説記事を取り上げ，女性賃金の低賃金化や労働環境の改善に経済学の普及を訴えたことに

注目する。その際にパークスがJ. S. ミルの賃金論を足がかりにして，独自の「慈善の価値論」を展開し，家族手当の萌芽を見いだしていることを重視する。

最後に1910年代の第一次世界大戦の戦中，戦後期のイギリスで議論となった男女同一賃金論について，対立的な二人の論文，ミリセント・フォーセットとエレノア・ラズボーンの相違を示し，両者がどのような価値観をもって，女性の経済的自立を考えたかを考察する。19世紀のパークスは女性の「well-being」を経済学のなかに求めたが，当時の経済学（古典派経済学）は女性労働に対して，福祉や満足（幸福）の具体像を示すことができなかった。パークスが階級を超えて不条理だと感じた女性の職業や教育への制限，家族賃金に代表されるような女性の低賃金についても，その解明は始まったばかりだった。それがきちんと議論できるようになるのは20世紀になってからである。それは議論できる知識をもつ女性たちの出現や，経済学の限界革命以降の変化もあるだろう。しかし19世紀の女性たちが経済学の分析によって求めた経済的自立の概念が，20世紀の女性たちへ及ぼした影響は大きいと考える。それゆえここでは女性の経済的自立の萌芽として，19世紀の「ガヴァネス問題」から明らかにしていきたいと考えた。それについては，なるべく一次資料も含めて分析可能な文献を利用したため，上・中流階級を対象とした文献を中心に述べている。したがって文献を残しえた彼女たちがエリートであり，特別な女性たちであるのは事実だが，一方で彼女たちの言動や主張は労働者階級の女性労働によりそい，労働者階級の諸問題を対象としていることも事実である。貧困に関して諸論はあるが，ここで取り上げたフェミニストの視点は階級を超えていることに注目し，分析することを述べておきたい。

2 『イングリッシュ・ウーマンズ・ジャーナル』における「ガヴァネス問題」

この節では，『イングリッシュ・ウーマンズ・ジャーナル』の1858年3月1日創刊号の第一面の論説「教職・ガヴァネス慈恵協会報告書1843-1856」

から「ガヴァネス問題」の概要とその分析を理解する[4]。

　本来「ガヴァネス」とは高級な女性家庭教師の職であり，家庭教育において優れた知識や教養を要求される高級な専門職だった。しかしこのような特殊な専門職に，経済的に困窮した多くの中産階級の女性が求職したことが契機となり「ガヴァネス問題」が生じたことは，すでに述べた。経済破綻した中産家庭の子女の多くは，自活できるような分相応な職業を必要としていたが，職業の選択肢がないために，知識や適性があろうとなかろうと，ガヴァネスの職を求めて殺到することになった。これは才能ある女性にのみに開かれた高級専門職のガヴァネスが，普通の家庭の子女の仕事として一般化することを意味し，いわゆる「仕事を落とす」ことを意味する。前述のようにそれがガヴァネスの質や報酬の低下を招いたので，現役のガヴァネスたちの生活は非常に苦しくなった。さらに「ガヴァネス問題」によって，不十分な中産階級の女子教育も露呈し，ガヴァネス求職者の質の低下が議論されはじめ，中産階級の女子教育が見なおされるようになったというのが創刊号の論説の前提である。

　論説の最初に，編集長ベッシー・レイナー・パークスによって，1843年にガヴァネス慈恵協会（Governess Benevolent Institution）が設立されて以来，ガヴァネスの供給過剰で報酬の低下が続き，日々の生活ができないガヴァネスが増えている状況が説明される（Parks 1858: 1-13）。パークスはガヴァネス慈恵協会刊行の1843年から1856年までの年次報告書の詳細な分析をし，慈善活動による問題解決の限界と，ガヴァネス求職者の意識の転換，新しい女性の職業改革などを訴えている。パークスは冒頭でつぎのように述べている。

　　あらかじめ，この国の女性労働者の広大な職業範囲を一瞥すると約300万人，または女性人口の半分ほどの人びとがそのなかに含まれているだろう。われわれはそのうちのたったひとつが，この雑誌の読者がもっとも興味をひく分野であることを理解する。つまりそれは「教職」である。

---

[4] 雑誌の設立過程については，舩木（2008）を参照。

それは教育を受けた,平均的な能力のある女性たちに,唯一開かれている職業だからである。(Parkes 1858: 1-13)(表1参照)

パークスは,女性労働は全体としては増加傾向にあると述べるが,そのほとんどが労働者階級の仕事であり,労働者階級ではマニファクチュア,作業場,農場など家庭外の労働に従事する女性が増加していることが特徴だと述べている。そして中産階級の女性に適した職業がガヴァネスしかないので,職業選択ができず,求職者が,このたったひとつの職業に殺到するという現実を,社会は直視しなければならないと述べている。このときパークスは「ガヴァネス問題」を論じながらも,現実には中産階級,労働者階級という階級に関係なく女性労働が低賃金であることを強調する。そしてガヴァネスの供給過剰は,単なる供給過剰を意味するだけでなく,一種類の職種に求職者が殺到した結果,需要と供給のバランスによって,その職種の年俸が急速に引き下げられ,質の低下と職位の失墜を促進したことを詳細に述べてい

表1 1851年と1881年グレート・ブリテン女性の主要職業種(全年齢)

(単位:1000人)

職　業	1851	1881
農業・園芸・林業	229	116
織物	635	745
金属工業・機械・器具・輸送・貴金属など	36	49
建築・工事	1	2
運送・通信	13	15
衣料品	491	667
鉱山・採石・採炭採石加工	11	8
食品・飲料・煙草	53	98
国内事業所・個人業務	1135	1756
専門職・その補助職	103	203
木工・家具製造・調度・装飾	8	21
貿易業	－	11
煉瓦・セメント・製陶業・ガラス	15	27
行政サービス	3	9
紙・印刷・出版・文房具	16	53
化学製品・精油・石鹸・樹脂	4	9
全職業(女性)	2832	3887
全職業(男性)	6545	8852

出所:Rendall (1990: 57) より筆者が作成。

る5)。

　パークスは，そもそも中産階級の女性で職に就くことを希望しているのは，家族の稼ぎ手を失い，その代わりに家族を養うために職を望む者であり，経済的理由から働かざるをえない人びとであることを説明する。しかし実際には，そのような女性がガヴァネスの職を得ることはかなり厳しい。パークスはほとんど無理に近いとみている。つまりガヴァネスの職を手に入れるには，縁故が有利であるが，経済的理由から職を探すような女性には，通常縁故がないのが普通だと主張する。パークスは，社会はこうした誤った雇用の状態をただちに改善すべきだと主張している（Parkes 1858: 1）。

　またパークスは「ガヴァネス問題」が簡単に解決できるものではなく，多くの原因を含んでいることも示しており，論説の第一目的を，「ガヴァネス，ガヴァネス求職者を対象とし，寡婦を含む，独身女性の経済的な困窮をどのように解決するか」（Parkes 1858: 2）と定義する。パークスは，この問題は，単なる雇用問題だけでなく，男女の人口比，老後の諸問題も含めて長期的な改善を要する社会問題であることを意識する。そのうえで過去15年間にわたってガヴァネス慈恵協会が行なってきた救済方法を検証する。パークスによれば，協会は「団結心（espri de corps）を注ぎ込んで，ガヴァネスの技能や給料を引き上げようと努めてきた」（ibid.）と強調する。そして協会の努力にもかかわらず，事態は一向に改善されていないことを指摘する。

　パークスは歴史的に考察する。ガヴァネス慈恵協会の設立は1841年で，1843年にデイヴィッド・レイ牧師が名誉事務局長の職についてから組織が再編成され，慈善事業としての活動を活発化した。設立者のなかには当時著名なキングス・カレッジ教授のフレデリック・モーリスがおり，姉のメアリー・モーリスがガヴァネスだったことから女子教育問題に積極的にかかわっていた6)。1851年にはガヴァネスの人数は2万1000人であり，その後10年

---

5) ヴィクトリア時代の上・中流家庭の親は，娘の教育の目的を，上流社会のよき夫を得るためのものと考えており，「申し分ない淑女 perfect lady」になるために必要な教育と考えていた。それには娘を手元におき，そのためガヴァネス職はもともと高貴なものであった。初期のガヴァネスだったエリザベス・アップルトンは19世紀初頭に家庭教育の教科書を書いた人物だが，そのなかでガヴァネスの市場が広がったことで知識も経験もないガヴァネスの希望者が増加したことを憂いている（Kagawa 2003: v-vi）。

間で2万5000人に増加している。またその賃金は20ポンドから100ポンドのあいだであり、大多数の賃金は35ポンドから80ポンドのあいだであった（Kagawa 2003: viii）。しかしこの数字だけみれば、ここに記載されたガヴァネス人口は驚くほど少数である。しかしそれだけにガヴァネスが職業としては特殊であり、この他のガヴァネスになれない求職者がどれほど多数いたかということを意味している。前述のように10年間で4000人の雇用しか拡大されないような特殊な労働市場である。特権的な労働市場であれば、パークスが非難するような縁故による採用が行なわれる可能性が高いのも無理はない。またこれほど人数が少ないにもかかわらず、ガヴァネスを救済するガヴァネス慈恵協会が設立されていることはガヴァネスの社会的影響力が大きいことを示している。「ガヴァネス問題」のひとつの解決策としてガヴァネスの質を高める教育を推進することが求められ、1848年にフレデリック・モーリスが中心になり、ガヴァネス養成のためのクイーンズ・カレッジを設立した。また翌1849年には、ユニテリアンのエリザベス・リードが非国教徒のためのガヴァネス養成校としてベドフォード・カレッジを設立し、卒業した生徒に一定の資格を認定することでガヴァネスの質の向上を図った。しかしこうしたガヴァネス養成校の設立は女子教育に一定の貢献はあっても、「ガヴァネス問題」の核心である独身女性の雇用問題の解決にはならなかった（ibid.: x–xi）。

　ガヴァネス慈恵協会は2週間に一度、ヒアリングにもとづいてガヴァネスたちの窮乏報告を行ない、諸ケースごとに「窮乏」が認められれば、給付金を支給した[7]。しかし実際の援助の段になると、老後の蓄えもまったくない

---

6) 姉メアリー・モーリスはその著書『マザーズ・アンド・ガヴァネス』（*Mothers and Governess* 1847）で、ガヴァネスという職業の特殊性を述べている。住み込みで雇用主の家庭にいるにもかかわらず、その家庭での立ち位置は微妙である。ガヴァネスは常に両親の話し相手であり、子どもたちの理解者でもあるが、決してその家族の一員ではなく、いつも孤独である。そしてその仕事は誇り高き職業であるにもかかわらず低賃金であるという（Parkes 1858: 3）。

7) 報告書によると1843年の6月からその翌年の3月までのあいだに委員会は、102件のケースを取り扱った。ヒアリング後、うち56件の援助を実施した。しかし大部分の淑女が基金の援助を辞退した（Parkes 1858: 3）。

にもかかわらず，ガヴァネスたちは慈善の懇願をすることをためらった。金銭的な給付を受けることは彼女たちのリスペクタビリティを傷つけたのである。ガヴァネスの自尊心はその職業への誇りであり，給付を受けることは恥辱だった[8]。

ガヴァネス慈恵協会のもうひとつの試みは，1844年にガヴァネスのための一時施設（temporary home）を設立したことである[9]。最後（1856年）の年次報告書には，最近120名の年金応募者が，わずか年20ポンドの年金に殺到した事実を記載している。この応募者のうち99名が独身女性であり，全体の14名は年収がわずかに20ポンドしかなかった。そして83人はまったく収入がなかった。これらの女性は皆50代から60代だった[10]。

しかしパークスの分析はさらに深くなる。パークスはこうした事例のなかに新しい貧困の形態が描き出され，それは個人的救済よりもはるかに広範で，重大な結果を引き起こすことを主張する（Parkes 1858: 5）。多くの事例を分析すると，高齢のガヴァネスの多くが，同じく独身の姪に頼って生活している。パークスはこれが新たな貧困を生み出す原因だと考える。パークスによれば，これによって引き起こされるのは貧困の連鎖であり，この貧困の連鎖を慈善だけで解決するのは非常に難しいと分析する。たとえばパークスの推測では，こうした老ガヴァネスが，姪の頼りを失った場合には，おそらくワークハウスに行くしかない。彼女たちは自尊心から「すべてが自分ででき

---

8) 委員会は慈善家から500ポンドを集め，年間15ポンドの終身年金制度（老齢年金）を創設した。政府の国債局と契約し，三つの年金組織を設立し，ガヴァネス自らが積立てるガヴァネス年金制度を設立した。ガヴァネス年金は，ガヴァネスたちの努力により，1843年3月から1844年3月までの間に2351ポンド9シリング9ペンスに及んだ。1850年には15ポンドの年金受給者は17人になり，受給者に比例して年金の額も徐々に多くなり，以後25人が年20ポンド受給した。1856年にその額は，およそ8758ポンドになった。そしてそれによって274名が年金を確保できた。1858年にはこの年金基金は16万4000ポンドにも及んだ（ibid.）。

9) ガヴァネスが住むのに適した寄宿舎を設立し，施設利用者は縁故を必要としない自由登録制だった。事務局は1845年に設立されたが，入居手続きは1846年から直接ホームに移管され最初の6カ月に52人のガヴァネスが収容された（Kagawa 2003: 4）。

10) 1849年に老人救護施設が完成して居住が始まり，1856年にはこの施設に22人が収容された。最初の目的は失業したガヴァネスの救済だったが，失業者が高齢のガヴァネスに多いので，すぐに老人救護施設の計画に進むことになった（ibid. ix）。

なくなったら，黙ってこの困窮を受け入れよう。賃金の代わりに慈善を受け取るのはやめよう」と潔くいうのだが，これは間違っており，貧困の解決にはならないと主張する。パークスは慈善というのは，「巨大な貧困の種をまく，わがままで怠惰にふける人びとを作り出すものだと政治経済学者たちが警告する」(Parkes 1858: 6)のは正しい部分もあると認めながらも，「われわれは正義（の名）に強要された原則が完全な規則として成り立っている限界というものを忘れるべきではない」と主張する。パークスの立場において慈善行為は，否定しがたいものである。パークスは無条件で苦悩している人びとに対しては手を差しのべるべきだと主張する。さらに政府の新救貧法へのパークスの考え方は厳しいものがある。パークスは社会制度である新救貧法と，利他的な慈善活動はまったく性質が異なると強調する。

　1834年の救貧法改正後は，労働能力者に対する部分的救済の廃止，金銭的補助の禁止を行ない，労働できる貧困者とできない貧困者の明確な分離を制度化した。この新しい救貧法は，貧者に対して院内救済の劣等処遇の恐怖感を与えることにもなった（大沢 1986: 67-68）。パークスはこのような救済の方法と立場を強く非難する。非難の根拠として，第一に新救貧法の目的に，困窮者をなるべく乏しい給付ですませようとする意図があることをあげている。慈善（honest charity）ならば，食糧も衣類も，提供者の義務として人びとに渡される。パークスは救済に合理性や極端な正義を持ち込むことに否定的である。人生は自己の過失でなくとも不幸にして落ちてしまう人もいるのだから，多くの事例に特殊な貧困の特殊な原因をあてはめて，救済の効率化はできないはずだと主張する。

　パークスの主張は，慈善活動を支える側からの主張としては明確である。所得の不足を救済の受給で補おうとする人，またはもともと働く意欲がなく，怠惰が原因で救済を受けようとする人，これらを防ぐ意図で行政は懲罰的，あるいは矯正的な院内救済を制度化するが，パークスはこれを「特殊な貧困の事例」であると考える。パークスの理解では救済を必要とするほとんどの人びとは，ガヴァネス慈恵協会報告書にあるような，救済されることに躊躇する罪のない普通の人びとである。パークスの視野には，ガヴァネス慈恵協会報告書の事例によるガヴァネス経験者だけでなく，多くのガヴァネス求職

者，さらに老ガヴァネスを扶養しなければならない独身女性も含まれている。パークスは「ガヴァネス問題」は独身女性の社会問題であり，もはや慈善事業では解決できない問題となり，制度的な救済が必要であると考える。しかし制度とは，現行制度として存在する新救貧法だけでは解決できないと主張する。

パークスは今後の展望について「われわれに新しい方向性はあるのか」(Parkes 1858: 10) と問う。20代の女性人口の43％が寡婦か独身女性であって，女性人口の2分の1が労働によって支払いを受けている。パークスは，1万5000人あまりの貧困ガヴァネスとそれを超える巨大な貧困女性たちの雇用の配分が必要であると主張する。しかしパークスの結論は理想を述べるにとどまり，解決策を述べることがない。『イングリッシュ・ウーマンズ・ジャーナル』創刊号の段階では，パークスの問題解決に対するヴィジョンは曖昧で，問題提起にすぎない。しかし次節において述べられるパークスの賃金論には，本節で主張されたパークスの慈善の概念が裏づけされているのではないかと思われる。

3　パークスによる解説記事「ジョン・スチュアート・ミルの見解」

この節では，1860年『イングリッシュ・ウーマンズ・ジャーナル』31号，9月号と11月号のパークスによる解説記事「ジョン・スチュアート・ミルの見解 Opinion of John Stuart Mill」を取り上げ，J. S. ミルの『経済学原理』に準じてはいるが，パークス独自の女性賃金に対する見解を紹介し，J. S. ミルの『経済学原理』(1848年) とパークスの主張する「慈善の価値」との関係を考察する。パークスは需要と供給で決定される市場価格である女性の労働賃金と，自分たち女性の生活実態による現実の賃金を素朴なかたちで分析する。パークスは経済学者ではないが，この論説で主張する女性賃金の概念においては，古典派経済学に依拠した市場価格を容認しながらも，母親の扶養のための所得の増額分を正当化する。ここでのパークスは需要と供給で決定される賃金を認めながら，それとは別の価値概念を「扶養」に位置

づけして，独身女性の最低生活の水準を引き上げようとしている。この部分に，稚拙ながら需要と供給で決定される労働賃金に付加する貨幣的な補てんを正当化する主張がみられる。しかしパークスは，あくまでこの部分を慈善にもとづく価値（価格）決定であると説明し，市場の価格決定から区別している。

「ジョン・スチュアート・ミルの見解」は長文のため2回に分けて掲載されている。前編9月号は第1面からジャーナルの11頁分をあて，後編11月号では10頁分をあて，前編ではJ. S. ミルの『論理学体系』，『経済学原理』について，後半では『経済学原理』4編を中心に協同組合論について述べている。本章はこれら論説のなかから，とくに『経済学原理』の賃金論についてのパークスの論考に重点をおきながら，競争にもとづく労働市場の賃金論と，それ以外で決定されるとパークスが考える，慈善（philanthropic）の賃金決定論を述べる。

パークスは，最初にポリティカル・エコノミーとは，家族（family）のための家政の経済学であり，この科学はすべての慈善事業の結果に，人道的に貢献できるものだとみている。パークスによれば，慈善活動においては女性が大きな役割をもつので，女性たちは，この国民福祉（national wellbeing）の法則を学ぶ義務があると主張する（Parkes 1860: 4）。そしてパークスは経済法則を慈善事業に応用することにより，活動を良い方向に向けられると考える。このことからパークスが経済学に求めたものは，国民福祉にあることが理解できる。パークスは慈善活動がすべての人の善意からもたらされる行動にもかかわらず，現実を理解していなければ，無残な結果となること述べて，慈善活動における「結果」の重要性を主張する。

パークスは『経済学原理』2篇の賃金論において，ミルが女性のおかれた現状を分析し，女性労働者の悲惨な現状を論じたことや，女性の低賃金に対して，最初からジェンダー的な職業選抜が雇用者によって与えられていたことを明確に論じた点を高く評価した。つまりミル『経済学原理』によれば，雇用者側からの意図による性別職種が最初から存在し，それが慣習や法律などによって，女性の参入できる職種の範囲を狭めている。女性は狭められたわずかな職種に求職せざるをえない。その結果求職が集中し，供給過剰によ

って女性労働は低賃金となる。ミルはこうした社会制度の仕組みによって女性労働だけが低賃金化することを分析した。パークスが追求する「ガヴァネス問題」の原因も，じつはこうしたミルの論点にあてはまり，このことからミルの経済学をパークスが捉えたといえるだろう。前述のようにパークスは経済学を学ぶ必要性を強く訴えるのだが，パークスによれば女性労働者は賃金労働者としては「アマチュア」であり，他の生計の手段があるために安い賃金でも喜んで働くこと述べている。そのよい例が，農業労働者の家族賃金だと指摘する。

　パークスが論拠とするのはミル『経済学原理』2篇14章の賃金相違論である。ミルは，女性労働者は労働者としてはアマチュア的要素をもっているので，通常の賃金率が阻害されて低賃金になりやすいとみている。ミルは，アマチュアは副業であり，副業は別に所得があるのだから，低賃金でも進んで仕事をしてしまう。それは当然，賃金の低賃金化をもたらすだろうと述べている。つまり女性労働には女性特有の性質があり，どのような条件下でも仕事をするために，結果として，アマチュア労働化することを述べている。ミルはアマチュアに類似する女性労働者は，主に家内工業における家族労働者であり，妻，子などの家族は賃金労働者としてはアマチュアゆえに，市場の評価以下の賃金でも働いてしまうと分析した（Mill 1996: 394-396; 末永訳: 379-381）。パークスはいちばん悲惨な状態にいるのは家内工業に従事する農業労働者の家族である，と述べている。家内工業の家族賃金は，現在のところ競争による市場価格の低下によって下がるばかりで，市場価格を強制的に上げない限り，この家族は救貧院へ行かざるをえないだろうと述べている。パークスは読者に訴える。「社会は（このことに）正しい出口を見つける必要があるのだ」と。

　ここでパークスは，ミルの賃金論から離れる。つまり，ミルの賃金論においては，タイムラグはあるものの，賃金は労働の需給によって決定される。もちろん慣習による決定要因はあるが，基本的に労働人口とそれを購買する資本との割合で決定されるという古典派経済学の賃金基金説である。ミルは「競争が支配しているところでは他の何ものの影響をも受け得ないものである」（Mill 1996: 337-338; 訳: 276-277）と述べ，需給関係を労働者に有利な

ものとするためには，労働人口の減少しかないことを述べている。しかしパークスは経済理論上の労働人口の減少が現実にはどれほど悲惨なものであるかを知っており，しかもそれが社会の一番の弱者である女性たちに及ぶことを理解しているのである。したがってパークスは賃金を強制的に上げることを強く主張する。これはミルの賃金論とは相いれない結論である。

　こうした家族賃金の悲惨な状態は，ミル『経済学原理』のなかでも，手織機職人委員会の1841年の調査報告書をもとに述べられている。『経済学原理』のなかで，ミルはアダム・スミス『諸国民の富』を取り上げ，スミスが述べた手織機工業の自由な出来高制賃金の魅力について論じる。ミルによれば，この時手織機工業の自由な出来高制賃金はアダム・スミスを驚かしたが，現在においては，手織機工業に従事する労働者は他の労働者に比較して自由であるが，自由なだけに報酬はまったく少ないと強調し，スミスの時代とは異なることを述べている（Mill 1996: 383-384; 訳: 355-356）。

　パークスは，女性労働者は夫の収入があるので，一人前に働いているにもかかわらず，実際に彼女たちが創出する価値よりも，はるかに少ない賃金で働いていると分析する。パークスはミルの賃金論を基礎におき，1857年の社会科学協会（The Social Science Association）でチャールズ・ブレイが報告した「コベントリーにおけるリボンメーカーの女性雇用における有害な権力」の調査報告を示し，なぜ女性の労働賃金が男性と比較して低いのかを独自に分析する。この部分に男女同一賃金論を述べた萌芽があると考える。

　この報告書は，男女の労働者を一緒に雇用するリボン工場で実験的に調査した結果，出来高賃金であるにもかかわらず，賃金の支払いが同一でなかった例を紹介したものである。パークスは，「リボン工場における女性労働者は男性とまったく同等に働いている。手織機による織物業でも出来高にもとづいて支払われている。しかし男性と女性の効率が同一であっても支払いに差があることを説明できるのは，賃金が慣習で支払われているにほかならない」と，ミルの賃金の決定論を使用して主張する。パークスは女性労働の賃金は，ミルが述べたように，慣習的に市場価格よりも低く決定されることを主張する。しかしパークスは「忘れてはいけないのは，慣習とは，われわれ個人の考えが統合されたものであるということだ」（Parkes 1860: 6）と独

自の意見を述べる。労働市場を支える女性労働者たちの自尊心（self-respect）がまさにそれであると述べ，女性労働者たちの貢献というものを忘れてはならないと主張する。パークスの立場は労働者階級の女性労働者のみを扱うのではなく，労働者の妻や，お針子，そしてガヴァネスさえも，この事例としてあげている点に注意を要する。パークスの主張は，中産階級だけでなく，女性労働全体の低賃金化の不条理さを訴えるものである。このようにパークスはジャーナルの一面記事において，女性労働者の自尊心が賃金以上の価値を生み出すことを主張した。

　つぎにパークスは，市場による価格の低下傾向について，これをどう改善するかを「行為の価値」で説明する。この価値論は経済学における価値論ではない。パークスは行為の価値を決定する二つの真実があるのではないかと主張する。第一の真実は，人びとは社会集団の決定に従うという真実。第二は，人びとはキリスト教のモラルに従うという真実。それらはまったく分離した別の関係だと述べる（Parkes 1860: 7）。市場においてわれわれは市場価格で売買する。それはわれわれが欲しい物質には自然の制約があるから当然である。しかし雇用関係は人間的なものであり，ポリティカル・エコノミーの規則から切り離され，一部の人間関係にはキリスト教的なものが抱合されていると分析する。パークスはつぎのような例をあげて説明する。「たとえばガヴァネスの報酬は，年間50ポンドが市場価格だとしても，もし彼女が母を養っていると知ったなら，（自分が年間に消費するであろう）2枚のシルクの上着を1枚にしてでも彼女の給料を年間60ポンド（相当）に引き上げるだろう」（ibid.）。ポリティカル・エコノミーは，あくまで私利の規則であり，それ自体は道徳的でも非道徳的でもないが，われわれは，それを理解しなければ，その私利の規則に振り回されることになると主張する。パークスは，賃金の需給決定論は理解しながらも，賃金プラス10ポンドの正当性をあくまで主張する。

　こうしたパークスのガヴァネスの賃金補塡の考え方は，低所得の独身女性が母を扶養する増額分を，なんとか賃金に反映させようと意図したものである。しかし古典派経済学における賃金基金説では，結局賃金基金のなかでの個人的賃金増加は労働者たちの賃金全体を引き下げるという結論になる。こ

の理論とパークスの意図は矛盾することから，ここでもパークスは古典派経済学から離れている。独身女性であっても母を扶養しているのだから，生存費用は2人分であることは誰でも理解できることである。パークスは，社会は市場競争による賃金決定だけを労働者に強いるべきではないと強調する。パークスの言葉は素朴で感覚的であることは否めないが，ポリティカル・エコノミーとクリスチャニティとは，まるで主従関係のように連動する，と述べるパークスの言葉は，利己心，利他心という人間本性論さえ連想させる。パークスの結論は，市場競争による価格決定も，モラルにもとづく価格決定も，両者ともに真実であることを主張する。慣習によって女性労働の低賃金が決定されること，これはモラルの問題であり，社会の質の問題である。また女性労働の職域が狭いことから供給過剰になり，需要と供給の関係で平均賃金が低下するという現象はポリティカル・エコノミーの領域である。パークスは女性労働の構造的な低賃金化を，単に需給決定の問題として納得するのではなく，それに正当な慈善の補てん分をあくまで主張する。このことは20世紀になって，次節で扱う男女同一賃金論の論理的整合性の議論と，家族手当の支給との関係において，ふたたび論争点となる。

4　フォーセットとラズボーンの男女同一賃金論をめぐる相異

　1914年から始まった第一次世界大戦は，戦地に赴く男性に代わり，戦時下での必要性から，さまざまな職種に女性が男性労働者の代替として雇用されることになり，女性の社会進出が進んだ。しかし依然として女性賃金はあらゆる職種で安く抑えられていた。「男性並みの仕事をこなすのになぜ賃金は同じではないのか」という不満が拡大した。本節で示すミリセント・フォーセットとエレノア・ラズボーンはともに女性参政権運動家である。少数派報告書を戦時内閣委員会に提出し，そのなかで男女同一賃金論を論じたビアトリス・ウェッブはフェビアン協会の要人である。これら三者がほぼ同じ時期に主張する男女同一賃金論はそれぞれ特色があるものだが，前節のパークスと異なり，すでに彼女たちは政府の社会政策に対して一定の発言権を保持

していることが大きな特徴である。「ガヴァネス問題」以来，女性の経済的自立は，女性労働の低賃金化の是正や家族手当の正当性を主張できるリーダーを得て，20世紀初頭には社会問題から社会政策へと一歩前進する。本節では，男女同一賃金論においてその意見が対立したフォーセットとラズボーンを中心に分析する[11]。

　男女同一賃金論が議論となった契機は，大戦中に政府が英国の有力な労働組合と結んだ大蔵省協定だった。1915年3月19日の労働組合に対する政府公約は，男性に代わって女性労働者が同職種に雇い入れられたときには，その職にいた男性の賃金と同額を，男性の代わりに雇用された女性労働者に対して支払うことを奨励するというものである。すでに戦時下においては100万人あまりの女性労働者が男性に代わって雇用されていた。ビジネス，軍務，医療には多くの中産階級の女性が採用されており，また労働者階級の女性たちも単純な苦汗労働ではなく，男性熟練工の聖域とされた機械工にまで進出していた。こうした女性労働者の男性職場への進出は男性労働者たちに危機感を募らせた。そして男性で占められていた当時の有力な労働組合は政府と協約を結ぶにいたった。このときには女性労働者は労働組合から排除されているので，この協約が女性労働者の賃金や職業的な地位，労働条件などの改善を目的としたものでないのは明らかだった。つまりこの協約は男性労働者が戦地から職場に復帰したときに，もとの職のあらゆる処遇を落とさずに，職場復帰を図れるように労働組合が政府と結んだ協約だった。しかし男性の代替要員である女性労働者が男性に代わって雇用される場合に，慣習的に男性労働者よりも安く使用される。男性労働者が戦後職場復帰する際に，企業が仕事に慣れた安い女性の労働力を継続的に使用しないように，また復帰した後に男性賃金が女性並みの賃金にならないように，英国機械工組合などの有力な労働組合は政府に対して，男性労働者が復帰したら必ずその職場をもとどおりに男性労働者に返すことを条件に，雇用した女性に対して以前の男性労働者と同一の賃金を支払う協約を結んだ。しかし協定終結後しばらくすると，この公約は雇用者側から無視され，あらゆる理由をつけて以前のよう

---

11) ビアトリス・ウェッブの少数派報告書に関しては，舩木（2010）を参照。

に女性の低賃金化が進行することになった。このとき雇用者側が理由に掲げるのが，男女同一賃金論である。雇用者が同一労働同一賃金を声高に主張するとき，その equal pay for equal work の意味を，雇用者側は出来高率で考えるのではなく，同一賃金同一価値（equal wages for equal value）で考え，出来高の産出で評価するのではなく，女性労働にかかった総合的なコストではかる。女性の雇用には男性以上に費用がかかるというのがその理由である。女性にかかる総費用を差し引くために，女性労働者の賃金の減額は正当化されるというのが雇用者側の主張である。このようにして大蔵省協定は結局，雇用する企業側に骨抜きにされた。このようななかで，ミリセント・ガレット・フォーセット，エレノア・フローレンス・ラズボーン，ビアトリス・ポッター・ウェッブの三者は，つぎつぎと男女同一賃金論を発表したのである（舩木 2010: 第 1 節）。

フォーセットは女性参政権組織（NUWSS）のリーダーであり，夫のヘンリー・フォーセットはケンブリッジ大学の経済学教授で国会議員だった。彼女自身も古典派経済学の入門書を書いている。1918 年『エコノミック・ジャーナル』3 月号の「同一労働同一賃金論 "Equal Pay for Equal Work"」では，彼女の男女同一賃金論が主張されている（Fawcett 1918）。また 1892 年の「シドニー・ウェッブの女性賃金論 "Mr. Sidney Webb's Article on Women's Wage"」に対しては，ウェッブに同意しつつも，この時点で主張するには時期尚早だと述べている（Fawcett 1892）。

ただし彼女は 1892 年の論文で，シドニー・ウェッブの主張を否定しているわけではなく，むしろ古典派経済学にもとづいた男女賃金格差論を正確に述べたといえよう。つまり女性の労働市場への参入を経済成長論にもとづいて分析しているのである。つまりフォーセットは，女性労働は非競争的集団であるとしたシドニー・ウェッブの概念にあえて同意しながら，労働組合主義にもとづく解決をあくまで否定する。フォーセットの主張は女性労働者が職をめぐって集団内部では競争的であるのに対し，女性労働集団と男性労働集団に競争がないのが大きな原因だというものである。しかしフォーセットによれば，この状態は長期的には改善されることを理由に，自由な市場の維持と意図的な介入を否定する。一例として，彼女はロンドン教育委員会によ

る教師の雇用をあげるが，女性教師は男性教師よりも給料が低い。これを男女同一賃金論にもとづき批判するのは，理論的にも戦術的にも間違いだと主張する。この場合の賃金の相違には理由がある。つまり女性の応募者は男性の応募者に比較して数が多いため，競争原理によって女性の給料が引き下げられる。一方で，他に良い職がたくさんある男性の場合には，給料を高くしないと採用できない。このような労働市場の需給関係によって両者の給料は決定されている。またそれに付随して，女性教師よりも男性教師の方が，人材採用の困難があるので，優秀な人材を雇用するにはコストが生じる。フォーセットは，この場合は同一労働同一賃金論を主張するのは難しいとみる。そして同一労働同一賃金（the same wages for the same work）を主張するのは，きわめて妥当であるが，このように男女の経済的状態が大きく異なっている現在では，これを達成することはかなり困難であると結論する（Fawcett 1982）。フォーセットは職業の多様性や人材移動を経済成長と結びつけて考える。女性医師や，郵便配達員の例をあげて，将来的にはあらゆる新職種に女性が雇用されることによって，女性労働の供給過剰は改善されていくだろうとみている。フォーセットの求めるのは，労働組合的な解決ではなく，自由市場における経済成長を視野に入れた漸進的な解決である。

　1918年3月の『エコノミック・ジャーナル』に掲載されたフォーセットの「同一労働同一賃金論」は，ラズボーンの男女の同一労働同一賃金に懐疑的な論文に対する批判から始まる。1917年3月のラズボーンが『エコノミック・ジャーナル』に書いた「女性職業の報酬 "The Remuneration of Women's Service"」について，フォーセットが批判するのはつぎのような部分である。つまりラズボーンが同一労働同一賃金という定式は曖昧で良い定義ではなく，この定義を使用することは，男性労働組合の罠にはまることだとみていることである。フォーセットは女性労働者が男性労働者に比較して劣っているという定式は間違っており，賃金の低下傾向は女性の労働賃金にのみにみられる現象ではなく，労働者全体の問題であると主張する。フォーセットは男性で占められる労働組合が，じつはいままで男女同一賃金に大きな圧力をかけてきたことを述べて，ラズボーンの批判はつぎのように考えなおす必要があるのではないかと主張する。それは，こうした歴史的な男性の圧力から解放

され，女性の社会進出が正当化され，女性に男性と同等の教育や訓練，女性労働者の組合組織の形成などがすみやかに行なわれれば，男女同一賃金 (equal pay for equal work) 原則は数年先には実現されるはずだというものである。つまりフォーセットは男女が同じ土俵に立つことができれば，公正な競争が行なわれ，同一賃金が達成できるはずだと考え，出来高制にもとづく男女同一賃金論は妥当な理論であると主張する。これはミルの主張とほぼ同じである。このようにフォーセットはあくまで自由主義市場の需給関係によって，将来的には男女賃金の矛盾は解決できると考えている。そしてそのような点から，1892年と1918年の論文は基本的には同じ主張である[12]。

一方でラズボーンは，オックスフォード，サマヴィル・カレッジ出身で，フォーセットの後継者として，1919年に女性参政権組織（NUWSS）を引き受けた。カレッジ卒業後，彼女は行政事務に従事し，兵役留守家族の家族手当の仕事を行なって以来，国家による家族手当の構想をもち続けていた。1909年にリヴァプールで市議会議員に選出され，無所属議員として住宅政策にかかわり，後にイングランド連合大学選挙区選出の無所属の国会議員として，インド統治法制定に際してインド女性の参政権付与問題の中心となるなど，一貫して社会サービスの拡充に努めた。女性労働に関する見解は，フォーセットが前述のように，古典派的な賃金論に立って議論するのに対して，ラズボーンは同一労働同一賃金は用語の使い勝手で大変混乱するので，曖昧な言葉であるとして，賃金論の理論的な精査よりもむしろ家族手当の正当性を主張する。

1917年3月の『エコノミック・ジャーナル』に書いた「女性職業の報酬」(Rathbone 1917: 55-68) で，ラズボーンはこの論文においては，産業労働

---

[12] 高島（1994）では，1892年のフォーセットの論文ではウェッブに対する同意とともに，男女同一賃金論を否定したが1918年論文でそれを翻したと述べている。本章の立場はそれとは異なる。フォーセットは一貫して同一賃金達成可能と考えており，男女の能力が同じ土俵に乗れば，競争によって男女賃金は同一になると考えている。これは男女同一賃金論を職業と人口による需給関係で考えており，J. S. ミルの賃金論と同じである。したがってフォーセットは賃金の生活水準に不足部分を家族賃金で補うと考えたラズボーン，また社会主義的にナショナル・ミニマムと職別賃金制度で男女同一に測るとしたビアトリス・ウェッブとも異なっている。古典派経済学的な発想といえるだろう。

者としての女性労働者と労働者階級の母親（the working-class mothers）はもっとも重要な主題であることを述べている。前者の問題は技術産業における女性労働者の立ち位置の問題であり，後者は子どもたちの生存と養育をいかに保護するかの問題であると強調する。そしてこの二つの問題は密接に関係し，相互関係にあると述べる。この冒頭のラズボーンの主張は，国力が衰退しても，子どもたちが殺され，傷つけられることがないように，生存，養育を安全に保証できるセーフガードがまず必要であるとしている。そして子どものセーフガードという点において，女性労働者と労働者階級の夫の収入に依存する子育て中の母親との関係は密接だと述べる。つまりラズボーンは女性の所得を単に賃金という観点で整理するのではなく，国民の再生産（reproduction）の必要性から考慮する必要があると主張する。ラズボーンは，つぎのように主張する。

　　国家のもっとも基本的な必要から整理をすること，それは自分たち国民の再生産の必要性のことであり，いままでそれについて議論されてこなかった。しかしその領域は現在，戦争がわれわれに教えてくれたように，国益が危険にさらされているときは，中途半端な方法は思わぬ代償を支払うことになるかもしれないということだ。つまり，無益で，取るに足りない児童福祉や政策は，感傷家や，素人慈善家が持ち出しそうなものだが，子どもの供給問題は，質においても量においても重要な問題であり，少なくても穀物の供給問題と同じくらい重要に考慮されるべき価値ある問題なのである。（Rathbone 1917: 65）

　ラズボーンは，フォーセットのように同一賃金にこだわらない。女性が男性並みの賃金水準になることが究極目的なのではなく，つぎの時代をつくる児童の生命や質の高い教育や福祉こそが必要であると考えている。ゆえに将来の人材の絶対的な必要性という観点から，生存の源泉としての家族手当の必要性を強く主張する。これは賃金に生存費用を正当化したいという意図で，慈善の価値を補填したパークスより，論理的であり，かつ伝統的なイギリス功利主義の側面をもつ理論ではないかと考える。しかしその根底には，絶対

的に必要な生存費用というパークスと同じ考え方があるように思われる。ラズボーンは，ロイド・ジョージの大蔵省協定を批判する。女性の職場進出が戦争中に進んだのに，ふたたび戦前の状態に戻そうとすることは労働者全体によい結果をもたらさないと述べ，協約をした労働組合側に対しては，組合幹部は女性労働者の保護を謳い，うまく取り込みながら巧妙なやり方で，都合のよいときだけ協力させようとする，と強く批判する。さらに女性参政権組織（NUWSS）のマニフェストはこうしたことに関して注意不足であると指摘し，結局「選挙権がないものは，いずれにしても除外される」（Rathbone 1917: 57）と明快に述べている。ラズボーンはいままで NUWSS の戦略に，御しやすい部分があったことを指摘し，「いったい男性と女性労働者との自由競争は可能なのか？」と問う。ラズボーンは，自由市場競争は労働者全体の標準賃金の切り下げを助長するだけにすぎないと結論する。フェミニストは自由競争をすべきだというが，実際は慣習によって女性賃金は男性賃金よりも低いのだから，雇用者側は同じ能力ならば安い労働力を使用するにちがいない。「同一賃金（Equal Pay）とはどう意味か？ 男女が同じプロセスで働くような職はどこにもない」（ibid.）とフォーセットが主張する前述の市場競争の理論を，現在の実態に合わないと批判する。ラズボーンは暗にフォーセットに対して，あまりに賃金論にこだわる論争に乗ることは労働組合幹部をはじめとした男性社会の罠にはまることだと示唆している。これに対するフォーセットの反論は前述のとおりである。このように両者の男女同一賃金論は異なる視点から形成されている。

　ラズボーンの分析では，女性賃金の低い理由は，第一に労働組合がないこと，第二に女性労働は補助的な労働であること，第三に女性の快楽水準が低い，つまり女性は飲酒や遊びへの欲求が少なく，まじめに労働することを厭わないこと。そして第四に，女性は家族を養わないことを列挙する。しかし問題は第四番目の女性が家族を養わないという認識にある。ラズボーンはフェビアン協会の資料から女性労働者の 50% が，実際は家族を養っている事実を指摘して，社会通念上は，男性は家族を養うことになっているが，この概念は誤りだと述べている（Rathbone 1917: 60）。ラズボーンは，このような誤った仮説によってつくられているさまざまな社会構造によって，論理に

合わない女性の低賃金化が進行するのだから，同一賃金にこだわるのではなく，社会的な必要性の観点から，女性と子どもに家族手当が必要であることを強く主張する。

5　男女同一賃金論の二つの帰結

　19世紀に端を発した「ガヴァネス問題」から第一次世界大戦後の男女同一賃金論まで，女性の経済的自立の過程を追ってきた。その結果，時代や階級を超えて，女性の労働賃金がつねに低下傾向にあり，さらに二つの考え方が存在することを理解した。それは，女性の賃金は将来的に男性と同じ市場で競争することで正当な賃金が必ず決定されるという信念と，競争はかえって賃金や待遇の低下を招くので，生存を維持するために何らかの所得を補う必要があるという二つの考え方である。ヴィクトリア時代のパークスは，素朴なかたちで家族を扶養する価値を，賃金の補塡として正当化しようと「慈善の価値」という所得を主張した。フォーセットは男女が能力的に同じ土俵に上れば，将来的には競争原理によって漸進的に男女同一賃金になることを主張した。これは古典派経済学の自由主義経済の思想からもたらされた帰結であり，資本主義経済の側に立つ理論であるといえよう。

　しかしラズボーンは異なる。彼女は賃金のもつ意味について，市場の価格決定と家族の再生産の価値と，両者別に考える。家族の再生産のために必要な費用は国家が負担すべきであるというのは，社会全体が良き国民を生産する責任を負うということであり，確実にその再生産を行なう当事者に対して，費用として支払うものとして主張されている。これはパークスのように慈善（philanthropy）を拠り所にし，フォーセットのように経済学を基礎に考えるのと発想が異なっている。女性の経済的自立の問題は「ガヴァネス問題」を契機に社会問題化し，20世紀になると，女性の自立への拠り所とした女性参政権の獲得がしばしば政争によって翻弄された。このようななかでフェミニストたちは，実現しない女性参政権の獲得と並行して，男女同一賃金論に象徴されるような賃金論的な男女平等への主張を強める傾向があった。

M. A. プジョールはフォーセット，ラズボーン，ウェッブの三者の男女同一賃金論を比較分析した結果，フォーセットやウェッブは働く女性たちの主張に頑固なまでにこだわったのに対して，ラズボーンは日和見主義的だったと批評している（Poujol 1992: 91）。そしてプジョールは，この時代のフェミニストたちの失敗を遺憾に思うと述べている。しかしこれは，プジョールの言葉のようなフェミニストの失敗にはあたらないのではないだろうか。つまり本章でみてきたように，20世紀初頭の男女同一賃金論における三者の主張は，19世紀のパークス以来の理論的発展段階の一局面であり，「ガヴァネス問題」からその本源的な議論はすでに始まっていたのである。長期的な視野で考えた場合，つまり歴史的にフェミニストの理論は，19世紀以降，確実に進歩してきたといえるのである。たしかにフォーセットは資本の側に立ち，賃金基金説という古典派経済学に依拠した結果，その経済学説の限界のなかでの主張となった。ラズボーンは戦中戦後の政治的状況があったからこそ，ひときわ人材育成の重要性を強調することで家族手当を主張した。これらフェミニストたちは，さまざまな時代的制約のなかで驚くほど現代に影響する豊富な議論を与えてきたのではないかと考える。

　そして振り返れば，女性の経済的自立は，現代においても諸問題を抱えている。最初に記した本章の目的，「女性労働に課せられた歴史的，普遍的なジェンダーを認識すること」は，過去の努力を分析することによって，現代のわれわれがいっそうの理論的発展をめざすということにあるのだろう。

参考文献
大沢真理（1986）『イギリス社会政策史』東京大学出版会．
高島道江（1994）「女子労働・女子賃金と経済理論──イギリスにおける同一労働同一賃金論史（4）」『経済学論纂』（中央大学）35号3号．
舩木恵子（2008）「ヴィクトリア期におけるガヴァネスと女性労働問題」『武蔵大学総合研究所紀要』18号．
舩木恵子（2010）「ビアトリス・ウェッブの男女同一賃金論──1919年女性工業労働についての戦時内閣委員会少数派報告書の分析」『武蔵大学総合研究所紀要』20号．

Banks, J. A., and Olive（1965）"Feminism and Family Planning in Victorian England," Liverpool: Liverpool University Press（河村貞枝訳『ヴィクトリア時代の女性たち──フェミニズムと家族計画』創文社，1980年）．

Fawcett, Millicent G. (1892) "Mr. Sidney Webb's Article on Women's Wages," *The Economic Journal* 2(5): 173-176.
Fawcett, Millicent G. (1918) "Equal Pay for Equal Work," *The Economic Journal* 28 (109): 1-6.
Kagawa, Setsuko (ed.) (2003) *Governess Education* Vol. 6. Miscellaneous writting, Bristol: Thommes; Tokyo: Edition Synapse.
Mill, John Stuart (1996) "Principles of Political Economy," *Collected Works of John Stuart Mill II*, London: Routledge (末永茂喜訳『経済学原理 (2)』岩波書店, 1960年).
Parkes, Bessie R. (1858) "The profession of the teacher," *The English Woman's Journal* 1(1): 1-13 (Kagawa, ed. 2003): 87-109.
Parkes, Bessie R. (1860) "The Opinions of John Stuart Mill," *The English Woman's Journal* 6(31): 3-4.
Pujol, Michèle. A. (1992) *Feminism and Anti-Feminism in Early Economic Thought*, Aldershot, Hants, England; Brookfield, Vt., USA: Edger Elger.
Rathbone, Eleanor F. (1917) "The Remuneration of Women's Services," *The Economic Journal* 27(105): 55-68.
Ray, Strachey (1978) *The Cause: a History of the Woman's Movement in Great Britain*, London: Virgo: 64-76 (来栖美智子ほか訳『イギリス女性運動史——1792-1928』みすず書房, 2008年).
Rendall, Jane (1990) *Women in an Industrializing Society: England, 1750-1880*, Oxford: Basil Blackwell.

第 11 章

雑誌『青鞜』における「堕胎論争」の一考察
妊娠した原田皐月・伊藤野枝・平塚らいてうにとっての母になること

松尾 純子

1 「母性」を問う

　その名も『母性を問う』(脇田編 1985a, b) という上下二巻の論文集は，「母性とは何か」という「命題の解明」を「女性史の大きな柱の一つ」としてその解明を企図し，歴史学の範囲にとどまらない共同研究の成果として (同上 b: 281)，1985 年に刊行された。編著者の脇田晴子は，「母になること」が「かつての絶対性を喪失し，相対的な」ものとなったことから「母性」の意味がゆらぎ，「いまや根底から，その意味を問い直されつつある」状況だと当時を認識していた (同上 a: 1)。もっとも，「本来的な産む性としての『母性』」という意味では，「母性」はゆるぎなく，不動でも自明でもあり (同上 b: 288)，したがって，存在の重要性は認識されながらも「母にならない女性」は対象外であった (同上: 289)。『母性を問う』の刊行年を区切りとみなしても，その後の研究蓄積は膨大だが，まだ難問は解けていない。そもそも，なぜ母になるのかは，母でもある私にもなお解きがたい自問であり続けている。そこで本章では，この難問に取り組むために，いわゆる「堕胎論争」を手がかりに考えてみることにしたい。

　「堕胎論争」とは，「青鞜の三論争」すなわち「一般に『貞操』『堕胎』『廃娼』と括られる三つの論争」のひとつのことで，堕胎および避妊の是非が論じられた (らいてう研究会編 2001: 223)。『青鞜』[1]は，100 年前の 1911 (明治 44) 年 9 月に創刊され，1916 (大正 5) 年 2 月の実質的な最終号 (通巻第 52 号) までの 4 年半，ほぼ毎月発行された雑誌である。日本各地から参加

した「160 人の…自由と解放を求める…『新しい女』」たちが「今日にまで続く女の問題の本質，すなわちジェンダーの呪縛を，法律や制度，倫理やモラルのなかから剔抉した『青鞜』は，以降の女性解放運動の原点とな」ったとも評価される（岩淵 2011: 9）。創刊号は，巻頭では与謝野晶子が「山の動く日来る」（与謝野 1-1）と歌い出し，［平塚］らいてうが「元始女性は太陽であつた」（らいてう 1-1）と宣言したことでつとに知られる。『青鞜』は「『自我の確立』を求めた…『女流文芸』誌として出発しながら，『新しい女』への非難のなかで逆に『婦人問題』誌へと発展していった」ともいわれる（米田 2002: 55）。

「新しい女」たちにとっての『青鞜』とは，性や生殖といった今日でもなお自由に語るには圧迫のある問題を，「放縦…無貞操…『色欲の餓鬼』」と罵られながらも，「『性』の問題が婦人問題の根底に横［た］はる重要問題」と気づいていったがゆえに，自覚的に突きつめて「自分の生活を考え」，小説や詩歌や「感想」や「研究」など多様なかたちで，自らの「経験」の「真面目な発表」をしあう場であった（［らいてう］4-8: 102-103）。「性」に注目して自己を内省した結果を発表する過程で，1914 年後半から立て続けに「貞操」「堕胎」「廃娼」の各語をめぐって，真摯な意見表明や反論が交わされたのだった[2]。

「堕胎論争」から「母性」について考えるにあたり，参照しえた先行研究からはそれぞれに幾多の有用な示唆を受けたが，『母性を問う』所収の荒井とみよ論文と阿木津英の二論文にとりわけ大きく触発された。「母性の問題にしぼりながら」『青鞜』を読み進めた国文学が専門の荒井は，「母性の問題が本格的に論じられるのは，らいてうたちが妊娠という事実に直面するまで待たねばならなかった」と明示した（荒井 1985: 130, 135）。「『母性保護論

---

1) 『青鞜』（1980）を参照および引用。引用にあたり，漢字を旧字体から現用の字体に変え，句読点を適宜付した。ルビと傍点は原文どおりとし，…は省略（……は原文），／は原文での改行，［ ］内は引用者の補足や説明を意味している。なお『青鞜』からの引用注については，発行年を巻号に代えて表記した。また人名は，記事の署名にもとづいた表記を原則とした。
2) 「堕胎論争」の前後になされた「貞操論争」と「廃娼論争」の概要は，折井編（1991）を参照。

争』を通じて定着してゆく『母性』という語の意味の変化の過程」を検証した歌人の阿木津は,「エレン・ケイの進化論及び優生学思想を論拠とするmotherhood」の翻訳語が「『権』でも『態』でもなく『性』という語を接続したことによって,また『母性愛』という語を派生させ,概念を補完することによって,在来の伝統的な『母』概念をすっぽりとふくみこむことができた」と結論した（阿木津 2009: 94, 106）。阿木津はまた,「母性」概念の倫理性,近代性,全肯定性,女の自尊の根拠といった特質を明らかにし,なおかつ「『母性』という語によってすでに世界を分節してしまったわたしたちは,その『母性』の語を用いて『母性』批判をすることは能わない」と指摘した（阿木津 2004: 125, 127-129）。

たしかに,「堕胎論争」で主要な論者の原田皐月・伊藤野枝・平塚らいてうは妊娠中であったし[3],「母性保護論争」[4]より前の「堕胎論争」に「母性」の語は出てこない。これから,「新しい女」すなわち"自律的個人（＝近代人）"として性の問題を根本的に問いつめていった3者が,それぞれの妊娠で何を見いだし,それが論点としてどのように論争に表われているのかを,3者以外の論者や論争以前の『青鞜』誌上の記事にも言及しながら,論争の経過に即して具体的に読み取っていくことにしよう。ただし,読み取る際に,できる限り「母性」という語では解釈しない,せめて最低限その語を使わない,という点に留意したい。阿木津がいうように,「母性」は「motherhood」に込められた概念と在来の「母」概念が融合して,近現代に生きる私たちを支配する強力なイデオロギーとなった。その呪縛から逃れることは容易でないが,"母になる"ことを"本来性"としてではなく"行為"として,しかも"産む"ではなく"妊娠する"へと焦点をずらして考えてみることで,妊娠に直面した「新しい女」が見いだした"新しい母"とはどのようなものであったのかを示し,その"新しい母"概念を「ふくみこむ」ような"母性"（〈母性〉と表わすことにする）を従来の「母性」に対置することで,

---

[3] 原田皐月は1915年8月に第1子を出産（石崎 2001a）,伊藤野枝は13年に第1子,15年11月に第2子を出産（飯村 2001）,平塚らいてうは15年12月に第1子を出産した（米田 2001）。
[4] 「母性保護論争」の概要は,香内編（1984）を参照。

「『母性』とは何か」という難題に迫ってみたい。

　本書の編者である原伸子は，ワーク・ライフ・バランス政策の論理を批判的に考察し，「1980年代以降…『福祉の契約主義化』…のなかで生じている」「『自律的個人』による『多様な働き方』と『多様な労働条件』を自由に選択するという市場主義と個人主義にもとづ」くワーク・ライフ・バランスの論理では，その個人は「ケア責任」の有無にかかわらず「平等で自律的個人としてあらわれる」が，現実には「ケアの責任がある人は，自由な『選択』にさいして，構造的に非対称という『細工がほどこされたサイコロ』…しか使用できない」のだから，「無償のケア労働の社会的意義を明らかにするというジェンダー平等の視点が不可欠である」と課題を示している（原2011: 166, 188）。「福祉の契約主義化」をはじめとする術語の含意を度外視してこの課題を受けとめるならば，「自律的個人」がどうして「無償のケア労働」をみずから「選択」するのかを明らかにしなければいけない，ということであり，さらにこれを主観的に理解すれば，現代の女はなぜ母になるのか，ということである。とするとこの課題は，「母性」とは何かという難問と結びついてくるだろう。

2　「獄中の女より男に」——子どものための堕胎

　1915年6月発行の『青鞜』第5巻第6号は「風俗壊乱と以［い］ふ名の下に発売を禁止され」たと，次号の「編輯室より」は報じた（野枝 5-7: 105）。「忌憚［諱］にふれたのは原田さんのらしい」（同上）。それが，「堕胎論争」のきっかけとなった原田皐月の小説「獄中の女より男に」（以下，「獄中……」）だった。この小説は4部構成の短編で，女から男への手紙の形式をとっている。母には堕胎の権利があると主張したこと，発禁処分の原因と考えられたことなど，その先進性や衝撃性などから多くの研究がある[5]。

---

5) 研究史整理は今後の課題だが，本章で引用した文献のほかに，管見では，1985年以降，鈴木編（1985），石崎（1992），藤目（1997），岩淵（1998），池田（1999），田間（2001），関（2002），岩田（2009）が「獄中……」に論及している。

第11章 雑誌『青鞜』における「堕胎論争」の一考察

「女の身体的自決権という発想に立った，公然たる堕胎罪への挑戦」(荻野 2008: 20) など，女の自己決定権を主張したとの評価はおおむね一致しているが，小説中の個々の論点を全体の構成との関連において捉えた研究は見あたらないので，まずはその作業をしていきたい。したがって内容を要約する必要があるが，このあと論点を変えて何度も言及する部分をまとめて抜粋し，引用文内であっても適宜番号を付して改行したので，たいへん長くなった。あとでは番号で略記するので，わかりにくくもなった。論拠とする引用の繰り返しによる字数増大を避けるための方便としてお許し願いたい。

1
①女には暗い日が続いている。離れている男の「お心」が心配で手紙を書く。
②「貴方が此事の為に動揺して苦しんで被入りはしないかと」「ほんとうに心配」だ。
③「私の考は何が来ても動かないのですし，法律は法律の極め通り進行するでせうしなる様になるのですから少しも心配はないのですが，
④若し貴方が彼の時の約束に背いて私の苦痛を半分助け様なんて被入りはしないかとそれ許りが心配」だ。男まで「この暗い世界」に来たら「貴方が死ぬ許りか私も死ぬ」。
⑤「くどい様ですけど此度の事の責任は全部私に任せて下さいね。そして貴方はお仕事の方丈けを専心遣つて下さいね。」
⑥「御相談しました様にさうして下されば貴方のお仕事の中で私も活きて行かれる」。
⑦／女は，男が「堕胎女の情夫はあれだと」「世の中の嘲罵を浴びて」も，「其れが怎うした」と「力み返る」であろうと想像し，「二人はほんとに独り」と嬉しさを感じながら，「毎日の尋問に疲れ切つた時でも…世の中の人間が皆私に唾してもあゝ沢山だと思ふ」。

2
①「人類の滅亡も人道の破壊も考へない虚無党以上の犯罪」「悪いと思はないのか」と「裁判官［法官］」は激怒した，と女は男に伝え，返

答の内容を書く。

② 「『悪かつたと思ひます。…然し…母になる丈けの力がないのを承知し乍ら妊娠しない様に注意しなかつたと云ふ事が大いに悪かつた…』」。

③ 「『女は月々沢山な卵細胞を捨てゝゐます。

④ 受胎したと云ふ丈けではまだ［だ］生命も人格も感じ得ません。全く母体の小さな付属物としか思はれないのですから。本能的な愛などは猶さら感じ得ませんでした。

⑤ そして私は自分の腕一本切つて罪となつた人を聞いた事がありません』」。

⑥ 女の釈明に対し，「同棲したら子供が出来る」と知つていながら「親となる資格がな」いのになぜ同棲したかと問う法官を，「人間の微妙な本能や感じ迄も数学的に割り出せ」と言うに等しいと，女はおかしがる。

⑦ ／法官には「許すまじき危険思想に響」く「腕一本と胎児と同じだと云つた事」を，「成るべくなら判つて貰ひたいと思つて随分云ひました。」

⑧ 「『何故胎児が付属物だ』」。

⑨ 「『腕は切り離しても単独に何の用も些しの生命も持ちませんが胎児は生命を持ち得ると云ふ相違丈けはあります』」。

⑩ だからこそ「『…恁うしなければならなかつたのです。何時迄経つても生命も人格も持たないものなら其儘にして置いても何の責任感も起らないのですが，私の体を離れると同時に…一箇の尊い人命人格を持ち得…それ等を支配する能力…親が引出し育てて遣らなければならない責任があるのですから。…』」。

⑪ ／女は男とも「口を聞かずに幾日も幾日も考へ」たことを「皆話し」た。

⑫ 「『…不用意の為に…妊娠して了つたのだから…足りない処は…我慢して貰ふ。兎に角私は私の出来る丈けの力を産れる児に向ければいゝのだ』」。

⑬ ／「妊娠を知つた始めに斯う思つた」と話すと，「法官はそれが正しい

と」うなずいた。

3

① 「『始めはさう決心したのですけど，もう一歩考を進めた時，それは私には都合がいゝが産れて来るものには何にも関係のない事だと気が付きました。

② 親は始めから自分の継承者を世に出すなんて事は少しも意識しないうちに子供を産みます。…そして勿論子供から産んで呉れと頼まれた事もありません。」

③ 親になる責任を「持ち得ないと自覚して」「生命を無から有に提供する［と］云ふ事」ほど「恐ろしい事」はない。

④ 「これが…胎外に出て了つてからならば，…我慢しなければならないでせうが，

⑤ まだ其処まで単独のものでなく母胎の命の中の一物であるうちに

⑥ 母が胎児の幸福と信ずる信念通りにこれを左右する事は母の権内にあつていゝ事と思ひます。

⑦ 母が死ねば当然胎児も死ぬ運命」だし，母を生かすために「胎児を殺す事は公に許されてる事の様に承知」していた。

⑧ 「私は母の為に児を捨てたのではなく，児の為に児を捨てたのでした。」

⑨ 自分の間違いの責任は自分にあるが，「一度び胎外へ出てはもう親とは別の箇体」で，しかもある期間は親が「凡ての責任を持ち得なければな」らない。

⑩ 「私は私の責任観念を果すには怎うする外に道がなかつた…』」。

⑪ ／女は，男に話したときと同様に，話し終えると「目から又無暗［闇］に涙が流れ」たと男に伝える。涙のうちに女は「『実に怖ろしいツ』」との「法官の声を聞」いた。

⑫ ／女は「終日灰色の世界」で毎日「考の中に埋つて」いるが，「考の何処にも否点を見出しません。」

⑬ ／女と男は「働ける丈け働いて」いるが，それでも衣食にも困つた。「勝手に産んだ児に迄恁那生活を強ひる権利はありません。

⑭思想上からだつてさうです。」周囲には大勢の父母がいるが「其中の一人にも満足して居ません。」
⑮といって自分の両親に不平不満を抱いたことはないが，「それは児の方の側の事で親の云云する事では」ない。
⑯「親は親として満足出来なければ親にならない外，外に道が」ない。そう気づいたのが「親になつて了つてからでなかつたのがまだしもの幸でした。」
⑰／法官は「危険思想」「罪悪以上」「人類の滅亡」と繰り返し，「見倣［傚］ふものがあつたら」と，他への波及を恐れた。女は即座に言った。
⑱「人間が自分の問題を考究する時人類だの他人だのと考を散慢［漫］に拡げて」はいられない。「『人の事は人の事です。人類があつてから私があるのではありません』」。
⑲法官は犯罪だと知らずにしたのかと問い，女は答えた。「『刑法と善悪とは別問題です。然し刑法に触れゝば罪人…刑法に触れてる事も知つて居ました…法律より私の信念の方が確かなのですから…信念に動く外仕方がありません。…』」。
⑳／判決はどうなるかわからないが，「信念には少しも動揺がな」く「行つた事実にも変りはない」から，男には「悲しまないで」ほしい，女の分も「仕事をして」，と女は頼む。

4

①女は，自分がいなくなり家事一切が滞った部屋の様子を目に浮かべる。／「私の事をお考へになつたらお仕事丈けをして頂戴」と「又くどく云ふ」のも，「心配で〳〵堪らない」から，と女は男に繰り返す。
②男も「絶望してこの暗い世界へ飛び込んで」くるのではないかと「恐ろしくて堪らない事がある…私の知らない間に貴方も此処へ来て被入る様な気さへする事がありますの。」

「獄中……」を読むと，はじめはたしかに女の主張部分の鋭さや激しさに目を奪われる。第2, 3節の長い発言箇所（2-③〜⑤, 3-①〜⑩）はとりわけ論点が多く，"堕胎権"の主張（3-⑥）はいまなお深刻な争点であり続け

ている。だが，あえてそれらを無視し全体構成に即して理解すると，女（という自己）が母（という主体性）に気づいてしまったがゆえに子ども（という他者）のために正しいと信じる行為をしたものの，女自身は行為によって苦しむ（そして男も同様にならないか心配する），という話なのだ。ここでは行為選択基準として両極を"自己―他者"とする"誰のために"の対立軸を設定した[6]。この観点から要約してみよう。女は意図しない結果として妊娠し（2-⑥⑫，3-②③），"母になる"ことを自らに問いつめた（2-⑪，3-⑫）。女は自己のために子どもに我慢をさせようと最初は考えたものの（2-⑫），子どものために生きる「母」あるいは「親」の責任に気づいたがゆえに（2-⑩，3-⑥⑧～⑩⑬⑭⑯），罪悪と知りながら堕胎に及んだ（2-②，3-⑲）。堕胎という選択の合理性に疑いはないが（1-③，3-⑩⑫⑲⑳），行為の結果，暗い日々（1-①，3-⑫，4-②）を家事も働くこともできずに（1-⑥，4-①）苦しみ悲しんで生きるほかなくなった（1-④，3-⑪）。

ここで最初に強調したい点は，女は女自身のためにではなく子どものために（3-⑧）堕胎を選択した，という点だ。望んでいなかった妊娠によって，女は子どものために生きる主体，つまり"新しい母"を発見したのだ。子どものために生きる主体性が近代の「母性」であることやその問題性は，近年広く明らかにされてきた。なかでも牧原憲夫『文明国をめざして』は，「近代家族への囲い込み」の複雑な様相を簡潔明快かつ多面的に示しながら，子ども（の教育）のための愛情あふれる「家庭イメージの広がり」が女を（男をも）「内面から束縛した」側面を強調した（牧原 2008: 308-319）。

ところが，「獄中……」の女が見いだしたものは，"産む―産まない"の対立軸においては"産まない"側，したがって"良―悪"の対立軸においては良妻賢母の対極にある"悪"の側にある。しかし女は，産まない"母"・悪い"母"であるとはいえ，母を自ら選択しているという意味で，責任主体と

---

[6] 本章では，論点を明確にするためにしばしば対立軸を設定するが，いずれも概念としては明確な二項対立でありながら，実体に即してみれば二つは相互に依存的であったり浸透的であったりと不分明で，両極の"あいだ"に存在するとしかいいようがないという特徴があることを前提としておく。この前提では実体（を示す概念）は不可避的に両義性もしくは矛盾をもつことになる。主体をめぐる両義性の議論など，牧原編（2003）を参照。

してはきわめて自律的（近代的）である。つまり,「獄中……」は自律的な女の苦痛に満ちた〈母性〉を表現した小説なのだ。

とはいえ,女の苦痛や悲しみは直接には表明されず,男への心配と依頼として繰り返されている。この点で「男と女の決定的な遠さを描いた。女主人公は…男とともに進もうとしているのではない」との評価がある（荒井 1985: 138）。しかし,女は一心同体と感じる男のなかで生きようとするが（1-⑤～⑦, 3-⑳, 4-①）,男も堕胎（という選択）に苦しむのではないかと心配する（1-②④, 4-②）。男との一体感に着目し,女は後の生命の可能性を絶つ行為（2-⑨⑩）の苦痛に家事（女の仕事）もできなくなった（4-①）とすれば,苦痛は女が担い男には自分の半身として仕事を続けてほしい,だがその願いは叶わないのではないかと心配している,と解釈する方が構成に即している。

もっとも,女の主張を聞いた男の判断も心情も不明ではある（1-④⑥, 3-⑪）。女の心配を虚しい願望と読めば,「決定的な遠さを描いた」といえなくもない。小説に登場するもうひとりの男である法官は,堕胎を罪悪だと強く断定している（2-①⑦⑬, 3-⑪⑰⑲）。しかし,その激怒は同調者が多く出ることへの恐れ（3-⑰）と裏表でもある。つぎの節では妊娠に対する男たちの論理や心情の問題をみてみよう。

3　両性の自律——避妊の肯定

『青鞜』編集者の伊藤野枝（飯村 2001）が「獄中……」に「本当に真面目に考へる価値の充分にある問題」（伊藤 5-6: 74）を見いだし,「私信——野上弥生様へ」（以下,「私信」）を同号に掲載したことで,「堕胎論争」は始まった。堕胎や避妊について「男の人たちの意見は聞きました」（野枝 5-7: 105）と伊藤はいうが,論争時の『青鞜』誌上にはほとんど出てこない[7]。折井美耶子が編集した資料集（折井編 1991）で補いながら,「堕胎論争」時

---

7) 男の寄稿は認められなかった（らいてう 4-2: 119）。

の男たちの「意見」を確認していこう。

　堕胎の問題は，辻潤には「興味が向かないこと」だったらしい[8]。松本悟朗は「堕胎の必らずしも罪悪でない事」に賛意を表わしている（松本 1915a: 150）。松本は，「今日公然と許されて居る」「其の結果に於て生命の可能性たる精虫を無益に殺すやうな事柄や施設」つまり買春行為や遊興施設の存在と「胎児を殺さなければ親が生きる事が出来ない」場合の堕胎はそれぞれ罪悪か否か，と問う（同上: 150-151）。要するに，すでに男の場合は性と生殖が分離し，生殖に結びつかない性行為が常在しているし，自己が生きるための他者の排除は正当化されているとしたうえで，松本は「最真最高の道徳的判断」では堕胎を罪悪であるともないとも断定しないと述べた（同上: 151）。松本はさらに「貧民階級」の生活難による自殺の記事を紹介して，避妊や堕胎より「自殺は更に以上の大罪悪」と，自殺防止上からも避妊や堕胎を肯定した（松本 1915b: 156-157）。鈴木某は「堕胎避妊を否認」すれば「悲惨の出生はやむなき事」となるとの「『進化』ちよう自然的矛盾」を指摘して，「悲惨の出生」を避けるための「堕胎避妊」の肯定を暗示した（山田 5-10: 73-74）。堺利彦については，ここでは「産みたくない時には産まぬ」を当然だと，堕胎への言及はみえないが少なくとも避妊は肯定していると押さえておく（堺 1916）。

　このように避妊や堕胎をほぼ肯定する男たちの論理は，じつは「堕胎論争」より2年以上前の『青鞜』誌上にも見いだすことができる。1913年2月15日に開かれた青鞜社講演会（小俣 2001b）の講演記録「婦人のために──馬場孤蝶」（以下，「馬場」）がそれで，「当時では新しい考え方である」（吉岡 2001）。馬場は，「私は自分の事より外考へない人間である」，いいかえれば「自己本位」あるいは「自分の損になることはやらない」「セルフ・インタレスト［私利私欲］…を主にして」やっている，だから，「婦人問題に就てもさう云ふ方面から」考えると前置きし（馬場 3-3: 35-36），「旧式の人間」すなわち「世話もして呉れない」かわりに「訓へない」放任的な両親への感謝を添えながら，「賢妻良母」教育の問題点を指摘した（同上: 39-

---

[8]「Tが大抵の話は聞いてくれます…けれども或る特異な事になると一向男の興味が向かないことか［が］よくあります」（伊藤 5-6: 71）。推測にあたり，安諸（2001）を参照。

40)。そして，結婚の問題をつぎのように論じた。

> 結婚をして子孫を繁殖させると云ふことは最も重大なる事と考へられて居る，併ながら吾々に取つては，唯々子孫の為に有らゆることを犠牲に供し，吾々の当然有して居る生活の権利までも全然犠牲に供すると云ふことが果して快いことでありませうか，又それをしなければならぬ義務が吾々にあるでせうか，私はさう云ふことは決してあるまいと思ふ（馬場 3-3: 40）。

馬場は「自ら人生を楽んで行かなければ」ならないし「子孫の為にのみ苦まなければならぬ理由」もなく「自らが生きて行くと云ふことが，是が最も肝要なことであらう」と述べた（馬場 3-3: 40-41）。こういう考えであるから，「避妊などゝ云ふことも，悪い事かは知れませぬけれども，已むを得無い事と思ふ」と断言した（同上: 41）。さらには，男女が同棲して女が妊娠するという自然の摂理に対しても同じ態度を貫いてつぎのように主張した。

> 吾々は其天然［自然，ネーチュアー］に対して何等の反抗をも試ずして唯々そのまゝに屈服すべきものであらうか，私は決してさうは考へない，やはり相当の手段を以て母親となる原因を去り，自分自身の人生をエンジョイスると云ふ方法に出でゝ是は然るべきことである，一向に差支ないことゝ思ふ（馬場 3-3: 42）。

馬場が表明した"自己のために"生きる（個人主義的な）生き方は，青鞜社の女たちにも選択されつつあった。小笠原さだ[9]の小説「東風」では，「天然」に「屈服」せずに生きようとする女とむしろ「旧式」にもみえる男とが対比的に描かれている。そのあらすじはつぎのようなものである。男は「毎日〳〵何の興味もない干からびた様な仕事」に「我慢が出来なくなつた」。「同棲した当時は」「女を養つて行く為には学校も希望も凡てを曲げて終はな

---

9) 小笠原は小説発表と前後する1913年2月に結婚し9月に出産した（井上 2001）。

けளばならなかつたけれども…苦しいとは感じなかつた」。ところがいまや女に「心のおどる様な事も無く」，妊娠して「神経許りが尖つて」しまつた女とはその朝も「云ひ争ひ」になり，男は「会社にも出そびれて終つた」（小笠原 3-4: 63-64）。

> お腹許太く苦しそうに肩で息をして居る其様子を見ると只憐れな惨じめな動物を眺めて居る様な気持がしてくるのであつた。そして女の体の中に起つた不思議な変化か［を］思ふと男は未だ味つた事のない子に対して強よい父親の情熱が向つて行くのを感じた（小笠原 3-4: 68）。

男は，「子供の為に」生きる自分と女とを思い「あゝもう我々の春は過ぎて終つた，いや何もかも失くなつて終つたのだ」という（小笠原 3-4: 69-70）。ところが女は同意しない。男は淋しさとともに父となるが，女は母を断然拒否しようとするのだ。

> 「もうおまへなんか何が出来るものか。只子供の為に生きて行かなくつちやな［らな］いのさ」／…「子供の為ですつて…私はこれから面白い目をどッさりしようと思つて居るのですのに」／「だつて出来やしないよ。もう面白い事は子供のする番だからね。子供は面白い事をする為に出てくるんだもの」／男は淋しそうに笑つて云つた。／…女は憎々しく叫ぶのであつた。／「私そんな子供そ［な］んぞ入りませんわ」／…女はジッと一ツ処に目をすゑたまゝ此お腹の中で一刻も怠らずに営んで居るある新しいもの、力がねたましくつて耐らなくなつて来た…生命をほろぼしてやり度い様な気持がしてくるのであつた（小笠原 3-4: 70-71）。

妊娠中の女と同棲する男のある日の情景を描いたこの「東風」には，「父親の情熱」という"父性"（男の「母性」）にめざめる男と胎児を拒否する女の対比が鮮やかにみえる[10]。この小説のどこにも妊娠や母に類する語がな

---

10) 男と父は女と母（さらには"旧い母"と"新しい母"）の投影，つまりこの小説は女の内面の葛藤の表明なのかもしれないが，その観点からの考察はここではしない。

いことや醜悪に描かれる妊婦の姿からは，女（という自律的個人）が妊娠に直面したときの拒絶力の大きさがうかがえる。他方，この男（彼が自律的個人であるか否かはおき）の場合，"父性意識のめざめ"は，家族を扶養する責任者（経営主体）意識との対立ではなく補強をもたらした。女の妊娠によって男は，このあとは女のためにではなく子どものために仕事を続けていったのだろう。

19世紀から20世紀への転換期（明治20年代末から30年代初め）には，多様な要因の複合的な作用によって顕著な人口増加，つまり女性が平均して5人くらい産む子沢山の家庭の増加があった（荻野 2008: 2-7）。当時の多子貧困という社会問題に対する判断の大勢は，経済的自立を生殖の第一条件とするものであった。「家」型であれ「家庭」型であれ「個人」型であれ（西川 2000），生殖は近代家族制度の根本であり，生殖の主体（両性）にとって経済的自立は自明の前提であった。「馬場」は「婦人が何か職業を得ること…を希望する」と講演を締めくくり（馬場 3-3: 45），「獄中……」は堕胎の理由のひとつに貧困をあげた（3-⑬）。松本悟朗は子もちの自殺者を「自らを養う力さへない彼等が…子供を拵えたのは愚」と評し（松本 1915b: 156），鈴木某は「親たる資格」なき「下級の人々」の「本能」に任せたり，「堕胎避妊を否認」したりすれば，「悲惨」な状況は不可避と結論した（山田 5-10: 73-74）。堕胎を否定した山田わかは，鈴木にも松本にも反論したが（山田 5-8），そこで「資格の出来る迄配偶を持たせ」ず，「その資格をつくる間の自制力すら欠いて居るやうな不徳義な人間…をどし〳〵罰する法律がほしい」とも述べていた（同上: 35, 37）。「堕胎避妊と本能抑制」は「同じ性質の不自然なもの」ではなく，むしろ自制11)こそ「自然の法則にかなつたラショナルな［合理的な］考え方だと」山田は信じていた（山田 5-10: 77, 79）。堺の「産みたい時には産む，そして産む以上はそれが為に生活の困難に陥らぬやう，社会が十分の保護をして呉れるのが当然」（堺 1916: 189）といった主張は特異だった。結論すれば，経済的自立なき場合の両性の自律とは，自制や堕胎への態度での対立を含みつつも，広い意味で"避妊"の

---

11) 避妊と自制の違いは，避妊が妊娠しないように性行為を行なうことであるのに対して，自制は妊娠しないように性行為を行なわないことにある。

(強制的)選択を意味していた。その先に，経済的自立があったうえでの自律への挑戦，すなわち自然の摂理たる生殖の"媒介的存在"であることへの抵抗として，避妊の肯定が「新しい考え」として主張され始めていたのである[12]。

なお，両性(both sexes)と母性の語意の違いについてここで確認しておこう。『性と生殖の人権問題資料集成』の編者のひとりである斎藤光によれば，英和辞典で「sex の訳語の筆頭」に「性」がくるのは「だいたい1900年あたり」で(それ以前は「種族」「類」「別」などの訳語があてられ)，「『性』という記号は，日本語文化圏では，本来セックスなどの意味を持っていなかった。それは『色』や『淫』という記号が担っていたのであり，『性』は『生まれつき』とか『物事の性質や傾向』という意味であった…むしろ当時，学術的用語としては，『性』は，主に英語の nature に対応させられていた」(斎藤 2000: 3)。斎藤は「セックスという『性』，あるいは，sex の訳記号としての『性』は，1860年代から広がり，1900年前後に，ある種のシステム的な翻訳装置として動き出すにいたり，1920年代には，安定化し，規準化した」とまとめている(同上: 4)。つまり，両端を"sex—nature"とする対立軸で「性」という語(記号)をみれば，両性あるいは男性や女性の「性」は sex により近い。一方「母性保護論争」の前段階での母性の「性」は nature により近い語であり，それゆえに平塚らいてうには避けられ，与謝野晶子には「批判するための語として選ばれ」た(阿木津 2009: 95)。

妊娠という「性」は，近代に生きる自己本位な個人にとって反抗の対象として挑戦され，自由に選択しうる「性」へと，この時期にたしかに「動き出」していた。その動きの延長線上に，性と生殖の分離を男女ともに肯定し，「避妊」を「罪悪」ではなく「不可欠」とする「現代の『常識』」(荻野 2008: 25)がある。

---

12) もっとも，生殖の自律への動きはすでに近世には存在した。沢山(2005)を参照。

4 性の自律の苦痛——避妊と子捨ての"あいだ"で

　原田皐月も激しく個人主義を希求していた。「堕胎論争」の前に書かれた「神性と人間性と恋愛と」をみても,「私自身を支配するものは矢張り私自身である」と,明らかに自我を確立していた（原田 5-5: 186）。「神の為の個人」も「人類の為の個人」も考えたことがないと断言し,「本能の力の前に男女の結合を承認したい」,神の意志など人間の知ったことではない,と明言した（同上: 186-187）。「獄中……」でも性と生殖は分離され（2-②⑥）,個人主義が表明されている（3-⑱）。論文「獣性と人間性とに就いて」でも「性欲」について論じ,「忘我の絶対境にありては…結果に就いて思考する隙もない」と,「種の繁殖」の意志を否定した（原田 5-7: 66-67）。妊娠は望んだ結果ではなく避妊しなかったことが罪悪だと,女は言い放っていた（2-②）。「馬場」と同様に,自己本位に避妊や堕胎を肯定し,堕胎権を主張し,堕胎罪の不合理を訴えてもおかしくはなかった。あるいは,自己のために出産を選択（2-⑫）してもよかった[13]。ところが妊娠に直面した女は,第2節ですでに述べたとおり,選択にともなう苦痛（1-④）という新しい問題を提起した。この問題の意味について,ここでは考えてみたい。

　「堕胎論争」では,胎児を「いのち」とみなすか否かが論点のひとつとなった。「獄中……」では,出産後は明確に別人格だが（3-④⑨）,「卵細胞」（2-③）,「付属物」（2-④⑧）,「腕一本」（2-⑤⑦⑨）,「一物」（3-⑤）と,胎児を「いのち」とはみなさない語が目を引く。そこに伊藤野枝は「皐月さんの考へと私の考への相異」をみた（伊藤 5-6: 76）。女もまた「いのち」とみなしたからこその堕胎であること（2-⑨⑩）は見逃がされた。野上弥生子は女の罪悪感（2-②）や涙（3-⑪）の理由を「かくれた無意識の愛」と推測し,伊藤はそれに同感だと書いただけだった（伊藤 1915: 154-155）。伊藤は,妊娠とは「命が芽ぐまれたこと」,自己都合で「『いのち』を殺す」行為

[13) 出産した原田自身をも含んだ考察は,今後の課題としたい。

は「自然を侮辱したもの」とする判断を根拠に，避妊はいいが妊娠後の堕胎はいけないと反論した（伊藤 5-6: 75）。「一と月のうちにでもどの位無数の卵細胞が無駄になつてゐるかしれないうちから，その一つが生命を与へられた」（同上）とあるので，卵細胞は「いのち」ではないもの（非「いのち」）だが，どこかの段階で「たとへ，お腹を借りてゐたつて，別に生命をもつてゐる」（同上: 76）もの，すなわち「いのち」になる。

　胎児を「いのち」とみなす伊藤は「その生命を不自然な方法で殺すと云ふことは私ならば良心のいたみを感じます」と応じ，実質的には原田の書く女に賛意を表明していた（同上: 75）。しかも女同様（3-③⑬⑭），産むこともまた苦痛だった。「子供が私の身内に息をしてゐるのを感ずる度びにそのこと［生活の窮迫］は非常な苦痛でした…私は子供の為にたゞそれのみ苦にやんでゐました」（同上: 76-77）。

　伊藤の「苦痛」については第5節で取り上げることにして，ここでは"いのち"―非「いのち」の対立軸を設定してみよう。女が堕胎後に苦しむ理由は，"今は"「いのち」とは思えない（2-④, 3-⑤）から堕胎は合理的な選択だと信じたにもかかわらず，"いずれ"「いのち」になる存在を殺したとの罪悪感に苛まれるからだろう。「いのち」を絶ってはいけないが非「いのち」ならよいという判断に関しては，「獄中……」も「私信」も違いはない。単に胎児を「いのち」とみるかみないかが対立点になっているようにみえる。しかし，女が"胎児"という実体（概念）を自己の胎内に認知（実体化）した時点で，それはすでに"「いのち」に非ざる「いのち」"（非「いのち」）として"存在"してしまっているのだ。強固に自我を確立した原田が創造した女は，胎児の「生命も人格も」否定し，同時に（母の）「愛」を明確に否定している（2-④）。にもかかわらず，妊娠を知って以降考え続けることになった（2-⑪）女には，女に"考えさせる"胎児が別の個体（他者）として認知されるようになり（3-①⑨），女はその他者への責任主体たる母（親）を後悔と苦痛とともに自覚し（2-②, 3-③⑮），母としての責任の取り方として，堕胎を選んだ。胎児（他者）が女（自己）の内部に"生きている"実感があるからこそ，女は子のために子を捨てた（殺した）（3-⑧）と断言できたのだ[14]。しかし，女の"非「いのち」"に対するこうした両義的

な姿勢を理解しなかった（できなかった）伊藤は，胎児を「いのち」とみなす側から原田に反論し，堕胎を否定したのだった。

ところが，その伊藤の「いのち」に対する認識の矛盾を鋭く衝いたのが，［平塚］らいてうの感想「個人としての生活と性としての生活との間の争闘に就いて（野枝さんに）」（以下，「個人……」）だった。平塚は，伊藤が堕胎を罪悪と断定した「その見方で行くならば」，避妊も「人工をもつて生命の可能力を奪ふ不自然な行為」なのだから堕胎と「五十歩百歩の罪悪」ではないかと明言し（らいてう 5-8: 11），「避妊はまだいゝが堕胎は悪い。堕胎はまだいゝが児殺しは悪い」といった見方を「根拠のない」「感情論や常識論」（同上: 11, 17）と一蹴した。「避妊の実行者」だった平塚は，避妊を罪悪だとは考えず，それどころか「その人自身か種族か，又はその両方の向上発展を害する」，または「人口過多」による「生活難」とその結果の「国民の疲弊，退化」に対応して「児数を制限する」といった「正当な理由」があり，「有害でない方法によつて行はれる避妊なら，寧ろ知力の進歩した文明人の特権であり，義務である」とさえ考えていた（同上: 11）。自身の妊娠に気づいた平塚は，子をもつことへの「不安と恐怖」を「突き詰めて感じ」，「堕胎の空想に矢張り第一に襲はれ」，しかも違法性や堕胎技術の安全性への不安こそあれ，「『良心のいたみ』は」なかった，と断言した（同上: 12-13, 17）。

ここでは平塚が論理的に避妊と堕胎と子殺しを同質とする観点を提示していた点に注目したい。この論理でいけば「文明人の特権」は子殺しにまで及ぶ。逆に，この論理から「獄中……」を見なおすと，毎月卵細胞を捨てる（2-③），つまり妊娠しないという行為を選択することは，「いのち」を捨てる（殺す，否定する）行為という意味において，堕胎（1-⑦，3-⑧）や子捨て（子殺し）と同じだとなる。「文明人の特権」あるいは「義務」として性の自律をめざす自我の確立した女は，避妊や堕胎への態度と同様に子殺しを正当化する，あるいは反対に，子捨てや堕胎において受ける苦痛と同様の苦痛を避妊やさらには月経（卵細胞を捨てた証）からも受ける可能性があった。

14）他者としての胎児は，女に多大な影響を与え，その短い一生を終えた，ということもできるだろう。

こうした論理の発見はいまだから可能なのだろうか。そうではない。早くも 1912 年に上野葉は「進化上より見たる男女」で，「本能に服従することを好まぬ者は，こゝに反抗的行為を企てて，或は自殺するであろう。或は…避妊，堕胎，嬰児殺戮等の手段も行はれてをる」と指摘し，「斯る行為は…自然に対する罪悪である。しかしながら，それとて人間の勝手であるから…実行するであろう」と続けていた[15]（上野 2-10: 74-75）。ただし，最初の引用の省略部分には，「未だ情操の発達の鈍い野蛮人や，利己主義の狡猾な部類には」との限定が付されていた。上野は「頭の一隅に伏在をしてる真黒な或ものが常に私を悩ませ，私を絶叫せしめる」と記したが（同上: 79），上野の悩みは，進化の必然的な帰結としての行為が「野蛮人」の行為と同じになってしまうのはどうしたことか，という難問から発していた。

「堕胎論争」に戻ろう。『青鞜』の 4 周年記念号には，すでに触れた平塚の感想「個人……」と山田わかの論文「堕胎に就て」のほかに，「村の精神病者と生児」と題した生田花世の追想が掲載されている。子捨てをする女の話で，概略はつぎのとおりである。お兼は「男にひどく欺されたのが元となった色情狂だ」と村の人に伝えられるよそ者で，山麓の松林の縁に拵えられた穴倉のような小屋に住んでいた。「野良仕事に雇」われたり「松葉を掻いて町へ持つて行つて，金にしたり」と，「病が起らないと，お兼は重宝がられ」ていたが，花世が 9 歳の頃，お兼は妊娠して父の分からない子を産んだ（生田 5-8: 127-130）。

　　ところがお兼の身体が肥立つてからは二三日とはたたない中にその生れた子供はお兼の小屋の中に見えなくなりました。…女達がその子供の事をたづねました。と，お兼は無雑作にげす〲笑ひました。／「谷に放(ほ)つて了うたんでわ」（生田 5-8: 130）。

花世は，4 年前の帰省時にお兼が病死したと聞いたが，村ではまだ「山裾

---

15) このあと上野は，人間（主体）が「色々の欲望にだまされ」ながらも「反抗的行為」によって「選択」の範囲を広げていくであろうと見とおし，その筋道を論じたが，そこには後の「母性保護論争」の主要な論点がほぼ押さえられている（上野 2-2: 75-79）。

の松林の蔭に，便所ででもあるやうにお兼の小屋が灰色に見えて」いた（生田 5-8: 132）。

　生田は「貞操論争」の主要論者である。安田［原田］皐月から激しい反論を受け，「生れ付論争には適しない人間」（生田 1915: 25）と自認しながら論争の当事者となってしまった。「貞操論争」のなかで生田は思索を深め，性の経験を語る際の自己の虚飾に気づき「懺悔」した（生田 5-4）。原田の小説に正面から反論するとは考えにくいが，関心は強かったと思われる。折井編（1991）には収録されなかったが，本章では，生田の追想をも「獄中……」への応答のひとつのかたちと理解して論を進める。もっとも，すでにこの追想は「堕胎論争」の一端に位置づけられてはいる。ただし，その把握が妥当であるとはいえない（石崎 1999: 139）。ここでは，避妊や堕胎と子捨ての同質性の暗示との観点から位置づけておきたい。とはいえ，「精神病者」の「子捨て」という行為の考察は，病気と行為の因果関係の問題からしても，いまもって難しい[16]。

　まだ避妊が「常識」となる前，生物進化の必然との自負をもつ自律的な個人が直面する難問として，実在する刑法とは別次元で（倫理概念として），遺棄罪・堕胎罪と同質の避妊の罪の論理はほぼ見いだされていた。自他の別を明確化しえた「新しい女」にとって，避妊と子捨ての"あいだ"にある堕胎は，進化の必然として肯定するほかない選択でありながら，しかし，妊娠を契機に胎児の「いのち」を実感していく（実感させられていく）過程で，苦痛に満ちた選択にもなっていったのだ。

---

[16] 今後の課題だが，近世から近代初頭の捨て子に関する歴史研究として，沢山（2008）を参照。また，この追想の扱いを，研究史整理のうえで，鹿野政直が指摘した「地位向上（おてほん）主義」の観点から反省することは必要だろう。鹿野は，女性史の叙述が「地位の向上主義とでもいうべき態度」と結びつき，「そのために，だから女性はといわれるような史実はことさらに軽視されてきた」と反省する。ただし，こうした「地位向上主義」からの出発の避けがたさもまた，「黒人・被差別部落民・労働者」との類比によって指摘されている。「社会に支配的な道徳的基準から逸脱しがちな存在…の行為は即その階層の本来的属性によるものとみなされ，貶視の再生産ないし再強化への連鎖反応をもたらす」（鹿野 2007: 286-287）。

5 〈母性〉を問う
―― 原田皐月・伊藤野枝・平塚らいてうの"新しい母"をふまえて

　避妊の肯定は堕胎（子捨て）の肯定をもたらし，堕胎（子捨て）の否定は避妊の否定をもたらす。どちらもそれぞれに論理的には正しい帰結である。では，自律的個人がどちらの論理を選択するかの違いを"男―女"の対立軸（ジェンダー）の観点から考えてみよう。まずは，「堕胎論争」において生物学的知識が用いられていた点に注目しておきたい[17]。『青鞜』誌上では，性を研究していた小倉清三郎（石崎 2001b）と交流しながら性の自律（対象化）を模索していた様子もうかがえるが，斎藤光は「性自体の対象化を可能にしたのは，生物学という学的視角の誕生」であると指摘している（斎藤 2000: 2）。もっとも，すでに第4節で引用したが，排卵に関する伊藤野枝の認識（伊藤 5-6: 75）は，今日の生物学からみて明らかに誤っている[18]。原田皐月の場合（2-③）は，何とも言いがたい。松本悟朗は結果においては「いのち」の可能性である「精虫」と述べた（松本 1915a: 150）。もし生殖細胞（「卵細胞」「精虫」）に「いのち」を実感すれば，いいかえると自己の内部に他者の存在を実体化すれば，両性は避妊や自制にも罪悪感や苦痛を味わうかもしれない。ただし，細胞の数のレベルで対立軸を設定すれば（「毎月一箇」―「無数」），数の多寡で捨てることに対する心理的圧迫の度合いが異なるかもしれないとはいえる。

　だが，むしろ決定的な違いは，自己の内部に他者の存在を実体化するか否かにある。とはいえこれは，個人を分割不能とする近代の原理とは相容れない。生殖細胞は自己であって他者ではなく，したがって「いのち」ではなく，

---

17) なお，堕胎論争では受精を画期とみなす説は出てこなかった。"受精卵＝人間"説は，荻野美穂によれば，日本ではアメリカの「プロライフ派」の主張からの影響で1980年代以降に流布した説らしい（荻野 2008: 276）。

18) 1875年に出版されベストセラーとなった『造化機論』にはすでに「卵乃チ人体ノ萌芽」は「経水ニ随テ毎月一箇宛ヲ下スヲ常トス」とある（アストン 1875: 9上）。『造化機論』は「結婚しようとしている若い人々」（すなわち生殖の自律をめざす男）を読者対象とした書物だった（斎藤 2000: 5）。

生殖の自律は必然で達成すべき課題としてあった。ところが自我を確立した「新しい女」にとって妊娠とは，近代の原理とは対立する難問に直面せざるをえない場におかれることであった。妊娠を経験しそこでの自問自答から〈母性〉を見いだす過程を，これまで原田（が描いた女）についてみてきたが，妊娠の経験こそ論理の選択の決定的な違いをもたらす重要な契機であった。もっとも，すでにこの点について，"本来的な母性"概念を確立する前の「個人……」は，原田と伊藤の「母としての経験」の有無から堕胎に対する「意見の相異が来てゐる」と正鵠を射ていた（らいてう 5-8: 17）。以下では，伊藤と平塚らいてうが妊娠に直面して見いだした"新しい母"を確認し，最後に妊娠について考察し，まとめることにしよう。

　平塚の観察眼は，妊娠について自問すること自体が「新しい女」の課題であると，伊藤が第1子を妊娠した1913年には見抜いていた。伊藤が「自分自身の胎内の子に対して無頓着で，無責任で，否々全く意識的には無関係，没交渉の状態」（らいてう 5-8: 3）だったと，当時から「不思議」を感じ，それでいいのかと疑問も表明していた（らいてう 3-11: 88）。野上弥生子は，第2子出産の経験を小説化した（小俣 2001a）「新らしき生命」で，「本統に子供を生む積りだつたのだらうか。…そんな事を自覚的に考へた事は決してありませんでした」（野上 4-4: 23-24）と，平塚の疑問に応答し，かえって妊娠の対象化の新しさを裏づけている[19]。

　しかしながら，伊藤は自問自答していた。ただしその内容は，第2子妊娠中の「堕胎論争」での回顧のかたちで明かされた。伊藤には「産まれると云ふことが分つた頃」が「一番苦しかつた頃」で，原田同様に「恐ろしい事の空想を幾度か経験した」が，それは「人に話すさへ憚る程恐ろしい事に思」えていた（伊藤 1915: 153-154）。堕胎は「延びやうとする力をもつた芽をつみとる惨忍な仕方であるとしか思」えないが，窮乏とそれにともなう圧迫の辛さを考えると，産む不安は打ち消せない（同上: 153）。胎児はその間にもつぎのように他者性をますます増していき，それでもなお決断ができない。「私の体の中に他の生命がずん〳〵育つて気味わるく勝手に動くやうになつ

19）野上の場合は『青鞜』との関係から調べる必要もあり，これ以上は踏み込めない。

ても，私はまだどうかして産れなかつたらと思つた」（同上: 154）。

　ジレンマのなかで伊藤が胎児の父である辻潤との会話から得た結論は，他者の否定（堕胎）でも肯定（主体的な出産）でもなかった。「T は，私が苦しがる度びに云ひました。／『こんな生活に堪へられないやうな抵抗力のない子供ならば生れて来る筈はない』と。／…子供は矢張り子供自身の運命をもつて生れて来るのだ」（伊藤 5-6: 77）。苦しみから逃れる方法としての責任放棄が伊藤の選択だった。とはいえ，それによって伊藤は，まだ生まれてもいない子どもの自立性あるいは自律性や主体性さえ認め，その子の「運命」を受容する"新しい母"のあり方を体現した。伊藤が見いだした〈母性〉，すなわち自律的個人が選択する，肯定でも否定でもない他者の受容は，子ども自身が育つ力を認めるといったかたち（同上: 77-78）へと発展していった。だが，こうした伊藤の〈母性〉は，平塚からは「多少の真理」を認められはしたものの，「自己を欺く，云はゞ女性的な，弱い，そして可愛い一種のあきらめ」とみなされた（らいてう 5-8: 14-15）。

　それでは，平塚の場合はどうであったのだろうか。平塚は自らの「ディレンマ」の出発点を「自分自身を教養し，人間としてのまた個性あるものとしての内生活を築く」ための避妊の実行と，避妊の「実際にあたつて瞬間的に感ずる烈しい醜悪の感」とにおいた（同上: 8, 9, 12）。性行為の結果に「意識を分ち与へて，しかも或用意をするといふやうなこと」は，平塚にとっては「堕胎よりも寧ろ或意味で恐るべく，厭ふべき醜い，そして苦しい行為」だった（同上: 12）。

　妊娠した平塚が堕胎を「空想」した理由は原田や伊藤と違って生活難ではなかった（同上: 12-13）。とはいえ，エレン・ケイが説く「ソールライフとファミリーライフとの間」の闘争（同上: 8）との位置づけや，「『性』としての婦人の生活——種族に対する婦人の天職——と『個人』としての婦人の自分自身の生活との間の矛盾衝突」に苦しんだからであった（同上: 13），との整理は後知恵，あるいは「後からとってつけたような自己正当化」（松田 1998: 229）であり，平塚もまた妊娠に気づいてから「色々な困難な問題を心に繰り返しながら，その儘幾日かを経過」していた（らいてう 5-8: 18）。平塚が堕胎という選択で考慮した一番の問題は「一時の感情」で「全

体と未来」にわたる判断を誤りはしないかということであり、つまりは「自分の智恵の完全性に対する不信の中で」平塚は考え続けていた（同上: 17-18）。

これまで断片的に引用してきたが、「堕胎論争」中の「抜群の名論文」（堀場 1988: 233）と評価の高い長文の「個人……」のなかで、「その間に私は次のやうなことをだん〳〵意識し始めるやうになつて来ました」（らいてう 5-8: 18）に続く二段落は、平塚の"新しい母"の発見過程を如実に示している。1200字程度の文中に「自分」（10回）、「母」（4回）、「子供」（8回）、「愛」（9回）の語が頻出するその内容を強引にまとめれば、自分の中の「子供に対する欲望や、母たらむとする欲望」を発見し、「自から選んでこの共同生活にはいつた自分が…解答である子供のみを」否定はできないでいるうちに、「Womanliness Means only motherhood…」[20]にたどり着いた、ということだった（同上: 18-20）。

"自己—他者"の対立軸からみたとき、平塚は自己の妊娠に直面しても他者（胎児）を見いだしてはいない。たしかに「彼女にとって『自己』ほど捨てがたいものはな」かった（松田 1998: 228）。「獄中……」の女は、女の選択（産むか否か）とは独立した"何も言わない"胎児という他者を見いだしているが（3-①②⑮）、平塚に胎児を他者とみなす視点はなかった。平塚はあくまでも自己の問題として思索し続け、その末に「種族に対する婦人の天職」と妊娠を位置づけた。この選択はそれまでの平塚の主張や行動とは明確に異なっていた。「避妊の可否を論ず」では、以前の避妊肯定から「最も恐るべく且つ憎くむべき敵」（平塚 1917: 196）といった強い避妊否定へと変化した理由を記しているが、その転換点は妊娠という経験にあった。

自己の苦痛から避妊や堕胎の否定へと進んだ平塚の転換の固有性は、別の場でのより詳細な考察が必要だ。個人主義もまた「堕胎論争」の論点のひとつだったが、この論点はむしろ『青鞜』全体を貫くものとして捉える必要があり、今回の考察対象にはしなかった。とはいえこの論点を軽視することは

---

20)「婦人とはひたすらに母心を意味す」（らいてう訳 1919: 121）、「女らしさはただ母性にあり」（平塚 1926（1983）: 51）。訳語の変遷から、1915年から26年にかけて、平塚において「motherhood」が「母性」へと確定していく様子がうかがえる。

できず，とりわけ平塚独特の個人主義には注意する必要がある。「個人の生活の充実をまづ第一」とする主張に同意しながら，「けれど個人の要求は同時に人類的な又宇宙的なものでなければなるまい」と（らいてう 4-9: 167），妊娠の前からすでに，平塚は個人主義に留保付きで同意し，その「個人」を意識的に「人類」や「宇宙」と重ねあわせていた[21]。とりあえずここでは，自身の妊娠と「堕胎論争」のなかの自問自答で，平塚は子どもをも含んだ個（＝類）である〈母性〉というアイデンティティ（自己同一性）を体得したという点を指摘するにとどめたい。

さらに平塚の場合には，妊娠に直面して個であり類である「motherhood の尊さを知れば知るほど」（らいてう 5-8: 20-21），この"新しい母"の生活で予想される性（類）としての生活と個としての生活との「矛盾衝突」に苦しんだ。しかもそれは「分裂の苦痛を経験せずにはすまない」生活が予想されるなかで，「欠くべからざる第一要件である精神集注」をどうしたら保てるかというかたちで現われていた（同上: 21）。この時点での平塚は，出産後に子どもを「自分で育てやうか，それとも他に託さうかと実は今まだ迷つてゐる」（同上）と書き，"子捨て"肯定の論理はなお保持されていた。

こうした"新しい母"としての「生活の争闘」という平塚の問題提起に対して，三ヶ島葭は自身の"新しい母"としての生活をふまえた反論「私の見た生活——らいてう氏の所論をよみて」を表明した（三ヶ島 5-11）。それに呼応するように与謝野晶子の「母性偏重を排す」が書かれ（与謝野 1916），平塚の反論がなされ（平塚 1916），「堕胎論争」は「母性」をめぐる論争へと移っていった。各論者の「母としての経験」から提起される多岐に入り乱れた意見の絡まりを解きほぐして考察すれば，自律的な両性を前提におくワーク・ライフ・バランス論に対し，「ライフ」（生活／「いのち」）の側から，むしろ"ライフ・ワーク・バランス論"とでも呼びうる論点を提示していけるのではないかと思われるが，その作業はつぎの機会に譲るほかない。

本章では，「母性」の語を使わずに，妊娠を焦点として，『青鞜』の「堕胎論争」から原田皐月と伊藤野枝と平塚らいてうの場合について各自が"新し

---

[21] 平塚の「生涯を貫く思想の特徴」（松尾 2006: 60）と関連づけて考察する必要がある。

い母"を見いだす過程を読み取ってきた。望んでいなかった妊娠に直面するなかで，原田は子どものために産まない〈母性〉を，伊藤は肯定でも否定でもない受容の〈母性〉を，平塚は類でもあり個でもある〈母性〉を，それぞれ苦痛とともに見いだしていた。

　妊娠とは，二者択一の思考様式では理解しがたいきわめて両義的な状態である。胎児とは，自己とも他者ともいえる（いえない）"あいだ"の存在であり，母（妊婦）とは，一人にして二人，二人にして一人という"あいだ"の存在である。自然の摂理として自明視し対象化しなければ問題にならなかったが，自我を確立した（個人を囲い込んだ）両性（とりわけ女性）にとって，妊娠とは，時間の経過とともに一人が二人に自己が他者にと動いていき，自己の内部の他者（または自己の複数性）に気づいたときには，もはやのっぴきならなくなる事態であった。しかし，それははじめから内包されていたのであり，妊娠を契機として〈母性〉として見いだされたにすぎない。それは選択の問題ではなかったのだ。

　（多く）産む（産まれる）ことが問題化していた100年前とは逆に，現代日本では（少なくしか）産まないことが問題化している。もっとも地球規模で考えれば，人口はいまも増加し続けているのだから，問題の複雑さはさらに増している。そのなかにあって，"産むこと"とはいったい何なのだろうか。すでにみてきたとおり，〈母性〉としての"産まないこと"もあるのだから，"産むこと"を「母性」の本能や本来性としては説明できない。

　英文学・ジェンダー研究者の片山亜紀は，「中絶の権利が保障されてはじめて可能な」「中絶後の後悔」からの「回復」を，「権利獲得の先につづく問題」と結論した（片山 2007: 156-158）。子のために産まないことを選択した結果生じる苦痛という「獄中……」が提起した〈母性〉の問題は，生殖管理技術が格段に進歩した現代でこそ切実な問題となっている。

　とはいえ，堕胎罪がなお存続していることからも明らかなように，この国で「中絶の権利」が十分に保障されているとはいえない。ただし，2010年には「交際していた女性に子宮収縮剤を投与して流産させたとして」男が有罪判決を受けた事件が報道された[22]。男もまた"自律的個人"として「いのち」を絶つ行為を選択した罪悪感に苛まれる可能性が増してきたことを，

この事件は暗示している。さらに2011年の福島第一原子力発電所事故後の放射能漏洩問題は，自己の生殖細胞の他者性を否応なく両性にみせつけている。今後も両性はますます産まない選択をする可能性がある（本田 2009）。進化の必然として避妊（産まない選択）の常識化が進行してきたなかで，生殖が自然の摂理ではなくなりつつあるからこそ，〈母性〉（妊娠）とは何かを私たちは考えなければならなくなったのだ。

　哲学者の今村仁司は『近代性の構造』で，「人間的現存在［「現に『そこに』存在する」］の様式は，自己保存の様式である」とし，「自己保存の力に等しい現存在」を「『場所をあけろ！』と叫ぶ力である」としたが（今村 1994: 213），それを牧原憲夫は，権利とは「本質的に欲望であり…『特権』である」，すなわち「生存権ですら，いや生存権こそ他者の排除なしには実現しない」と読みかえ，「権利ではなく義務あるいは『責務』を思想の機軸に据え」，「他者の呼びかけに責任をもって応答することが主体的に生きること」と提示した（牧原 2006: 47-48）。すでに牧原が引用しているとおり（同上: 47），これは「権利主体としての責務感覚のようなもの」（鹿野 2008: 268）あるいは「『自己実現』とは，『他者の痛み』への共感力にほかならない」（鹿野 1989: 219）といった鹿野政直の指摘とも呼応する。

　妊娠という事態を，他者から呼びかけられる場と捉えれば，"受容の選択"という伊藤の〈母性〉は重要な論点である。この〈母性〉は，生存権とは対立する概念（「場所をあける」力）であると考えられよう。たとえば経済的自立なしに妊娠し，受容（出産）を選択することは，まずは権利として（「中絶の権利」とともに）保障される必要があるだろう。私としては，"場所をあけさせる―場所をあける"と拡張した"権利"の対立軸の観点から，平塚が見いだした自律的で複数性をもつ"個"（母）にとっての"権利"の問題として，さらに「権利の先に続く問題」（責務）として，〈母性〉とは何かを今後も考え続けていきたい。

---

22)「不同意堕胎の医師一審判決が確定へ」『読売新聞』2010年8月24日朝刊，32頁，ウェブサイト「ヨミダス歴史館」で閲覧。

参考文献

阿木津英（2004）「新しい倫理概念としての『母性』」金井淑子ほか編『性／愛 応用倫理学講義5』岩波書店：118-139 頁。

阿木津英（2009）「翻訳語『母性』『母性愛』の生成過程と定着まで——日本の特殊な現実の中で人類の普遍的価値を志向するために」日本社会文学会『社会文学』第30号：93-108 頁。

アストン，ゼームス（千葉繁訳）（1875）『造化機論 乾・坤』斎藤解説（2000）：1-45 頁。

「新しい女」研究会編（2011）『『青鞜』と世界の「新しい女」たち』翰林書房。

荒井とみよ（1985）「母性意識のめざめ——『青鞜』の人びと」脇田編（1985b）：130-157 頁。

飯村しのぶ（2001）「伊藤野枝——らいてうから『青鞜』を引き継ぐ」らいてう研究会編（2001）：40-41 頁。

生田花世（1915）「周囲を愛することと童貞の価値と——青鞜十二月号安田皐月様の非難について」（『反響』）折井編（1991）：25-42 頁。

生田花世（1915［5-4］）「懺悔の心より——平塚様，伊藤様，原田様に寄せて」『青鞜』第5巻第4号：19-28 頁。

生田花世（1915［5-8］）「村の精神病者と生児」『青鞜』第5巻第8号：123-132 頁。

池田恵美子（1999）「『風俗壊乱』の女たち——発禁に抗して」米田・池田編（1999）：183-205 頁。

石崎昇子（1992）「生殖の自由と産児調節運動——平塚らいてうと山本宣治」（『歴史評論』）総合女性史研究会編（1998）『性と身体 日本女性史論集9』吉川弘文館：362-383 頁。

石崎昇子（1999）「『青鞜』におけるセクシュアリティの問題提起」米田・池田編（1999）：125-141 頁。

石崎昇子（2001a）「安田皐月——『青鞜』三論争の火をつけた」らいてう研究会編（2001）：176-177 頁。

石崎昇子（2001b）「小倉清三郎——セクソロジストとして寄稿した」らいてう研究会編（2001）：199 頁。

伊藤野枝（1915［5-6］）「私信——野上弥生様へ」『青鞜』第5巻第6号：70-81 頁。

伊藤野枝（1915）「雑感」（『第三帝国』）折井編（1991）：151-156 頁。

［伊藤］野枝（1915［5-7］）「編輯室より」『青鞜』第5巻第7号：105-106 頁。

井上美穂子（2001）「小笠原貞——『青鞜小説集』の装丁家」らいてう研究会編（2001）：58-59 頁。

今村仁司（1994）『近代性の構造——「企て」から「試み」へ』講談社。

岩田重則（2009）『〈いのち〉をめぐる近代史——堕胎から人工妊娠中絶へ』吉川弘文館。

岩淵宏子（1998）「セクシュアリティの政治学への挑戦——貞操・堕胎・廃娼論争」新・フェミニズム批評の会編（1998）：305-331 頁。

岩淵宏子（2011）「『青鞜』と日本女子大学校——平塚らいてうと成瀬仁蔵」「新しい女」研究会編（2011）：9-32 頁。

第 11 章　雑誌『青鞜』における「堕胎論争」の一考察　319

上野　葉（1912 [2-10]）「進化上より見たる男女」『青鞜』第 2 巻第 10 号：64-79 頁。
小笠原さだ（1913 [3-4]）「東風」『青鞜』第 3 巻第 4 号：62-71 頁。
荻野美穂（2008）『「家族計画」への道――近代日本の生殖をめぐる政治』岩波書店。
小俣光子（2001a）「野上弥生子――野枝と運命的友情を育んだ」らいてう研究会編（2001）：132-133 頁。
小俣光子（2001b）「青鞜社第一回公開講演会」らいてう研究会編（2001）：171 頁。
折井美耶子編（1991）『資料　性と愛をめぐる論争』ドメス出版。
片山亜紀（2007）「アイリス・マードックと妊娠中絶のエピソード――*The Book and the Brotherhood* を中心に」小玉亮子編『現在と性をめぐる 9 つの試論――言論・社会・文学からのアプローチ』春風社：124-166 頁。
鹿野政直（1989）『婦人・女性・おんな――女性史の問い』岩波書店。
鹿野政直（2007）『鹿野政直思想史論集　2』岩波書店。
鹿野政直（2008）『鹿野政直思想史論集　6』岩波書店。
香内信子編（1984）『資料　母性保護論争』ドメス出版。
斎藤　光解説（2000）「性科学・性教育編　解説」『性と生殖の人権問題資料集成　27』不二出版：1-8 頁。
堺　利彦（1916）「産む自由と産まぬ自由」（『世界人』）折井編（1991）：185-189 頁。
沢山美果子（2005）『性と生殖の近世』勁草書房。
沢山美果子（2008）『江戸の捨て子たち――その肖像』吉川弘文館。
新・フェミニズム批評の会編（1998）『『青鞜』を読む』學藝書林。
鈴木尚子編（1985）『資料　戦後母性の行方』ドメス出版。
『青鞜』（1980 [復刻版]）龍渓書舎。
関　礼子（2002）「堕胎論争と発禁――雑誌『青鞜』を中心として」『國文學　解釈と教材の研究』第 47 巻 9 号：66-70 頁。
田間泰子（2001）『母性愛という制度――子殺しと中絶のポリティクス』勁草書房。
西川祐子（2000）『近代国家と家族モデル』吉川弘文館。
野上弥生子（1914 [4-4]）「新らしき生命」『青鞜』第 4 巻第 4 号：10-27 頁。
[馬場孤蝶]（1913 [3-3]）「婦人のために――馬場孤蝶」『青鞜』第 3 巻第 3 号：33-45 頁。
原　伸子（2011）「ワーク・ライフ・バランス政策の論理――批判的考察」『経済史林』第 78 巻 4 号：165-194 頁。
原田皐月（1915 [5-5]）「神性と人間性と恋愛と」『青鞜』第 5 巻第 5 号：180-188 頁。
原田皐月（1915 [5-6]）「獄中の女より男に」『青鞜』第 5 巻第 6 号：33-45 頁。
原田皐月（1915 [5-7]）「獣性と人間性と」『青鞜』第 5 巻第 7 号：65-73 頁。
[平塚] らいてう（1911 [1-1]）「元始女性は太陽であつた――青鞜発刊に際して」『青鞜』第 1 巻第 1 号：37-52 頁。
[平塚] らいてう（1913 [3-11]）「『動揺』に現はれたる野枝さん」『青鞜』第 3 巻第 11 号：82-101 頁。
[平塚][らいてう（ほか）]（1914 [4-2]）「編輯室より」『青鞜』第 4 巻第 2 号：117-120 頁。

［平塚］［らいてう（ほか）］（1914［4-8］）「最近の感想」『青鞜』第 4 巻第 8 号：96-103 頁。
［平塚］らいてう（1914［4-9］）「最近の感想」『青鞜』第 4 巻第 9 号：159-168 頁。
［平塚］らいてう（1915［5-8］）「個人としての生活と性としての生活との間の争闘に就いて（野枝さんに）」『青鞜』第 5 巻第 8 号：1-22 頁。
［平塚］らいてう（1916）「母性の主張に就いて与謝野晶子氏に与ふ」（『文章世界』）香内編（1984）：38-49 頁。
平塚らいてう（1917）「避妊の可否を論ず」（『日本評論』）折井編（1991）：189-196 頁。
［平塚］らいてう訳（エレン・ケイ）（1919）『母性の復興』水田珠枝監修（2001）『世界女性学基礎文献集成（明治大正編） 12』ゆまに書房。
平塚らいてう（1926）「個人としての生活と性としての生活との間の争闘について」（『女性の言葉』[底本]）平塚らいてう著作集編集委員会編（1983）『平塚らいてう著作集 2』大月書店：36-52 頁。
藤目ゆき（1997）『性の歴史学——公娼制度・堕胎罪体制から売春防止法・優生保護法体制へ』不二出版。
堀場清子（1988）『青鞜の時代——平塚らいてうと新しい女たち』岩波書店。
本田和子（2009）『それでも子どもは減っていく』筑摩書房。
牧原憲夫編（2003）『〈私〉にとっての国民国家論——歴史研究者の井戸端談義』日本経済評論社。
牧原憲夫（2006）「正造と奥邃——『怒りつつ，とらわれない』ということ」渡良瀬川研究会編『田中正造と足尾鉱毒事件研究 14』随想舎：45-49 頁。
牧原憲夫（2008）『日本の歴史 13 文明国をめざして』小学館。
松尾純子（2006）「米田佐代子著『平塚らいてう——近代日本のデモクラシーとジェンダー』の批判的検討」『大原社会問題研究所雑誌』567 号：58-67 頁。
松田秀子（1998）「『母性』をめぐる言説」新・フェミニズム批評の会編（1998）：225-242 頁。
松本悟朗（1915a）「『青鞜』の発売禁止」（『第三帝国』）折井編（1991）：150-151 頁。
松本悟朗（1915b）「子供と生活難」（『第三帝国』）折井編（1991）：156-157 頁。
三ヶ島葭（1915［5-11］）「私の見た生活——らいてう氏の所論をよみて」『青鞜』第 5 巻第 11 号：72-83 頁。
安諸靖子（2001）「辻潤——『低人』と自称した『超人』」らいてう研究会編（2001）：200 頁。
山田わか（1915［5-8］）「堕胎に就て——松本悟郎［朗］氏の『青鞜の発売禁止に就て』を読んで」『青鞜』第 5 巻第 8 号：30-38 頁。
山田わか（1915［5-10］）「恋愛の自由と本能——鈴木某氏に答ふ」『青鞜』第 5 巻第 10 号：72-79 頁。
与謝野晶子（1911［1-1］）「そぞろごと」『青鞜』第 1 巻第 1 号：1-9 頁。
与謝野晶子（1916）「母性偏重を排す〈一人の女の手帳（抄）〉」（『太陽』）香内編（1984）：28-38 頁。
吉岡真実（2001）「馬場孤蝶——『青鞜』に女性解放を示唆」らいてう研究会編

(2001): 203 頁。
米田佐代子（2001）「平塚らいてう——『生活者』としての思想家」らいてう研究会編
　（2001): 142-143 頁。
米田佐代子（2002）『平塚らいてう——近代日本のデモクラシーとジェンダー』吉川弘
　文館。
米田佐代子・池田恵美子編（1999）『『青鞜』を学ぶ人のために』世界思想社。
らいてう研究会編（2001）『『青鞜』人物事典——110人の群像』大修館書店。
脇田晴子編（1985a, b）『母性を問う——歴史的変遷（上）（下）』人文書院。

あとがき

　本書は 2009-2010 年度の法政大学大原社会問題研究所のプロジェクトの研究活動をまとめたものであるが，準備段階の 2008 年を含めると 3 年間にわたる共同研究の成果である。「福祉国家と家族」という大きなテーマに対してその第一歩を踏み出したにすぎないが，いまはこのようなかたちで成果を刊行できることを編者として心から嬉しく思っている。

　共同研究は隔月の研究会を中心に活動を行なってきた。この間，プロジェクトメンバーはそれぞれ報告を行ない，問題意識を共有する努力を続けてきた。本書執筆メンバー以外にも，以下の方々にご報告をお願いすることができた。ご報告の順番にお名前を記すことにする。下夷美幸（東北大学大学院文学研究科），岩間大和子（国立国会図書館調査及び立法考査局〔元〕），神尾真知子（日本大学法学部），廣瀬眞理子（東海大学教養学部），尾澤恵（国立社会保障・人口問題研究所），相馬直子（横浜国立大学大学院国際社会科学研究科），廣田明（法政大学現代福祉学部），橋本美由紀（法政大学大原社会問題研究所）。以上の方々には，興味深い問題提起と刺激的な議論を提供していただいた。また，下夷美幸氏にはプロジェクトの構想段階から有益なご助言をいただいた。ここにあらためて感謝の気持ちを表したい。

　なお，本書はプロジェクト以外の方にも寄稿をお願いすることができた。ジェーン・ハンフリーズ氏（オックスフォード大学オールソウルズ・カレッジ）の論文（本書第 1 章，原題は "Household economy"）は，Roderick Floud and Paul Johnson (eds.), *The Cambridge Economic History of Modern Britain, Volume 1 Industrialisation 1700-1860* (Cambridge: Cambridge University

Press, 2004）に収録されている。本書への転載を快諾していただいたハンフリーズ氏とケンブリッジ大学出版局には心からお礼申し上げたい。ハンフリーズ氏は1970年代より経済史，経済理論，ジェンダーに関する数多くの著作を発表してこられており，わが国においてもさまざまに取り上げられながらも，これまでまとまった翻訳は発表されていない。したがって本書収録の論文はわが国において初めての本格的な翻訳論文となる。本書の編者（原）は，出版の構想段階でハンフリーズ氏にぜひ寄稿をお願いしたいと思い連絡をとり，快諾していただいた。編者はかつて，ハンフリーズ氏とジル・ルベリ氏の共著論文，Jane Humphries and Jill Rubery, "The reconstitution of the supply side of the labour market: the relative autonomy of social reproduction", *Cambridge Journal of Economics* 8, 1984, pp. 331-346における精緻な歴史分析に裏づけられた，資本蓄積に対する家族の相対的自律性という理解に深い感銘を受けた。その後1997年には一年間，ハンフリーズ氏（当時はケンブリッジ大学ニューナムカレッジ）のもとで研究生活を送ることができた。それ以来の友情とご厚意に心より感謝申し上げたい。なお，氏のこれまでの歴史研究の集大成でもある近著，*Childhood and Child Labour in the British Industrial Revolution*（Cambridge: Cambridge University Press, 2010）はThe Economic History Associationの2011年度，Georgy Ranki賞を受賞している。

　以上述べたように，本書は多くの方々のご協力をうることができた。またプロジェクト立ち上げにさいしては，法政大学大原社会問題研究所の前所長である早川征一郎先生，現所長の五十嵐仁先生のご尽力があった。若杉隆志氏はプロジェクトの管理・運営の事務的作業のいっさいをいつも快く引き受けてくださった。最後に法政大学出版局編集長，勝康裕氏には編集作業の遅れによってご迷惑をおかけしてばかりであったが，緻密な編集作業に助けられた。これらの方々のご支援とご協力に対して，ここに深甚の感謝の意を表します。

2012年3月

原　伸子

人名・事項索引

[ア 行]
アイデンティティ
　職業上の— 40
阿木津 英 292
アクティベーション 60
アジェンダ 2010 204, 211
新しい女 292
新しい家族政策 213
新しい母 5, 315
アップルトン Appleton, Elizabeth 271
アデナウアー政権（第二次） 209
アーノルド・グッドマン慈善協会 66
アフリカ系アメリカ人女性 115, 116
アポインティーシップ制度 139
荒井とみよ 292
アンダーソン Anderson, Michael 17, 20, 24, 26
居神 浩 68
イギリス経験主義 2, 16
イギリス功利主義 285
育児 93
　—介護休業法 88
　—休暇 80, 199
　—休業 80, 199
　—教育修養費 258
　—手当 124
　—手当・育児休暇制度（ドイツ，1986 年） 210
　—に関する勧告（EU） 77
　父親の— 214
生田花世 309
池田恵美子 294
意思決定能力法（イギリス，2005 年） 4, 136
石崎昇子 294
依存 115
　—と生活保護 130
　避けられない— 237
　二次的な— 237
市橋秀夫 9
1.57 ショック 2

一般社会保険法（スウェーデン） 92
伊藤野枝 5, 293, 300
今村仁司 317
EU 法 89
Illinois Familiies Study 121, 126
岩田重則 294
岩淵宏子 294
『イングリッシュ・ウーマンズ・ジャーナル』English Woman's Journal 5, 267
インクルーシブ・アプローチ 140
インフォーマル経済 126
インフォームド・コンセント 136
インフラ整備 213
ウアリ Oualid, William 170, 172
ヴィクトリア時代 19, 47, 267
初産手当 183
ヴィシー政権 185, 188
ヴェアメリング連邦家庭相 Wuermeling, Franz-Josef 209
ウェッブ Webb, Beatrice 280, 284
上野 葉 309
welfare to work 66, 113, 128
ウェルフェア・マザー 79
上山 泰 152
宇沢弘文 65
ウルストンクラフトのジレンマ 3, 58
エイゼンシュテイン Eisenstein, Hester 62
永続的代理権 137
エクランド Eklund, Ronnie 101
SSI（Supplementary Security Income） 121
エスピン‐アンデルセン Esping-Andersen, Gøsta 75, 80, 208
エディン Edin, Kathryn 127
NFRJ データ 222
NHS（National Health Service） 65, 155
榎 一江 247
M 字型就労 130, 223
エンゲルス Engels, Friedrich 35
エンダービー事件 100
エンパワーメント 152

oeconomica 9
大蔵省協定（イギリス，1915年） 282
大沢真知子 57
OJT 26
大原孫三郎 247
大山 博 68
小笠原さだ 302
荻野美穂 311
小倉清三郎 311
夫からの暴力 221
オフィシャル・ソリシター 161
親休暇および家族的理由による休暇に関する指令（EU） 77
親子
　—関係 232
　—間のコミュニケーション 227
　—の支え手である専門職 239
親時間 200
親付添日手当（フランス） 165
親手当（2007年） 201, 213
折井美耶子 300
温情主義 246

[カ 行]
階級 37
外国人労働者 203, 210
介護者 147
階層性 5
　学歴や職業による— 227
開放的調整政策（open method cooedination） 76
ガヴァネス
　—慈恵協会 269
　—年金制度 273
　—のための老人救護施設 273
　—問題 5, 265, 267
　高齢の— 273
　貧困— 275
格差 99, 219
　—社会 226
　健康— 228
　職域分離による賃金— 98
　職務に直接関連しない給付の— 99
学習到達度調査（PISA） 204
家計内商品 24
囲い込み 31
家事の代行 22
家事奉公人 29, 30

家族 1, 10, 23, 24, 42, 57, 75, 140, 158, 244
　イギリスの— 12
　核— 2, 11, 19, 25
　拡大— 2, 12, 15, 19, 24
　—遺棄 42
　—依存 229
　—間の所得の分配 44
　—規範 237
　—共同体 154, 158
　—経営 22, 27, 31, 32
　—支援手当 165
　—主義 173, 236, 246, 251
　—諸給付 4, 164
　—生活への憧れが生んだ集合的想像の産物 14
　—政策 2, 57, 163
　—責任 234
　—戦略 3, 20
　—調整金庫 197
　—賃金 11, 35, 37, 45, 257, 277
　—手当 4, 164, 211, 281
　—手当法（フランス，1932年） 168, 171
　—手当保障金庫 167
　—という西洋のノスタルジア 14
　—投票 170
　—内雇用 36
　—に対する助成 197
　—の関係 23
　—の規模 13
　—の所得 43
　—負担調整 193
　—への忠誠心 23
　—包摂主義 140
　—法典（フランス，1939年） 167, 168
　—補足手当（フランス，1977年） 164, 165
　—履行調整（ドイツ） 195
　—寮 252
　家内手工業を営む— 44
　近代— 10, 244, 262
　工業化以前の— 10, 13
　古典的な— 12
　社交的で孤立していない— 14
　制度としての— 210
　共働き— 5
　農業を営む— 44
　プロレタリアート家族— 31
　標準— 256
　労働者— 5, 186, 262

人名・事項索引　327

労働者階級の—　44
労働集団としての—　10
片山亜紀　316
価値　11
家庭の天使　265
カトリック
　—教会　205
　—の社会思想　208
家内手工業　40
香内信子　293
鐘淵紡績　243
鹿野政直　310
寡婦　15, 42
家父長制　23, 37
カールソン　Carlson, Laura　101
官営八幡製鉄所　246
慣習　278
間接差別　97, 107
　—の限定的禁止　88
機会　65, 66, 72
機械化　32
飢餓の40年代　265
企業
　—社会　244
　—調査　5, 245
　—福祉　5, 243, 244, 246
既婚女性財産法案　266
寄宿舎制度　251
基礎手当　165
ギデンズ　Giddens, Anthony　73
機能主義　69
機能主義的社会民主主義　67, 69, 72
規模の不経済　32
基本法　4, 193
記名台帳　13
木本喜美子　244
キャロライン・ノートン事件　266
キャンベル　Campbell, Mary　79
旧禁治産制度　158
求職者
　—基礎保障　198, 212
　—協定　68
　—手当　68
急進党　179
救貧院　21, 24, 27, 42
救貧法
　旧—（エリザベス）　24, 25, 26
　新—　25, 274

教区　24, 27
強制調停仲裁法（フランス，1938年）　169
協調会　5, 245, 263
協調主義　246
協働　33, 159
共同体　13
　工業化以前の—　13
　19世紀の—　18
共有権　31
居住権　27
キリスト教民主同盟／社会同盟（CDU/CSU）　194
ギルド　29, 30
緊急保育対策等5カ年事業（1994年）　2
キング　King, Desmond　67
近代家族制度　304
近代家族モデル　244
近代性別分業構造　5, 262
均等オンブズマン　94, 101
均等待遇原則　3, 87
勤勉革命　35, 40
勤労者所得税額控除（EITC）　122
クスマウル　Kussmaul, Ann　30
グッド　Good, William　12
久場嬉子　81
倉敷紡績　246, 253
クラフツ　Crafts, N. F. R.　44
グランドセオリー
　構造的分化の—　11
クリントン　Clinton, Bill　60, 65
グローバリゼーション　1, 57, 61
ケア　11, 24, 81, 145, 237
　—供給レジーム　81
　—労働　5, 294
　高齢者の—　24
　心の—　233
　コミュニティ・—　65
　社会的—　2, 58
ケイ　Key, Ellen　293, 313
経験主義　2, 16, 20
経済
　—政策　75
　—的協働　21
　—的シティズンシップ　72
　—的有利性の現在価値　20
　—の奇跡　203
　—の限界革命　268
　—便益　15, 20, 21

形式的平等　88
下宿人　9, 13
ケース・ワーカー　238
結果の平等　107
結婚　15, 48
　—後も両親の家にとどまるか否かの傾向　15
　—する年齢　15
　—できない女性たち　265
決定
　—支援アプローチ　139
　他者による—　136
現金扶助　120
小池一男　263
公営住宅　124
工業化　10, 12
　イギリスの—　10
　—にともなう構造的な変化　40
　ポスト—　12
公共財　136
公行政規則（フランス, 1936年）168
合計特殊出生率　163, 210
鉱山労働者　40
公私
　—二分法　2, 58
　—のパートナーシップ　59, 65
工場法　248
交渉モデル　47
工場労働　12, 244
構造機能主義（理論）　2, 10, 12, 20
構造分化モデル　12
公的補助プログラム　119
功利主義　20
効率性の時代　70
合理的経済人　3, 23
合理的配慮　106
高齢者介護　186
国勢調査
　1851年の—　17, 28
　1871年の—　28
国連障害者権利条約　138
互恵（理論）　3, 22
孤児　13, 42
5条行為（者）　147, 152
個人主義　1, 11, 12, 161, 306, 314
個人責任と就労機会調整法（PROWORA）　60, 65, 117
個人的な愛着　24
ゴーチェ　Gauthier, Helene A.　208

国家主義　249
古典派経済学　5, 275
子（ども）　299
　—からの搾取　41
　—手当　238
　—の育児教育費　262
　—の学習・進路　224
　—の行動特性　232
　—の雇用　22
　—の最低生活費　194
　—の支え手　239
　—の所得　40, 42
　—の非行や不登校　232
　—の貧困　126
　—の福祉　91
　—の養育　196
　—の労働　23
　—への投資　73
　両親のいない—　22
ゴードン　Gordon, Linda　116
コミュニティ改革（New Deal for Community）　64
コモン・ロー　147
雇用
　家族—　40
　子どもの—　40
　—システム　87
　—戦略　248
　—台帳　29
　—の流動化政策　2
　女性と子どもの—　22, 45
　世帯—　40
コリンズ　Collins, Hue　78, 105, 106
コール政権　199
婚姻および離婚法（イギリス, 1858年）　266

[サ 行]
社会運動　177, 245
サイクラー　cycler　127
ザイゲマン　Sigeman, Tore　101
再生産　58, 81
最低生活費　257, 259
齋藤純子　82
斎藤　光　305, 311
裁判所　160
　保護—　146
　連邦憲法—　194
　労働—　101

人名・事項索引

堺 利彦 301
搾取 34, 41
サブプライム危機 63
差別 94, 99, 235
　間接— 96
　—オンブズマン 94, 99
　—的価値観 99
　—法 94, 104
　性— 99, 101
　賃金— 99
　妊娠— 106
サール Searle, Russell 70
沢山美果子 305, 310
産休 3
産業革命 2, 16, 23, 29, 35, 36, 44, 49
産業組織 32
産業報酬会議 70
産前産後休業の保障 88
自営業 33
支援
　—型社会 159
　自己決定— 136
ジェンダー 267
　—規範 248
　—秩序 37
　—・ニュートラル 58
　—のデメリット 226
　—のメリット 226
　—・バイアス 220, 234
　—平等 3, 76, 190, 216
　的不公正— 61
時間
　—政策 81, 213
　—短縮 200, 247
　—の三分法 81
　—の二分法 81
　向き合うための— 233
自給自足活動 41
自己決定型社会 154
自己決定権 295
自己決定支援 136
自己責任型社会 137
市場経済 10, 35
市場主義 1
自助努力 220, 224, 234
次世代育成支援対策推進法（日本, 2003 年） 2
慈善活動 274
慈善の価値論 268

慈善の賃金決定論 276
実質賃金 43
シティズンシップ 58, 72, 160
　市民的— 1
　社会的— 1
　女性の— 3, 58
　政治的— 1
児童
　—控除 73, 194
　—助成法（ドイツ, 2008 年） 206, 215
　—手当 118, 194
　—扶養手当 60, 128, 130, 231
　—法（The Children Act, イギリス, 1989 年）59
　—養育法（The Child Support Act, イギリス, 1991 年）59
　—労働 37, 41
地主 31
死亡率 15, 22, 48
資本主義
　—経済 37
　—的な企業 32
　—的農場 28
　—的農場経営 32
　—の発展 35
市民 154
　—憲章（Citizen's Charter, イギリス, 1991 年）67
　—後見人 157
　—社会 154, 158, 159, 161
社会
　—運動 37
　—(的)階層 221, 222
　—国家 4, 193
　—資源 238
　—生活費 257
　—正義 66
　—政策 2, 75, 209, 219, 247, 280
　—政策時報 245
　—的給付 183
　—的投資 3, 79
　—的投資国家 73
　—的投資戦略 73
社会的排除 2, 64, 73
社会的包摂 4, 79, 106, 137
社会的リスク 58
社会法典 4, 193
社会保険制度 209

社会保険プログラム　115
社会保障法　87
社会民主党（SPD）　194
借地農家　31
社宅（制度）　5, 246, 251
　―職工　255
借金　221, 225
ジャック Jacques, André　181
ジャーニーマン　30, 33
シャーマン Sherman, Arloc　125
シュア・スタート・プログラム（Sure Start Program）　73
自由の剝奪　150
週40時間労働制　179
就業自由選択補足手当　165
自由主義　160
修正主義　12
住宅給付（Housing benefit）　63
住宅手当　165
住宅扶助　124
柔軟な働き方　78
十分主義（者）　71, 80
自由保有権　31
就労
　―原則　91
　―による自立　116
　―福祉プログラム　120
　母子家庭の母親の―　230
　不安定―　231
熟練労働者　254
手工業　32
　―職人　29
主従関係　33
出生・養子手当（フランス）　165
出生率　15, 201
出生率・家族防衛国会議員団　171
出生率政策　186
シュトローベル連邦家族相 Strobel, Käte　210
主婦　185
　―協会　175
　―手当　4, 163, 184, 187
　―特別手当　181
　―割増・主婦手当　176, 177
シュミット政権　194, 199
シュミット連邦家庭相 Schmidt, Renate　200
シュレーダー政権　200, 204
障碍時養育手当　165
商業使用人　28, 30

少子化
　―高齢化　87, 163
　―対策プラスワン（2002年）　2
承認と再分配　61
消費　43, 44, 45, 46
　―階級　257
　―者革命　44, 45
　―者ブーム　46
　―者向け産業　32
　―の商品化　45
職域分離　94
職業
　―訓練　33
　―選択　40
　―と家庭の両立　204
職人生産　32
食料価格　30
助産師事件　100
女子教育問題　271
女性
　―解放運動　189, 292
　―クォータ制　214
　―参政権組織（NUWSS）　282
　―市民社会連合　174
　―就業率　201
　―賃金　280
　―と子どもの労働　36
　―の仕事　36
　―の職業　95
　―の自立　36
　―のライフコースの3期モデル　209
　―労働　37, 260
職工　255
　工場―　256
　社宅―　255
　―事情　245
　―世帯　257
　―通勤―　255
所得
　女性と子どもの―　46
　―効果　37
　―代替給付　201
自律　136
　―的個人　5, 293
新学年手当　165
新家庭経済学　3, 20
進化論　2, 10, 11, 12, 293
シングル・マザー　4, 74, 75, 107, 113, 116,

人名・事項索引　331

130
親権者　135
人権条約（イギリス，1989 年）　138
人口
　―学的偶然　15
　―減少対策全国連盟　171
　―高等委員会　183
　―史・社会構造史に関するケンブリッジ・グループ　13
　―政策　184
　―に関する覚書　180
　―論　15
新自由主義　57
身上監護　151
親族　13
人民戦線・連合　179
信頼関係　33
菅　富美枝　152, 159
スクール・ソーシャル・ワーク　232
鈴木尚子　294
捨て子　310
スネル　Snell, K. D. M.　29, 30
住み込み奉公（人）　9
　―の消滅　26
スミス，アダム　Smith, Adam　278
スミス，ジョン　Smith, John　66
スミス，ベンジャミン　Smith, Benjamin　266
生活水準　43
　―水準論争　3
　―賃金　71
　―必要費　257
　―保護　121, 233
　―保障　60
　―保障システム　108
生計調査　255
生計費指数　43
生産階級　257
生殖　304
成人稼ぎ主モデル　57
生政治　186, 190
生存権　317
青鞜　5, 291
　―の堕胎論争　5, 291
　―の三論争　5, 291
成年後見制度　136
セイフティ・ネット　137
性別役割分業　220, 227, 262
関　礼子　294

世帯　9
　下宿人を含む―　18
　工業化以後の―　10
　工業化以前の―　25
　互恵的交換と相互利益にもとづく―　20
　産業革命期以前および以後の―　16
　産業革命期における―　10, 11, 16
　自営業の―　34
　自営の家族農業を営む―　12
　手工業を営む―　36
　職人―　12
　親族を雇用する―　32
　生産単位としての―　10, 33
　―経済　3, 10, 43, 48
　―構成の多様性　22
　―生産　33
　―主　253
　―の機能喪失　10
　―の雇用構造　38
　―の生産活動　15, 45
　―の伝統的定義　45
　―の歴史　16
　―予算　43
　賃金稼得―　10
　田園地帯の―　21
　伝統的な―　9, 25
　複合―　13
　奉公人を含む―　19
　両親と既婚の子どもを含む―　18
積極的措置　3, 103, 105, 109
説明変数　20
ゼーライブ－カイザー　Seeleib-Kaiser, Martin　209, 215
世話手当　206
繊維産業　246
1972 年 1 月 3 日法（フランス）　189
1968 年革命　189
専業主婦　4, 188, 199, 201, 244
選好　15
全国母子世帯等調査結果報告　220
戦争国家（warfare state）　186
選択　1, 81, 93, 145, 206, 211, 216, 220, 309
全日制学校　204
ソヴィ　Sauvy, Alfred　182
相互扶助　159
相互利益（理論）　3, 10, 22, 48
ソーシャル・ケア　144
ソーシャル・ワーカー　150, 238

人名・事項索引

[タ 行]
第七次家族報告 (2005年) 213
第一回国際労働会議 248
第一次選挙法改正 (1832年) 267
代行決定 136, 139
第三次男女雇用機会均等計画 (EU) 77
第三者代弁人 (IMCA) 155
第三の道 3, 59, 80
第二次ブルム政府 179
第二派フェミニズム 61
高島道枝 294
竹中恵美子 81
託児所 259
多子家族教会全国同盟 182
多子家族国家助成法 173
堕胎論争 5, 291
田間泰子 294
ダラディエ政府 179
男女均等待遇統合指令 (EU) 99
男女雇用機会均等法 57, 88
男女差別禁止 87
男女賃金格差 98
男女同一賃金論 5, 268, 278
男性稼ぎ主 (モデル) 11, 36-38, 42, 47, 57, 88, 185, 208, 210
男性世帯主 35
男性の家事・子育て 227
男性の職業 95
TANF 4, 114
　―潜在的受給者 126
　―元受給者 126
　就労のない―退出者 126
知識経済 73
地方財閥 247, 254
チャイルド・トラスト・ファンド (Child Trust Fund) 73
チャリティ 159, 267
中産階級
　―の需要 47
　―の女子教育 269
　―の女性 38
　―の独身女性 5, 265
賃金
　―基金説 277
　―の物価スライド制 169
　―分析 102
　―労働 31
辻 潤 301

デ・フリース de Vries, Jan 35
低所得化・貧困化
　父子家庭の― 221
　母子家庭の― 221
定量的分析 12, 13
手織機職人委員会 278
手織り工業 34
手織物工 32, 34
出来高 (給, 賃金) 262, 278
デッシャン Dechamps, Louis 171
手続的正当性 148
デーリ Dely, Mary 58
伝統主義的モデル 208
伝統的な主従関係 31
ドイツ基本法 193
ドイツ統一 (1990年) 203
同一価値労働同一賃金原則 99
同一労働・同一賃金 171
道具主義 20, 78
当事者 5, 220, 236
投資プログラム『保育資金調達』2008-2013 206
徒弟 (制度) 9
　通いの― 30
　短期間の― 30
　―契約 29
　―制度 29
　―の衰退 30
トーニー Tawney, Richard H. 69
トムソン Thompson, Edward P. 3
ド・マン de Mun, Albert 173
問屋制 (手工業) 32, 34

[ナ 行]
ナイチンゲール Nightingale, Florence 266
内部労働市場 64, 65
ナタリスト 171
ナーディネリ Nardinelli, Clark 3
ナポレオン戦争 26, 27
西沢 保 70
ニーズ (必要) 9, 25, 59, 68, 125, 237, 238
日本企業 244
日本絹燃株式会社 249
日本的雇用慣行 57
日本の経営思想 246
日本の企業社会 245
二村一夫 245
ニューディール 64, 68, 114

人名・事項索引　333

乳幼児迎え入れ給付　165
ニューレーバー　63
任意後見人　152
妊娠　292, 305
　―差別禁止のルール（EU）　98
　―中絶法　203
ネットワーク
　企業同士を結ぶ―　33
　社会的な―　225
　シングル・マザーやシングル・ファーザーによる―　237
　親族の―　21
　同業者同士の―　32
　非金銭的な支援の―　24
野上弥生子　306, 312
農業（農家）
　資本主義的に経営されている―　31, 32
　小規模な―　31
　大規模な―　31
　―における資本主義　27
　―奉公人　26
　―労働　26
　―労働者　252

[ハ　行]
パークス　Parkes, Bessie R.　267
剥奪　126
パターナリズム
　近代日本の―　247
　経営―　246
パートタイム労働　74, 95, 226, 231
　―収入　226
　―指令（EU）　77
　―法　88, 211
　非自発的な―　95
パートナー月　202
母親
　―休暇　199
　―の就労時間　224
　―の扶養　275
　―労働者　185
　非嫡出子の―　185
パパ・クォータ　90, 93, 104, 201, 214
馬場胡蝶　301
パパの月／ママの月　201
原田犀月　5, 293, 306
原　伸子　75, 82, 294
バルセロナ会議　78

パレンス・パトリィ　160
パーロット　Parrot, Sharon　125
バンクス夫妻　Banks, J. A. and Olive　265
犯罪と騒乱に関する法律（イギリス，1998 年）　74
反社会的行動に関する法律（イギリス，2003 年）　74
ハンター　Hunter, Janet　248
ハンフリーズ　Humphries, Jane　2
非家族（依存）主義　139, 140, 149
非婚　220
非自発的失業　69
非嫡出子ボーナス　119
必要の原理　147
ひとり親　4, 59
避妊　308
ヒューマン・リレーションズ　244
標準家族　256
標準的労働者　87
平等
　資産ベースの―主義　59, 73
　―賃金レビュー　103
　―法（スウェーデン）　99
　―ボーナス　93
平塚らいてふ　5, 293
昼間保育拡充法（ドイツ，2004 年）　204
貧困　42, 44, 219
　子どもの―　219
　―監督所　27
　―サイクル　41
　―と障害との関連　224
　―の自己責任や家族責任　220
　―の連鎖　273
　―ライン　124
　―労働者　31
貧乏　226
貧民救済　42, 43
貧民徒弟制度　42
歩合制　23, 34
ファインスタイン　Feinstein, Charles H.　44
ファインマン　Fineman, Martha A.　237
ファミリーフレンドリー施策　90
フィランソロピー　161
夫婦共稼ぎ　252, 256
フェビアン協会　70, 280
フェミニスト　43, 181, 268
フェミニズム法学　237
フォーセット　Fawcett, Millicent　268, 280

人名・事項索引

フォン・デア・ライエン連邦家庭相 von der Leyen, Ursula Gertrud 201, 205
フォン・バール von Wahl, Angelika 215
深井英樹 70
深澤 敦 165, 168
深澤和子 244
『福岡日日新聞』247
福祉 10, 136, 268
　―改革（アメリカ，1996年） 4, 114
　―国家 186
　―国家（イギリス） 4, 137
　―国家（スウェーデン） 91
　―国家（ドイツ） 4, 208
　―国家（日本） 5, 244
　―国家（保守主義的） 4, 208
　―国家（母性主義的） 4, 163
　―国家の動態化 81
　―混合経済 65
　―サービス 244
　―社会 4, 161
　―退出者 113, 124, 129
　―の契約主義 1, 60, 64
　―の女王 116
　―名簿 125
　―レジーム 114
福祉プログラム 118
　10代の妊娠の防止をめざす― 118
　養育費支払いの強化に関する― 118
父子家庭 221
藤目ゆき 294
舩木惠子 269, 281
プジョール Pujol, Michele A. 288
父性 118, 303
フードスタンプ 120, 121
負の所得税 195
不平等 219
　貧困にある子どもの― 238
ブーメラン効果 127
扶養 47
フランス女性三部会 174
ブリージズ Bleases, Peter 208
フリードランド Freedland, Mark 67
ブレア Blair, Tony 60
フレーザー Fraser, Nancy 61, 116
プロライフ 311
プロレタリアート 15, 31, 32
ブロンデル Blondel, Ch. 177
文化生活費 258

文化的規範 15
分配的正義 106
平均寿命 15, 24
ペイトマン Pateman, Carol 58
ベヴァリッジ報告 66
ベスト・インタレスト 140, 142, 155
ペタン元帥 Pétain, Philippe 186
ベッカー Becker, Gary 3
ヘニンガー Henninger, Annette 215
ヘール Hale, B. 153
ベルクマン連邦家庭相 Bergmann, Christine 211
ベルナールとカヨー仲裁 177
ペルノ Pernot, Georges 183, 186
保育（育児） 77, 120, 202
　就学前教育としての― 91
　全日制の― 211
　―サービス 90
　―施設（3歳以上） 203
　―施設（3歳未満） 202
　―所サミット 205, 213
　―の東西格差 202
　―方法自由選択補足手当 165
　―ママ 203
奉公（人）
　通いの― 30
　小屋住み― 28
　親族の― 33
　住み込み― 9, 28, 30, 32
　伝統的な― 26
　年季― 26, 27, 28, 29
　非－住み込み型の― 30
法政大学大原社会問題研究所 5, 245
法制度（スウェーデン） 3, 89
紡績業（1920年代） 5
紡績工 23
法定後見人 139, 146
法定代理人 135
ボヴラ Boverat, Fernand 179, 183
母子
　―及び寡婦福祉法 230
　―家庭 220
　―家庭調査 5
　―家庭等自立支援対策大綱（2002年） 230
　―家庭の母親の就労の支援に関する特別措置法 231
ポジティブ・ウェルフェア社会 73
保守主義的なコーポラティズム 208

ポスト・フォーディズム 61
ポスト工業化（社会） 48, 73
補足性原理 202
北海道民生委員児童委員連盟 221
ボディション Bodichon, Barbara 266
ホネット Honneth, Axel 61
ホブソン, バーバラ Hobson, Barbara 68
ホブソン, ジョン Hobson, John 69
ホブハウス Hobhouse, Leonard 69
ホームレス 219
ポリティカル・エコノミー 276
ホワイト White, Stuart 67, 72

[マ 行]
motherhood 293
マイクロクレジット 62
牧原憲夫 299, 317
マクロ経済政策 69
『マザーズ・アンド・ガヴァネス』 Mothers and Governess（1847年） 272
マーシャル Marshall, T. H. 1
松本悟朗 301, 304
マティニオン協定 169
マルクス Marx, Karl 35
三ヶ島 葭 315
未婚 220
未婚の女性 251
未婚の母 115
三つの階級からなる社会 31
宮本太郎 60
ミル Mill, John Stuart 267
無償のケア労働 2, 5
武藤山治 248
ムレイ Murray, Charles 116
明治鉱業信和会 248
明治紡績合資会社 253
メージャー政権 67
メディケイド 120, 121
メリヤス織物 32
メルケル政権 201
綿工業 22
モイニハン Moynihan, Daniel Patrick 116
申し分ない淑女 271
モーリス, フレデリック Morris, Frederick 271
モーリス, メアリー Morris, Mary 271
両角道代 101

[ヤ 行]
安川敬一郎 247
家賃補助 124
山田わか 304
安諸靖子 301
遺言の財産目録 47
優生学 183, 293
養育手当 93
養育費 221
養育費徴収制度 59, 118
要扶養児童世帯扶助（AFDC） 65, 114, 115
余暇 35, 37
与謝野晶子 292, 305
予算制約 37
予算方式 200
ヨーマン 31
ヨーロッパ人権条約 138
ヨーロッパ人権法 150
夜業廃止 247

[ラ 行]
ライナー Ryner, Magnus 63
ライフサイクル 41, 42
ライフ・ワーク・バランス論 315
ライン Lein, Laura 127
ラスキ Laski, Harold J. 69
ラスキン Raskin, John 265
ラズボーン Rathbone, Eleanor 268, 280
ラスレット Laslett, Peter 2, 9, 10, 16, 24
ラッグルス Ruggles, Steven 19
ラッシュ Lush, D. 139
『ラ・フランセーズ』 La Française 167
ランドリー Landry, Adolphe 171, 179, 183
離婚 220, 232
リスク 2, 58, 224
リスター Lister, Ruth 74
リスボン・サミット 78
利他性 153
リッシェ Richet, Charles 173
リード Reed, Elizabeth 272
両親休暇
　完全― 92
　部分― 92
　―指令（EU） 90
　―法（スウェーデン） 92, 96, 97
　臨時― 92
両立支援（制度） 88, 89, 91
　第一世代の― 88

第二世代の―　88
両立モデル
　　対等型―　90
　　伝統型―　90
ルイス　Lewis, Jane　59, 65, 79
ルクセンブルク・サミット　78
ルクレルク　Leclercq, Philippe　174
『ル・タン』 *Le Temps*　169
ルーベ・トゥルコアン繊維コンソーシアム　174
レイノー　Reynaud, Paul　181, 186
レイン　Lane, Joan　30
レオン・ブルム（人民戦線）政府　168
レシーバーシップ制度　152
連帯
　　社会―　154
　　自由主義的―　137
連邦家庭青少年問題省　209
連邦児童手当法（ドイツ，1964 年）　198
ロイド・ジョージ　Lloyd George, David　286
ロイヤル・コペンハーゲン事件　100
労資協調　249
労働
　　―組合　248
　　―組合主義　282
　　―契約　80
　　―契約法　88
　　―市場（工業化初期）　23
　　―市場改革　212
　　―事情調査報告　245
　　―市場の規制緩和と流動化　57
　　―党　60
　　―の需要サイド　40
　　―法　3, 87
　　―保護法　40
　　―問題　248, 261
労働者　25
　　―階級　25, 31
　　―階級の女性　37, 268
　　―階級の母親　285
　　―階級（世帯）の予算　38, 46
　　―家族　5, 184, 243, 250
　　―憲章（EU）　77
　　―派遣法　57
労働力
　　―の女性化　57
　　―の男子化　254
労務管理　243
ローズヴェルト大統領　Roosevelt, Franklin Delano　114
ローマ条約（EU）　77
ロンドン地下鉄事件判決　107

[ワ 行]
ワーキングプア　122
ワーク・ファミリー・バランス政策　76
ワーク・ライフ・バランス政策　63, 76
ワークハウス　273
ワークフェア政策　59, 231
脇田晴子　291

●編　者
　原　伸子（はら のぶこ）［はじめに，第 2 章］　　法政大学経済学部教授

●著　者（執筆・翻訳順）
　ジェーン・ハンフリーズ（Jane Humphries）［第 1 章］　オックスフォード大学
　　　　　　　　　　　　　　　　　　　　　　　　　　オールソウルズ・カレッジ教授
　川崎　曉子（かわさき あきこ）［第 1 章翻訳］　NPO 法人 Bridge Asia Foundation
　両角　道代（もろずみ みちよ）［第 3 章］　明治学院大学法学部教授
　江沢　あや（えざわ あや）［第 4 章］　ライデン大学日本学部准教授
　前原　直子（まえはら なおこ）［第 4 章翻訳］　中央大学経済研究所客員研究員
　菅　富美枝（すが ふみえ）［第 5 章］　法政大学経済学部准教授
　深澤　敦（ふかさわ あつし）［第 6 章］　立命館大学産業社会学部教授
　齋藤　純子（さいとう じゅんこ）［第 7 章］　国立国会図書館調査及び
　　　　　　　　　　　　　　　　　　　　　立法考査局社会労働調査室主幹
　岩田　美香（いわた みか）［第 8 章］　法政大学現代福祉学部教授
　榎　一江（えのき かずえ）［第 9 章］　法政大学大原社会問題研究所准教授
　舩木　惠子（ふなき けいこ）［第 10 章］　武蔵大学総合研究所研究員
　松尾　純子（まつお じゅんこ）［第 11 章］　法政大学大原社会問題研究所兼任研
　　　　　　　　　　　　　　　　　　　　　究員

法政大学大原社会問題研究所叢書
福祉国家と家族

2012 年 6 月 8 日　初版第 1 刷発行

編　者　法政大学大原社会問題研究所
　　　　原　伸子
発行所　財団法人法政大学出版局
　　　　〒102-0073　東京都千代田区九段北 3-2-7
　　　　電話 03(5214)5540／振替 00160-6-95814
製版・印刷　三和印刷／製本　ベル製本
© 2012 Hosei University Press
Printed in Japan

ISBN 978-4-588-64543-3

―――― 関連書 ――――

市場とジェンダー　理論・実証・文化
法政大学比較経済研究所・原伸子 編　　　　　　　　　4200 円

社会国家を生きる　20世紀ドイツにおける国家・共同性・個人
川越 修・辻 英史 編著　　　　　　　　　　　　　　3200 円

若者問題と教育・雇用・社会保障　東アジアと周縁から考える
樋口明彦・上村泰裕・平塚眞樹 編著　　　　　　　　　5000 円

規範理論の探究と公共圏の可能性
舩橋晴俊・壽福眞美 編著　　　　　　　　　　　　　　3800 円

ケアのリアリティ　境界を問いなおす
三井さよ・鈴木智之 編著　　　　　　　　　　　　　　3000 円

ケアとサポートの社会学
三井さよ・鈴木智之 編著　　　　　　　　　　　　　　3200 円

政治的平等とは何か
R. A. ダール／飯田文雄・辻 康夫・早川 誠 訳　　　　1800 円

連帯経済の可能性　ラテンアメリカにおける草の根の経験
A. O. ハーシュマン／矢野修一 ほか訳　　　　　　　　2200 円

グローバリゼーション　人間への影響
Z. バウマン／澤田眞治・中井愛子 訳　　　　　　　　　2600 円

シティズンシップ教育論　政治哲学と市民
B. クリック／関口正司・岡崎晴輝・施 光恒 監訳　　　3200 円

国境なきフェミニズム
C. T. モーハンティー／堀田 碧 監訳　　　　　　　　　3900 円

正義の秤（スケール）　グローバル化する世界で政治空間を再想像すること
N. フレイザー／向山恭一 訳　　　　　　　　　　　　近　刊

法政大学出版局　　（表示価格は税別です）